MEMÓRIA E SOCIEDADE

ECLÉA BOSI

# Memória e sociedade
*Lembranças de velhos*

*20ª edição*

COMPANHIA DAS LETRAS

Copyright © 1973, 1987, 1994, 1995 e 2023 by Ecléa Bosi

*Grafia atualizada segundo o Acordo Ortográfico da Língua Portuguesa de 1990, que entrou em vigor no Brasil em 2009.*

As fotos são cortesia de
Ameris Paolini (*autora das três fotos de idosos*)
Emma Strambi Frederico
Theresa Bosi
Dulce de Oliveira Carvalho
Miriam Lifchits Moreira Leite
Museu da Imagem e do Som (São Paulo)
Instituto de Psicologia da USP

*Capa*
Ettore Bottini
*sobre retrato de d. Emma Strambi Frederico, por Maureen Bisilliat*

*Preparação*
Stella Weiss

*Revisão*
Anabel Ly Maduar
Luicy Caetano

Dados Internacionais de Catalogação na Publicação (CIP)
(Câmara Brasileira do Livro, SP, Brasil)

   Bosi, Ecléa, 1936-2017
     Memória e sociedade: Lembranças de velhos / Ecléa Bosi.
  — 20ª ed. — São Paulo, Companhia das Letras, 2023.

     Bibliografia.
     ISBN 978-65-5921-395-5

      1. Memórias — Aspectos sociais 2. Psicologia social I. Título.

22-133663                                          CDD-302

Índices para catálogo sistemático:

1. Memória : Aspectos sociais: Psicologia social 302
2. Memória e sociedade: Psicologia social 302

Cibele Maria Dias — Bibliotecária — CRB-8/9427

Todos os direitos desta edição reservados à
EDITORA SCHWARCZ S.A.
Rua Bandeira Paulista, 702, cj. 32
04532-002 — São Paulo — SP
Telefone: (11) 3707-3500
www.companhiadasletras.com.br
www.blogdacompanhia.com.br
facebook.com/companhiadasletras
instagram.com/companhiadasletras
twitter.com/cialetras

*À memória de Maurice Halbwachs,
professor de psicologia social do Collège de France,
morto no campo de Buchenwald em 1945.*

# Sumário

Nota à 3ª edição (1994) .................................................................... 9
Prefácio: *Uma psicologia do oprimido* — João Alexandre Barbosa ............ 11
Apresentação: *Os trabalhos da memória* — Marilena Chaui ................ 17
Introdução ........................................................................................ 39

1. MEMÓRIA-SONHO E MEMÓRIA-TRABALHO
    Bergson, ou a conservação do passado ................................ 45
    Ação e representação ............................................................ 46
    O "cone" da memória ............................................................ 48
    As duas memórias .................................................................. 50
    Memória e inconsciente ........................................................ 54
    Halbwachs, ou a reconstrução do passado ......................... 55
    A experiência da releitura .................................................... 59
    A memória dos velhos ........................................................... 62
    Memória, contexto e convenção .......................................... 67

2. TEMPO DE LEMBRAR
    Memória e socialização ......................................................... 75
    A velhice na sociedade industrial ........................................ 79
    A memória como função social ............................................ 84
    Histórias de velhos ................................................................ 87

## 3. LEMBRANÇAS

D. Alice ............................................................................................. 97
Sr. Amadeu ..................................................................................... 127
Sr. Ariosto ....................................................................................... 157
Sr. Abel ........................................................................................... 181
Sr. Antônio ..................................................................................... 229
D. Jovina ......................................................................................... 271
D. Brites ......................................................................................... 307
D. Risoleta ..................................................................................... 378

## 4. A SUBSTÂNCIA SOCIAL DA MEMÓRIA

Memória e interação ..................................................................... 421
    O indivíduo como testemunha ............................................. 427
Tempo e memória ......................................................................... 432
    O compasso social do tempo ................................................ 435
Lembranças de família ................................................................. 441
Os espaços da memória ............................................................... 453
    A casa, dentro e fora ............................................................... 454
    Objetos ...................................................................................... 458
    As pedras da cidade ................................................................ 460
    Um mapa afetivo e sonoro .................................................... 464
    Futebol de várzea .................................................................... 468
    O Teatro Municipal ................................................................. 469
Memória política ........................................................................... 473
    A memória entre a consciência e o estereótipo .................. 478
Memória do trabalho .................................................................... 489
    Memória da arte, memória do ofício .................................... 492
    Ação e memória ....................................................................... 500

*Notas* ................................................................................................ 503
*Bibliografia* ...................................................................................... 506

# Nota à 3ª edição (1994)

Nesta nova edição, nomes e endereços verdadeiros se devem à permissão das famílias dos depoentes. Alguns acréscimos foram obtidos graças a melhores recursos técnicos na reprodução das entrevistas gravadas.

*E. B.*

# Prefácio
# Uma psicologia do oprimido

> *As we grow older*
> *The world becomes stranger, the pattern more complicated*
> *Of dead and living. Not the intense moment*
> *Isolated, with no before and after,*
> *But a lifetime burning in every moment*
> *And not the lifetime of one man only*
> *But of old stones that cannot be deciphered.*
>
> T.S. Eliot, *East Coker*

TEMA & VARIAÇÕES

Em nossa sociedade de classes, dilacerada até as raízes pelas mais cruéis contradições, a mulher, a criança e o velho são, por assim dizer, instâncias privilegiadas daquelas crueldades — traduções do dilaceramento e da culpa.

Mas a mulher, a criança e o velho não são classes: são antes aspectos diversificados e embutidos por entre as classes sociais. Assim como não se pode falar, com propriedade, em classes de artistas ou de cientistas. Estes, como aqueles, pertencem a uma ou outra classe social que os configura e deles exige definições.

Já se sabe: o que define a classe social é a posição ocupada pelo sujeito nas relações objetivas de trabalho.

Deste modo, quando se fala de uma "pedagogia do oprimido" (Paulo Freire) o endereço tem nome certo: trata-se de uma pedagogia que possa dar conta de uma situação precisa, no universo das relações sociais, de uma certa camada da população subjugada pela dependência. Opressão: dependência.

Neste sentido, ocorre-me falar numa psicologia do oprimido depois da leitura deste livro de Ecléa Bosi. Na verdade, não é apenas um livro sobre a memória social fisgada no estágio da velhice. E a própria autora encarrega-se de deixar, logo de início, bem claro o seu projeto: "[...] não pretendi escrever uma obra sobre *memória* nem uma obra sobre *velhice*. Fiquei na interseção dessas realidades: colhi memórias de velhos".

Poderia ter sido menos modesta e ter dito que não apenas *colheu* mas *deu existência* a essas memórias. Não seria, todavia, de seu feitio nem do feitio deste livro: de ponta a ponta, vai ver o leitor, uma sábia discrição esconde-se sob descobertas e intuições fulgurantes. A maior delas, talvez, seja precisamente a de estabelecer um roteiro seguro para que se possa entrever, nas memórias colhidas, um estudo de classe social; os velhos narradores que aparecem aqui estão vinculados por uma noção tão entranhada do trabalho e das relações sociais que, aos poucos, configuram, de fato, uma classe. Duas vezes oprimida: pela dependência social e pela velhice.

A interseção metodológica da autora mostra a sua verdadeira face: é a própria realidade social que articula memória e velhice.

Vejo que, querendo começar pelo tema e ir às variações, fiz o caminho inverso. Caprichos de ensaio. Mas vejo também que houve uma vantagem: o leitor já sabe que este não é um livro secamente acadêmico, repleto de gráficos ou fórmulas, mas um ensaio que puxa o outro, impõe a variação antes do tema.

Ordenando as coisas eu diria que, dividido em dois capítulos teóricos iniciais, uma parte dedicada às narrativas e um capítulo teórico final, o livro é de um equilíbrio notável. É que estas partes não apenas se articulam harmoniosamente mas criam diferentes graus de leitura que vão definindo, sem pressa e com segurança, os níveis da composição mais profunda da obra. Vejamos quais são.

## PUNTEAR: COSTURA & DANÇA

Para começar, há uma diferença fundamental entre os dois primeiros capítulos teóricos e o último.

Nos dois primeiros ("Memória-sonho e memória-trabalho" e "Tempo de lembrar"), por entre a erudição da autora, a sua escolha de método e as discussões pormenorizadas sobre a memória como categoria psicológica, é possível ser leitor de um livro que foi tese de livre-docência.

No último ("A substância social da memória"), sobretudo em sua quarta parte, "Os espaços da memória", a autora da tese, tendo incorporado o teor narrativo das memórias colhidas, transforma-se ela própria em mais uma personagem-narradora.

Não é sem razão que Ecléa Bosi é também tradutora de poesia. Em suas belas versões de Rosalía de Castro, há uma anotação de rodapé que serve bem para explicar a transformação ocorrida. Está na página 35. Ao traduzir *"puntear"* por "costurar", diz Ecléa Bosi: "Rosalía joga com os dois sentidos da palavra *puntear* que, em galego, tanto significa costurar como dar os passos da dança popular 'moinheira'".

É o que também vejo acontecer na quarta parte do último capítulo: "costurando" os argumentos teóricos dos dois primeiros capítulos, mas, já tendo *sofrido* intensamente os dados das narrativas de seus oito personagens, Ecléa Bosi parece "dançar" por entre as suas próprias memórias — novo rapsodo de uma épica paulistana. Eis um exemplo:

> Outro dia, caminhando para o viaduto do Chá, observava como tudo havia mudado em volta, ou quase tudo. O Teatro Municipal repintado de cores vivas, ostentava sua qualidade de vestígio destacado do conjunto urbano. Nesse momento descobri, sob meus pés, as pedras do calçamento, as mesmas que pisei na infância. Senti um grande conforto. Percebi com satisfação a relação familiar dos colegiais, dos namorados, dos vendedores ambulantes com as esculturas trágicas da ópera que habitam o jardim do teatro.
>
> Os dedos de bronze de um jovem reclinado numa coluna da escada continuam sendo polidos pelas mãos que o tocam para conseguir ajuda em seus males de amor.
>
> As pedras resistiram e em íntima comunhão com elas os meninos brincando nos lances da escada, os mendigos nos desvãos, os namorados junto às muretas, os bêbados no chão.

A ALEGRIA DO CONCRETO

No item anterior, grifei a palavra *sofrido*: é porque me parece traduzir melhor a curva descrita por Ecléa Bosi no registro das narrativas de seus oito personagens. Narrar é também sofrer quando aquele que registra a narrativa não opera a ruptura entre sujeito e objeto.

Na verdade, Ecléa Bosi *escreve* o que, em momentos difíceis de suas pesquisas, foi *fala* de d. Alice, do sr. Amadeu, do sr. Ariosto, do sr. Abel, do sr. Antônio, de d. Jovina, de d. Brites e de d. Risoleta.

É, talvez, o traço mais marcante da composição deste livro: a passagem da fala à escrita, em que o narrador (Ecléa Bosi), recusando a objetividade do romancista, integra os dados narrativos, confundindo as memórias de seus personagens com as suas próprias.

Fundada em Walter Benjamin, Ecléa Bosi sabe que "a memória é a faculdade épica *par excellence*". Mas Benjamin vai ainda mais longe: "O narrador conta o que ele extrai da experiência — sua própria ou aquela contada por outros. E, de volta, ele a torna experiência daqueles que ouvem a sua história".

Para Walter Benjamin, o que distingue o narrador do romancista é que este último "isolou-se a si mesmo": "O lugar de nascimento do romance é o indivíduo solitário que não é mais capaz de expressar-se a si mesmo, dando exemplos de suas mais importantes preocupações, ele próprio sem conselhos e não podendo aconselhar os outros".

Conservando-se no nível da narração (no sentido de Benjamin), Ecléa Bosi é, ao mesmo tempo, ouvinte e narradora, possibilitando a passagem pura da memória, num lance de extrema felicidade composicional.

E é aqui precisamente que é possível detectar o miolo essencial deste livro complexo: dando existência escritural à *fala*, Ecléa Bosi permite vincular ação, traduzida pelo trabalho dos personagens, à sua própria posição de pesquisadora, de onde resulta o retrato do oprimido, mas sem o pessimismo, por assim dizer, aristocrático de um Paulo Prado, e sim através de uma alegria que só na superfície é paradoxal, pois é produto de uma oposição básica entre o concreto do trabalho e a abstração do pensamento generalizador.

UMA METÁFORA INTEGRADORA

Traduzindo a ação das narrativas pelo concreto do trabalho, Ecléa Bosi encontra o ritmo da percepção do outro que é o ritmo da vida.

"Eles também trabalharam", será a frase do sr. Amadeu com que o livro se encerra.

O trecho do livro que citei no item anterior faz parte de um subcapítulo intitulado "As pedras da cidade", aquelas mesmas pedras que, sentidas sob os pés, davam a Ecléa Bosi o conforto do reencontro nos espaços da memória. É uma metáfora integradora, viva. O tempo da memória não se concretiza a não ser quando encontra a resistência de um espaço que se habitou com a existência sofrida do trabalho.

Caminhar e ver confundem-se nos confins da lembrança: o tempo de lembrar traduz-se, enfim, pelo tempo de trabalhar. Por isso, sem a memória do trabalho a narração perderia a sua qualidade épica. Eis por que este livro não é uma amostragem fria e seca de um aspecto da psicologia social e do trabalho. Ele é uma épica, uma épica paulistana, de uma alegria paradoxal só na aparência — as memórias são tristes e, quase sempre, dolorosas.

São, entretanto, o engenho e a arte de Ecléa Bosi que mostram ao leitor como a vida fundada no trabalho define-se depois pela alegria do concreto.

As pedras da cidade continuarão falando do esforço de cultura desenvolvido por homens e mulheres que trabalharam.

Por tudo isso, para fazer justiça à autora, é preciso ler este livro na confluência de todos os seus níveis de composição.

Ele é, se não estou enganado, o livro de uma vida. Ecléa Bosi também trabalhou.

*João Alexandre Barbosa*
Janeiro de 1979

# Apresentação
## Os trabalhos da memória*

> *Dirigidos por alguma luz desgarrada, tombada de uma estrela sem véu, de um navio errante, ou do próprio Farol, com sua pálida pegada sobre degraus e tapetes, os pequenos ares subiram a escada e farejaram pelas portas dos quartos. Mas aqui, decerto, tinham que parar. Quaisquer que fossem as coisas que pudessem aparecer e desaparecer, o que aqui se encontra é bem sólido. Aqui, podia-se dizer àquelas luzes deslizantes, àqueles ares tateantes que respiram e se curvam sobre o próprio leito, aqui vocês nada podem tocar e nada podem destruir.*
>
> Virginia Woolf, *Viagem ao farol*

> *Yo vengo a hablar por vostra boca muerta.*
> *A través la tierra juntad todos*
> *los silenciosos lábios derramados*
> *y desde el fondo hablame de toda esta larga noche,*
> *como si yo estuviera con vosotros anclado.*
> ...............................................................................
> *Acudid a mis venas y a mi boca.*
> *Hablad por mis palabras y mi sangre.*
>
> Pablo Neruda, *Canto general*

> *Estas coisas é tudo conhecer.*
>
> D. Risoleta

---

* Este texto foi redigido como "arguição" durante a defesa de tese de livre-docência de Ecléa Bosi, na Universidade de São Paulo. Escrito para ser falado, sua forma coloquial foi aqui mantida.

"O velho não tem armas. Nós é que temos de lutar por ele." Esta, acredito, é sua tese, Ecléa.

Por que temos que lutar pelos velhos? Porque são a fonte de onde jorra a essência da cultura, ponto onde o passado se conserva e o presente se prepara, pois, como escrevera Benjamin, só perde o sentido aquilo que no presente não é percebido como visado pelo passado. O que foi não é uma coisa revista por nosso olhar, nem é uma ideia inspecionada por nosso espírito — é alargamento das fronteiras do presente, lembrança de promessas não cumpridas. Eis por que, recuperando a figura do cronista contra a do cientista da história, Benjamin afirma que o segundo é uma voz despencando no vazio, enquanto o primeiro crê que tudo é importante, conta e merece ser contado, pois todo dia é o último dia. E o último dia é hoje.

Mas, se os velhos são os guardiões do passado, por que *nós* é que temos de lutar por eles? Porque foram desarmados. Ao mostrá-lo, Ecléa, sua tese deixa exposta uma ferida aberta em nossa cultura: a velhice oprimida, despojada e banida.

A função social do velho é lembrar e aconselhar — *memini, moneo* — unir o começo e o fim, ligando o que foi e o porvir. Mas a sociedade capitalista impede a lembrança, usa o braço servil do velho e recusa seus conselhos. Sociedade que, diria Espinosa, "não merece o nome de Cidade, mas o de servidão, solidão e barbárie", a sociedade capitalista desarma o velho mobilizando mecanismos pelos quais oprime a velhice, destrói os apoios da memória e substitui a lembrança pela história oficial celebrativa.

Que é ser velho?, pergunta você. E responde: em nossa sociedade, ser velho é lutar para continuar sendo homem.

Como se realiza a opressão da velhice? De múltiplas maneiras, algumas explicitamente brutais, outras tacitamente permitidas. Oprime-se o velho por intermédio de mecanismos institucionais visíveis (a burocracia da aposentadoria e dos asilos), por mecanismos psicológicos sutis e quase invisíveis (a tutelagem, a recusa do diálogo e da reciprocidade que forçam o velho a comportamentos repetitivos e monótonos, a tolerância de má-fé que, na realidade, é banimento e discriminação), por mecanismos técnicos (as próteses e a precariedade existencial daqueles que não podem adquiri-las), por mecanismos científicos (as "pesquisas" que demonstram a incapacidade e a incompetência sociais do velho).

Que é, pois, ser velho na sociedade capitalista? É sobreviver. Sem projeto, impedido de lembrar e de ensinar, sofrendo as adversidades de um corpo que se desagrega à medida que a memória vai-se tornando cada vez mais viva, a velhice, que não existe para si mas somente para o outro. E este outro é um opressor.

Destruindo os suportes materiais da memória, a sociedade capitalista bloqueou os caminhos da lembrança, arrancou seus marcos e apagou seus rastros. "A memória das sociedades antigas se apoiava na estabilidade espacial e na confiança em que os seres de nossa convivência não se perderiam, não se afastariam. Constituíam-se valores ligados à práxis coletiva como a vizinhança (versus mobilidade), a família larga, extensa (versus ilhamento da família restrita), apego a certas coisas, a certos objetos biográficos (versus objeto de consumo). Eis aí alguns arrimos em que a memória se apoiava." Nada mais pungente em seu livro, Ecléa, do que a frase dezenas de vezes repetida pelos recordadores: "Já não existe mais". Essa frase dilacera as lembranças como um punhal e, cheios de temor, ficamos esperando que cada um dos lembradores não realize o projeto de buscar uma rua, uma casa, uma árvore guardadas na memória, pois sabemos que não irão encontrá-las nessa cidade onde, como você assinala agudamente, os preconceitos da funcionalidade demoliram paisagens de uma vida inteira.

Todavia, a memória não é oprimida apenas porque lhe foram roubados suportes materiais, nem só porque o velho foi reduzido à monotonia da repetição, mas também porque uma outra ação, mais daninha e sinistra, sufoca a lembrança: a história oficial celebrativa cujo triunfalismo é a vitória do vencedor a pisotear a tradição dos vencidos. Um dos aspectos mais dolorosos de seu livro, Ecléa, aparece quando você nos mostra o que ocorre com a memória política. Após terem sido capazes de reconstruir e interpretar os acontecimentos de que foram participantes ou testemunhas, os recordadores (com exceção de d. Brites e de d. Jovina) restauram os estereótipos oficiais, necessários à sobrevivência da ideologia da classe dominante. Dessa maneira, as lembranças pessoais e grupais são invadidas por outra "história", por uma outra memória que rouba das primeiras o sentido, a transparência e a verdade. Contudo, nisto reside também um dos aspectos decisivos de seu trabalho, pois ao dar a palavra a vozes que foram silenciadas, seu livro grita: "aqui vocês nada podem tocar e nada podem destruir".

Porém, sua tese não se interrompe na constatação da opressão a que está submetida a memória dos velhos — parte em busca da gênese dessa opressão. "A degradação senil começa prematuramente com a degradação da pessoa que trabalha. Esta sociedade pragmática não desvaloriza somente o operário, mas todo trabalhador: o médico, o professor, o esportista, o ator, o jornalista. Como reparar a destruição sistemática que os homens sofrem desde o nascimento, na sociedade da competição e do lucro? [...] Como deveria ser uma sociedade para que na velhice um homem permaneça um homem? A resposta é radical [...]: seria preciso que ele sempre tivesse sido tratado como um homem. A noção que temos da velhice decorre mais da luta de classes do que do conflito de gerações." E mais adiante, lemos: "Entre as famílias mais pobres, a mobilidade extrema impede a sedimentação do passado, perde-se a crônica da família e do indivíduo em seu percurso errante. Eis um dos mais cruéis exercícios da opressão econômica sobre o sujeito: a espoliação das lembranças".

É uma tese sobre memórias de velhos, escreve você, alertando o leitor para que não imagine estar diante de um texto sobre a memória ou sobre a velhice. É um trabalho sobre a opressão, diria eu.

"Nós é que temos de lutar por eles", escreve você. Eu diria que você nos mostra também como lutar: reconduzindo a memória à dimensão de um trabalho sobre o tempo e no tempo, dando ao trabalho da velhice uma dimensão própria e desdobrando uma tríade (memória-trabalho-velhice), você aponta para uma nova possibilidade de relação com o velho fazendo despontar, num outro horizonte, a figura laboriosa da velhice, trabalhando para lembrar.


Sua tese termina com as palavras do sr. Amadeu: "Eles também trabalharam". Fazendo refluir sobre os recordadores uma palavra proferida por um deles você dá ao trabalho um lugar central nessa meditação sobre a memória dos velhos. Acerquemo-nos um pouco dessas palavras finais para rememorar o caminho de seu texto. Este se abre com a reflexão acerca da opressão da velhice através da espoliação do direito à memória e da prematura senilidade engendrada pela cotidiana degradação do trabalho. E o livro termina com um capítulo dedicado à lembrança do trabalho.

"*Eles* também trabalharam" — não somente cada um dos recordadores foi um trabalhador (e você nos revela como a diferença de seus trabalhos é determinante na produção das lembranças), mas sobretudo os recordadores são, no presente, trabalhadores, pois lembrar não é reviver, mas re-fazer. É reflexão, compreensão do agora a partir do outrora; é sentimento, reaparição do feito e do ido, não sua mera repetição. "O velho, de um lado, busca a confirmação do que se passou com seus coetâneos, em testemunhos escritos ou orais, *investiga, pesquisa, confronta* esse tesouro de que é guardião. De outro lado, *recupera* o tempo que correu e aquelas coisas que quando perdemos nos sentimos diminuir e morrer."

*Você* também trabalhou — não só porque foi aos velhos e os ouviu, mas porque ao fazê-lo mostrou a degradação e o banimento a que estão submetidos o velho e a memória. Com isto, refez a dignidade e o sentido da velhice memoriosa transcrevendo noutra linguagem o que foi recolhido dia a dia. Da voz ao texto, realiza-se o trabalho do pesquisador-escritor.

*Nós* (sua banca) também trabalhamos, pois o que é ler senão aprender a pensar na esteira deixada pelo pensamento do outro? Ler é retomar a reflexão de outrem como matéria-prima para o trabalho de nossa própria reflexão.

Onde, então, se encontra sua tese? Em que região localizá-la? Ela está no seu texto (no seu trabalho de escrita e de interpretação), está nas vozes dos que falaram (no trabalho de lembrar que efetuaram) e está também em nossa leitura (no trabalho para compreender o lido e refazer o percurso interpretativo). Porque está em toda parte e em nenhuma, sua tese não é uma "coisa" nem é uma ideia" — é um campo de pensamento. Merleau-Ponty escreveu que a obra de pensamento é como a obra de arte, pois nela há muito mais pensamentos do que aqueles que cada um de nós pode abarcar. Claude Lefort fala na obra de pensamento exatamente como *obra*, isto é, trabalho da reflexão sobre a matéria da experiência, trabalho da escrita sobre a reflexão e trabalho da leitura sobre a escrita. O texto, por sua própria força interior, engendra os textos de seus leitores que, não sendo herdeiros silenciosos de sua palavra, participam da obra na qualidade de pósteros. A obra de pensamento, excesso das significações sobre os significados explícitos, engendra sua posteridade — o trabalho da obra é criação de sua própria memória justamente porque a obra não está *lá* (no primeiro texto) nem *aqui* (no último escrito), mas em ambos. O pensamento compartilhado. Outrora, a filosofia o nomeava: diálogo.

Relação com o ausente e com o possível, momento de exteriorização e de interiorização, o trabalho é negação do imediato, mediação criadora. Repondo a memória como trabalho você escreve: "Não há evocação sem uma inteligência do presente, um homem não sabe o que ele é se não for capaz de sair das determinações atuais. Acurada reflexão pode preceder e acompanhar a evocação. Uma lembrança é um diamante bruto que precisa ser lapidado pelo espírito. Sem o trabalho da reflexão e da localização, ela seria uma imagem fugidia. O sentimento também precisa acompanhá-la para que ela não seja uma repetição do estado antigo, mas uma reaparição. [...] Mas o ancião não sonha quando rememora: desempenha uma função para a qual está maduro, a religiosa função de unir o começo e o fim, de tranquilizar as águas revoltas do presente alargando suas margens [...] O vínculo com outra época, a consciência de ter suportado, compreendido muita coisa, traz para o ancião alegria e uma ocasião de mostrar sua competência. Sua vida ganha uma finalidade se encontrar ouvidos atentos, ressonância. [...] A conversa evocativa de um velho é sempre uma experiência profunda. Repassada de nostalgia, revolta, resignação pelo desfiguramento das paisagens caras, pela desaparição de entes amados, é semelhante a uma obra de arte". Porque o trabalho da obra é trabalho do pensamento perpassado pelo afeto, d. Risoleta dirá: "estou burilando meu espírito", palavras que ressurgem moduladas pelas suas, Ecléa, quando escreve que uma lembrança é como um diamante bruto que precisa ser lapidado pelo espírito. Burilar, lapidar, trabalhar o tempo e nele recriá-lo constituindo-o como *nosso* tempo.

Porque ao pensar você dá a pensar, porque seu livro é um campo de pensamento, ele faz com o leitor exatamente o que você nos diz que a memória faz com os recordadores: fica o que significa. O que em mim fica? O que em mim significa?

Ecléa, já faz algum tempo você me deu um presente — um livro cujo título e conteúdo é *A firmeza permanente.*\* O que em mim fica e significa ao chegar à última linha de seu livro? O sentimento e a convicção de que há em

---

\* Trata-se do histórico da greve na fábrica Perus: Mario Carvalho de Jesus, Domingos Barbé e outros. São Paulo: Loyola, 1976.

você a *coerência permanente*. Se rememoro os temas de suas investigações, se durante esta semana de provas da livre-docência torno-me atenta aos caminhos escolhidos por você, não posso encontrar outra expressão para defini-la senão a da coerência permanente. Assim, em seu doutoramento, você decide compreender aspectos psicológicos das mulheres. Mas não de todas, indiscriminadamente. Você vai às mulheres operárias. Curiosamente você escolhe examinar a relação das operárias com a leitura. Curiosamente? Não. Aqueles que não se esqueceram da filosofia da práxis sabem o que significa a divisão social do trabalho em manual/braçal e intelectual. Você, portanto, não se contenta em dirigir-se para um grupo oprimido (as mulheres) dentro da classe social dominada (os operários), mas ainda busca a maneira cotidiana pela qual se cava e se cristaliza a divisão da figura do próprio trabalhador: as mãos e o pensamento forçados à separação, somente unidos quando a produtividade capitalista assim o exige.

Mas você vai ainda mais longe. Revelando o potencial de inteligência represado nas mulheres operárias, torna ainda mais sinistro o momento em que lhes é permitido ler. Não porque o cansaço fecha as pálpebras fatigadas, nem somente porque o preço dos livros os torna quase inacessíveis a essas mulheres, mas sobretudo porque nos mostra a pobreza do livro consumido, a compensação precária do labor cotidiano pela evasão miserável consentida pela classe dominante. Durante as provas desta semana que faz você? Devendo delinear uma pesquisa acerca do etnocentrismo, entre mil possibilidades, Deus meu, qual é a escolhida por você? O migrante nordestino. Porém, não lhe interessa saber o que ocorre com esse migrante na *cidade* de São Paulo — você quer saber o que se passa com ele no meio operário. Nosso tabu acerca da "boa classe em si" estremece: haveria etnocentrismo entre os operários? Mas você prossegue. Qual o grupo operário que você escolheria para a pesquisa? A construção civil? Não. Seria muito simples. Você se volta para nossa honra e glória, nossa ponte salvadora para escapulir da má consciência — os metalúrgicos da grande São Paulo. É ali que a pesquisa deveria ser realizada para saber como o companheiro é visto e tratado. Em outras palavras, você quer saber se há companheiros.

Você escreve uma dissertação sobre o campo da psicologia social desdobrando ante nós um campo de afinidades com outras ciências humanas, buscando totalidades constituídas pelos grupos humanos, como se estivéssemos diante de multiplicidades culturais simultâneas e harmoniosas. Subitamente, sem nos avisar, você põe em cena uma personagem inesperada: o sioux, aquele que perdeu o direito à totalidade de seu espaço e de seu tempo. Você nos fala daquele que foi espoliado, perdendo o direito ao lugar e à memória. Por fim, você nos dá uma aula sobre as relações interpessoais. Lá está Aristóteles definindo o homem pela comunidade política participativa, porém, antes que possamos nos dar conta, Gramsci já entrou em cena e somos obrigados a indagar onde se encontra aquela comunidade participativa que definia a humanidade do homem.

A seguir, você nos fala da comunidade intersubjetiva. Lá estão Merleau-Ponty e Lewin, descrevendo os mistérios do diálogo. Lá está Sartre repondo, como Merleau-Ponty, a luta mortal das consciências e sua superação num universo paritário. Todavia, sem nos dar tempo de repousar nessa comunidade intersubjetiva, você nos apresenta a outra face da linguagem, aquela onde reina o poder da assimetria e que nos força a indagar: onde, em nossa sociedade, escondeu-se a comunidade participativa e intersubjetiva?

Sua palavra, Ecléa, está sempre perpassada por enorme tensão — um sino que repica alegremente para, súbito, grave e repentino, soar na cadência de um dobre prolongado. O que nos faz sua tese, hoje? Pondo em nossa presença homens e mulheres, trabalhadores manuais e intelectuais, nos faz ver a opressão que se abate sobre todos na forma da velhice, como se nesta viessem a se concentrar todas as formas de exploração, de espoliação e de segregação, numa síntese que é também a última gota do cálice. O sr. Abel fala do asilo como um gaiolão de ouro cuja porta permanece aberta — "mas fugir para quê? Para onde eu vou?", indaga ele. Que poderá fazer este homem que escreveu: "A mão trêmula é incapaz de ensinar o aprendido?". D. Brites, outrora combativa, indaga: "Que me resta ainda?" e responde: adoecer e morrer. D. Jovina, a menina que não pode esquecer o grito de justiça dos anarquistas, que continua "dando murro em ponta de faca", confessa, enfim, que "nunca chega a vez dos bons".

Todavia, a coerência não está apenas nessa percepção aguda, nesse olhar e nesse coração capazes de devassar as formas ocultas da opressão. A coerência vai mais longe. Para usar uma expressão que lhe é cara, eu diria que há coerência na matéria trabalhada porque há coerência no *modo de trabalhar*.

Como você trabalha nesta tese? Gostaria de apontar apenas três aspectos de seu modo de trabalhar, embora haja muitos outros que poderiam ser mencionados. Gostaria de assinalar o que ocorre, aqui, com a ideia de ciência, com a ideia de *comunidade de destino* e com o *leitor*.

Em instante algum você afirma estar fazendo ciência. Mas também não afirma o contrário. Sua posição, sutil, não deve ser buscada em enunciados explícitos e proclamatórios, mas procurada no que é dito aqui e acolá no decorrer do livro. Assim, você começa declarando que não está preocupada com a veracidade dos relatos nem interessada em medi-los. Não está preocupada em fornecer modelos de pesquisa nem em obedecer aos modelos existentes. Fala na reciprocidade e no intercâmbio dos lugares do sujeito e do objeto, de tal modo que o sujeito investigador, tornando-se veículo da memória dos "objetos" investigados, vê-se diante de sujeitos para os quais e com os quais se dispõe a trabalhar. Explica como trabalhou, as dificuldades dos entrevistados (desde a falência ou desobediência do corpo até a emoção retendo os fios da lembrança, impedindo a tecelagem). Suas descrições, afirmações e relatos permitiriam ao leitor ingênuo concluir que não está diante de um trabalho científico. No entanto, se assim concluísse perderia o essencial do livro, surdo a uma outra voz que não foi capaz de ouvir. Escutemos essa voz. Você compara a "outra socialização" da criança, aquela feita pelos "pequenos", isto é, avós e empregados, e a "socialização dos grandes", isto é, aquela a que somos submetidos quando arrastados pelo tempo da classe dominante. Qual a peculiaridade da "outra socialização"? Nela "a ordem social se inverte", o tempo que conta é passado e futuro (o "no meu tempo" e o "quando você crescer"). Nela, sobretudo, "os atos públicos dos adultos interessam quando revestidos de um sentido familiar, íntimo, compreensível no dia a dia. Os feitos abstratos, as palavras dos homens importantes só se revestem de significado para o velho e a criança quando traduzidos por alguma grandeza na vida cotidiana. Como pode a anciã justificar a glória do filho premiado na academia científica se ele não ajuda os sobrinhos pobres, ou se ele não tivesse curado o reumatismo da cozinheira?". O confronto entre as duas socializações é breve. Todavia, páginas adiante, lemos que a psicologia social — por suposto uma ciência, não é mesmo? — tem dado pouca atenção à socialização dos "pequenos". Essa constatação também é feita de modo breve e sem comentários. Mas ao leitor ocorre uma pergunta: se a psicologia social não se tem ocupado muito com essa socialização, com qual socialização tem ela muito se ocupado? Impossível não responder: com aquela feita pela classe dominante, à qual é auferido o título de objeto científico. Um pouco mais adiante, mencionando pesquisas científicas nas quais a psicologia social observa, mede, demonstra e conclui acerca da incapacidade social dos velhos para o trabalho, você sugere que seria de bom alvitre indagar *quem financia* tais pesquisas, deixando ao leitor a oportunidade de mostrar-se um bom entendedor para quem meia palavra basta. Num outro ponto de seu texto, acompanhando as análises de Simone de Beauvoir, você afirma: "A sociedade industrial é maléfica à velhice", pois nela todo sentimento de continuidade é destroçado, o pai sabe que o filho não continuará sua obra e que o neto nem mesmo dela terá notícia. "Destruirão amanhã o que construímos hoje." Ora, conferindo à sociedade industrial o estatuto da objetividade e da racionalidade, elegendo-a como tema de investigação, dando-lhe necessidade e universalidade, fazendo-a cânone do real, dando ao mundo social historicamente determinado e submetido ao poderio de uma classe o estatuto de uma "coisa" quase natural e de uma idealidade inteligível, a psicologia social acredita estar fazendo ciência. Se assim é, talvez não seja descabido indagar se queremos fazer ciência (ou, pelo menos, *esta* ciência). Creio, no entanto, que o ponto alto do questionamento das pretensões à cientificidade encontra-se no momento em que você interpreta a memória política. A uma determinada altura começa a tornar-se nítida a impossibilidade de demarcar fronteiras entre "esquerda" e "direita" — impossível conciliar o florianismo de d. Brites e de d. Jovina com sua prática socialista real; impossível harmonizar o integralismo do sr. Antônio com a subversão dos filhos à qual, no entanto, o pai dá plena razão; impossível não perceber a ambiguidade do sr. Abel, defensor das tradições e, ao mesmo tempo, fascinado e ressentido face ao populismo corrupto dos dirigentes, muitos dos quais são "quatrocentões" como ele; impossível não ver a idealização da figura de Getúlio feita pelo sr. Ariosto e por d. Risoleta, dos quais, afinal, esperaríamos uma consciência mais "crítica" (sic)...

Todavia, você escreve apenas: "Não me cabe aqui interpretar as contradições ideológicas dos sujeitos que participaram da cena pública. Já se disse que 'paradoxo' é o nome que damos à ignorância das causas mais profundas das atitudes humanas". Concordaremos, ainda que nos fique uma ponta de frustração. Porém, a página seguinte nos aguarda: "Explicar essas múltiplas combinações (paulistismo de tradição mais ademarismo, ou integralismo mais getulismo mais socialismo, ou tenentismo mais paulistismo mais comunismo) é tarefa reservada aos nossos cientistas políticos que já devem ter-se adestrado nesses malabarismos. O que me chama a atenção é o modo pelo qual o sujeito vai misturando na sua narrativa memorialista a marcação pessoal dos fatos com a estilização das pessoas e situações e, aqui e ali, a crítica da própria ideologia". Se estávamos um tanto frustrados, agora estamos envergonhados diante das pretensões da ciência cujos resultados tendem, afinal, à simplificação e à generalização, empobrecendo a complexidade real da existência de seres concretos. E assim, com perfeita coerência, você não carece de escrever um libelo anticientífico nem de justificar sua atitude de pensamento: a tradição dos oprimidos conquistou o direito à palavra.

Comunidade de destino, escreve você, é "sofrer de maneira irreversível, sem possibilidade de retorno à antiga condição, o destino do sujeito observado". No plano da *matéria* trabalhada você nos mostra que a velhice criou a comunidade de destino entre observador e observado. Porém, o que seu texto nos desvenda pouco a pouco é o *fazer-se* da comunidade de destino no modo pelo qual você trabalha a matéria, velhice memoriosa.

Iniciamos a leitura. Chegamos às páginas onde você descreve a socialização feita pelos pequenos, especialmente os avós e empregados. Somente ao findar a leitura do livro, quando regressamos a essas páginas (e o mesmo poderia ser dito, afinal, de toda a parte inicial do livro) somos capazes de perceber que um dos parágrafos é d. Alice, que o outro é d. Risoleta, o seguinte, d. Brites e d. Jovina. Assim, aquilo que no início da leitura eram *parágrafos* ou ideias transfigura-se — é alguém, é gente. Como não ler nestas palavras — "[ ...] ele nunca morre tendo explicitado todas as suas possibilidades. Antes, morre na véspera: e alguém deve realizar suas possibilidades que ficaram latentes, para que se cumpra o desenho de sua vida" — a morte de Preciosa, de Rafael e de Chico, ou do caligrafista cuja lembrança, feita de ternura e de revolta, enche de lágrimas os olhos de seu velho filho? Como não reencontrar d. Risoleta nestas palavras: "Acurada reflexão pode preceder e acompanhar a evocação. Uma lembrança é diamante bruto que precisa ser lapidado pelo espírito"? Como não adivinhar o caminho das vidas de d. Brites e de d. Jovina nas páginas iniciais, quando você escreve: "O que poderá mudar enquanto a criança escuta na sala discursos igualitários e observa na cozinha o sacrifício constante dos empregados?". Como não reconhecer todos os recordadores nos parágrafos que descrevem a ambiguidade da meninice como um mosaico antigo feito de aspirações truncadas, injustiça, prepotência e hostilidade habitual contra os fracos e pequenos, mas feito também de esperanças e alegrias, "talvez porque nossa fraqueza fosse uma força latente e em nós havia o germe de uma plenitude a se realizar"? Como não ver aí cada um e todos os memorialistas, seja porque sofreram na carne essa meninice injusta e esperançosa, seja porque das janelas da casa ou do bonde foram sensíveis ao fraco e à injustiça dos fortes? Ali estão, nesses parágrafos iniciais, o pai caligrafista do sr. Ariosto, a morte operosa da mãe de d. Risoleta, a mãe surrada do sr. Antônio, a vocação bloqueada de Preciosa e a morte abnegada do pai de d. Brites e de d. Jovina, a cegueira da avó de d. Alice, os operários a gritar por Idalina, enchendo de revolta o jovem coração de Vivina. Mas também estão ali as primeiras alegrias, o regaço dos avós, a solidariedade dos vizinhos, a descoberta das mãos e da inteligência, o palhaço nas ruas, o samba nos pés de Risoleta, as rosas de Alfredo Volpi, os pregões, a ópera e a várzea. Você fala longamente no significado da socialização dos pequenos ("a grandeza dos socialmente pequenos", diz você). Todavia, só chegamos a compreender verdadeiramente o sentido dessa socialização quando você introduz, em contraponto, o tema da opressão. Não apenas aquela que se abate sobre os recordadores crianças, adolescentes e adultos, mas também aquela que os destrói como velhos. Somente depois de lermos as lembranças recolhidas, quando vemos embaciar-se o contorno da cidade, quando o Brás, o Bexiga e a Barra Funda se convertem em nomes sem paisagem, quando "São Paulo, familiar como a palma da mão quando suas dimensões eram humanas", converteu-se em escombros de cimento armado, compreendemos o sentido daquela socialização e o da opressão. Somente então somos capazes de compreender o alcance de sua pergunta: "Por que decaiu a arte de contar histórias?" — e o significado de sua resposta: "Talvez porque tenha decaído a arte de trocar experiências". Porque matamos a sabedoria. E, então, nos vem o sentimento angustiante e indescritível do que significam a perda e a carência dessa "outra socialização" quando nos falta ou quando nos vier a faltar. Estamos inteiramente concernidos por essa perda, implicados nela. A comunidade de destino surge, agora, como nossa.

Os memorialistas possuem nomes. Nós nos acostumamos com eles, individualizando-os em nossa própria lembrança, rindo, chorando, esperando e desesperando com eles. Ao terminar o capítulo sobre a memória política você escreve: "Memória povoada de nomes. São pessoas e não conceitos abstratos de 'direita' e de 'esquerda' que têm peso e significam [...] Augusto Pinto, cuja belíssima lápide d. Brites nos dá a conhecer, Natália Pinto, mãe de Augusto; Luís Carlos Prestes, Olga Benario, Cândido Portinari, José Maria Crispim, Taibo Cadórniga, Maria Luiza Branco, as tecelãs Leonor Petrarca, Lucinda de Oliveira. Jornalistas, operários, militantes e, em primeiro plano, Elisa Branco". Há os nomes que ficaram para eles e os nomes deles que ficaram para nós. Tese sobre a tradição dos oprimidos, seu texto se concentra na densidade do mundo oral. Jan Vansinna, antropólogo que se dedicou ao estudo da história oral das tribos africanas, revela que o ponto mais alto e pleno de sentido, nó e núcleo dessa história, é o nome próprio no qual os eventos se concentram e se perpetuam. Nessa história, como no Gênese, o mundo é criado pelo ato que o nomeia. Em sua tese, o método (seu modo de trabalhar) respeita da maneira mais completa o objeto (a matéria que você trabalha).

Porém, qual o significado desse respeito? Em que ele reafirma a sua coerência permanente? Que significam esses parágrafos que se convertem em pessoas, em nomes retidos, represando feixes de significações? Seu livro nos mostra que não estamos diante de "ideias" nem de "pontos de vista", encarregados de relativizar a densidade do passado: estamos diante de indivíduos reais. É aqui, acredito, que sua coerência brilha fulgurante.

No primeiro capítulo de *Mimesis* ("A cicatriz de Ulisses"), Auerbach descreve as duas grandes tradições literárias do Ocidente: a memória épica de Homero e a memória dramática do Velho Testamento. Na epopeia homérica, a narrativa não possui pano de fundo, todo o esforço do poeta vindo a concentrar-se na presentificação total, sem rastros e sem sombras, do passado. "[...] a própria essência do estilo homérico, que é a de presentificar os fenômenos sob uma forma completamente exteriorizada, torná-los visíveis e tangíveis em todas as suas partes, determiná-los exatamente em suas relações temporais e espaciais. Não é diferente o que se passa com os acontecimentos interiores: também aqui nada deve permanecer secreto e inexprimido [...] o que as personagens não dizem a outrem, confiam ao seu próprio coração e o leitor o apreende." No relato bíblico, ao contrário, só há pano de fundo, todo o esforço do narrador vindo a concentrar-se na manutenção do oculto — lugares, falas, acontecimentos são omitidos — para que brilhe apenas o enigma da relação entre o homem e Deus. O contraponto de Ulisses é Abraão. "Nos relatos bíblicos também há personagens que falam, mas o discurso não serve, como em Homero, para comunicar o pensamento de uma maneira manifesta, antes, serve ao fim contrário: para sugerir um pensamento que permaneceu inexprimido. Deus dá a ordem em um discurso direto, mas cala o motivo e a intenção [...] O todo, submetido a uma tensão constante, orientado para um fim e por isso muito mais homogêneo, permanece misterioso e deixa adivinhar uma região oculta." Ora, prossegue Auerbach, há uma diferença profunda entre as personagens de Homero e as do Velho Testamento. Enquanto as primeiras saem ilesas e perfeitas da ação do tempo, sempre idênticas ao que foram antes e depois do acontecido, as figuras bíblicas possuem verdadeiramente história e destino, trazem as marcas do acontecimento, se desenvolvem, contraditórias, ambíguas e concretas. Ulisses se disfarça de mendigo, Job está verdadeiramente só, dilacerado e miserável. Ulisses sai e retorna a Ítaca, Adão é verdadeiramente expulso do Paraíso, Jacob é verdadeiramente fugitivo, José, verdadeiramente lançado ao fosso. São homens. Descem ao mais fundo da abjeção e ascendem à mais alta redenção. Há no Velho Testamento algo que não existe em Homero: a densidade da história pessoal.

Ecléa, você foi a Mnemosyne cuja história, escreve Vernant, "é um deciframento do invisível, uma geografia do sobrenatural", pois o poeta, visionário, transportado ao coração das origens, não improvisa, mas trabalha para adquirir o dom da visão e da evocação porque sua tarefa é "uma rememoração do passado cuja contrapartida necessária é o 'esquecimento' do tempo presente". Esquecer é morrer; Mnemosyne, fonte de imortalidade. Sim, você foi a Mnemosyne, mas é o Velho Testamento que fala em seu livro. Se há, para nós, presentificação de tudo quanto foi registrado, se há, como um profundo dom de imortalidade a nós ofertado, o mapa afetivo de uma cidade perdida, se há uma ressurreição dos mortos em nossa existência combalida, há também, e sobretudo, um pano de fundo latente, espécie de subterrâneo da narrativa como esse "túnel escuro" de que fala d. Brites e que nunca saberemos o que foi ou é. O pano de fundo existe em seu texto não porque os memorialistas lhe fizeram confidências que não foram transcritas, nem porque teriam muito mais a dizer além do que já disseram, mas porque você escreve de modo a nos fazer pressentir tudo quanto está sendo calado, e não podemos negligenciar a construção de suas frases onde, afinal, o silêncio fala sem, contudo, nos dizer *o que* está escondendo. O que d. Alice espera quando, fazendo de Ecléa o interlocutor visível a quem se dirige, nos deixa entrever a região afetuosa do convívio dizendo: "Você entende, não é *meu bem?*". Por que, nesse instante, ela quer o entendimento *seu?* Quanta surpresa quando, inesperadamente, lemos (ouvimos?) "Bravo!", só então percebendo que o sr. Ariosto não descrevia o processo de fabricação das flores, mas que estava ensinando Ecléa a fazê-las. Saberemos, algum dia, o que significou para o sr. Abel a doação de um cobertor que, para aquecê-lo, lhe veio das mãos de um companheiro temido e prestes a morrer? Saberemos, algum dia, qual a resposta de Ecléa à pergunta de d. Risoleta: "Essa luz prateada, ali. Está vendo?". Nunca saberemos se você a viu, como nunca saberemos por que o rei Psamênito chorou. A comunidade de destino, oculta partida sem retorno, desloca o relato da terceira pessoa do singular para a primeira: "Nesse momento descobri, sob meus pés, as pedras do calçamento, as mesmas que pisei na infância. Senti um grande conforto. Percebi com satisfação a relação familiar dos colegiais, dos namorados, dos vendedores ambulantes com as esculturas trágicas da ópera que habitam o jardim do teatro". Mas, essa primeira pessoa do singular que fala, também cala. Nunca saberemos o que a menina-moça Ecléa sentia quando ainda não sofria "um grau intolerável de desenraizamento".

A lenda, diz Auerbach, é homogênea e linear; a história, múltipla, heterogênea, contraditória, como os desvãos e largos batentes onde as criaturas se abrigam e se escondem, permanecendo, contudo, no aberto das ruas (... ou, quem sabe, para poder ficar nas ruas...). Para falar em comunidade de destino e para vivê-la é preciso crer, como dissera Benjamin, que o porvir não é um ponto objetivo previsível, nem o tempo, uma linha homogênea e vazia, mas que o porvir é possível, e o tempo, o que há de vir, pois nele cada momento conta porque é a porta estreita por onde poderá passar o Messias.

Ecléa, o que você faz com o leitor? Não lhe dá — não nos dá — sossego. A cada passo, seu texto derruba antigas balizas, desfaz nossas garantias, repõe o risco de pensamento e a tensão do agir-lembrar.

Descrevendo a substância social da memória — a matéria lembrada — você nos mostra que o modo de lembrar é individual tanto quanto social: o grupo transmite, retém e reforça as lembranças, mas o recordador, ao trabalhá-las, vai paulatinamente individualizando a memória comunitária e, no que lembra e no como lembra, faz com que fique o que signifique. O tempo da memória é social, não só porque é o calendário do trabalho e da festa, do evento político e do fato insólito, mas também porque repercute no modo de lembrar. A morte da mãe de d. Risoleta escapa a qualquer cronologia: vida e morte se entrecruzam, o calor da fornalha aquece a pele e gela o sangue, a branca mandioca é alva mortalha. O ator que o sr. Abel "viu" representar antes mesmo de nascer, transforma seu tempo num vazio, sem marcos de relógio, infinito e escorregadio. D. Risoleta lembra no presente um passado de fadiga, que é o seu próprio. O sr. Abel recorda agora aquilo que jamais foi outrora. D. Brites lembra mulheres esquecidas, d. Jovina, homens que são como a "roseira que no último ano de vida deu rosas demais" tapando o terraço de flores.

Quando se inicia a interpretação da família, você a faz emergir como forma primordial de socialização. Parece ser quase uma essência. Repentinamente, porém, a sala de Brites e Vivina, envolvida nos acordes do piano, leva ao quartinho de telha-vã de Alice para que ouçamos o ruído do granizo despencando sobre as camas. Da sala de visitas, onde Abel e seu ilustre avô conversam, somos levados a uma outra sala onde, de pé e muda, Risoleta serve bolos e biscoitos. Da janela onde Brites e Vivina se divertem com os acontecimentos da rua, somos levados ao cubículo onde Alice é fechada para não ser judiada pelos filhos da patroa. Das férias inesquecíveis de Abel somos conduzidos à cozinha sem exteriores onde Risoleta roda na roda-viva da labuta, como Ariosto e Amadeu se esfalfam pelo pão de cada dia. Os quitutes de Risoleta avivam a fome de Alice, Ariosto e Amadeu e do pequeno aluno de Brites, morto antes que fosse chegada a hora. A família irrompe dividida em cômodos, espaços e lugares — há classes sociais. Todavia, quando essa divisão é operada uma outra unidade reaparece: cada um dos recordadores é *um* nome e cada um deles, *uma* família. Porém, a unidade refeita, a família não ressurge como fonte primordial da socialização — ela é agora a tecelagem onde se unem os fios de relatos de solidão. Emerge, submerge destroçada e ressurge a família, mas no caminho do texto, mudado o contexto, modificou-se o sentido.

Lendo-a, temos a impressão de que os recordadores participaram intensamente da vida cultural de São Paulo — a ópera, o teatro, o cinema, as festas cívicas e religiosas, tudo está ali, lembrado nas diferentes formas de participação: o significado dos preços dos ingressos, as roupas necessárias, os arranjos para obter lugares, os contatos com os artistas e intelectuais, a ousadia de Brites indo às galerias do Municipal, Antônio fazendo Mário de Andrade ler seu poema. Subitamente, menção ao acontecimento cultural mais significativo da época: a Semana de 22. Dela, porém, só falam Brites, Jovina e Antônio. As duas primeiras acompanharam com interesse as notícias dos jornais e das revistas, assistiram a alguns acontecimentos, mas ficaram de longe, pois "era coisa de grã-finos". Antônio fala em Oswald e descreve com ressentimento o poeta Mário. Reencontramos, assim, através dos relatos e dos silêncios sobre a Semana, a divisão de classes e as diferenças sociais que, no início do texto, pareciam ter ficado na sombra. Os pés de Risoleta a dançar, o artesão que corrige o grande tenor, o Natal à italiana de Alice não apagam as exclusões. No entanto, se nosso "objetivismo" fica logo satisfeito — "vejam, a luta de classes aí está!" — mais adiante você nos deixa perplexos ao lembrar a figura do preto cuja gargalhada inesquecível lhe abria as portas dos teatros e lhe dava lugar nas mesas dos cafés. Porém, um som quase inaudível ainda se faz ouvir: as panelas areadas por Risoleta, os dedos de Alice catando alfinetes na oficina de costura, a pena do caligrafista roçando o papel...

A cada passo, algo se estende diante de nós como o alvo lençol de um coletivo homogêneo pontilhado pelos bordados das diferenças grupais, pelos crivos familiares e individuais. Repentinamente, o lençol se esgarça, tinge-se de mil cores, perde a placidez: o bordado é fronteira, o crivo é rombo, o pontilhado das diferenças deixa aparecer uma divisão profunda que rasga a sociedade de alto a baixo. Porém, quando o capítulo sobre o grupo termina, permanece junto às pedras na salvaguarda da memória — há como que um descanso. Mas, lá vem você novamente: a memória política torna as pedras pontiagudas e cortantes, martelando sobre o grupo e embaçando sua transparência. Tempo e espaço se despedaçam, a lembrança se quebra e o mundo se fragmenta de vez. No entanto, quando já começávamos a nos resignar com a fragmentação, uma outra memória nos resgata: a memória do trabalho, paciente, reconstrói o mundo, e se nela a diferença das classes se agrava definitivamente, todavia, já não agrava a diferença entre os recordadores porque *todos trabalharam,* antes e agora. Como se nos redimisse, seu livro termina com a imagem de uma humanidade perdida e, no entanto, possível, renascida dos escombros da política na lembrança de inteligências atentas, de mãos ágeis e pacientes, de pés cansados que ainda pisam, deixando marcas sobre as pedras da cidade.

Um dia, ela refez o caminho que uma outra palmilhara, e seu coração encheu-se de alegria ao ouvir, num canto esquecido de todos, uma voz que também se lembrava.

*— Gigantes!*
*Seus braços*
*de aço*
*me quebram*
*a espinha,*
*me tornam*
*farinha?*
*Mas brilha*
*divino*
*santelmo*
*que rege*
*e ilumina*
*meu valimento.*

*Doído*
*moído*
*caído*
*perdido*
*curtido*
*morrido*

*eu sigo*
*persigo*
*ó lunar*
*intento:*
*pela justiça no mundo*
*luto, iracundo.*

(Carlos Drummond de Andrade)

*Marilena Chaui*
Janeiro de 1979

*Ladeira da Memória. Quando houve uma epidemia de varíola, lá por 1902, ficou então o Bexiga.*

MEMÓRIA E SOCIEDADE

# Introdução

Este é um estudo sobre memórias de velhos. Para obtê-las, entrevistei longamente pessoas que tinham em comum a idade, superior a setenta anos, e um espaço social dominante em suas vidas: a cidade de São Paulo.

Não se trata de uma obra com proposta de amostragem: o intuito que me levou a empreendê-la foi registrar a voz e, através dela, a vida e o pensamento de seres que já trabalharam por seus contemporâneos e por nós. Este registro alcança uma memória pessoal que, como se buscará mostrar, é também uma memória social, familiar e grupal. Desde sua concepção o trabalho situava-se, portanto, naquela fronteira em que se cruzam os modos de ser do indivíduo e da sua cultura: fronteira que é um dos temas centrais da psicologia social.

Não é preciso dizer que o motivo da pesquisa foi explicado com toda clareza ao sujeito, e que ele sempre teve autoridade sobre o registro de suas lembranças e consciência de sua obra.

Não dispomos de nenhum documento de confronto dos fatos relatados que pudesse servir de modelo, a partir do qual se analisassem distorções e lacunas. Os livros de história que registram esses fatos são também um ponto de vista, uma versão do acontecido, não raro desmentidos por outros livros com outros pontos de vista. A veracidade do narrador não nos preocupou: com certeza seus erros e lapsos são menos graves em suas consequências que as omissões da história oficial. Nosso interesse está *no que foi lembrado,* no que foi escolhido para perpetuar-se na história de sua vida. Recolhi aquela "evocação em disciplina" que chamei de memória-trabalho.

O principal esteio do meu método de abordagem foi a formação de um vínculo de amizade e confiança com os recordadores. Esse vínculo não traduz apenas uma simpatia espontânea que se foi desenvolvendo durante a pesquisa, mas resulta de um amadurecimento de quem deseja compreender a própria vida revelada do sujeito.

Roman Jakobson refletirá que a observação mais completa dos fenômenos é a do observador participante. Uma pesquisa é um compromisso afetivo, um trabalho ombro a ombro com o sujeito da pesquisa. E ela será tanto mais válida se o observador não fizer excursões saltuárias na situação do observado, mas participar de sua vida. A expressão "observador participante" pode dar origem a interpretações apressadas. Não basta a simpatia (sentimento fácil) pelo objeto da pesquisa, é preciso que nasça uma compreensão sedimentada no trabalho comum, na convivência, nas condições de vida muito semelhantes. Não bastaria trabalhar alguns meses numa linha de montagem para conhecer a condição operária. O observador participante dessa condição por algum tempo tem, a qualquer momento, possibilidade de voltar para sua classe, se a situação tornar-se difícil.

Segundo Jacques Loew, em *Journal d'une mission ouvrière,* é preciso que se forme uma *comunidade de destino* para que se alcance a compreensão plena de uma dada condição humana. *Comunidade de destino* já exclui, pela sua própria enunciação, as visitas ocasionais ou estágios temporários no lócus da pesquisa. Significa sofrer de maneira irreversível, sem possibilidade de retorno à antiga condição, o destino dos sujeitos observados.

O presente estudo sobre a memória se edificou naturalmente e sem nenhum mérito de minha parte sobre uma comunidade de destino — o envelhecimento — de que participamos, sujeito e objeto da pesquisa. Sei que a expressão "objeto da pesquisa" pode repugnar aos que trabalham com ciências humanas, se essa objetividade é entendida como tratar o sujeito à maneira de coisa, como redução de suas qualidades individuais para torná-lo objeto compatível com o método experimental. Nesta pesquisa fomos ao mesmo tempo sujeito e objeto. Sujeito enquanto indagávamos, procurávamos saber. Objeto quando ouvíamos, registrávamos, sendo como que um instrumento de receber e transmitir a memória de alguém, um meio de que esse alguém se valia para transmitir suas lembranças.

Gostaria que se compreendessem os limites que os narradores encontraram. Faltou-lhes a liberdade de quem escreve diante de uma página em branco e que pode apurar, retocar, refazer. Suas memórias contadas oralmente foram transcritas tal como colhidas no fluxo de sua voz. E eles encontraram também os limites de seu corpo, instrumento de comunicação às vezes deficitário. Quando a memória amadurece e se extravasa lúcida, é através de um corpo alquebrado: dedos trêmulos, espinha torta, coração acelerado, dentes falhos, urina solta, a cegueira, a ânsia, a surdez, as cicatrizes, a íris apagada, as lágrimas incoercíveis.

Se as lembranças às vezes afloram ou emergem, quase sempre são uma tarefa, uma paciente reconstituição. Há no sujeito plena consciência de que está realizando uma tarefa:

"Eu ainda guardo isso para ter uma memória viva de alguma coisa que possa servir alguém" (d. Brites).

"Veja, hoje a minha voz está mais forte que ontem, já não me canso a todo instante. Parece que estou rejuvenescendo enquanto recordo" (sr. Ariosto).

Essa tarefa é um autoaperfeiçoamento, uma reconquista:

"Agradeço por estar recordando e burilando meu espírito" (d. Risoleta).

A memória é um cabedal infinito do qual só registramos um fragmento. Frequentemente, as mais vivas recordações afloravam depois da entrevista, na hora do cafezinho, na escada, no jardim, ou na despedida no portão. Muitas passagens não foram registradas, foram contadas em confiança, como confidências. Continuando a escutar ouviríamos outro tanto e ainda mais. Lembrança puxa lembrança e seria preciso um escutador infinito.

Para enfrentar a tarefa de entendimento das narrativas vali-me de autores que centraram na memória suas reflexões, como Bergson, Halbwachs, Bartlett, Stern, tendo me ajudado também a obra de fôlego que Simone de Beauvoir dedicou à velhice e as análises que Benjamin fez do processo narrativo.

A estrutura da obra tem algo de funil: começo pela reflexão mais geral sobre o fenômeno da memória em si, passo a marcar o seu nexo íntimo com a vida social (capítulo 1); procuro entender a função da memória na velhice (capítulo 2); transcrevo, em seguida, o resultado das entrevistas com os oito sujeitos (capítulo 3); para, enfim, comentar os resultados e segurar alguns dos fios teóricos desenrolados desde o princípio do trabalho (capítulo 4).

Talvez deva insistir em duas negativas para delimitar bem o âmbito da obra: não pretendi escrever uma obra sobre *memória,* tampouco sobre *velhice.* Fiquei na interseção dessas realidades: colhi memórias de velhos.

# 1.
## MEMÓRIA-SONHO E MEMÓRIA-TRABALHO

BERGSON, OU A CONSERVAÇÃO DO PASSADO

Henri Bergson abre o primeiro capítulo de *Matière et mémoire* dizendo que vai fingir, por um momento, nada conhecer das teorias da matéria e das teorias do espírito, e nada das discussões sobre a realidade ou a idealidade do mundo exterior.[1]

Seria uma agradável tentação retomar, aqui, a mesma proposta: ignorar tudo quanto a psicologia tem dito, em seus mais de cem anos de vida científica oficial, sobre a memória e suas relações com o psiquismo e a sociedade. Entretanto, não pretendo ceder a essa tentação; não completamente, ao menos: e para começar este estudo de psicologia da memória, valho-me precisamente daquele filósofo da vida psicológica que motivou estas linhas — Henri Bergson, o autor de *Matière et mémoire*.[2] As observações de Bergson a propósito da natureza e das funções da memória só podem ser avaliadas com a devida justeza quando postas em relação com o contexto da sua obra filosófica, em que se interpenetram e se iluminam mutuamente os conceitos de "memória", "tempo", "devir", "*élan* vital", "energia". Não cabe desenvolvê--los neste trabalho, cujo alvo específico é a análise de *memórias* de mulheres e homens idosos e que, portanto, pressupõe a existência de um *estofo social da memória*, tomado em si, independentemente do conceito filosófico mais geral que se possa ter da atividade mnêmica.

Assim sendo, o que nos interessa em Bergson é a rica fenomenologia da lembrança que ele persegue em sua obra, bem como uma série de distinções de caráter analítico, extremamente sugestivas e cuja adequação podemos comprovar ao longo das narrativas registradas na segunda parte do nosso trabalho. Além disso, *Matière et mémoire*, pela originalidade tantas vezes polêmica das suas proposições, constitui o centro dos debates sobre tempo e memória, provocando reações que ajudaram a psicologia social a repensar os liames sutis que unem a lembrança à consciência atual e, por extensão, a lembrança ao corpo de ideias e representações que se chama, hoje, correntemente, "ideologia".

### AÇÃO E REPRESENTAÇÃO

A posição introspectiva de Bergson em face do seu tema leva-o a começar a indagação pela autoanálise voltada para a experiência da percepção: *O que percebo em mim quando vejo as imagens do presente ou evoco as do passado?* Percebo, em todos os casos, que cada imagem formada em mim está mediada pela imagem, sempre presente, do meu corpo. O sentimento difuso da própria corporeidade é constante e convive, no interior da vida psicológica, com a percepção do meio físico ou social que circunda o sujeito. Bergson observa, também, que esse presente *contínuo* se manifesta, na maioria das vezes, por movimentos que definem ações e reações do corpo sobre o seu ambiente. Está estabelecido, desse modo, o nexo entre *imagem do corpo* e *ação*.

Nem sempre, contudo, as sensações levadas ao cérebro são restituídas por este aos nervos e aos músculos que efetuam os movimentos do corpo, as suas ações. Nem sempre se cumpre o percurso de ida e volta pelo qual os estímulos externos chegam, pelos nervos aferentes, à central do cérebro, e desta voltam, pelos eferentes, à periferia do corpo. Quando o trajeto é só de ida, isto é, quando a imagem suscitada no cérebro permanece nele, "parando", ou "durando", teríamos, não mais o esquema *imagem-cérebro-ação*, mas o esquema *imagem-cérebro representação*. O primeiro esquema é motor. O segundo é perceptivo. A percepção e, ainda mais profundamente, a consciência, derivam, para Bergson, de um processo inibidor realizado no centro do sistema nervoso; processo pelo qual o estímulo *não* conduz à ação respectiva.[3] Apesar da diferença entre o processo que leva à ação e o processo que leva à percepção, um e outro dependem, fundamentalmente, de um esquema corporal que vive sempre no momento atual, imediato, e se realimenta desse mesmo presente em que se move o corpo em sua relação com o ambiente.

É rica de consequências essa concepção da percepção como um resultado de estímulos "não devolvidos" ao mundo exterior sob forma de ação. Em primeiro lugar: a percepção aparece como um intervalo entre ações e reações do organismo; algo como um "vazio" que se povoa de imagens as quais, trabalhadas, assumirão a qualidade de signos da consciência. Em segundo lugar: o sistema nervoso central perde toda função produtora das percepções (tal qual a teria em um esquema biológico determinista) para assumir apenas o papel de um *condutor,* no esquema da ação, ou de um *bloqueador,* no esquema da consciência. A percepção difere da ação assim como a reflexão da luz sobre um espelho diferiria da sua passagem através de um corpo transparente.

Enfim, ação e representação estariam ligadas ao esquema geral corpo-ambiente: positivamente, a ação; negativamente, a representação. Nas palavras de Bergson: "[...] o corpo, interposto entre os objetos que agem sobre ele e os que ele influencia, não é mais que um condutor, encarregado de recolher os movimentos, e de transmiti-los, quando não os detém, a certos mecanismos motores, determinados se a ação é reflexa, escolhidos se a ação é voluntária".[4]

No caso da "parada", em que o estímulo não determina a reação motora, abre-se a possibilidade (essencial, para o pensamento de Bergson) da indeterminação, graças à qual o pensamento "puro" é mais complexo e matizado do que a imagem resolvida imediatamente em ações: "A margem de independência de que dispõe um ser vivo, ou, como diríamos, a zona de indeterminação que envolve a sua atividade permite, pois, avaliar a priori o número que seja essa relação, qualquer que seja a natureza íntima da percepção, pode-se afirmar que a amplitude de percepção mede exatamente a indeterminação de ação consecutiva e, em consequência, enunciar esta lei: *A percepção dispõe do espaço na exata proporção em que a ação dispõe do tempo*".[5]

Há um momento, porém, em que o discurso de Bergson sobre ação e percepção precisa enfrentar o problema da passagem do tempo. Se é verdade que cada ato perceptual é um ato presente, uma relação atual do organismo com o ambiente, é também verdade que cada ato de percepção é um novo ato. Ora, "novo" supõe que antes dele aconteceram outras experiências, outros movimentos, outros estados do psiquismo.

Como enfrentar o problema da vida psicológica já atualizada se, em termos de percepção pura, só existe o presente do corpo, ou, mais rigorosamente, a imagem aqui e agora do corpo? Formulando a questão no contexto de razões acima, Bergson vai opor vigorosamente a *percepção atual* àquilo que, logo adiante, chamará de *lembrança*.

É importante frisar esse ponto, que será o nó das objeções que lhe faria a psicologia social de Maurice Halbwachs: para Bergson, o universo das lembranças não se constitui do mesmo modo que o universo das percepções e das ideias. Todo o esforço científico e especulativo de Bergson está centrado no princípio da diferença: de um lado, o par percepção-ideia, par nascido no coração de um presente corporal contínuo; de outro, o fenômeno da lembrança, cujo aparecimento é descrito e explicado por outros meios. Essa oposição entre o perceber e o lembrar é o eixo do livro, que já traz no título o selo da diferença: matéria/memória.

## O "CONE" DA MEMÓRIA

Vejamos, mais de perto, como surge no texto de Bergson a primeira alusão ao fenômeno da lembrança (souvenir).

O discurso do pensador está-se interrogando sobre a passagem da percepção das coisas para o nível da consciência. A certa altura, introduz a reflexão seguinte: "Na realidade, não há percepção que não esteja impregnada de lembranças".[6] Com essa frase, adensa-se e enriquece-se o que até então parecia bastante simples: a percepção como o mero resultado de uma interação de ambiente com o sistema nervoso. Um outro dado entra no jogo perceptivo: a lembrança que "impregna" as representações.

Como se pode introduzir esse outro dado fora do esquema *estímulo-cérebro-representação*? Não há outro modo de sair do impasse senão recorrendo ao pressuposto de uma conservação subliminar, subconsciente, de toda a vida psicológica já transcorrida. Somos tentados, na esteira de Bergson, a pensar na etimologia do verbo. "Lembrar-se", em francês *se souvenir*, significaria um movimento de "vir" "de bai*xo*": *sous-venir*, vir à tona o que estava submerso. Esse afloramento do passado combina-se com o processo corporal e presente da percepção: "Aos dados imediatos e presentes dos nossos sentidos nós misturamos milhares de pormenores da nossa experiência passada. Quase sempre essas lembranças deslocam nossas percepções reais, das quais retemos então apenas algumas indicações, meros 'signos' destinados a evocar antigas imagens".[7]

Com a última afirmação, começa-se a atribuir à memória uma função decisiva no processo psicológico total: a memória permite a relação do corpo presente com o passado e, ao mesmo tempo, interfere no processo "atual" das representações. Pela memória, o passado não só vem à tona das águas presentes, misturando-se com as percepções imediatas, como também empurra, "desloca" estas últimas, ocupando o espaço todo da consciência. A memória aparece como força subjetiva ao mesmo tempo profunda e ativa, latente e penetrante, oculta e invasora.

Em outro texto Bergson dirá das lembranças que estão na cola das percepções atuais, "como a sombra junto ao corpo".[8] A memória seria o "lado subjetivo de nosso conhecimento das coisas".[9]

Entrando em cena a lembrança, já não se pode falar apenas de "percepção pura". Seria necessário distinguir, como o faz Bergson, entre esta última e a outra, mais rica e mais viva, que ele denomina "percepção concreta e complexa", na verdade a única real, pois a percepção pura do presente, sem sombra nenhuma de memória, seria antes um conceito-limite do que uma experiência corrente de cada um de nós.

Ao contrário, o que o método introspectivo de Bergson sugere é o fato da *conservação* dos estados psíquicos já vividos; conservação que nos permite escolher entre as alternativas que um novo estímulo pode oferecer. A memória teria uma função prática de limitar a indeterminação (do pensamento e da ação) e de levar o sujeito a reproduzir formas de comportamento que já deram certo. Mais uma vez: a percepção concreta precisa valer-se do passado que de algum modo se conservou; a memória é essa reserva crescente a cada instante e que dispõe da totalidade da nossa experiência adquirida.

Para tornar mais evidente a diferença entre o espaço profundo e cumulativo da memória e o espaço raso e pontual da percepção imediata, Bergson imaginou representá-la pela figura de um cone invertido:

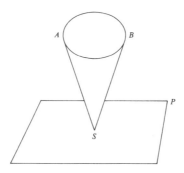

na base estariam as lembranças que "descem" para o presente, no vértice estariam os atos perceptuais que se cumprem no plano do presente e deixam passar as lembranças: "Esses dois atos, percepção e lembrança, se penetram sempre, trocam sempre alguma coisa de suas substâncias por um fenômeno de endosmose".

A figura do cone é assim comentada por Bergson: "Se eu represento por um cone *SAB* a totalidade das lembranças acumuladas em minha memória, a base *AB*, assentada no passado, permanece imóvel, ao passo que o vértice *S*, que figura em todos os momentos o meu presente, avança sem cessar e sem cessar, também, toca o plano móvel *P* de minha representação atual do universo. Em *S* concentra-se a imagem do corpo; e, fazendo parte do plano *P*, essa imagem limita-se a receber e a devolver as ações emanadas de todas as imagens de que se compõe o plano".[10]

Bergson afirma também (e esse é um princípio dialetizador da sua doutrina que nem sempre os objetores levaram em conta) que "é do presente que parte o chamado ao qual a lembrança responde".[11]

AS DUAS MEMÓRIAS

Assentada firmemente a distinção entre percepção pura e memória, e propostos os seus modos de interação, Bergson procede a uma análise interna, diferencial, da memória.

O passado conserva-se e, além de conservar-se, atua no presente, mas não de forma homogênea. De um lado, o corpo guarda esquemas de comportamento de que se vale muitas vezes automaticamente na sua ação sobre as coisas: trata-se da *memória-hábito,* memória dos mecanismos motores. De outro lado, ocorrem lembranças independentes de quaisquer hábitos: lembranças isoladas, singulares, que constituiriam autênticas ressurreições do passado.

A análise do cotidiano mostra que a relação entre essas duas formas de memória é, não raro, conflitiva. Na medida em que a vida psicológica entra na bitola dos hábitos, e move-se para a ação e para os conhecimentos úteis ao trabalho social, restaria pouca margem para o devaneio para onde flui a evocação espontânea das imagens, posta entre a vigília e o sonho.

O contrário também é verdadeiro. O sonhador resiste ao enquadramento nos hábitos, que é peculiar ao homem de ação. Este, por sua vez, só relaxa os fios da tensão quando vencido pelo cansaço e pelo sono.

A memória-hábito adquire-se pelo esforço da atenção e pela repetição de gestos ou palavras. Ela é — embora Bergson não se ocupe explicitamente desse fator — um processo que se dá pelas exigências da socialização. Trata-se de um exercício que, retomado até a fixação, transforma-se em um hábito, em um serviço para a vida cotidiana. Graças à memória-hábito, sabemos "de cor" os movimentos que exigem, por exemplo, o comer segundo as regras da etiqueta, o escrever, o falar uma língua estrangeira, o dirigir um automóvel, o costurar, o escrever a máquina etc. A memória-hábito faz parte de todo o nosso adestramento cultural.

No outro extremo, a lembrança pura, quando se atualiza na *imagem-lembrança,* traz à tona da consciência um momento único, singular, não repetido, irreversível, da vida. Daí, também, o caráter não mecânico, mas evocativo, do seu aparecimento por via da memória. Sonho e poesia são, tantas vezes, feitos dessa matéria que estaria latente nas zonas profundas do psiquismo, a que Bergson não hesitará em dar o nome de "inconsciente". A imagem-lembrança tem data certa: refere-se a uma situação definida, individualizada, ao passo que a memória-hábito já se incorporou às práticas do dia a dia. A memória-hábito parece fazer um só todo com a percepção do presente.

A tipologia vem, aliás, de longe: *vita contemplativa* e *vita activa,* diziam os teólogos medievais. Daí, uma pergunta: os velhos, para os quais a ação planejada e os novos aprendizados já não são mais necessidades tão prementes, não seriam, por acaso, presas alternativas ora da memória-hábito, ora da memória-sonho? O seu cotidiano não se transformaria, a ser justa a hipótese de Bergson, em uma rede de evocações espontâneas e distantes, mas atadas pelos pontos de um automatismo senil, cada vez mais rígido? Em outros termos: o velho carrega em si, mais fortemente, tanto a possibilidade de evocar quanto o mecanismo da memória, que já se fez prática motora. O velho típico já não aprenderia mais nada, pois sua vida psicológica já estaria presa a hábitos adquiridos, inveterados; e, em compensação, nos longos momentos de inação, poderia perder-se nas imagens-lembrança.

Evidentemente, Bergson não se ocupa de casos-limite nem de uma psicologia diferencial. O seu cuidado maior é o de entender as relações entre a conservação do passado e a sua articulação com o presente, a confluência de memória e percepção. A figura do cone é apenas uma primeira aproximação que outros esquemas vêm completar. Assim, no tópico "Lembranças e movimentos", que integra o segundo capítulo de *Matière et mémoire*, Bergson desenha um conjunto de semicírculos contrapostos que representam, simetricamente, os níveis de expansão da memória e os níveis de profundidade espacial e temporal onde se situam os objetos evocados:

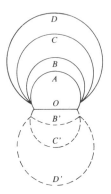

Explicitando, pode-se dizer que a memória apresenta vários círculos, de extensão desigual. "O mais estreito, *A*, é o mais próximo da percepção imediata. Ele só contém o objeto *O* com a imagem consecutiva que vem cobri-lo. Atrás dele, os círculos *B, C, D*, cada vez mais largos, respondem a esforços nascentes de expansão intelectual. É o todo da memória que entra, em cada um desses circuitos, já que a memória está presente sempre: mas essa memória, que a sua elasticidade permite dilatar indefinidamente, reflete sobre o objeto um número crescente de coisas sugeridas, ora detalhes do próprio objeto, ora detalhes concomitantes que possam contribuir para esclarecê-lo. Assim, depois de ter reconstruído o objeto apercebido, à maneira de um todo independente, nós reconstituiremos, com ele, as condições cada vez mais longínquas com as quais ele forma um sistema. Chamemos *B', C', D'* essas causas de profundidade crescente, situadas atrás do objeto, e virtualmente dadas com o próprio objeto. Vê-se que o progresso da atenção tem por efeito criar de novo não somente o objeto apercebido, mas os sistemas, cada vez mais vastos, aos quais ele pode vincular-se; de sorte que, à medida que os círculos *B, C, D* representam uma expansão mais alta da memória, a sua reflexão atinge em *B', C', D'* camadas profundas da realidade."[12]

O período citado procura descrever o próprio dinamismo interno da memória como um processo que parte de uma imagem qualquer e, por meio de associações de similaridade ou de contiguidade, vai tocando outras imagens que formam com a primeira um *sistema*. A recordação seria, portanto, uma organização extremamente móvel cujo elemento de base ora é um aspecto, ora outro do passado; daí a diversidade dos "sistemas" que a memória pode produzir em cada um dos espectadores do mesmo fato.

Outra lição a tirar do esquema bergsoniano é a da correspondência entre os vários círculos da memória e os aspectos simultâneos que um objeto pode apresentar ao espírito. Haveria, mesmo, um círculo para cada aspecto da situação evocada. Quanto mais pessoal, mais livre (isto é, menos socializada, menos presa à ação presente) for a lembrança, mais distante, rara e fugitiva será sua atualização pela consciência. É o caso das imagens do sonho. Essas lembranças singulares devem, de algum modo, despersonalizar-se, senão banalizar-se, para se encaixarem na percepção atual que se põe como relação imediata e ativa do corpo com o mundo, do eu com a sociedade.

Na tábua de valores de Bergson, a memória pura, aquela que opera no sonho e na poesia, está situada no reino privilegiado do espírito livre, ao passo que a memória transformada em hábito, assim como a percepção "pura", só voltada para ação iminente, funcionam como limites redutores da vida psicológica. *A vita activa* aproveita-se da *vita contemplativa*, e esse aproveitar-se é, muitas vezes, um ato de espoliação.

## MEMÓRIA E INCONSCIENTE

Antes de terminar esta exposição do tema da memória no livro capital de Bergson, convém acentuar o que o singulariza como o seu grande estudioso e, ao mesmo tempo, o distingue das abordagens psicossociais posteriores. A *burning question* de Bergson consiste em provar a espontaneidade e a liberdade da memória em oposição aos esquemas mecanicistas que a alojavam em algum canto escuro do cérebro. Bergson quer mostrar que o passado se conserva inteiro e independente no espírito; e que o seu modo próprio de existência é um modo inconsciente. Como esse último conceito já tem uma longa história, quer dentro da psicologia, quer dentro da filosofia que a precede, torna-se necessário precisar qual a acepção em que o toma Bergson. Em que sentido ele se aplicaria ao entendimento da memória?

Antes de ser atualizada pela consciência, toda lembrança "vive" em estado latente, potencial. Esse estado, porque está abaixo da consciência atual ("abaixo", metaforicamente), é qualificado de "inconsciente". O mal da psicologia clássica, racionalista, segundo Bergson, é o de não reconhecer a existência de tudo o que está fora da consciência presente, imediata e ativa. No entanto, o papel da consciência, quando solicitada a deliberar, é sobretudo o de colher e escolher, dentro do processo psíquico, justamente *o* que não é a consciência atual, trazendo-o à sua luz. Logo, a própria ação da consciência supõe o "outro", ou seja, a existência de fenômenos e estados infraconscientes que costumam ficar à sombra.[13] É precisamente nesse reino de sombras que se deposita o tesouro da memória.

Negar a existência de estados inconscientes significa, para Bergson, o mesmo que negar a existência de objetos e de pessoas que se encontram fora do nosso campo visual ou fora de nosso alcance físico. Seria dizer: "o que não vejo atualmente não existe". O "atualismo" absoluto não daria lugar algum para a memória enquanto conservação do passado. Tratando-se de uma tese fundamental de *Matière et mémoire*, parece oportuno insistir na sua demonstração tal como a dá o próprio Bergson:

> A ideia de uma *representação inconsciente* é clara, apesar de um preconceito disseminado; pode-se até mesmo dizer que nós fazemos dela um uso constante, e que não há concepção mais familiar ao senso comum. Toda gente admite, de fato, que as imagens atualmente presentes à nossa percepção não formam o todo da

matéria. Mas, por outro lado, o que pode ser um objeto material não percebido, uma imagem não imaginada, senão uma espécie de estado mental inconsciente? Além dos muros do seu quarto, que você percebe neste momento, há quartos vizinhos, depois o resto da casa, enfim a rua e a cidade onde você mora. Pouco importa a teoria da matéria a que você se vincule: realista ou idealista, você pensa, evidentemente, quando fala da cidade, da rua, dos outros quartos da casa, em tais e tantas percepções ausentes da sua consciência, e, no entanto, dadas fora dela. Elas não se criam à medida que a consciência as acolhe; elas lá estavam já, de algum modo; ora, como, por hipótese, a sua consciência não as apreendia, como podiam existir em si senão no estado inconsciente? De onde vem, então, que uma existência fora da consciência nos pareça clara quando se trata de objetos, mas obscura quando falamos de sujeitos?[14]

O convívio de inconsciente e consciente é ora tenso, ora distenso. Tenso quando a percepção-para-a-ação domina o comportamento. Distenso, no caso de o passado alagar o presente: "O espírito humano pressiona sem parar, com a fatalidade da memória, contra a porta que o corpo lhe vai entreabrir: daí os jogos da fantasia e o trabalho da imaginação — liberdades que o espírito toma com a natureza. O que não impede reconhecer que a orientação de nossa consciência para a ação parece ser a lei fundamental da vida psicológica".[15]

As consequências metafísicas desses conceitos, que Bergson irá tirar no último capítulo de *Matière et mémoire,* embora fundamentais para o seu pensamento, não devem entrar neste trabalho, que, como já se disse no início, visa à análise de memórias empiricamente registradas. Importa, porém, reter o seu princípio central da memória como *conservação do passado;* este sobrevive, quer chamado pelo presente sob as formas da lembrança, quer em si mesmo, em estado inconsciente.

HALBWACHS, OU A RECONSTRUÇÃO DO PASSADO

A lembrança é a sobrevivência do passado. O passado, conservando-se no espírito de cada ser humano, aflora à consciência na forma de imagens-lembrança. A sua forma pura seria a imagem presente nos sonhos e nos devaneios. Assim pensava Bergson, que, como vimos, se esforçou por dar à memória um estatuto espiritual diverso da percepção. Ora, é justamente a importância dessa distinção, e tudo quanto ela comporta de ênfase na pureza da memória, que vai ser relativizado pela teoria psicossocial de Maurice Halbwachs, o principal estudioso das relações entre memória e história pública, às quais dedicou duas obras de fôlego, *Les cadres sociaux de la mémoire* e *La mémoire collective*.

Para entender o universo de preocupações de Halbwachs é preciso situá-lo na tradição da sociologia francesa, de que ele é um herdeiro admirável. Halbwachs prolonga os estudos de Émile Durkheim que levaram à pesquisa de campo as hipóteses de Auguste Comte sobre a precedência do "fato social" e do "sistema social" sobre fenômenos de ordem psicológica, individual.

Com Durkheim, o eixo das investigações sobre a "psique" e o "espírito" se desloca para as funções que as representações e ideias dos homens exercem no interior do seu grupo e da sociedade em geral. Essa preexistência e esse predomínio do social sobre o individual deveriam, por força, alterar substancialmente o enfoque dos fenômenos ditos psicológicos como a *percepção*, a *consciência* e a *memória*. Em Bergson, o método introspectivo conduz a uma reflexão sobre a memória em si mesma, como subjetividade livre e conservação espiritual do passado, sem que lhe parecesse pertinente fazer intervir quadros condicionantes de teor social ou cultural. A memória é, para o filósofo da intuição, uma força espiritual prévia a que se opõe a substância material, seu limite e obstáculo. A matéria seria, na verdade, a única fronteira que o espírito pode conhecer. A matéria levaria ao esquecimento. Ela bloqueia o curso da memória. Nessa grande oposição de memória e matéria, a última aparece como algo genérico, indiferenciado, espesso, opaco. Em um ponto, entretanto, esse obstáculo é vencido: naquele vértice do cone invertido, ponto móvel da percepção que avança no presente do corpo, mas entreabre a porta às pressões da memória.

No estudo de Bergson defrontam-se, portanto, a subjetividade pura (o espírito) e a pura exterioridade (a matéria). À primeira filia-se a memória; à segunda, a percepção. Não há, no texto de Bergson, uma tematização dos sujeitos-que-lembram, nem das relações entre os sujeitos e as coisas lembradas; como estão ausentes os nexos interpessoais, falta, a rigor, *um tratamento da memória como fenômeno social*. Nada como um sociólogo para se propor a preencher esse vazio. Fazendo-o, acaba modificando, quando não rejeitando, os resultados a que chegara a especulação de Bergson. Halbwachs desdobra e em vários momentos refina a definição de seu mestre, Émile Durkheim: "Os fatos sociais consistem em modos de agir, pensar e sentir, exteriores ao indivíduo e dotados de um poder coercitivo pelo qual se lhe impõem".[16]

A mudança de visada se dá na própria formulação do objeto a ser apreendido: Halbwachs não vai estudar a memória, como tal, mas os "quadros sociais da memória". Nessa linha de pesquisa, as relações a serem determinadas já não ficarão adstritas ao mundo da pessoa (relações entre o corpo e o espírito, por exemplo), mas perseguirão a realidade interpessoal das instituições sociais. A memória do indivíduo depende do seu relacionamento com a família, com a classe social, com a escola, com a Igreja, com a profissão; enfim, com os grupos de convívio e os grupos de referência peculiares a esse indivíduo.

Dando relevo às *instituições* formadoras do sujeito, Halbwachs acaba relativizando o princípio, tão caro a Bergson, pelo qual o espírito conserva em si o passado na sua inteireza e autonomia. Ao contrário, o que o sociólogo realça é a iniciativa que a vida atual do sujeito toma ao desencadear o curso da memória. Se lembramos, é porque os outros, a situação presente, nos fazem lembrar: "O maior número de nossas lembranças nos vem quando nossos pais, nossos amigos, ou outros homens, no-las provocam" (introdução, VIII).

O caráter livre, espontâneo, quase onírico da memória é, segundo Halbwachs, excepcional. Na maior parte das vezes, lembrar não é reviver, mas refazer, reconstruir, repensar, com imagens e ideias de hoje, as experiências do passado. A memória não é sonho, é trabalho. Se assim é, deve-se duvidar da sobrevivência do passado, "tal como foi", e que se daria no inconsciente de cada sujeito. A lembrança é uma imagem construída pelos materiais que estão, agora, à nossa disposição, no conjunto de representações que povoam nossa consciência atual. Por mais nítida que nos pareça a lembrança de um fato antigo, ela não é a mesma imagem que experimentamos na infância, porque nós não somos os mesmos de então e porque nossa percepção alterou-se e, com ela, nossas ideias, nossos juízos de realidade e de valor. O simples fato de lembrar o passado, *no presente*, exclui a identidade entre as imagens de um e de outro, e propõe a sua diferença em termos de ponto de vista.

A lembrança bergsoniana, enquanto conservação total do passado e sua ressurreição, só seria possível no caso (afinal, impossível) em que o adulto mantivesse intacto o sistema de representações, hábitos e relações sociais da sua infância. A menor alteração do ambiente atinge a qualidade íntima da memória. Por essa via, Halbwachs amarra a memória da pessoa à memória do grupo; e esta última à esfera maior da tradição, que é a memória coletiva de cada sociedade. Até mesmo as imagens do sonho, que parecem ao consenso geral as mais desgarradas da memória coletiva e, portanto, as mais próximas da memória pura bergsoniana, não fugiriam às determinações do presente. Halbwachs compara as imagens oníricas às reminiscências da primeira infância: umas e outras parecem subir, inexplicavelmente, à superfície da consciência sem guardar relações com o presente; umas e outras parecem ter-se mantido intactas no fundo da alma. No entanto, essa aparente indeterminação deve-se precisamente à fraqueza ou à quase ausência de vida consciente que acompanha o sonho e que caracterizava os estados mentais dos primeiros anos de vida. Tanto uns como os outros dificilmente se balizam ao longo da série cronológica que cada um de nós organiza quando reconstrói os fatos da própria vida.

Entretanto, essa frouxidão relativa da consciência é, por assim dizer, compensada pela intervenção constante que a autoimagem do *eu* faz sempre que o passado remoto é sonhado ou evocado. O exemplo mais comum é o do sentimento de surpresa que o sujeito experimenta quando, durante o sonho, lhe vem ao encontro a imagem de uma pessoa já falecida. Se o sonho tivesse borrado completamente a dimensão do tempo histórico (dimensão social); se o sonho tivesse imergido a mente do sonhador em um coral simultâneo de vozes, passadas e presentes, como entender a *surpresa*, que comporta sempre um momento de separação, de estranhamento, de percepção do novo? "Assim, no sonho jamais nos despojamos inteiramente do nosso *eu* atual."[17]

A imagem viva da aparente autonomia do sonho é comparada com a dançarina que, apoiada ao solo apenas com a ponta dos pés, parece uma figura prestes a voar a qualquer momento; no entanto, pesa sobre ela a mesma força de gravidade que atua sobre os outros mortais. De qualquer modo, porém, Halbwachs reconhece que "é no sonho que o espírito está mais afastado da sociedade".[18]

O instrumento decisivamente socializador da memória é a linguagem. Ela reduz, unifica e aproxima no mesmo espaço histórico e cultural a imagem do sonho, a imagem lembrada e as imagens da vigília atual. Os dados coletivos que a língua sempre traz em si entram até mesmo no sonho (situação-limite da pureza individual). De resto, as imagens do sonho não são, embora pareçam, criações puramente individuais. São representações, ou símbolos, sugeridos pelas situações vividas em grupo pelo sonhador: cuidados, desejos, tensões...

"As noções gerais permanecem em nosso espírito durante o sono, nós continuamos a fazer uso delas, a senti-las ao nosso alcance."[19] No quadro dessas noções gerais", que não abandonam o homem, sequer no sonho, destaquem-se as relações de *espaço* (aqui, aí, ali, dentro, fora, em cima, embaixo, à esquerda, à direita...), as relações de *tempo* (agora, já, antes, depois, sempre, nunca, ontem, hoje, amanhã...), as relações de *causa* e de *consequência* (porque, para que, tal que, de modo que...). As categorias, que a linguagem atualiza, acompanham nossa vida psíquica tanto na vigília quanto no sonho. Na vigília, de modo coeso; no sonho, de modo frouxo e amortecido, mas identificável. As convenções verbais produzidas em sociedade constituem o quadro ao mesmo tempo mais elementar e mais estável da memória coletiva.

A EXPERIÊNCIA DA RELEITURA

A certa altura do seu estudo, Halbwachs detém-se para examinar, mais miudamente, o modo pelo qual se vai formando a "reconstrução do passado". A situação tomada como exemplo é a releitura que o adulto faz de um livro de narrativas lido na já distante juventude.

A impressão inicial é a de um reencontro com o frescor da primeira leitura. Na verdade, antes de reabrir aquelas páginas seríamos capazes de lembrar poucas coisas: o assunto, algumas personagens mais caracterizadas, este ou aquele episódio mais pitoresco, emocionante ou engraçado e, às vezes, a imagem de uma gravura. Ao encetar a releitura, esperamos que voltem com toda a sua força e cor aqueles pormenores esquecidos, de tal maneira que possamos sentir as mesmas emoções que acompanharam o nosso primeiro contato com a obra. Esperamos, em suma, que a memória nos faça *reviver* aquela bela experiência juvenil. Mas, se fizermos uma análise objetiva da situação em que se desenvolve a releitura, teremos de reconhecer que não é isso que se dá. Parece que estamos lendo um livro novo ou, pelo menos, um livro remanejado. Novo ou remanejado em duas direções: em primeiro lugar, porque só agora reparamos em certas passagens, certas palavras, certos tipos, certos detalhes de ambientação que nos tinham escapado na leitura inicial; o nosso espírito, hoje, mais atento à verossimilhança da narrativa e à estrutura psicológica das personagens, move-se em uma direção crítica e cultural que, evidentemente, não podia entrar nos quadros mentais da primeira leitura. Em segundo lugar, o livro nos parece novo, ou remanejado em um sentido oposto: passagens que nos tinham impressionado ou comovido perderam, nesta outra leitura, muito do seu poder sugestivo, despojando-se, portanto, do prestígio que as circundava então: "Tudo se passa como se o objeto fosse visto sob um ângulo diferente e iluminado de outra forma: a distribuição nova das sombras e da luz muda a tal ponto os valores das partes que, embora reconhecendo-as, não podemos dizer que elas tenham permanecido o que eram antes".[20]

A diferença maior, e inevitável, está no teor das ideias e das reflexões sugeridas pela nova leitura. Trata-se sempre de um adulto que lê uma história para crianças, mas escrita por outro adulto. O leitor sabe, agora, que o autor precisou adequar-se ao nível mental da criança; e essa consciência nova instiga-o a perguntar muitas vezes se o autor foi feliz no seu esforço de ajustamento, ou se ele deixou transparecer indiscretamente sua visão do mundo, seus gostos e interesses de adulto. Ocupado, ainda que involuntariamente, em reparar e criticar os modos de proceder do autor, o leitor adulto entremeia com suas reflexões a percepção das imagens relidas; e esse convívio de lembrança e crítica altera profundamente a qualidade da segunda leitura. A qual, só por essa razão, já não "revive", mas "re-faz" a experiência da primeira.

Considerem-se ainda as diferenças entre os dois contextos psicológicos. A atenção da criança leitora fixa-se nos mil acidentes da paisagem, e a sua curiosidade insaciável é atraída pelos fenômenos estranhos ou violentos da natureza, uma erupção vulcânica, um ciclone, uma nevasca, uma tempestade, ou por animais e plantas insólitas. O adulto muitas vezes passa rapidamente por esses aspectos e detém-se, de preferência, na descrição de costumes, de tipos humanos, de instituições sociais que, por sua vez, pouco dizem à experiência infantil. Para esta, o que distingue um soldado de um monge, ou um oleiro de um moleiro é a roupa, o uniforme que todos veem, a matéria-prima com que trabalha e que o identifica. Diz Halbwachs:

> São espécies definidas, da mesma ordem que as espécies animais. A criança admitiria, de bom grado, que já se nasce soldado ou cocheiro, como se nasce raposa ou lobo. A roupa, os traços físicos fazem parte da pessoa, e bastam para determiná-la. A criança acredita que lhe bastaria portar as armas e as botas de um caçador ou o casquete de um oficial da Marinha para se identificar com um

ou com outro, e possuir ao mesmo tempo as qualidades ideais que ela empresta a cada um deles.[21]

O adulto, ao contrário, quando relê um livro de aventuras de Júlio Verne, não fica preso às aparências pitorescas da descrição, mas observando, como adulto, os comportamentos das personagens, examina até que ponto elas são "semelhantes à categoria social que representam, e não deixa de estranhar ou de criticar o teor antiquado ou o caráter mecanizado de certos tipos e situações". Quanto mais o adulto está empenhado na vida prática, tanto mais aguda é a distinção que faz entre fantasia e realidade, e tanto mais esta é valorizada em detrimento daquela. Não se lê duas vezes o mesmo livro, isto é, não se relê da mesma maneira um livro. O conjunto de nossas ideias atuais, principalmente sobre a sociedade, nos impediria de recuperar exatamente as impressões e os sentimentos experimentados a primeira vez. Citando o prefácio da *Vie de Jeanne d'Arc*, de Anatole France:

> Para sentir o espírito de um tempo que já não existe, para fazer-se contemporâneo dos homens de outrora [...] a dificuldade não está tanto no que é preciso saber do que no que é preciso não saber mais. Se nós quisermos verdadeiramente viver no século xv, quantas coisas deveremos esquecer: ciências, métodos, todas as conquistas que fazem de nós modernos! Devemos esquecer que a terra é redonda e que as estrelas são sóis, e não lâmpadas suspensas em uma abóbada de cristal, esquecer o sistema do mundo de Laplace para só crer na ciência de santo Tomás de Aquino, de Dante e daqueles cosmógrafos da Idade Média que nos ensinam a criação em sete dias e a fundação dos reinos pelo filho de Príamo, depois da destruição de Troia, a Grande.[22]

A experiência da releitura é apenas um exemplo, entre muitos, da dificuldade, senão da impossibilidade, de reviver o passado tal e qual; impossibilidade que todo sujeito que lembra tem em comum com o historiador. Para este também se coloca a meta ideal de refazer, no discurso presente, acontecimentos pretéritos, o que, a rigor, exigiria se tirassem dos túmulos todos os que agiram ou testemunharam os fatos a serem evocados. Posto o limite fatal que o tempo impõe ao historiador, não lhe resta senão *reconstruir,* no que lhe for possível, a fisionomia dos acontecimentos. Nesse esforço exerce um papel condicionante todo o conjunto de noções presentes que, involuntariamente, nos obriga a avaliar (logo, a alterar) o conteúdo das memórias.

Goethe já observava, em *Verdade e poesia*: "Quando queremos lembrar o que aconteceu nos primeiros tempos da infância, confundimos muitas vezes o que se ouviu dizer aos outros com as próprias lembranças..." Daí o caráter não só pessoal, mas familiar, grupal, social, da memória.

A interpretação social que Halbwachs dá da capacidade de lembrar é radical. Entenda-se que não se trata apenas de um condicionamento externo de um fenômeno interno, isto é, não se trata de uma justaposição de "quadros sociais" e "imagens evocadas". Mais do que isso, entende que já no interior da lembrança, no cerne da imagem evocada, trabalham *noções* gerais, veiculadas pela linguagem, logo, de filiação institucional. É graças ao caráter objetivo, transubjetivo, dessas noções gerais que as imagens resistem e se transformam em lembranças.

O exemplo do sonho, que em Bergson ilustrava a liberdade da memória pura, serve, em Halbwachs, para mostrar a evanescência das imagens oníricas quando desacompanhadas das categorias "diurnas" que as secundam habitualmente:

> O que explica a desaparição do maior número das imagens noturnas é que, como elas não foram localizadas no mundo da vigília, este mundo e as representações dele não tem poder algum sobre elas: só se tornam lembranças evocáveis as imagens do sonho sobre as quais, quando acordados, nossa atenção e nossa reflexão se fixaram, e que nós assim enfeixamos antes que se esvaíssem com as imagens e os pensamentos da vigília.[23]

## A MEMÓRIA DOS VELHOS

Um verdadeiro teste para a hipótese psicossocial da memória encontra-se no estudo das lembranças das pessoas idosas. Nelas é possível verificar uma história social bem desenvolvida: elas já atravessaram um determinado tipo de sociedade, com características bem marcadas e conhecidas; elas já viveram

Manuel Peri, *artista equestre de circo.*

quadros de referência familiar e cultural igualmente reconhecíveis: enfim, sua memória atual pode ser desenhada sobre um pano de fundo mais definido do que a memória de uma pessoa jovem, ou mesmo adulta, que, de algum modo, ainda está absorvida nas lutas e contradições de um presente que a solicita muito mais intensamente do que a uma pessoa de idade.

Delineia-se de novo a questão: a memória do velho é uma evocação pura, "onírica", do passado (a memória por excelência de Bergson) ou um trabalho de refacção deste?

O raciocínio de Halbwachs opõe o sentido da evocação do velho ao do adulto: este, entretido nas tarefas do presente, não procura habitualmente na infância imagens relacionadas com sua vida cotidiana; quando chega a hora da evocação, esta é, na realidade, a hora do repouso, o relaxamento da alma, desejo breve mas intenso de evasão. O adulto ativo não se ocupa longamente com o passado; mas, quando o faz, é como se este lhe sobreviesse em forma de sonho. Em suma: para o adulto ativo, vida prática é vida prática, e memória é fuga, arte, lazer, contemplação. É o momento em que as águas se separam com maior nitidez.

Bem outra seria a situação do velho, do homem que já viveu sua vida. Ao lembrar o passado ele não está descansando, por um instante, das lides cotidianas, não está se entregando fugitivamente às delícias do sonho: ele está se ocupando consciente e atentamente do próprio passado, da substância mesma da sua vida.

> O velho não se contenta, em geral, de aguardar passivamente que as lembranças o despertem, ele procura precisá-las, ele interroga outros velhos, compulsa seus velhos papéis, suas antigas cartas e, principalmente, conta aquilo de que se lembra quando não cuida de fixá-lo por escrito. Em suma, o velho se interessa pelo passado bem mais que o adulto, mas daí não se segue que esteja em condições de evocar mais lembranças desse passado do que quando era adulto, nem, sobretudo, que imagens antigas, sepultadas no inconsciente desde sua infância, 'recobrem a força de transpor o limiar da consciência' só então.[24]

Note-se a coerência do pensamento de Halbwachs: o que rege, em última instância, a atividade mnêmica é a função *social* exercida aqui e agora pelo sujeito que lembra. Há um momento em que o homem maduro deixa de ser um membro ativo da sociedade, deixa de ser um propulsor da vida presente do seu grupo: neste momento de velhice social resta-lhe, no entanto, uma função própria: a de lembrar. A de ser a memória da família, do grupo, da instituição, da sociedade:

> Nas tribos primitivas, os velhos são os guardiães das tradições, não só porque eles as receberam mais cedo que os outros mas também porque só eles dispõem do lazer necessário para fixar seus pormenores ao longo de conversações com os outros velhos, e para ensiná-los aos jovens a partir da iniciação. Em nossas sociedades também estimamos um velho porque, tendo vivido muito tempo, ele tem muita experiência e está carregado de lembranças. Como, então, os homens idosos não se interessariam apaixonadamente por esse passado, tesouro comum de que se constituíram depositários, e não se esforçariam por preencher, em plena consciência, a função que lhes confere o único prestígio que possam pretender daí em diante?[25]

Haveria, portanto, para o velho uma espécie singular de obrigação social, que não pesa sobre os homens de outras idades: a obrigação de lembrar, e lembrar bem. Convém, entretanto, matizar a afirmação de Halbwachs. Nem toda sociedade espera, ou exige, dos velhos que se desencarreguem dessa função. Em outros termos, os graus de expectativa ou de exigência não são os mesmos em toda parte. O que se poderia, no entanto, verificar, na sociedade em que vivemos, é a hipótese mais geral de que o homem ativo (independentemente de sua idade) se ocupa menos em lembrar, exerce menos frequentemente a atividade da memória, ao passo que o homem já afastado dos afazeres mais prementes do cotidiano se dá mais habitualmente à refacção do seu passado.

Um aspecto importante desse trabalho de reconstrução é posto em relevo por Halbwachs quando nos adverte do processo de "desfiguração" que o passado sofre ao ser remanejado pelas ideias e pelos ideais presentes do velho. A "pressão dos preconceitos" e as "preferências da sociedade dos velhos" podem modelar seu passado e, na verdade, recompor sua biografia individual ou grupal seguindo padrões e valores que, na linguagem corrente de hoje, são chamados "ideológicos".

## MEMÓRIA, CONTEXTO E CONVENÇÃO

A psicologia social só enfrentou diretamente o problema da memória em suas relações com o contexto no livro, hoje clássico, de Frederic Charles Bartlett, *Remembering*.[26] A segunda parte dessa obra verdadeiramente pioneira intitula-se "Remembering as a study in social psychology" e traz uma série de observações muito agudas que coincidem, em vários pontos, com as reflexões de Halbwachs, autor, aliás, que Bartlett leu e apreciou devidamente.

Deve-se a Bartlett a utilização de um conceito-chave para conectar o processo cultural de um dado momento histórico ao trabalho da memória: o conceito de "convencionalização". O conceito em si não foi cunhado por Bartlett; ele o extraiu de um etnólogo, W. H. R. Rivers, que o utilizou no ensaio *The history of Melanesian society*.[27] Convencionalização, para Rivers, é o processo pelo qual imagens e ideias, recebidas de fora por um certo grupo indígena, acabam assumindo uma forma de expressão ajustada às técnicas e convenções verbais já estabelecidas há longo tempo nesse grupo. Transpondo o conceito para a área psicossocial, Bartlett postula que a "matéria-prima" da recordação não aflora em estado puro na linguagem do falante que lembra; ela é tratada, às vezes estilizada, pelo ponto de vista cultural e ideológico do grupo em que o sujeito está situado.

Nessa altura, constatamos uma singular coincidência entre as formulações de Halbwachs e as de Bartlett: o que um e outro buscam é fixar a pertinência dos "quadros sociais" e das instituições e das redes de convenção verbal no processo que conduz à lembrança. Bartlett está, pela sua própria formação profissional, mais rente à linguagem específica da psicologia social, tal como se constituiu nos anos 1930; mas o sentido do seu texto se acha próximo do de Halbwachs. Provam-no os exemplos com que lida, tirados da sua familiaridade com as tribos swazi:

1) Alguns dos líderes indígenas visitaram a Inglaterra para resolver pendências de terras. Ao voltarem, foram abordados pelos ingleses da colônia, curiosos em saberem o que os indígenas tinham retido com mais nitidez da sua viagem à metrópole. A lembrança comum a todos os líderes swazi foi a dos guardas de trânsito "de mão levantada". Por que — pergunta-se Bartlett — uma ação tão simples produziu impressão tão funda? A explicação só veio quando o psicólogo reparou que os swazi saúdam o companheiro ou o vi-

sitante com a mão erguida. O gesto familiar, quente de simpatia na própria cultura, significava, na outra, um ato de comando. Mas o que se recordou, no contexto estrangeiro e estranho, foi a imagem associada ao sistema de convenções do receptor.

2) Depois de ouvir muitas histórias que atestavam a prodigiosa memória verbal do swazi, Bartlett se pôs a fazer experimentos com o fim de testá-la. Escolheu ao acaso um menino de onze ou doze anos de idade e deu-lhe uma mensagem de 25 palavras para transmiti-la pouco depois. Tratava-se de um texto semelhante aos já aplicados por ele mesmo a crianças inglesas, variando agora apenas o conteúdo de interesses, naturalmente mais próximo do cotidiano de um menino swazi. Os resultados, em termos de média de acertos e de omissões, não diferiram dos obtidos com os meninos ingleses.

3) O experimento 2 relativizou a atribuição de uma faculdade de lembrar, em si extraordinária, que seria peculiar àqueles indígenas. Combinando, porém, o experimento 2 com o que se narra em 1, Bartlett é levado a crer que a nitidez da memória não deva ser avaliada isoladamente, mas posta em relação com toda a experiência social do grupo. Foi o que aconteceu quando o psicólogo, ciente de que os swazi se ocupavam intensamente de gado, testou a capacidade retentiva de um vaqueiro pedindo-lhe que arrolasse um certo número de reses, dando a respectiva procedência, cor do pelo e preço. Bartlett podia conferir as respostas com uma lista escrita pelo proprietário do gado. O vaqueiro lembrou-se, sem hesitar, de todos os dados importantes e de quase todos os pormenores, ao passo que o proprietário das reses precisava valer-se sempre de um papel em que ele mesmo tinha anotado a compra.

Se, de um lado, o experimento 2 desfazia a lenda da memória prodigiosa dos swazi, de outro, o experimento 3 encorpava a hipótese de que existe uma relação entre o ato de lembrar e o relevo (existencial e social) do fato recordado para o sujeito que o recorda.

Uma análise interna dessa última constatação levou Bartlett a distinguir entre a *matéria da recordação* (o que se lembra) e o *modo da recordação* (como se lembra).

A matéria estaria condicionada basicamente pelo interesse social que o fato lembrado tem para o sujeito. Quanto ao modo, o problema complica-se, porque entrariam como variáveis importantes alguns fatores tradicionalmente associados à psicologia da personalidade, como o temperamento e o caráter do sujeito que lembra. Bartlett cruza um limiar evitado sistematicamente por Maurice Halbwachs. Este, como estudioso dos níveis *sociais* da memória, prefere ater-se às relações vividas pelo sujeito (relações familiares, vicinais, profissionais, políticas, religiosas...) como suficientemente capazes de articular a atividade mnêmica e sua forma narrativa. Bartlett julga possível tentar (embora ele mesmo não o faça) uma análise dos estilos narrativos em função das diferenças pessoais dos sujeitos.

O que me parece deva reter-se como uma conquista comum das reflexões de Halbwachs e de Bartlett é a inerência da vida atual ao processo de reconstrução do passado. A "convencionalização" é, a rigor, um trabalho de modelagem que a situação evocada sofre no contexto de ideias e valores dos que a evocam. O processo geral da convencionalização pode, segundo Bartlett, diferenciar-se internamente em subprocessos; voltando ao seu modelo antropológico, o psicólogo considerou o tratamento que cada imagem nova sofre na memória do indivíduo análogo à modelagem que uma dada forma cultural civilizada recebe ao ser transferida para um grupo indígena. O nativo pode:

1) simplesmente incorporar a forma cultural estranha, por *assimilação;*

2) ou despojá-la de alguns aspectos e algumas conotações estranhas à sua prática social (*simplificação);*

3) ou apreender um aspecto em si desimportante no contexto-fonte, e dar-lhe uma relevância especial (*retenção parcial com hipertrofia do detalhe*);

4) ou, finalmente, construir uma "outra" forma simbólica que resultaria das interações do próprio grupo receptor, capaz portanto de transformar a matéria recebida e incutir-lhe o sentido de uma prática social específica.

O que Bartlett admite, de um modo bastante compreensivo, é a existência de um "contínuo" que vai da simples assimilação, por transplante, até a criação social de novos símbolos, a partir do recebimento de formas extragrupais. A memória das pessoas também dependeria desse longo e amplo processo, pelo qual sempre "fica" o que significa. E fica não do mesmo modo: às vezes quase intacto, às vezes profundamente alterado. A transformação seria tanto mais radical quanto mais operasse sobre a matéria recebida a mão de obra do grupo receptor. Assim, novos significados alteram o conteúdo e o valor da situação de base evocada. No outro extremo, se a vida social ou individual estagnou, ou reproduziu-se quase que só fisiologicamente, é provável que os fatos lembrados tendam a conservar o significado que tinham para os sujeitos no momento em que os viveram.

Um dos aspectos mais instigantes do tema é o da construção social da memória. Quando um grupo trabalha intensamente em conjunto, há uma tendência de criar esquemas coerentes de narração e de interpretação dos fatos, verdadeiros "universos de discurso", "universos de significado", que dão ao material de base uma forma histórica própria, uma *versão* consagrada dos acontecimentos. O ponto de vista do grupo constrói e procura fixar a sua imagem para a história. Este é, como se pode supor, o momento áureo da ideologia com todos os seus estereótipos e mitos. No outro extremo, haveria uma ausência de elaboração grupal em torno de certos acontecimentos ou situações. A rigor, o efeito, nesse caso, seria o de esquecer tudo quanto não fosse "atualmente" significativo para o grupo de convívio da pessoa. É o que sucede às vezes: os fatos que não foram testemunhados "perdem-se", "omitem-se", porque não costumam ser objeto de conversa e de narração, a não ser excepcionalmente. Assim, quando o sujeito os evoca, não vem o reforço, o apoio contínuo dos outros: é como se ele estivesse sonhando ou imaginando; e não por acaso duvidamos, hesitamos, quando não nos confundimos, sempre que devemos falar de um fato que só foi presenciado por nós, ou que sabemos "por ouvir dizer". O sonho, ao contrário, parece alimentar-se mais generosamente desses momentos solitários de evocação que teriam, talvez, ao menos a vantagem de não sofrer a modelagem sistemática da ideologia grupal.

A elaboração grupal comum seria, portanto, decisiva. Sem ela, tende a reproduzir-se com mais força o teor da "primeira impressão", matéria daquela lembrança-imagem e da "memória pura" de Bergson. Com ela, ao contrário, a primeira impressão ficaria cancelada e substituída pelas representações e ideias dominantes inculcadas no sujeito (hipótese de Halbwachs), ou apenas amortecida no inconsciente, de onde poderia sair durante o sonho e nos raros momentos de livre evocação (hipótese de Bergson).

Um dos mais sutis analistas da memória, de um ponto de vista rigorosamente psicológico, William Stern,[28] julga, com Bergson, que as percepções podem passar por um "período latente", durante o qual "desaparecem" da consciência até que, por motivos diversos, reaflorem mnemicamente. O postulado de Stern é o da existência de uma unidade constante, um "fundo ininterrupto", que permite a reanimação de uma imagem que foi recebida muito tempo antes. Essa unidade é chamada "pessoa" e corresponde, mutatis mutandis, àquela outra unidade, mais profunda, que Bergson denomina "espírito", sede também da memória.

Para William Stern, a unidade pessoal conserva intactas as imagens do passado, mas pode alterá-las conforme as condições concretas do seu desenvolvimento. A memória poderá ser conservação ou elaboração do passado, mesmo porque o seu lugar na vida do homem acha-se a meio caminho entre o instinto, que se repete sempre, e a inteligência, que é capaz de inovar.[29] De onde resulta uma concepção extremamente flexível da memória: "A lembrança é a história da pessoa e seu mundo, *enquanto vivenciada*".[30] Stern refere-se ao estrato objetivo da lembrança ("história", "mundo"), mas subordina-o manifestamente à subjetividade ("seu", "vivenciada"). O passado entra plasticamente no universo pessoal:

> A função da lembrança é conservar o passado do indivíduo na forma que é mais apropriada a ele. O material indiferente é descartado, o desagradável, alterado, o pouco claro ou confuso simplifica-se por uma delimitação nítida, o trivial é elevado à hierarquia do insólito; e no fim formou-se um quadro total, novo, sem o menor desejo consciente de falsificá-lo.[31]

O passado é, portanto, trabalhado qualitativamente pelo sujeito, sobretudo se o seu tipo for "elaborativo", em oposição ao "retentivo" (Stern, como psicólogo da personalidade, não alija do seu discurso a velha linguagem caracteriológica). E, quantitativamente, também se notam diferenças: o passado pode ocupar quase todo o espaço mental do sujeito, como no caso dos velhos enfermos e aposentados; e pode, em situações opostas, ser desdenhado e esquecido, como a infância durante a adolescência, período em que o sujeito se acha situado antes no eixo presente-futuro que no eixo passado-presente.

Do ponto de vista metodológico, parece haver em Stern um modelo combinado de uma psicologia tradicional, de cunho personalista, e uma psicologia objetiva, que aceita o peso das interações do corpo com a sociedade. Admitindo as mutações da pessoa e, ao mesmo tempo, a sua "unidade constante", Stern concilia a suposição de que existe uma memória "pura", mantida no inconsciente, com a suposição de que as lembranças são refeitas pelos valores do presente, no que se aproxima de Halbwachs e de Bartlett. Em termos experimentais, essa dualidade de pressupostos torna muito complexa a resposta à pergunta: qual a forma predominante de memória de um dado indivíduo? O único modo correto de sabê-lo é levar o sujeito a fazer sua autobiografia. A narração da própria vida é o testemunho mais eloquente dos modos que a pessoa tem de lembrar. É a *sua* memória.

2.
TEMPO DE LEMBRAR

MEMÓRIA E SOCIALIZAÇÃO

    A criança recebe do passado não só os dados da história escrita: mergulha suas raízes na história vivida, ou melhor, sobrevivida, das pessoas de idade que tomaram parte na sua socialização. Sem estas haveria apenas uma competência abstrata para lidar com os dados do passado, mas não a memória.

    Enquanto os pais se entregam às atividades da idade madura, a criança recebe inúmeras noções dos avós, dos empregados. Estes não têm, em geral, a preocupação do que é "próprio" para crianças, mas conversam com elas de igual para igual, refletindo sobre acontecimentos políticos, históricos, tal como chegam a eles através das deformações do imaginário popular. Eventos considerados trágicos para os tios, pais, irmãos mais velhos são relativizados pela avó enquanto não for sacudida sua vida miúda ou não forem atingidos os seus. Ela dirá à criança que já viu muitas revoluções, que tudo continua na mesma: alguém continuou na cozinha, servindo, lavando pratos e copos em que os outros beberam, limpando banheiros, arrumando camas para o sono de outrem, esvaziando cinzeiros, regando plantas, varrendo o chão, lavando a roupa. Alguém curvou suas costas atentas para os resíduos de outras vidas.

O que poderá mudar enquanto a criança escuta na sala discursos igualitários e observa na cozinha o sacrifício constante dos empregados? A verdadeira mudança dá-se a perceber no interior, no concreto, no cotidiano, no miúdo; os abalos exteriores não modificam o essencial. Eis a filosofia que é transmitida à criança, que a absorve junto com a grandeza dos socialmente "pequenos" a quem votamos nossa primeira afeição e que podem guiar nossa percepção nascente do mundo. Depois esse tempo ficará sendo o tempo subjacente, dominado, e mergulharemos no tempo da classe dominante que prepondera uma vez que assume o controle da vida social.

É graças a esta "outra socialização", à qual a psicologia tem dado pouca atenção, que não estranhamos as regiões sociais do passado: ruas, casas, móveis, roupas antigas, histórias, maneira de falar e de se comportar de outros tempos. Não só não nos causam estranheza, como, devido ao íntimo contato com nossos avós, nos parecem singularmente familiares.

O que é um ambiente acolhedor? Será ele construído por um gosto refinado na decoração ou será uma reminiscência das regiões de nossa casa ou de nossa infância banhadas por uma luz de outro tempo? O quarto dos avós, a casa dos avós, regiões em que não havia a preocupação de socializar, punir, sancionar nossos atos, mas onde tudo era tolerância e aceitação. Aos avós não cabe a tarefa definida da educação do neto: o tempo que lhes é concedido de convívio se entretém de carícias, histórias e brincadeiras. A ordem social se inverte: dos armários saem coisas doces fora de hora, o presente já não interessa, pois nem o netinho, nem os velhos atuam sobre ele, tudo se volta para o passado ou para um futuro que remonta ao passado: "Você, quando crescer, será como o vovô, que na sua idade também brincava de escrever...".

*Os amigos mortos revivem em ti*
*e as mortas estações*
    (Clemente Rebora)

Os atos públicos dos adultos interessam quando revestidos de um sentido familiar, íntimo, compreensível no dia a dia. Os feitos abstratos, as palavras dos homens importantes só se revestem de significado para o velho e para a criança quando traduzidos por alguma grandeza na vida cotidiana. Como pode a anciã justificar a glória do filho premiado na academia científica se ele não ajuda os sobrinhos pobres, ou se ele não cura o reumatismo da cozinheira?

Há dimensões da aculturação que, sem os velhos, a educação dos adultos não alcança plenamente: o reviver do que se perdeu, de histórias, tradições, o reviver dos que já partiram e participam então de nossas conversas e esperanças; enfim, o poder que os velhos têm de tornar presentes na família os que se ausentaram, pois deles ainda ficou alguma coisa em nosso hábito de sorrir, de andar. Não se deixam para trás essas coisas, como desnecessárias. Esta força, essa vontade de revivescência, arranca do que passou seu caráter transitório, faz com que entre de modo constitutivo no presente. Para Hegel, é o passado concentrado no presente que cria a natureza humana por um processo de contínuo reavivamento e rejuvenescimento.

Os projetos do indivíduo transcendem o intervalo físico de sua existência: ele nunca morre tendo explicitado todas as suas possibilidades. Antes, morre na véspera: e alguém deve realizar suas possibilidades que ficaram latentes, para que se complete o desenho de sua vida.

É a essência da cultura que atinge a criança através da fidelidade da memória. Ao lado da história escrita, das datas, da descrição de períodos, há correntes do passado que só desapareceram na aparência. E que podem reviver numa rua, numa sala, em certas pessoas, como ilhas efêmeras de um estilo, de uma maneira de pensar, sentir, falar, que são resquícios de outras épocas. Há maneiras de tratar um doente, de arrumar as camas, de cultivar um jardim, de executar um trabalho de agulha, de preparar um alimento que obedecem fielmente aos ditames de outrora.

Nas noites frias de abril os fiéis que assistem às cerimônias da Semana Santa em minha cidade saem para o pátio lateral da igreja onde encontram aceso um grande fogão de lenha. A trinta minutos da metrópole vizinha, contemplando o pátio aquecido e as velhinhas que se aproximam tiritando, não posso deixar de pensar que foi assim no século passado e ainda antes. Como poderia ter sido outra a expressão desses rostos aconchegados sob as mantilhas? Ou o olhar desgarrado com que os velhos às vezes olham, sem ver, as labaredas na noite?

Há casas em cidades tranquilas em que o tempo parou; o relógio das salas é o mesmo que pulsava antigamente e as pessoas que pisam as tábuas largas do assoalho conservam um forte estilo de vida que nos surpreende pela continuidade. Ainda na Semana Santa, em minha cidade, o jejum da "sexta-feira maior" é preparado dias antes com abundante comezaina (menos carne) para a penitência do grande dia. A farinha de milho do cuscuz é preparada pelos mesmos processos, exposta, vendida, cozinhada e comida com a mesma unção. E o manto do Senhor Morto das procissões é feito cada ano por mãos diferentes de costureiras, mas não é o mesmo gesto, a mesma devoção, o mesmo arrebatamento estético que absolutamente não são mais dos dias de hoje?

Integrados em nossa geração, vivendo experiências que enriquecem a idade madura, dia virá em que as pessoas que pensam como nós irão se ausentando, até que poucas, bem poucas, ficarão para testemunhar nosso estilo de vida e pensamento. Os jovens nos olharão com estranheza, curiosidade; nossos valores mais caros lhes parecerão dissonantes e eles encontrarão em nós aquele olhar desgarrado com que, às vezes, os velhos olham sem ver, buscando amparo em coisas distantes e ausentes.

A idade adulta é norteada pela ação presente: e quando se volta para o passado é para buscar nele o que se relaciona com suas preocupações atuais. Lembranças da infância para merecer atenção do adulto são constrangidas a entrar no quadro atual.[1] Os velhos, postos à margem da ação, rememoram, fatigados da atividade. O que foi sua vida senão um constante preparo e treino de quem irá substituí-los? Os jovens, formados e alimentados pelo cuidado de seus doadores, logo se fortalecem e se tornam aptos para desempenhar tarefa igual ou superior à de seus mestres.

Nos melhores aprendizes a gratidão acompanha o sentimento da própria superioridade em relação ao velho. Mas o comum dos aprendizes, quando a fonte doadora esgotou seus benefícios, volta-lhe as costas e busca outras fontes.[2] Isto é humano, dirão, é a lei da superação da geração mais velha pela mais jovem. Ou será desumano, próprio de uma sociedade competidora, onde já se perdeu o gosto inefável da individualidade de cada pessoa?

Os lugares ao sol são restritos aos vencedores; os vencidos tiritam e, sentindo que o sol lhes foge, pensam como Rousseau: "As lembranças se gravam na minha memória com traços cujo encanto e força aumentam dia a dia; como se sentindo que a vida me escapa, eu procurasse aquecê-la pelos seus começos" (*Confissões*).

Em nossa sociedade, os fracos não podem ter defeitos; portanto, os velhos não podem errar. Deles esperamos infinita tolerância, longanimidade, perdão, ou uma abnegação servil pela família. Momentos de cólera, de esquecimento, de fraqueza são duramente cobrados aos idosos e podem ser o início de seu banimento do grupo familiar. Uma variante desse comportamento: ouvimos pessoas que não sabem falar aos idosos senão com um tom protetor que mal disfarça a estranheza e a recusa.

A burocracia impessoal, a justiça equidistante são feitas para os pequenos: papéis complicados para preencher, horas na fila de um guichê errado e a aposentadoria vem tarde e precária.

Antes do afastamento definitivo há um declínio lento, intermitente, acompanhado de dolorosa lucidez. Muitas vezes o idoso absorve a ideologia voraz do lucro e da eficácia e repete: "É assim mesmo que deve acontecer, a gente perde a serventia, dá lugar aos moços... Para que serve um velho, só para dar trabalho...".

Existem, sim, outras sociedades, deveríamos responder, onde o ancião é o maior bem social, possui um lugar honroso e uma voz privilegiada. Uma lenda balinesa fala de um longínquo lugar, nas montanhas, onde outrora se sacrificavam os velhos. Com o tempo não restou nenhum avô que contasse as tradições para os netos. A lembrança das tradições se perdeu. Um dia quiseram construir um salão de paredes de troncos para a sede do Conselho. Diante dos troncos abatidos e já desgalhados os construtores viam-se perplexos. Quem diria onde estava a base para ser enterrada e o alto que serviria de apoio para o teto? Nenhum deles poderia responder: há muitos anos não se levantavam construções de grande porte, e eles tinham perdido a experiência. Um velho, que havia sido escondido pelo neto, aparece e ensina a comunidade a distinguir a base e o cimo dos troncos. Nunca mais um velho foi sacrificado.

## A VELHICE NA SOCIEDADE INDUSTRIAL

Além de ser um destino do indivíduo, a velhice é uma categoria social. Tem um estatuto contingente, pois cada sociedade vive de forma diferente o declínio biológico do homem. A sociedade industrial é maléfica para a velhice. Nas sociedades mais estáveis um octogenário pode começar a construção de uma casa, a plantação de uma horta, pode preparar os canteiros e semear um jardim. Seu filho continuará a obra.

Quando as mudanças históricas se aceleram e a sociedade extrai sua energia da divisão de classes, criando uma série de rupturas nas relações entre os homens e na relação dos homens com a natureza, todo sentimento de continuidade é arrancado de nosso trabalho. Destruirão amanhã o que construirmos hoje. Comenta Simone de Beauvoir em sua obra sobre a velhice:

> As árvores que o velho planta serão abatidas. Quase em toda parte a célula familiar explodiu. As pequenas empresas são absorvidas pelos monopólios ou se deslocam. O filho não recomeçará o pai, e o pai sabe disso. Ele desaparecido, a herdade será abandonada, o estoque da loja vendido, o negócio liquidado. As coisas que ele realizou e que fizeram o sentido de sua vida são tão ameaçadas quanto ele mesmo.[3]

A sociedade rejeita o velho, não oferece nenhuma sobrevivência à sua obra. Perdendo a força de trabalho ele já não é produtor nem reprodutor. Se a posse, a propriedade, constituem, segundo Sartre, uma defesa contra o outro, o velho de uma classe favorecida defende-se pela acumulação de bens. Suas propriedades o defendem da desvalorização de sua pessoa. O velho não participa da produção, não *faz* nada: deve ser tutelado como um menor. Quando as pessoas absorvem tais ideias da classe dominante, agem como loucas porque delineiam assim o *seu* próprio futuro.

Nos cuidados com a criança o adulto "investe" para o futuro, mas em relação ao velho age com duplicidade e má-fé. A moral oficial prega o respeito ao velho mas quer convencê-lo a ceder seu lugar aos jovens, afastá-lo delicada mas firmemente dos postos de direção. Que ele nos poupe de seus conselhos e se resigne a um papel passivo. Veja-se no interior das famílias a cumplicidade dos adultos em manejar os velhos, em imobilizá-los com cuidados para "seu próprio bem". Em privá-los da liberdade de escolha, em torná-los cada vez mais dependentes "administrando" sua aposentadoria, obrigando-os a sair de seu canto, a mudar de casa (experiência terrível para o velho) e, por fim, submetendo-os à internação hospitalar. Se o idoso não cede à persuasão, à mentira, não se hesitará em usar a força. Quantos anciãos não pensam estar provisoriamente no asilo em que foram abandonados pelos seus!

A característica da relação do adulto com o velho é a falta de reciprocidade que pode se traduzir numa tolerância sem o calor da sinceridade. Não se discute com o velho, não se confrontam opiniões com as dele, negando-lhe a oportunidade de desenvolver o que só se permite aos amigos: a alteridade, a contradição, o afrontamento e mesmo o conflito. Quantas relações humanas são pobres e banais porque deixamos que o outro se expresse de modo repetitivo e porque nos desviamos das áreas de atrito, dos pontos vitais, de tudo o que em nosso confronto pudesse causar o crescimento e a dor! Se a tolerância com os velhos é entendida assim, como uma abdicação do diálogo, melhor seria dar-lhe o nome de banimento ou discriminação.

O artesão acumulava experiência, e os anos aproximavam da perfeição seu desempenho; era um mestre de ofício. Hoje, o trabalho operário é uma repetição de gestos que não permite aperfeiçoamento, a não ser na rapidez. Enquanto o artesão realizava sua obra em casa, na oficina doméstica, o velho trabalhador tem que se deslocar.

Quando se vive o primado da mercadoria sobre o homem, a idade engendra desvalorização. A racionalização, que exige cadências cada vez mais rápidas, elimina da indústria os velhos operários. O taylorismo e, hoje, as horas extras deveriam ser estudados seriamente como causas da morte precoce dos trabalhadores.

Para a dignidade da psicologia industrial quero assinalar cuidadosas pesquisas de psicólogos na indústria, provando que a "funcionalidade" do trabalhador, em certos setores, aumenta com a idade. Aliás, as pesquisas que correlacionam idade com perda de eficiência são discordantes entre si e não merecem confiança. Seria preciso verificar se os laboratórios que as produziram não são financiados por empresas e fundações ligadas à indústria.

Nas épocas de desemprego os velhos são especialmente discriminados e obrigados a rebaixar sua exigência de salário e aceitar empreitas pesadas e nocivas à saúde. Como no interior de certas famílias, aproveita-se dele o braço servil, mas não o conselho.

Simone de Beauvoir faz belas reflexões sobre a velhice. A criança sente voltar para si os reflexos de amor que sua imagem desperta. O velho, ao contrário, não pode realizar sua imagem, concebê-la como é para os outros.

A velhice é um *irrealizável*, segundo Sartre; é uma situação composta de aspectos percebidos pelo outro e, como tal, reificados (um *être-pour-autrui*), que transcendem nossa consciência. Nunca poderei assumir a velhice enquanto exterioridade, nunca poderei assumi-la existencialmente, tal como ela é para o outro, fora de mim. É um irrealizável como a negritude; como pode o negro realizar em sua consciência o que os outros veem nele?

A velhice, que é fator natural como a cor da pele, é tomada preconceituosamente pelo outro. Há, no transcorrer da vida, momentos de crise de identificação: na adolescência também nossa imagem se quebra, mas o adolescente vive um período de transição, não de declínio. O velho sente-se um indivíduo diminuído, que luta para continuar sendo um homem. O coeficiente de adversidade das coisas cresce: as escadas ficam mais duras de subir, as distâncias mais longas a percorrer, as ruas mais perigosas de atravessar, os pacotes mais pesados de carregar. O mundo fica eriçado de ameaças, de ciladas. Uma falha, uma pequena distração são severamente castigadas.

Para a comunicação com seus semelhantes precisa de artefatos: próteses, lentes, aparelhos acústicos, cânulas. Os que não podem comprar esses aparelhos ficam privados de comunicação. Um dos velhos que entrevistei escreve estes versos:

*A mão trêmula é incapaz*
*de ensinar o apreendido.*

É a impotência de transmitir a experiência, quando os meios de comunicação com o mundo falham. Ele não pode mais ensinar aquilo que sabe e que custou toda uma vida para aprender.

Sobre a inadaptação dos velhos, conviria meditar que nossas faculdades, para continuarem vivas, dependem de nossa atenção à vida, do nosso interesse pelas coisas, enfim, depende de um projeto. De que projeto o velho participa agora?

Bastide[4] observa, a propósito das doenças que a velhice acarreta, que não se deve confundir senilidade, que é um fenômeno patológico, com senescência, que é um estado normal do ciclo de vida. E pergunta se a senilidade é um efeito da senescência ou um produto artificial da sociedade que rejeita os velhos. Citando o dr. Repond:

> Somos mesmo levados a nos perguntar se o velho conceito de demência senil, pretenso resultado de perturbações cerebrais, não se deva revisar completamente, e se essas pseudodemências não são resultados de fatores psicossociológicos agravados rapidamente, por colocação em instituições inadequadamente equipadas e dirigidas, como também por internações nos hospitais psiquiátricos, onde esses

doentes muitas vezes abandonados a si mesmos, privados de estímulos psíquicos necessários, separados de todo interesse vital, não têm a esperar senão um fim que se convém em desejar rápido.

Nós chegaremos mesmo a pretender que o quadro clínico das clemências senis talvez seja um produto artificial, devido o mais das vezes à carência de cuidados e de esforços de prevenção e reabilitação.

Confirmando essas asserções, nas lembranças de anciãos que colhemos, sobretudo nas do sr. Abel, que passou por hospital psiquiátrico e por asilo, notaremos traços não de um despojamento psíquico, mas de um despojamento social.

Durante a velhice deveríamos estar ainda engajados em causas que nos transcendem, que não envelhecem, e que dão significado a nossos gestos cotidianos. Talvez seja esse um remédio contra os danos do tempo. Mas, pondera Simone de Beauvoir, se o trabalhador aposentado se desespera com a falta de sentido da vida presente, é porque em todo o tempo o sentido de sua vida lhe foi roubado. Esgotada sua força de trabalho, sente-se um pária, e é comum que o escutemos agradecendo sua aposentadoria como um favor ou esmola.

A degradação senil começa prematuramente com a degradação da pessoa que trabalha. Esta sociedade pragmática não desvaloriza somente o operário, mas todo trabalhador: o médico, o professor, o esportista, o ator, o jornalista.

Como reparar a destruição sistemática que os homens sofrem desde o nascimento, na sociedade da competição e do lucro? Cuidados geriátricos não devolvem a saúde física nem mental. A abolição dos asilos e a construção de casas decentes para a velhice, não segregadas do mundo ativo, seria um passo à frente. Mas, haveria que sedimentar uma cultura para os velhos com interesses, trabalhos, responsabilidades que tornem sua sobrevivência digna. Como deveria ser uma sociedade para que, na velhice, o homem permaneça um homem? A resposta é radical para Simone de Beauvoir: "Seria preciso que ele sempre tivesse sido tratado como homem".

A noção que temos de velhice decorre mais da luta de classes que do conflito de gerações. É preciso mudar a vida, recriar tudo, refazer as relações humanas doentes para que os velhos trabalhadores não sejam uma espécie estrangeira. Para que nenhuma forma de humanidade seja excluída da humanidade é que as minorias têm lutado, que os grupos discriminados têm reagido. A mulher, o negro, combatem pelos seus direitos, mas o velho não tem armas. Nós é que temos de lutar por ele.

A MEMÓRIA COMO FUNÇÃO SOCIAL

É o momento de desempenhar a alta função da lembrança. Não porque as sensações se enfraqueçam, mas porque o interesse se desloca, as reflexões seguem outra linha e se dobram sobre a quintessência do vivido. Cresce a nitidez e o número das imagens de outrora, e esta faculdade de relembrar exige um espírito desperto, a capacidade de não confundir a vida atual com a que passou, de reconhecer as lembranças e opô-las às imagens de agora.

Não há evocação sem uma inteligência do presente, um homem não sabe o que ele é se não for capaz de sair das determinações atuais. Aturada reflexão pode preceder e acompanhar a evocação. Uma lembrança é diamante bruto que precisa ser lapidado pelo espírito. Sem o trabalho da reflexão e da localização, seria uma imagem fugidia. O sentimento também precisa acompanhá-la para que ela não seja uma repetição do estado antigo, mas uma reaparição.

Se existe uma memória voltada para a ação, feita de hábitos, e uma outra que simplesmente revive o passado, parece ser esta a dos velhos, já libertos das atividades profissionais e familiares. Se tais atividades nos pressionam, nos fecham o acesso para a evocação, inibindo as imagens de outro tempo, a recordação nos parecerá algo semelhante ao sonho, ao devaneio, tanto contrasta com nossa vida ativa. Esta repele a vida contemplativa.

Mas, o ancião não sonha quando rememora: desempenha uma função para a qual está maduro, a religiosa função de unir o começo ao fim, de tranquilizar as águas revoltas do presente alargando suas margens:

*Meu dia outrora principiava alegre,*
*no entanto à noite eu chorava. Hoje, mais velho,*
*nascem-me em dúvida os dias, mas*
*findam sagrada, serenamente.*
(Hölderlin, em trad. de Manuel Bandeira)

Ele, nas tribos antigas, tem um lugar de honra como guardião do tesouro espiritual da comunidade, a tradição. Não porque tenha uma especial capacidade para isso: é seu interesse que se volta para o passado que ele procura interrogar cada vez mais, ressuscitar detalhes, discutir motivos, confrontar com a opinião de amigos, ou com velhos jornais e cartas em nosso meio.

Quando a sociedade esvazia seu tempo de experiências significativas, empurrando-o para a margem, a lembrança de tempos melhores se converte num sucedâneo da vida. E a vida atual só parece significar se ela recolher de outra época o alento. O vínculo com outra época, a consciência de ter suportado, compreendido muita coisa, traz para o ancião alegria e uma ocasião de mostrar sua competência. Sua vida ganha uma finalidade se encontrar ouvidos atentos, ressonância.

O dr. Holbrok, de Nova York,[5] treinou um velho com exercício diário de duas horas (uma pela manhã, outra à tarde) para que ele se lembrasse cada tarde dos acontecimentos do dia e ainda na manhã seguinte. Depois, treinou-o para reter dez nomes de celebridades por semana, versos, sílabas, o número da página de um livro... Pobre velhinho! Comenta William James: "Tanta tortura e não vejo como teria melhorado sua memória". A tenacidade diminui com a idade; só a associação e a meditação a acrescem. No entanto, pensamos que não se trata do exercício em si, mas da atenção do outro, da agradável sensação de ser ouvido que o estimulava a reter fatos tão insignificantes para ele.

Um mundo social que possui uma riqueza e uma diversidade que não conhecemos pode chegar-nos pela memória dos velhos. Momentos desse mundo perdido podem ser compreendidos por quem não os viveu e até humanizar o presente. A conversa evocativa de um velho é sempre uma experiência profunda: repassada de nostalgia, revolta, resignação pelo desfiguramento das paisagens caras, pela desaparição de entes amados, é semelhante a uma obra de arte. Para quem sabe ouvi-la, é desalienadora, pois contrasta a riqueza e a potencialidade do homem criador de cultura com a mísera figura do consumidor atual.

Hoje, fala-se tanto em criatividade... mas, onde estão as brincadeiras, os jogos, os cantos e danças de outrora? Nas lembranças de velhos aparecem e nos surpreendem pela sua riqueza. O velho, de um lado, busca a confirmação do que se passou com seus coetâneos, em testemunhos escritos ou orais, investiga, pesquisa, confronta esse tesouro de que é guardião. De outro lado, recupera o tempo que correu e aquelas coisas que, quando as perdemos, nos fazem sentir diminuir e morrer.

Ele nos aborrece com o excesso de experiência que quer aconselhar, providenciar, prever. Se protestamos contra seus conselhos, pode calar-se e talvez querer acertar o passo com os mais jovens. Essa adaptação falha com frequência, pois o ancião se vê privado de sua função e deve desempenhar uma nova, ágil demais para o seu passo lento. A sociedade perde com isso. Se a criança ainda não ocupou nela seu lugar, é sempre uma força em expansão. O velho é alguém que se retrai de seu lugar social e este encolhimento é uma perda e um empobrecimento para todos. Então, a velhice desgostada, ao retrair suas mãos cheias de dons, torna-se uma ferida no grupo.

Se o adulto não dispõe de tempo ou desejo para reconstruir a infância, o velho se curva sobre ela como os gregos sobre a idade de ouro.

Se examinarmos criticamente a meninice podemos encontrar nela aspirações truncadas, injustiças, prepotência, a hostilidade habitual contra os fracos. Poucos de nós puderam ver florescer seus talentos, cumprir sua vocação mais verdadeira. Comparamos acaso nossos ideais antigos com os presentes? Examinamos as raízes desse desengano progressivo das relações sociais?

A criança sofre, o adolescente sofre. De onde nos vêm, então, a saudade e a ternura pelos anos juvenis? Talvez porque nossa fraqueza fosse uma força latente e em nós houvesse o germe de uma plenitude a se realizar. Não havia ainda o constrangimento dos limites, nosso diálogo com os seres era aberto, infinito. A percepção era uma aventura; como um animal descuidado, brincávamos fora da jaula do estereótipo. E assim foi o primeiro encontro da criança com o mar, com o girassol, com a asa na luz. Ficou no adulto a nostalgia dos sentidos novos:

*Tendo perdido as ânforas da infância,*
*ânforas que tomadas ou aspiradas*
*derramavam no ar a substância*
*de que as coisas bebiam inebriadas;*

*tendo perdido o verde som dos hortos*
*descer pelas ramagens nos silentes*
*degraus, ainda vejo no sol posto*
*o fruto ou flor fechada e rescendente.*

*Sonho com as espigas debulhadas
em grãos que a luz unia ou separava
para cobrir o chão de áureo tecido*

*e meus pés afundavam na dureza
macia desses grãos que me fugia
sem que ouvisse no ar o seu gemido.*

Não basta um esforço abstrato para recriar impressões passadas, nem palavras exprimem o sentimento de diminuição que acompanha a impossibilidade. Perdeu-se o tônus vital que permitia aquelas sensações, aquela captação do mundo. Quando passamos na mesma calçada, junto ao mesmo muro, o ruído da chuva nas folhas nos desperta alguma coisa. Mas, a sensação pálida de agora é uma reminiscência da alegria de outrora. Esta sombra tem algo parecido com a alegria, tem o seu contorno: é uma evocação.

## HISTÓRIAS DE VELHOS

Por que decaiu a arte de contar histórias? Talvez porque tenha decaído a arte de trocar experiências. A experiência que passa de boca em boca e que o mundo da técnica desorienta. A Guerra, a Burocracia, a Tecnologia desmentem cada dia o bom senso do cidadão: ele se espanta com sua magia negra, mas cala-se porque lhe é difícil explicar um Todo irracional.

Ao transmitir as lembranças de pessoas idosas que escutei, quero expor o que pensa Walter Benjamin[6] sobre a arte de narrar. Sempre houve dois tipos de narrador: o que vem de fora e narra suas viagens; e o que ficou e conhece sua terra, seus conterrâneos, cujo passado o habita. O narrador vence distâncias no espaço e volta para contar suas aventuras (acredito que é por isso que viajamos) num cantinho do mundo onde suas peripécias têm significação:

*Quando tudo no mundo é mocidade,
verde a árvore, moça a natureza;
e cada ganso te parece um cisne,
e cada rapariga uma princesa;*

> *venham minhas esporas, meu cavalo!*
> *Vou correr mundo em busca da alegria!*
> *O sangue moço quer correr, ardente,*
> *e cada criatura quer seu dia...*
>
> *Nas frias tardes da velhice, quando*
> *é parda toda a árvore que vive;*
> *em que todo desporto é já cansaço,*
> *e toda a roda corre no declive;*
>
> *oh! volta à casa, busca o teu cantinho,*
> *vai, mesmo assim, cansado e sem beleza:*
> *lá acharás o rosto que adoravas*
> *quando era jovem toda a natureza!*[7]

Ou a aventura vence as distâncias no tempo, trazendo um fardo de conhecimento do qual tira o conselho. Se essa expressão parece antiquada é porque diminuiu a comunicabilidade da experiência. Hoje não há mais conselhos, nem para nós nem para os outros. Na época da informação, a busca da sabedoria perde as forças, foi substituída pela opinião. Por que despregar com esforço a verdade das coisas, se tudo é relativo e cada um fica com sua opinião? Isto também deriva das relações de produção que expulsaram o conselho do âmbito do falar vivo.

A arte da narração não está confinada nos livros, seu veio épico é oral. O narrador tira o que narra da própria experiência e a transforma em experiência dos que o escutam. No romance moderno, o herói sofre as vicissitudes do isolamento e, se não consegue expressá-las de forma exemplar para nós, é porque ele mesmo está sem conselho e não pode dá-lo aos outros. O romance atesta a desorientação do vivente.

Cervantes mostra como as ações de um dos seres mais nobres, o magnânimo, o audaz Dom Quixote, estão privadas do dom do conselho. No romance, a personagem bate a cabeça sozinha, ele historia os seus desencontros, suas falhas e lacunas, especialmente a cisura indivíduo-comunidade. Aqui, como nos últimos versos do *Fausto*, "o insuficiente torna-se evento".

A narração exemplar foi substituída pela informação de imprensa, que não é pesada e medida pelo bom senso do leitor. Assim, a união de uma cantora com um esportista ocupa mais espaço que uma revolução. A informação pretende ser diferente das narrações dos antigos: atribui-se foros de verdade quando é tão inverificável quanto a lenda. Ela não toca no maravilhoso, se quer plausível. A arte de narrar vai decaindo com o triunfo da informação. Ingurgitada de explicações, não permite que o receptor tire dela alguma lição. Os nexos psicológicos entre os eventos que a narração omite ficam por conta do ouvinte, que poderá reproduzi-la à sua vontade; daí o narrado possuir uma amplitude de vibrações que falta à informação.

Heródoto conta uma pequena história da qual se pode aprender muito:

> Quando o rei egípcio Psamênito foi vencido e caiu prisioneiro do rei dos persas, Câmbises, este resolveu humilhá-lo. Ordenou que colocassem Psamênito na rua por onde passaria o triunfo persa e fez com que o prisioneiro visse passar a filha em vestes de escrava enquanto se dirigia ao poço com um balde na mão. Enquanto todos os egípcios elevavam prantos e gritos àquela visão, só Psamênito permaneceu mudo e imóvel com os olhos pregados no chão; e quando, pouco depois, viu o filho conduzido à morte no cortejo, permaneceu igualmente impassível. Mas, quando viu passar entre os prisioneiros um dos seus servos, um homem velho e empobrecido, então golpeou a cabeça com as mãos e mostrou todos os sinais da mais profunda dor.[8]

A situação fica aberta à nossa interpretação. Por que teria chorado o rei Psamênito? Penso em possíveis respostas. Psamênito chorou porque a visão do velho servidor foi a gota d'água que fez transbordar seu cálice, depois de ter assistido impassível ao aprisionamento de seus entes mais caros. Psamênito chorou porque o velho servidor, testemunha de sua infância e da existência de seus pais e avós, era um elo que unia e confirmava a geração real. Seu arrastamento e prisão simbolizavam o esfacelamento da dinastia. Psamênito chorou porque a princesa poderia tramar nos bastidores a seu favor; o príncipe poderia articular uma revolta e libertar sua mãe e irmãs, mas ao velho servidor já não restavam forças, sendo, portanto, inútil e cruel sua humilhação.

Por que chora o narrador em certos momentos da história de sua vida? Esses momentos não são, com certeza, aqueles de que esperaríamos lágrimas e nos desconcertam. O sr. Ariosto vai contar-nos seus primeiros anos rondados pela fome quase corporificada na narrativa, a perda de seus parentes, a ruína. Sendo uma pessoa gentilíssima, sua narração procura não abalar o ouvinte em momento algum, mas ele chora quando nos conta que seu pai sustentava a família como mestre de caligrafia. Como seria a vida de um mestre de caligrafia no início do século?

A informação só nos interessa enquanto novidade e só tem valor no instante que surge. Ela se esgota no instante em que se dá e se deteriora. Que diferente a narração! Não se consuma, pois sua força está concentrada em limites como a da semente e se expandirá por tempo indefinido.

Por que terá chorado o rei Psamênito?

O receptor da comunicação de massa é um ser desmemoriado. Recebe um excesso de informações que saturam sua fome de conhecer, incham sem nutrir, pois não há lenta mastigação e assimilação. A comunicação em mosaico reúne contrastes, episódios díspares sem síntese, é a-histórica, por isso é que seu espectador perde o sentido da história.

Pesquisando jornais de alguns anos atrás, surpreendi-me com as manchetes que lia. Eventos importantes em sua época eu havia relegado para um segundo plano, onde jaziam na sombra. Desfilaram ante meus olhos pacifistas, resistentes, guerrilheiros, mártires... Leio a manchete de oito anos atrás:

A POLÍCIA EVACUOU O RECINTO DO TRIBUNAL PARA QUE AS ÚLTIMAS PALAVRAS DO RÉU NÃO FOSSEM OUVIDAS.

E eu as havia esquecido!
Abro um jornal de agosto de 1973:

AS MÃOS DE VICTOR JARA FORAM CORTADAS NO ESTÁDIO CHILENO, ENQUANTO SEUS CARRASCOS O DESAFIAVAM A TOCAR E CANTAR.

E ele cantou:

*Canto que mal me sales*
*cuando tengo que cantar espanto!*

*Espanto como el que vivo*
*como el que muero espanto*
*de verme entre tantos y tantos*
*momentos del infinito*
*en que el silencio y el grito...*

Esquecerei esta notícia daqui a pouco anos? Bem nos adverte Garcia Lorca contra esse tempo atulhado de objetos sem sentido e despovoado de memória:

*Ay, poeta infantil,*
*quiebra tu reloj!*

Morre a arte da narrativa quando morre a retenção da legenda. Perdeu-se também a faculdade de escutar, dispersou-se o grupo de escutadores. Quanto mais se esquecia de si o ouvinte, tanto mais entrava nele a história, e a arte de narrar transmitia-se quase naturalmente. Esta rede tecida em milênios se desfia de um lado e de outro.

A narração é uma forma artesanal de comunicação. Ela não visa a transmitir o "em si" do acontecido, ela o tece até atingir uma forma boa. Investe sobre o objeto e o transforma. Tendência comum dos narradores é começar com a exposição das circunstâncias em que assistiu ao episódio: "Certa vez, ia andando por um caminho quando...". Isso quando o conta como não diretamente vivido por ele.

Valéry lembra os tempos em que o tempo não contava, em que o artesão ia entalhando, esculpindo como se imitasse a paciente obra da natureza, obtendo tonalidades novas com uma série de camadas sutis e transparentes. O homem moderno não cultiva o que ele pode simplificar e abreviar. Roubada à tradição oral, a *short story* também se imprimiu e abreviou, não permite mais que se conte e reconte, formando sobre ela a superposição de camadas sutis e transparentes com que os contadores retocam a história matriz. Valéry reflete que quando diminui no espírito a ideia da eternidade cresce a aversão pelos trabalhos longos e pacientes. Quando os velhos se assentam à margem do tempo já sem pressa — seu horizonte é a morte — floresce a narrativa.

A civilização burguesa expulsou de si a morte; não se visitam moribundos, a pessoa que vai morrer é apartada, os defuntos já não são contemplados.

O leito de morte se transformava em um trono de onde o moribundo ditava seus últimos desejos ante os familiares e vizinhos que entravam pelas portas escancaradas para assistir ao ato solene. Era natural dormir numa cama onde dormiram os avós, onde morreram rodeados pelos seus. Era natural visitar um defunto, acompanhá-lo ao ouvir os sinos plangerem. E guardar o crucifixo onde imprimiu o último beijo. A morte vem sendo progressivamente expulsa da percepção dos vivos.

Os agonizantes, diz Benjamin, são jogados pelos herdeiros em sanatórios e hospitais. Os burgueses desinfetam as paredes da eternidade. No entanto, todo o vivido, toda a sabedoria do agonizante pode perpassar por seus lábios. Ele pode examinar sua vida inteira, filtrar o seu significado mais profundo e querer transmiti-lo em palavras entrecortadas cujo sentido todos se esforçam para adivinhar e interpretar. A mão se ergue para a última bênção sobre os vivos e, à medida que o olhar se apaga, mais cresce a autoridade do que é transmitido. Autoridade que o mendigo possui ao morrer no chão da rua e que é a essência da narrativa.

Todas as histórias contadas pelo narrador inscrevem-se dentro da *sua história*, a de seu nascimento, vida e morte. E a morte sela suas histórias com o selo do perdurável. As histórias dos lábios que já não podem recontá-las tornam-se exemplares. E, como reza a fábula, se não estão ainda mortos, é porque vivem ainda hoje.

Mnemosyne, a recordadora, era divindade no panteão grego. Qual o poder de Mnemosyne? Irmã de Cronos e de Okeanós, do tempo e do oceano, mãe das musas cujo coro conduz, ela preside à função poética que exige intervenção sobrenatural. É uma forma de possessão e delírio divinos, o entusiasmo.[9] O intérprete de Mnemosyne é possuído pelas musas assim como o profeta o é por Apolo.

Vernant,[10] quando estuda os aspectos míticos da memória e do tempo, coteja sempre a vidência do futuro com a do passado, as revelações do que aconteceu outrora e do que ainda não é. Mnemosyne dispensa a seus eleitos uma onisciência do tipo divinatório, não de seu passado individual, mas do passado em geral, do tempo antigo. Qual a função da memória? Não reconstrói o tempo, não o anula tampouco. Ao fazer cair a barreira que separa o presente do passado, lança uma ponte entre o mundo dos vivos e o do além, ao qual retorna tudo o que deixou à luz do sol. Realiza uma *evocação*: o apelo dos vivos, a vinda à luz do dia, por um momento, de um defunto. É também a viagem que o oráculo pode fazer, descendo, ser vivo, ao país dos mortos para aprender a ver o que quer saber.

A *anamnesis* (reminiscência) é uma espécie de iniciação, como a revelação de um mistério. A visão dos tempos antigos libera-o, de certa forma, dos males de hoje.

Vernant, descrevendo o ritual no oráculo de Lebadeia, conta que antes de entrar no país dos mortos o consultante bebia de duas fontes: no Lethe, e esquecia sua vida humana; na Mnemosyne, para lembrar o que havia visto no outro mundo. Quem guarda a memória no Hades transcende a condição mortal, não vê mais oposição entre a vida e a morte. O privilégio pertence a todos aqueles cuja memória sabe discernir para além do presente o que está enterrado no mais profundo passado e amadurece em segredo para os tempos que virão.

Hoje, a função da memória é o conhecimento do passado que se organiza, ordena o tempo, localiza cronologicamente. Na aurora da civilização grega ela era vidência e êxtase. O passado revelado desse modo não é o antecedente do presente, é a sua fonte. Do estudo de Vernant sentimos a impossibilidade de separar a memória do conselho e da profecia.

Lembra Flavio Di Giorgi algumas noções sobre etimologia:

> A raiz bruta *mn* em seu grau *1* expressa o caso individual, como *memini* (*eu me lembro*). Em seu grau *0* a raiz *mn* entra no nível da atuação social: como *moneo* (*eu advirto,* ou *eu admoesto*). Este grau pode permitir a formação de palavras carregadas de ambiguidade cultural como "monitor" (*conselheiro*), de conotação positiva. Mas também "admoestador" (*corregedor*), de conotação negativa.

Entre o ouvinte e o narrador nasce uma relação baseada no interesse comum em conservar o narrado que deve poder ser reproduzido. A memória é a faculdade épica por excelência. Não se pode perder, no deserto dos tempos, uma só gota da água irisada que, nômades, passamos do côncavo de uma para outra mão. A história deve reproduzir-se de geração a geração, gerar muitas outras, cujos fios se cruzem, prolongando o original, puxados por outros dedos. Quando Scheherazade contava, cada episódio gerava em sua alma uma história nova, era a memória épica vencendo a morte em mil e uma noites.

"Dessa luta emergem as experiências francamente épicas do tempo: a esperança e a recordação" (Lukács). Referindo-se ao romancista, diz ainda Lukács que o sujeito alcança "a unidade de toda sua vida na corrente de vida passada concentrada na recordação [...] a visão que colhe esta unidade é a intuição e o pressentimento do significado não alcançado e, portanto, inexprimível da vida".[11]

Esse sentido precisa incluir o trabalho das mãos. Alma, olho e mão entram em acordo para Valéry no narrador: é um artesão que torna visível o que está *dentro* das coisas: "Eu não sabia", diz uma criança a um escultor, "que dentro daquele bloco de pedra estava esse cavalo que você tirou".

O narrador está presente ao lado do ouvinte. Suas mãos, experimentadas no trabalho, fazem gestos que sustentam a história, que dão asas aos fatos principiados pela sua voz. Tira segredos e lições que estavam dentro das coisas, faz uma sopa deliciosa das pedras do chão, como no conto da Carochinha. A arte de narrar é uma relação alma, olho e mão: assim transforma o narrador sua matéria, a vida humana.

Trabalhar a matéria-prima da experiência: os operários aposentados florentinos, depois de fabricar, na juventude e maturidade, o objeto em série, na velhice fazem obras-primas com madeira, mosaico e couro, que, há poucos anos, podiam ser encontrados no Ponte Vecchio. É o tempo de se entregar a uma experiência profunda, de penetrar, como um artífice, a natureza das coisas.

O narrador é um mestre do ofício que conhece seu mister: ele tem o dom do conselho. A ele foi dado abranger uma vida inteira.

Seu talento de narrar lhe vem da experiência; sua lição, ele extraiu da própria dor; sua dignidade é a de contá-la até o fim, sem medo.

Uma atmosfera sagrada circunda o narrador.

# 3.
# LEMBRANÇAS

# D. Alice

Nasci em Aparecida do Norte, perto de Guaratinguetá. Com três anos de idade já estava aqui em São Paulo. Meus avós eram de Guaratinguetá; só conheci minhas duas avós, materna e paterna.

Vivi com meus pais até três anos, depois eles se separaram, fiquei só com minha mãe. Minha mãe era empregada, trabalhava na casa de um dos maiores advogados, naquela época, do estado de São Paulo: dr. Carlos Ciryllo Junior. Foi pajem de duas crianças: de José e de Alcindo Ciryllo.

Nessa época meu único irmãozinho faleceu. Eu era tratada como filha da casa e vestia um avental engomado, tiotado... Ficamos um bom tempo com dr. Ciryllo e d. Maria Amália Ciryllo, na rua Martim Francisco, quando eu era pequenina. Depois, eles mudaram para a alameda Nothmann. Dessa casa, lembro de muita fartura: tinha cozinheira, pajem, copeiro... Tinha quem me levava e trazia do Colégio das Irmãs Vicentinas, que fica ali, numa travessa da alameda Nothmann, nos Campos Elíseos.

Na casa do dr. Ciryllo adorava ouvir as histórias de uma preta, toda arcadinha, o cabelo branco; chamava-se Brígida. Eram histórias lindas, de fadas, príncipes encantados... eu era muito pequena, aí remonta já mais um pouco, não lembro, sei que ficava muito tempo à noite ouvindo as histórias dela.

Conheci uma casa grande, a da família Ferreira Alves, os pais de d. Maria Amália. Ficava na avenida Tiradentes, esquina com a rua Rodrigo da Silva: hoje é um quartel. Lembro de Ieié, das moças da casa que ficavam muito à janela, eram bonitas, uma porcelana, como se dizia.

O doutor tinha os cabelos brancos e suíças. D. Messias, a mãe, andava com bata branca — naquele tempo o nome era *matinée* — entremeada com rendas valencianas, preguinhas. Trazia sempre as chaves da despensa no cós da saia. E na hora de fazer o almoço a cozinheira ia chamar a dona da casa, com uma bacia na mão. Ela abria a despensa e media as xícaras de arroz, de feijão, a cebola, e dava tudo para a cozinheira, era hábito.

Minha mãe era carinhosa comigo, mas a vida era muito sofrida, trabalhar com uma criança de três anos, ou mesmo maiorzinha, é difícil. Lembro que minha mãe trabalhou numa casa onde os meninos eram levados, me beliscavam, puxavam o cabelo. Então minha mãe me trancava na despensa e levava minha comida para lá. Ela fazia por mim o que podia, mas não podia fazer muito, coitada.

A pessoa sendo simples, mas tendo sua casa, tendo pai, é outra coisa. Eu não tive pai, nem irmãos: a vida era de muito sacrifício. Pagávamos dez mil-réis por um quartinho de telha-vã. Uma noite uma vizinha precisou dormir conosco e chovia forte. Ouvimos o barulho de alguém que comia no escuro e minha mãe perguntou: "O que você está comendo, Mariazinha?". "Estou chupando as pedrinhas de gelo que caem na minha cama", ela respondeu.

Depois fomos morar na rua Conselheiro Nébias, que naquele tempo era residencial como, hoje, o jardim América; ali moravam condes em palacetes. Eu não morava numa casa, morava num quarto com minha mãe, numa vila. A rua Conselheiro Nébias era uma maravilha porque a gente brincava de amarelinha, pegador, de lenço-atrás, podia atravessar a rua correndo, ficava à vontade. De noite podia ficar até as oito horas brincando ali na calçada, de roda. Brincávamos de "Senhora dona Sancha", de "A canoa virou". Quero cantar uma música bem antiga que nós cantávamos na roda:

*Margarida vai à fonte,*
*Margarida vai à fonte,*
*para encher o cantarinho.*

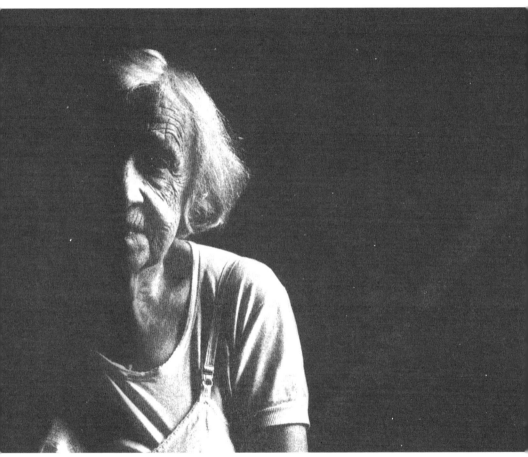

FOTO: AMERIS PAOLINI

*Ida Strambi (do álbum de d. Emma Strambi Frederico).*

*Rolam lírios pelos montes,
rolam lírios pelos montes,
vai à fonte e vem sozinha.*

*Linda flor desconhecida,
linda flor desconhecida
que o sol beija ao nascer.
Deixa-te estar escondida,
deixa-te estar escondida
nessa paz de teu viver.*

Outra, que eu cantava para minhas netas, quando eram pequeninas:

*Vestidinho branco vai muito bem
mas a menina Yvonne não quer ninguém.* [bis]
*Vai de ramo em ramo, vai de flor em flor,
Vai de braço dado com seu lindo amor.*

Aquele bairro ficou horrível; quando passo por lá, naqueles Campos Elíseos, ai, dá uma dor no coração. Aquilo era maravilhoso, aquelas ruas quietas, aqueles jardins, aquela coisa... O quarto em que morei não deve existir mais, vou fazer setenta e quatro anos, aquilo com certeza já foi demolido.

Eu sou pobre, pobre, mas minha mãe era muito carinhosa comigo, muito carinhosa mesmo. Quando era pequena não tive as coisas que queria, mas eu tinha carinho. Minha mãe, não lembro nem de ela ter-me batido. Morei sempre com ela, quando ela trabalhava, ficava com minha avó. Ela era meio bravinha, queria que cada um fizesse suas coisas mas nunca vi bater em ninguém. A gente ajudava, sempre dava uma mãozinha pra ela, uma mão de gato, como se diz, mas dava. Ela tomava conta da criançada porque minha tia também trabalhava, como minha mãe. Não dei preocupação para minha mãe, nunca fiquei doente, só catapora... Nessa época minha mãe trabalhava no largo do Arouche...

Quando a gente se confessa tem que falar toda a verdade. Então, como estou falando toda a verdade pra você, eu não tive Natal na minha casa. Minha avó punha uma toalha na mesa com um bolo de fubá, e aquele era o Natal. Eu trabalhava, minha mãe trabalhava, meu aniversário passava desapercebido.

Lembro de uns vizinhos: d. Maricota, portuguesa, casada com um senhor — posso falar? — de cor, mas era uma família muito distinta. Fazia lições com o filho deles, da minha idade. Almoçava lá, antes de ir para a escola ela me preparava um lanche. Essa família foi muito boa para mim, como sabia que eu... Um dia, seu Eugênio trouxe para mim dois vestidos e um par de sapatos do Ao Bon Marché, achei aquilo uma glória, como se diz agora. Mais tarde, ainda depois de casada, eu visitava esse casal. Essas pessoas talvez não existam mais.

Quero cantar uma canção que d. Maricota cantava para a menina dela, a Irene, quando ela era de colo:

*Maria lavava,*
*José estendia,*
*e o menino chorava*
*do frio que fazia.*
*Não chores, filhinho,*
*não chores, meu amor,*
*não chores, filhinho,*
*não chores, minha flor.*

Eu gostava tanto dessa canção que mais tarde cantei também para minhas netas.

Aprendi a ler no Grupo Escolar do Triunfo, na alameda Cleveland, ali, depois da ponte do Bom Retiro. Hoje não sei se tem outro nome, mas o grupo existe. Entrei com sete anos, estudei até o terceiro ano, tinha uns nove anos. Só lembro da minha professora do primeiro ano, chamava-se Wanda; eu adorava ela, era uma senhora de pele clara que usava óculos. Lembro também da minha última professora, d. Carlota; depois escrevi uma cartinha para ela, ela me respondeu.

Não lembro dos coleguinhas, mas lembro das aulas de tabuada, geografia e eu gostava muito de história, como até hoje; não tenho estudo nenhum, como eu disse pra você, mas adoro história; não guardo as coisas mas gosto de ler. Tinha notas boas em tudo, mas minhas melhores notas eram sempre de história. Quando não passei para o quarto ano foi por causa de aritmética: eu chorei tanto quando soube que precisaram me levar para a sala do diretor. Na aula de composição me lembro que a professora contava uma história, e eu, que gosto de escrever, ela mandava recompor no quadro. As professoras eram muito boas, não castigavam.

Lembro de uma poesia que decorei na escola:

*Vai-se a primeira pomba despertada,*
*vai-se outra, mais outra, enfim dezenas*
*de pombas vão-se, apenas*
*raia a madrugada.*

Hoje, gosto de ler, mas não lembro de livros, jornais, quando era criança, nem rádio. No terceiro ano precisei sair do grupo, não tenho nem o primário completo.

Só lembro bem da época da Conselheiro Nébias para cá... com sete, oito anos. Com menos idade, minha vida foi sempre assim, andar de cá pra lá, não dá para lembrar. Com uns doze anos, fiquei uma temporada em São Bernardo, na casa de uma tia, e fazia o servicinho de casa para ela. As casas pertenciam à fábrica Pereira Inácio, de tecidos. Penso que ainda existe. Minha tia trabalhava na fábrica e as vizinhas também. Todas as pessoas daquela ruazinha sem saída trabalhavam na fábrica. Eu ficava com minha avó, que era cega. Depois de lavar a loucinha do almoço ia brincar com uma menina de minha idade, que também tomava conta de seus irmãozinhos, enquanto a mãe trabalhava. A gente saía ali no campo, catava uma flor... Um dia, em casa tinha canjica, aí eu falei assim: "Olha Carmela, tem canjica, mas canjica sem leite não dá pé, o bom era se tivesse leite". Então minha amiga falou: "Ah, mas que bobagem, isso aí não é problema... A gente sai por aí, no campo tá cheio de vacas, eu sei tirar leite. Você tem uma corda aí?".

Minha avó cega perguntou: "O que vocês estão falando?".

"Nada, nós vamos dar uma volta."

Quando saímos a Carmela foi correndo atrás das vacas e a criançada toda em volta dela: "Carmela! Quando a *mamma* vier eu vou contar!". E eu, correndo também, com caneca para ajudar a tirar o leite. No fim ela conseguiu segurar o rabo de uma vaca que arrastou ela um grande pedaço. Nós ficamos sem leite. O remédio foi voltar pra casa e comer a canjica com açúcar.

Outra vez, nós saímos, ela falou: "Você quer saber como eu vou montar a cavalo? Eu monto!...". "Mas como você vai montar a cavalo, Carmela?" Pois ela montou sem o selim e a criançada correndo atrás dela.

Eu acompanhava nas brincadeiras. Uma vez os irmãozinhos dela ficaram amolando muito, ela fechou todos no armário. Ela era muito levada, eu não era tanto, mas era levada. Não sei mais dela. No meu casamento ela foi me cumprimentar, foi a última vez que a vi. Talvez ainda ela exista.

Um dia fiquei com tanta raiva, vieram em todas as casas dois funcionários, escreveram o nome de todas as pessoas e marcaram o dia para dar óleo de Santa Maria. Tinha um cheiro horrível, não deu para fugir, eu falei: "Posso tomar ali atrás da porta?". Disseram: "Olha, menina, você precisa tomar aqui". E me deram um vidro. Tive que tomar, nunca vi uma coisa mais enjoativa que aquilo, aquele gosto, aquele cheiro parece que não sai mais. Foi geral, todos em São Bernardo tiveram que tomar.

Não me lembro se essa campanha foi antes ou depois da gripe espanhola. Tenho uma vaga lembrança que a gripe espanhola foi depois. Todos se conheciam naquele pedaço e de repente vinha alguém e dizia: "Sabe, d. Filomena morreu e o filho dela morreu também". E vinha outra: "Sabe, as duas moças que moravam lá? Morreram". Eu vivia assustada mas não se tomava nenhuma providência. Teve casas em que morreram todos. Em outras casas, ficava uma, duas pessoas. Meu tio, minha tia e minha avó ficaram doentes: eu precisava dar um caldinho para eles, lavar a roupa. Lá não havia água de torneira; entre a fábrica e a cerca de arame, na frente, havia um poço, no meio do capim. Naquele tempo, uma noite... a corrente do poço era muito velha, toda emendada com arames. As famílias estendiam suas roupas na cerca, as roupas ficavam duras de geada, pareciam um fantasma. Até hoje me lembro, a água de nossa tina estava uma pedra de gelo. Como podia lavar a roupa no gelo? Tirar água naquele frio era difícil também. Fiquei indecisa, mas acabei quebrando o gelo da tina e puxando água do poço.

Quem estava aqui em São Paulo, disse que a gripe foi medonha: ouvi falar, não sei se é certo, que levavam a gente que morria até em caminhão. Em São Bernardo morreu muita gente. Quando meus tios levantaram eu fiquei doente. Só tomei chá e caldinho; naquela época não davam água para a gente. Eu tinha sede e pedia água da moringa, mas tinham medo que me fizesse mal. Todos, todos já estão falecidos, os de São Bernardo, todos.

Com oito anos, uma mocinha mais velha que eu me ensinou uma modinha que não tem mais ninguém que lembre. Foi a primeira canção que escutei depois das cantigas de roda:

*Numa lenda do Norte, contam com singeleza*
*o amor de um guerreiro, que amava uma princesa.*
*O pobre namorado, andava apaixonado*
*pelas florestas negras sem fim,*
*a suspirar assim:*
*ó minha Carabô, dou-te o meu coração,*
*és a minha paixão,*
*para mim só tu, minha Carabô.*

*Um dia foi pedir a mão,*
*à sua bela imagem,*
*mas no caminho encontrou*
*uma tribo selvagem.*
*Ouviu-se um grito forte,*
*é condenado à morte.*
*E a Carabô, pobre infeliz,*
*chora enquanto ele diz:*

(aqui preciso subir a escala, porque é muito alto)

*— Ó minha Carabô,*
*dou-te o meu coração, és a minha paixão,*
*para mim só tu, minha Carabô.*

*E a cabeça enquanto rolava*
*baixinho ainda murmurava:*
*— Ó minha Carabôooo...*

Gostava também de ouvir "A casinha pequenina" e:

*A casa branca da serra*
*onde eu passava horas inteiras*
*sob as esbeltas palmeiras*
*contigo a conversar...*

Eu não lembro de ter tido nunca um brinquedo. Naquele tempo a gente falava são Nicolau... Papai Noel veio depois, é coisa americana. D. Maricota falava para os filhos: "Agora é tempo de são Nicolau, vocês andem direitinho...". E eu acreditava e ficava assim espantada, quando eu via que trazia presentes pra eles e não trazia para mim.

Não dava pra passear com minha mãe, sair; festas, só assisti em São Bernardo com procissões, missa... Aqui em São Paulo, não. Uma vez fui com a família de d. Maricota passear de caleche no Carnaval; tenho uma vaga lembrança desse passeio, fiquei toda contente de passear na caleche puxada a cavalos. Tinha muito mascarado na rua e fantasias. Meu primo tinha um pierrô azul. Ele me emprestava a fantasia, mas a questão é que para usar o pierrô eu precisava dobrar a bainha da calça e da manga porque ele era mais alto que eu. Dava umas voltas com a fantasia e quando ele voltava desmanchava as bainhas depressa para ele usar à noite.

Com dez anos comecei a trabalhar numa oficina de costura, na rua Apa (onde fica, meu Deus?), lá na Santa Cecília. Ganhava cinco mil-réis por mês. As meninas varriam a sala, juntavam os alfinetes do chão, arrumavam as linhas nas caixas. O nome da proprietária era La Battaglia.

Com doze anos, comecei a trabalhar na oficina de costura na rua Duque de Caxias. Você veja que naquele tempo era calmo, porque eu saía da rua José Paulino e ia até lá, a pé. Eu já chuleava, fazia uma bainha, com certeza eu tinha já uma tendência pra isso. Naquele tempo não havia tantas máquinas de ponto *à-jours*. A senhora, talvez já falecida, tinha rolos de nanzuque, cambraia, para vender a metro; e eu, depois que as moças saíam, ficava para ajudar minha mãe, fazendo gregas de ponto *à-jours* ou ponto *à-jours* corrido.

Ganhava assim um pouquinho mais, uns quinhentos réis, fazia serão. Ganhava uns dez mil-réis por mês, para trabalhar desde as oito horas até as sete horas da noite. Era pouquíssimo. Quando as moças saíam, como eu precisava ganhar mais um pouco, ficava fazendo ponto *à-jours*. Mas, graças a Deus, fui uma pessoa de muita sorte neste mundo porque onde eu andei fui estimada.

A senhora, dona da oficina, dizia então: "Você, venha jantar. Por que vai ficar até que horas sem jantar?". Aí, eu jantava, aceitava a janta. Ficava com pena e arrumava a cozinha para a mãe dela, que era uma senhora de muita idade. Assim, à noite eu fazia ponto *à-jours* e arrumava a cozinha.

Talvez quem vá ler essas linhas diga: "Mas esta senhora, tudo para ela foi bom, parece que em tudo teve muita sorte!". Mas eu preciso falar o que é.

Fiz minha primeira comunhão com treze anos na Igreja de Santo Antônio, na Barra Funda. Nós cantávamos:

*Com minha Mãe estarei*
*na santa glória um dia,*
*junto à Virgem Maria*
*no céu triunfarei.*

*No céu, no céu com minha mãe estarei* [bis]

*Com minha mãe estarei*
*mas já que hei ofendido*
*ao meu Jesus querido*
*as culpas chorarei.*

Gostava muito de "Queremos Deus, homens ingratos" e "Coração Santo, Tu reinarás". Quando estava em São Bernardo, usava muito tirar esmola para a festa do Divino, com a bandeira do Divino e gente tocando atrás. Eu era aspirante a Filha de Maria. Não sei quem pôs uma bandeja na minha mão e outra na mão de minha prima e fomos, nós duas, na frente da procissão, tirando esmola.

Ainda não falei nas serenatas… Em São Bernardo, alguém me fez uma serenata linda de morrer, com violão, cavaquinho, bandolim. Mas não sei quem foi, eu não apareci… Deus me livre! Não saí, nem vi. As mães achavam ruim, minha avó achava ruim aquela cantoria que não tem mais fim. As serenatas, era lindo, eles iam andando, andando e cantando pela rua… Lembro das serenatas da rua Dr. Serpa Pinto, lá no Bom Retiro. Era muito bonito aquele tempo. Há pouco tempo fiz uma excursão e em Uberlândia ouvi passar uma serenata… aí, então, abri a janela para ver.

\* \* \*

Se um rapaz namorava, naquela época, conversava mais com os pais do que com a menina. Se ia visitar a namorada ficava conversando na sala com os pais e ela ficava lá pra dentro.

Minha mãe contava de uma prima que foi pedida em casamento. Ela ficou no fundo da casa e receberam o rapaz na sala, aquele acanhamento. Então o pai resolveu pedir um café e começou a chamar: "Marica, vem aqui...". (Ele ia dizer pra ela trazer um café.) Mas ela nem deixou o pai pedir e foi respondendo: "Mecê sabe que eu quero mesmo, por que precisa perguntar?".

Quando meninota, meu tio tinha um gramofone e uma vez por semana vinham amigos e a gente dançava, brincava lá na casa de minha avó. Meu tio dizia "era ensaio", "amanhã é dia de ensaio" e a gente brincava um pouco.

Meus tios, primos, moravam perto, e minha prima Mina, que se casou novinha; eu me apeguei a ela como a uma irmã, fomos à escola juntas, nossa amizade continuou sempre. Morei em tantas ruas lá no Bom Retiro, na rua Anhaia, na José Paulino, que era uma rua calma com sorveteria, quitandas, uma casa de couro muito antiga... Era uma rua sossegada, trânsito... que esperança! Esse meu tio, das festinhas do gramofone, me levava para dançar no grêmio recreativo do Bom Retiro, isso com muita simplicidade. Todos eram amigos, as festas eram agradáveis. Dançávamos polca, mazurca, ragtime, habanera, shots e valsa; valsas bonitas como a dos Patinadores. Faziam quatro, cinco buquês de flores no salão e os pares que arrematavam as flores dançavam. Quando tinha só um buquê, quem arrematasse dançava sozinho.

Conheci meu marido numa sociedade musical do Bom Retiro. Eu tinha treze anos, ele vinte e dois; foi o meu primeiro namorado. Ele até entrava em casa. Bom, eu vou dizer para você, era um quarto, não tinha sala, não tinha nada: era minha mãe, ele e eu. Mas pouco tempo durou, ele achou que não valia a pena. Um dia ele disse para minha mãe: "Olha, d. Maria, eu vou me retirar porque a Alice é muito nova. Tenho que ajudar minha família; por enquanto é melhor a gente se separar. Se mais tarde for destino, a gente casa...". E foi embora.

Com quinze anos trabalhei na rua General Osório com madame Vasques... quem sabe se haverá algum descendente que vai lembrar e também falar sobre ela, que me estimou muito. Aí eu já ganhava um pouco mais. Depois essa oficina mudou para a rua Marquês de Itu. Eu ia de lá do Bom Retiro, subia a José Paulino, passava na estação... sempre a pé. Ou vinha pela alameda Cleveland, atravessava o Coração de Jesus, passava ali no largo General Osório, onde tinha uma casa muito antiga, onde minha mãe trabalhava, de d. Nicota Aranha. Ia a pé até a rua Marquês de Itu, lá na Vila Buarque, perto da Santa Casa, era longe!

Nessa oficina, entrava de manhã e não saía até sete e meia, oito horas. Aí, a madame dizia: "Meninas, podem guardar seu trabalho!". A gente ia tirar o avental, guardar seu trabalho bem dobradinho. Voltava sempre a pé. Até que eu chegasse em casa, era noite, nove horas... e eu nunca almoçava. Eu morava na rua dos Italianos, num quarto junto com minha mãe, diziam cortiço. Comia um pedaço de pão com queijo, uma banana, tomava um café com leite.

As outras moças tinham pai, irmãos, era outro conforto e eu era, a modo de dizer, a mais simples de todas. Quando faltava na oficina e chegava, minha madame perguntava diante das companheiras: "Ô Alice, por que você faltou ontem?". "Eu não vim ontem, chovia, molhou meu sapato, meu vestido, meu casaco estava pingando, não tinha condição de vir, nem vou mentir para a senhora. Não tenho mais do que a senhora me vê na oficina; é a roupa que eu cuido no domingo." Como chegava tarde durante a semana, eu guardava domingo para lavar minha roupa, cuidar de meu quarto.

Quando eu saí da oficina estava ganhando 75 mil-réis; era o ordenado de uma ajudante boa. Não recebia nada pelos serões. Minha mãe ganhava 45 mil-réis: tínhamos que pagar o quarto, tínhamos que viver, se vestir com 105 mil-réis. No nosso quarto não tinha luz, quando eu costurava à noite, acendia lampião, vela, lamparina...

Eu conto tudo pra você, pois o que a gente é, é... São coisas que já passaram, depois, tive tanta felicidade! Naquele tempo mesmo, talvez mais tarde, não encontro palavras, nunca me queixei. O aluguel do quarto era quinze mil-réis... e tinha que dar! E a gente sempre fazendo serão na costura, mas sem ganhar nada nunca por isso. Mas não acho que fui infeliz, nunca. Sábado era o dia que mais se trabalhava, ficava até meia-noite, onze horas, e não ganhava extra. A madame servia um chá, um pedaço de pão, a gente ficava com aquilo.

Não tinha, assim... dizer que eu ia no cinema, não dava, porque aquele domingo pra mim, eu tinha que pôr minha roupa em ordem para começar na segunda-feira. Lia alguns romances quando podia: *A rosa do adro, Paulo e Virgínia, A escrava Isaura, Iracema...* As festinhas com gramofone tinham acabado.

Quando eu trabalhava, nem para o centro da cidade eu ia. A minha vida era da Marquês de Itu para o Bom Retiro, para mim não tinha a cidade. Mais tarde, quando conheci a cidade, ela era uma maravilha, a Barão de Itapetininga com as lojas finas, a rua Direita com a Sloper, a Casa Alemã, a gente vinha, ai, aquele sossego! Eu tomava o ônibus, descia no largo da Sé... veja quanto que eu andava! Do largo da Sé, tomava a rua Direita, atravessava o Patriarca, do Patriarca entrava na Barão de Itapetininga, da Barão de Itapetininga saía na praça da República... que era lá onde eu tomava o ônibus, aos domingos, para visitar minha prima Mina, que se tinha casado. Gostava da volta, a garoa caindo no meu rosto, eu andando bem devagarinho, todo o viaduto fazia um passo bem curtinho... tomando aquela garoa, achava uma delícia.

O centro da cidade era bonito, era bonito sim! As mulheres andavam de chapéu e luva na cidade, como num passeio. A praça do Patriarca não mudou muito, mas a rua Direita de hoje não é nem a sombra da que foi naquele tempo. Se você entrava na Casa Sloper, aquelas moças atenciosas com a gente! Eu adorava a cidade, depois foi mudando tudo. Eu não entendo a cidade, mas quem vai para lá diz que agora está uma coisa feia. Às vezes a gente ia passear no largo Coração de Jesus, naquele jardim dos Campos Elíseos.

Você lembra ou ouviu falar das balas em saquinhos de recortes, todos rendados, cor-de-rosa, azul, branco?... Os baleiros vendiam essas balas no largo, em bandejas. Vou contar uma passagem que não precisava contar. Um dia o baleiro chegou para mim e disse: "É para a senhorita essas balas, o Fulano mandou". Falei: "Não vou aceitar as balas, não conheço ninguém, nunca conversei com ninguém aqui". Não aceitei as balas.

A madame Vasques um dia me convidou para ver o mar, num piquenique do Mappin, em Santos. Nós fomos lá, arrumei um chapéu de organdi para poder ir para Santos, foi a primeira vez que eu fui. Fui, vi o mar de longe, nem cheguei perto. A turma foi, mas eu estava com ela, sabe?! e fiquei de longe.

Madame Vasques me quis muito bem. Planejou uma viagem para os Estados Unidos; um dia ela me chamou e disse: "Você quer fazer uma viagem comigo?". Fiquei toda contente, minha mãe era uma pessoa muito simples, coitada, e disse: "Está bom, dona Ângela". A madame tratou uma professora de inglês, quando estava tudo arrumado, Humberto soube que eu ia viajar. O barbeiro onde ele ia, perto de minha casa, deve ter contado para ele; ele não me via mais. Ele foi me esperar na oficina, eu já tinha dezessete anos, podia ficar noiva: "Vou falar com sua mãe, e marcar o casamento".

Eu não fui viajar; fiquei acanhada, foi minha mãe que falou com madame Vasques que eu tinha desistido de ir para o estrangeiro. É romance a vida, viu?

Eu casei em abril, com dezoito anos. Não demorou nem um ano o noivado; fiquei em casa fazendo meu enxoval, ele que comprava e eu que bordava todo o meu enxoval. Deixei de trabalhar. Não sei por que gostei dele; naquele tempo não é assim como agora, que a gente analisa mais. Gostei dele, não posso dizer por que, gostei. Meu casamento não foi um casamento de luxo, mas foi muito bonito. Tinha, naquele tempo, uma confeitaria com salão de baile em cima, chamado Palace Club. A festa foi nesse salão. Casei na Igreja de Nossa Sra. Auxiliadora, lá do Bom Retiro, perto da avenida Tiradentes, não sei se você já ouviu falar. A igreja ainda está lá.

Uma colega muito amiga, da oficina, que é falecida já há muito tempo, fez meu vestido de noiva, de presente. Ela se chamava Ida Malavoglia. A família dela tinha chácara e vendia buquês de violeta na porta do Teatro Municipal. Eu gostava tanto, tanto, dela que pedi que ela fosse comigo, quando parti em viagem de lua de mel. E ela... atendeu o meu pedido; já se tinha casado, estava grávida, e ela e o marido foram conosco, para Santos. A chácara dos Malavoglia era no fim da rua dos Italianos.

Quando chovia muito, a baixada do Bom Retiro ficava a Veneza brasileira. A enchente tomava conta de tudo. As famílias todas tinham barco e, durante a noite, passeavam nas ruas inundadas, com iluminação nas barcas, cantando e fazendo serenata. Para nós, os moços, aquilo era uma alegria, quando o Tietê transbordava.

Depois que casei fui morar com minha sogra na rua Correa dos Santos, ali perto do Colégio Santa Inês, no Bom Retiro. Não é muitos anos que passei por lá, a casa ainda existe. Era uma casa simples, fiquei na sala da frente, que era bem grande, minha sogra ficou com a parte de trás. Depois de casada fui muito, muito feliz. Quando pus o pé naquela casa, eles me receberam com todo amor. Me apresentaram, lembro até hoje, os sobrinhos do meu marido, filhos do irmão dele: "Essa aqui vai ser a tia Alice". Eles beijaram minha mão e por muitos e muitos anos, alguns já eram casados, quando eles me viam beijavam minha mão.

Essa família Razo, onde eu entrei... eu choro... foi uma família maravilhosa. Todos, todos, minha sogra, meu sogro, meus sobrinhos, as cunhadas que eu tinha, uma falecida só há dois anos, eram como se fossem minhas irmãs. Recebi muito carinho, muito amor dessa família. Meu sogro não trabalhava mas cozinhava, e muito bem; fazia aquela comida adorável: um feijão com arroz que não é qualquer brasileiro que faz. Eram italianos. Minha sogra costurava. Ela era uma artista, fazia enxovais para as famílias mais antigas de São Paulo; eu ajudava minha sogra na costura. Suas duas filhas seguiram a profissão: foram contramestres da grande fábrica da alameda Nothmann. Ia sempre com minha sogra entregar suas costuras na rua Formosa, que lá por 1922-1923, era uma rua estreita, de casas baixinhas.

Meu marido trabalhava no Cambuci, na Masucci, Petracco e Nicoli, desde a fundação da oficina. Ele era gravador em metal. Toda vida trabalhou nessa fábrica, tenho uma fotografia de quando ele completou cinquenta anos de fábrica. Meu marido foi um homem muito bom, compreensivo: quando casei tive roupas, passeios, conforto na medida em que ele pôde me dar. Toda a semana íamos a um cinema que tinha no Bom Retiro, o Marconi, ver os filmes da Pola Negri, Teda Bara, Gloria Swanson. O primeiro filme falado que assisti foi no Cine Rosário, na rua São Bento. Gostávamos da Mary Pickford e do casal que cantava: Janette MacDonald e Nelson Eddie. A Gloria Swanson está com 78 anos, ainda em forma, como vejo nos filmes da TV. Gostei muito de *Sangue e areia,* com Rodolfo Valentino, e da Greta Garbo na *Dama das camélias, Ninotchka.*

Íamos a piqueniques na Cantareira, no Parque Antarctica, com as famílias amigas. Aos domingos, depois do almoço, íamos passear no jardim da Luz, que era uma beleza; as famílias podiam passear, tudo muito bem tratado, agradável. A gente dizia: "Vamos dar uma volta lá no jardim?". E ia no jardim da Luz.

Ainda fui com meu marido nos bailes de Carnaval da praça da República. Fazíamos corso na avenida Paulista, que era linda naquele tempo. Levávamos sacos de confete dentro do carro e as serpentinas precisavam tirar do meio do caminho, senão os carros não podiam andar. Ia com meu marido e uma vizinha, também já falecida. Depois tinha o corso lá na avenida Rangel Pestana, naquela avenida grande, ela ia quase lá na Penha; quando você acabava de dar uma volta já era madrugada. Íamos todos fantasiados; no último corso que eu fiz, fui com um vestido amarelo de babadinhos. Fui sentada na capota do carro. Ali, perto do largo do Arouche, a capota foi arriando devagarinho. O Humberto estava sentado na frente com o chofer. A Wanda, minha filha, que tinha cinco anos, falava: "Papai, papai, cadê a mamãe?". E eu, fui caindo devagarinho e sentei, com o vestido rodado, no meio da rua Rego Freitas. Quando o Humberto olhou para trás eu já não estava. Mas não me machuquei não, e o carro teve que voltar para trás para me apanhar. Naquele tempo não era gorda assim.

O corso era muito bonito, a gente descia do carro, ia conversar, fazer brincadeiras com os outros... cantávamos: "Ó Margarida, por que está tão triste?", "Um pierrô apaixonado", "Pirulito que bate, bate". Todos os sábados, na avenida Paulista, tinha corso; os carros andavam devagarinho com aquelas moças bonitas, e mesmo personalidades, excelências, iam desfilando de tarde, era hábito. E o pessoal ficava na calçada, passeando.

Um amigo de meu marido, lá na oficina, era casado com uma senhora que trabalhava no Teatro Municipal, morava lá no teatro. Quando vinham as grandes companhias italianas de ópera, eles sempre ofereciam lugares. Assisti a *Tosca, Rigoletto, Aida, Pagliacci*... penso que assisti todas as óperas. E as operetas. Apesar de ser de uma família estritamente brasileira, fui me entrosando tão bem, com aquela língua... eram lindas as óperas.

Nós recebíamos em casa o jornal *Fanfulla* e eu lia os romances em folhetim, gostei muito de *La portatrice del pane*. Mais tarde, já na minha casa do Cambuci, quando meus filhos eram pequenos, o jornaleiro entregava o folhetim separado toda semana: eram proezas de antigos cavaleiros italianos, em capítulos.

Todos, em casa, queriam também escutar as histórias do rádio, mas não dava porque nosso rádio tinha só dois fones, quem queria escutar punha o fone no ouvido.

Quando minha filha tinha seis meses mudei para o Cambuci, rua dos Alpes; era uma casa modesta, quase em frente à fábrica onde o Humberto trabalhava. Quando a menina completou um ano, era o dia 4 de julho; eu estava entrançando o cabelo e prendendo com grampos, para que ficasse armado, porque ia ao teatro à noite. Minha mãe chegou e disse: "A cidade está cheia de soldados de carabina embalada, vai ter uma revolução". O Humberto não acreditou. De fato, era a revolução.

Durante a noite, pelas duas horas da madrugada, alguém bateu em todas as portas da rua dos Alpes: "Vai explodir o depósito de pólvora lá do Hospício". (Esse Hospício devia ser lá na rua Tabatinguera onde tinha um quartel.) Imagine crianças, mulheres com bebê, velhos doentes que não podiam andar, naquela procissão... Eu queria levar os brinquedos de minha filha, bonecas, bichinhos... Afinal juntei um pouquinho de roupa necessária e com Humberto, minha mãe, a menina, fomos pela rua dos Alpes, atravessamos o largo do Cambuci... e todo o mundo subindo como uma romaria, naquela madrugada, a avenida Lins de Vasconcelos. Fomos para a casa de um amigo e à tarde, vendo tudo sossegado, voltamos pra casa. Mas era de verdade a revolução.

A gente nunca quer sair da casa da gente pra ir pra nenhum lugar, só quando já não pode ficar mais... acho que todas as pessoas são assim. Durante o dia, ouvimos os tiros de canhão, eu ia me aguentando e ficando mais um pouco. Mas quando foi um dia... o tiroteio se cruzava entre os soldados na Igreja da Glória e os outros, no depósito de pólvora, lá embaixo na rua Tabatinguera. Eu morava no meio. Foi a Revolução do Isidoro Dias Lopes. Cortaram as luzes e de noite os tiros sacudiam a casa... e o barulho do canhão. Eu só tinha medo de morrer no escuro.

No dia seguinte disse: "Vou embora, vou de carro de boi, carroça, mas vou sair daqui". Os carros, quando saíam na rua, os soldados pegavam. Meu marido viu um carro parado em nossa rua, na porta de uns amigos, e pediu o favor que viessem me buscar com a menina. Fui para o Alto da Lapa, na casa de uma cunhada. Minha mãe foi para Nova Odessa. Quando saía fora de casa via o clarão, os estrondos.

Uns primos meus acompanharam os revoltosos e um deles desapareceu, deve ter morrido no combate. Muita gente morreu. Meu marido ficou em casa: para me ver, entrava na margem do rio Tamanduateí, onde havia uma calçadinha e andava até o Alto da Lapa. Vinha pelo mesmo caminho.

Quando voltei, minha casa tinha sinais de bala na parede, na cozinha. Outras casas foram saqueadas.


Sempre costurei para minha família. E cozinhava.

No Natal, passávamos com minha sogra, a família se reunia, como todas as famílias italianas. Na vigília de Natal, ela fazia um pimentão recheado com miolo de pão, queijo, uvas passas, salsinhas, como na terra dela. Uma comida que ela gostava de fazer nessas festas era *capelletti* no caldo; o recheio de galinha se cortava em fatias como um bolo. Era uma delícia. Macarrão, naquele tempo, só feito em casa. Minha sogra me mandava, todos os meus amigos daquele tempo ainda falam do macarrão de d. Ernestina, pois não existe outro como ele.

Na véspera do Natal ela fazia roscas com mel e um prato especial: bacalhau com nozes. Você quer que eu fale a receita? Pica tomate, cebola, alho; o bacalhau, é claro, ficou de molho. Tira todos os espinhos e corta umas lascas grandes de bacalhau. Da batata também, corta fatias regulares. Põe uma camada de bacalhau, outra de batata, sempre com o tomate no meio, regando com azeite. Por cima as nozes moídas e então põe no forno, num tabuleiro. Fica muito gostoso.

No Natal, Páscoa, fim de ano, as famílias vinham de longe para ficar reunidas na casa da mãe. Mais tarde, quando mudei para uma casa maior, era na minha casa que se reuniam todos. A casa pertencia à Petracco e Nicoli, a oficina em que meu marido trabalhava. Então minha mãe veio morar comigo, onde ficou até morrer. Ela cozinhava no fogão de lenha, eu lavava a roupa. Não havia enceradeira, limpava-se o chão com cera e escovão.

Quando meus filhos cresceram, o trabalho não diminuiu; na casa, o serviço era pra valer. Às vezes eu encerava o chão, lavava tudo à noite, depois que as crianças subiam para dormir. De manhã estava tudo limpo. Agora, precisando, ainda faço o serviço da casa; meus filhos não querem que faça nada e dizem: "Mãe, você já trabalhou muito". Toda a vida fui eu que cozinhei. Sempre, nunca deixei de reunir a família no Natal e de festejar o aniversário das crianças. Depois de casada, festejava também o meu aniversário, com toda família de meu marido e a minha.

Depois que meu marido morreu, trabalhei muito fazendo arranjos de flores artificiais para vender. Fiz muitos trabalhos, apetrechos de bebê, escovinha, vidros, cestinhos forrados de renda e de seda. Trabalhei para a Casa Moisés, de Santos; seu Moisés foi muito bom para mim, meu marido é que ia levar meus trabalhos lá.

É falta de modéstia, mas eu preciso contar: forrei um berço muito bonito para a família Lunardelli. Uma senhora veio me procurar: "Quero levar a senhora para ver o berço de meu neto. Quando ele nascer eu quero que esteja pronto". Ela me levou de carro até Higienópolis, na casa dela, e mostrou um berço austríaco de colunas torneadas, o mais lindo que vi. Perguntei por que ela exigia o forro azul, antes de saber se viria um netinho ou netinha... nesses casos a gente fazia em branco ou amarelinho. A senhora me respondeu: "Faça como eu disse porque meu neto que vai nascer será menino". Forrei com tule azul; quando terminei, a criança ainda não tinha nascido. Foi um dos trabalhos bonitos que eu fiz.

Sabe que recordando os serões em que trabalhava em criança, quando eu não jantava, aqueles pedaços do princípio de minha vida, gosto de ficar recordando, não sofro não por causa dessas coisas que vou lembrando. Meu marido foi muito bom. Meus filhos foi assim: Deus pegou três anjos e mandou: "Vão pra casa de d. Alice. Vão lá fazer companhia pra ela". Até hoje adivinham o que eu quero, tomam cuidado comigo. Mas contando pra você os pedaços difíceis, aquela luta, parece que estou contando para uma pessoa muito querida, conto com todo prazer, gostaria de poder fazer aqueles comentários... sei lá... dizer coisas muito importantes para você...

Depois de cinco meses de casada — e já achei que era muito tempo — comecei a esperar minha primeira filha. No quarto mês de gravidez ainda não sabia como era o parto, como nascia uma criança e perguntei para duas amigas que foram me visitar e que riram muito de mim. As moças eram acanhadas, nunca ouvi meu marido dizer um palavrão em casa (na fábrica não sei). A gestação foi boa, nunca fui ao médico e uma parteira me atendeu. Meus filhos nasceram com a parteira Paulina Bellone; ela vinha todo dia visitar e dar banho na criança até que caísse o umbigo. Quando a parteira chegava a gente costumava arrumar a mesa para o lanche dela, pondo na mesa o que tinha de melhor.

A dieta era de 40 a 41 dias e a primeira saída da criança com os pais era a visita a Nossa Senhora da Penha, como era o costume das famílias italianas. E eu fui com o Humberto e nossa filhinha. Na dieta não se comia carne, nem bacalhau, nem arroz. Só o caldo, o *tagliarini* de d. Ernestina, que era especial. Minha mãe não me deixava fazer o menor esforço e dizia: "Depois dos 41 dias você pode até arrastar o armário. Agora, nada!".

Meus filhos foram criados na cadeira de balanço, naquele embalo de cantar, cantar. Os três são louros, de olhos azuis, mas tive uma moreninha. Foi a segunda filha, Yvonne, que morreu com dois anos. Tenho aqui o retratinho dela. Imagine como era vivaz: meu tio de São Bernardo veio trabalhar aqui em São Paulo, na indústria Matarazzo, e eu costumava fazer a merenda para ele levar na fábrica. Nunca a Yvonne se esquecia de fazer um pacotinho de jornal e entregar para o tio explicando que era a merenda e ele fazia questão de levar também. Antes de completar dois anos ela ficou com crupe. Chamamos um médico alemão que quis operar a menina em casa, na sala. Alguns dias depois ela morreu com uremia.

Foram tempos de muita aflição. Tivemos que entregar a casa em que morávamos e mudar, eu me sentia mal, um garfo repuxando meus rins. Estava com pielite e no fim da gravidez. Fui para a casa de uma cunhada, a Natalina, mulher de um farmacêutico no Bom Retiro, que cuidou de mim. Dormia no quarto com ela e as crianças dela e passava a noite mudando de cama em cama porque queimava de febre. O médico vinha me ver todo dia, com o Humberto. Custei a sarar, mas a criança nasceu normal, com saúde. Foi uma alegria a vinda da terceira filha.

A parteira brincava: "Ih! Sr. Humberto, *la casa delle tre ragazze!*". (Por causa da opereta *A casa das três meninas*.) Mas depois, quando nasceu o menino, foi aquela alegria e ela: "É um *maschio*, sr. Humberto, é um *maschio!*".

Meu marido, mais tarde, construiu uma casa num terreno que tinha na rua Jerônimo de Albuquerque. Essa casa tinha dois dormitórios, um bom banheiro; meu marido desenhou a mobília* do gosto dele. Ele escolheu desde o tronco da árvore, a madeira. As pinturas ficaram lindas: na parede da sala de jantar havia painéis formando quadros, um frango, um queijo, maçãs, uma jarra de vinho. A sala em cima tinha uma barra de rosas amarelas, mais claras, mais escuras, pintadas pelo irmão de um colega de fábrica, chamado Alfredo Volpi. Meu marido dizia: "Você não sabe como aquele rapaz pinta! Ele pinta as rosas à mão livre!".

Outro dia, minha filha passou por lá e ficou namorando a casa, da calçada. Pintaram as paredes com látex, passaram tinta por cima e desmancharam as rosas do Alfredo Volpi, o que é uma grande pena. Esta é uma casa de recordações porque meus filhos nasceram nela; é a casa de sua primeira comunhão,

---

* Tive oportunidade de ver as peças que restaram dessa mobília, com medalhões ovais nas portas, num contorno de folhas.

noivado, casamento... nossas bodas de prata... Tinha um pequeno jardim com roseiras. Tinha um portãozinho com uma trepadeira de jasmim brilhante e à noite, quem passava, sentia um perfume... A trepadeira cresceu até a janela do meu quarto. Pegado à parede eu tinha o jasmim-de-barcelona que dava como uma rosinha. O pai de nosso vizinho, toda vez que saía, colhia um para pôr na lapela. No quintal tinha um pé de fruta-do-conde.

A minha rua era calma, os vizinhos punham as cadeiras na calçada de tarde para conversar. As casas tinham quintal. Quando mudei para o Cambuci, minha rua tinha duas ou três casinhas, o resto era uma chácara. Ali se construiu a fábrica de elevadores Villares. Depois foram vindo outras casas, e depois as fábricas e os cortiços. Hoje, todas aquelas famílias já mudaram de lá.

Naquele tempo, a praça da República era o jardim mais bonito do centro, a gente passeava sossegado debaixo das árvores, aquela calma... No jardim da Aclimação nós levávamos as crianças para tomar leite porque lá eles tiravam o leite das vacas na hora, para quem quisesse. O Parque Paulista era lindo e no Trianon, em frente, levava minhas filhas, quando ficaram mocinhas, para os bailes da madame Poças Leitão.

Na minha casa não se ouviam gritos, nem se dizia nome nenhum para os filhos: "Você é burro, não acerta a lição!". Não, nunca na minha casa, até hoje, se falou assim. Meu marido deu para os filhos o máximo que ele pôde.

Ele começou a trabalhar mais cedo que eu: com sete anos engraxava sapatos, ajudava a descarregar os barris de azeitona, aliche, que chegavam de fora para os armazéns da rua José Paulino. A vida de meu marido foi muito sacrificada: ele gostava de pintura e nunca pôde estudar além do segundo ano primário. No tempo da Grande Guerra pintou uma cabeça de Cristo agonizante e ofereceu para o leilão Pró-Pátria, para ajudar a Itália. À noite, ele trabalhava horas extras para dar mais conforto para os filhos. Nós tínhamos muito amor um pelo outro.

Às vezes, quando chegava em casa e punha a mão na maçaneta para abrir a porta, ouvia uma das meninas dizer, às vezes, no andar de cima: "Ah, como eu gostaria de comer tal coisa!". Ele voltava em silêncio para a rua e quando entrava em casa trazia na mão o que a filha tinha querido. Todos os aniversários dos filhos eram festejados...

Você veja, com tão pouco estudo que ele teve, a Wanda é secretária na Assembleia, a Daisy é professora, e o Ronald advogado. Às vezes, tem algum pai que diz: "Eu fui operário, eu trabalhei lá na fábrica"... e punha todos os filhos com doze, treze anos na fábrica para trabalhar. Acho que todo trabalho, seja qual for, dignifica a pessoa. Mas ele pensou numa condição melhor para os filhos.

Quando a Yvonne ficou doente, meu marido teve muito gasto: era médico todos os dias, era enfermeira que passava a noite lá em casa. Ele não tinha condição pra isso, mas precisava, não é? Depois que ela morreu, ficamos pagando um ano, um pouquinho por mês, a dívida da farmácia. Então a vida atrapalhou. Meu marido hipotecou a casa por vinte contos, ele pagava os juros mas não conseguia nunca diminuir a hipoteca. Quantos anos ele ficou pagando juros!

Quando a Wanda era moça e estava trabalhando (naquele tempo havia eleições para o governo), ela conseguiu um serviço de distintivos de propaganda e deu para o pai fazer. Foi com esse dinheiro que ele ganhou (a fábrica tomou só uma parte) que pudemos saldar a hipoteca e a casa ficou pra gente. Ele devia vinte e precisou pagar quarenta contos de réis de juros. Até diz que o homem do tabelião ficou admirado quando ele foi, e a pessoa que tinha emprestado o dinheiro estava certo que a casa ia ficar pra ele, porque o Humberto não conseguia nunca pagar, não é?!

Minha casa ficava cheia de crianças. Minha mãe contava histórias para os netos, quando pegava o jornal e queria tanto saber o que ele tinha, dizia: "Ai, eu tenho um desgosto na minha vida, não saber ler nem escrever!". O avô dela achava que a mulher não devia aprender a ler para não receber bilhete de namorado.

Minha mãe me ajudou demais na criação dos filhos. Para o Humberto, tudo estava bom: se ele chegava e o almoço não estava pronto, ele esperava. Fazia compras para mim, o pão, o leite, às vezes ia à feira antes do trabalho. As crianças me ajudavam um pouquinho, mas iam para a escola, gostavam de correr e pular na calçada, brincar de roda...

Aos sábados e domingos sempre íamos fazer piquenique na Cantareira, com as famílias amigas, vizinhos... A comadre Bianca ia sempre conosco. Essa vizinha querida tomou parte nas doenças, aniversários, casamentos da família. Nossa família era como se fosse dela; em tudo ela corria para dar uma mãozinha pra gente e se preocupava com os estudos das crianças.

Nas brincadeiras de São João, derretíamos chumbos e despejávamos na água para ver formar os castelinhos, igrejas, véus de noivas... E o Ronald fazia balão, e o balão subia e ele ficava correndo atrás com pena de ver o balão subir, querendo pegar o balão de novo.

Na primeira comunhão das crianças, a comadre Bianca aparecia sempre com um prato especial feito com mel, o *crestole,* que era uma delícia.

A Wanda estudou no Externato São José, das Irmãs Vicentinas, a Daisy na Liga das Senhoras Católicas e depois foi para a Escola Normal. O Ronald estudou ali nos Irmãos Maristas, perto do Cambuci.

A Daisy era levada. Estavam pondo os encanamentos em nossa rua e ela corria em cima dos canos. Levou um tombo que tiniu a cabeça dela. Foram me chamar, saía sangue da cabeça e do nariz, mas graças a Deus não foi nada.

Lembro, um dia, dos moleques correndo na esquina de minha rua: d. Alice, a senhora não sabe o que aconteceu!". O Ronald tinha quebrado a perna no colégio. Quando eu soube, já tinham telefonado para a fábrica, o Humberto já tinha ido para o colégio e estavam engessando o menino.

O nosso médico da família foi o dr. Pasquale Spina. Ele me tratou de uma erisipela que tive no rosto, quando as crianças eram pequenas, muito demorada para curar.

A vida sempre foi uma luta. Quando a Daisy tinha dez anos, eu de repente notei que ela estava ficando doente; quando ia comer derrubava a colher, era uma fraqueza nas mãos, derrubava tudo. O médico receitou banhos de luz ultravioleta, mas não deu resultado. Levei a menina na capelinha do Sumaré, na avenida Dr. Arnaldo, capela milagrosa de Nossa Senhora de Fátima. Quando ajoelhei ali, era só meu coração que pedia, não abria a boca para falar porque não dava, só as lágrimas corriam. Depois pedi um vidro de água benta, pus na mão dela e disse: "Olha, Daisy, você vai levar esse vidro até em casa. Nossa Senhora vai ajudar você!". Nesse tempo ela derrubava tudo. Tomamos o ônibus, descemos no Anhangabaú e fomos até a praça da Sé tomar a condução para o Cambuci e o vidro chegou até em casa, graças a Deus. Depois, eu molhava os pulsos dela com aquela água e a Daisy sarou. Mandei colocar uma pedra na capelinha e gravei o nome da menina. Foi uma graça muito grande que eu recebi. Mais tarde o dr. Paiva Ramos, homeopata, confirmou a cura.

Não tenho lembrança dos fatos dessa época, era aquela luta de casa, comida, escola. Infelizmente, não lembro nem da Revolução de 32; a fábrica nunca falhou um dia de trabalho. Na última guerra, dizem que teve racionamento de pão: nunca fiquei em filas para conseguir mantimento. Os donos da padaria eram muito amigos; nunca faltou pão em casa. Lembro que houve blackout no meu bairro: a gente apagava as luzes e ficava bem quietinho dentro de casa.

Eu não participei do dia da vitória, mas sei que todo mundo ficou contente quando os pracinhas chegaram. Quantos anos faz que isso aconteceu?

Fomos ao Primeiro Congresso Eucarístico no Anhangabaú e no Quarto Centenário fomos para a cidade ver os festejos: dos aviões choviam lâminas prateadas, foi muito lindo.

As novidades chegavam pelo Humberto, que ouvia conversa na oficina. Lá na oficina onde ele trabalhava nunca houve greve, mas eu ouvia falar de greves em que o pessoal ficava na porta e não deixava ninguém entrar, isso eu ouvia falar muito no bairro.

Não lembro do jornal que chegava em casa, mas lia as revistas *Eu Sei Tudo, A Cigarra*; as crianças liam *O Tico-Tico*. Não lia jornal, mas lembro do crime da mala. O marido matou a moça e queria embarcar com ela dentro da mala para jogar em alto-mar. No navio, a mala pingava sangue. Abriram a mala, descobriram e ele teve que confessar. Ele tinha cortado a moça em pedaços para caber tudo lá. Nunca pode acontecer uma coisa assim sem que venha o esclarecimento de Deus. Esse crime foi muito comentado em São Paulo.

Nesse tempo, a gente ouvia falar sempre do Meneghetti: "O Meneghetti fez mais um roubo e conseguiu fugir!". Ele era um danado mesmo. Ele não matava, só roubava.

Outra coisa que marcou muito São Paulo foi o desastre da corredora francesa. Ouvi pelo rádio esse desastre horrível, a cabeça, as pernas da corredora voaram, voaram pedaços dela na pista de corrida.

Lembro do navio que naufragou chamado *Marsiglia*, não sei a época; naquela luta não dava para ler o jornal e sentar, mas o Humberto contou. No largo Coração de Jesus tem uma estátua do bispo que estava no navio que afundou.

O Ronald desde pequeno tinha loucura por avião, e ao mesmo tempo tinha medo. Quando cresceu, montava aviãozinho de taquara e papel celofane.

Mais tarde tirou o brevê de piloto na Escola de Aviação. Aí um dia ele me fez subir no avião. Quando sentei atrás dele, parecia que tinha engolido um bambu, fiquei dura, não me mexia de lado nenhum, fiquei apavorada. Ele dizia: "Mamãe, está gostando?". E eu: "Está lindo, mas que beleza... ai, é maravilhoso mesmo!". Quando ele passou em cima de nossa casa, falou: "Mamãe, olha o nosso jardim, olhe a nossa casa!". Eu, que nada, nem olhei para baixo. Depois ele passou na rua Haddock Lobo e dizia: "Olhe a casa da dona Mina!". Ah, não, eu sempre ali, dura. Foi esse o meu primeiro passeio de avião.

Quando foi numa Páscoa ele foi de avião, com um amigo dele, ver a irmã que estava em São Sebastião. À noite, nos avisaram que tinha acontecido um desastre. Uma viatura trouxe ele para cá, muito amedrontado, rasgado. Foi na volta, no alto da serra, o avião ficou preso numa árvore. Quando deu aquele choque o colega dele já morreu. Ele caiu na mata fechada, quando se agarrava nos barrancos úmidos, ele vinha pra baixo. Foram os anjos protetores dele que tiraram ele daquele lugar. Quando conseguiu sair de lá ficou na estrada, mas quem vai pegar uma pessoa nessas condições?

A Wanda e o marido ouviram no radioamador, em São Sebastião, que tinha havido um desastre. Minhas filhas são que nem mães dele, têm um carinho por esse irmão, às vezes fico pensando... será que tanto amor... às vezes machuca muito, hein?! A Wanda veio embora sozinha para casa e, quando ela viu o irmão, caiu de joelhos nos pés dele. E o Ronald só dizia: "Eu quero saber do meu amigo, preciso buscar meu amigo ferido!".

Depois de quinze dias saiu no jornal a morte do amigo, moço muito bom que morava com a mãe viúva. Meu sentimento era tanto que a mãe dele me consolava: "A senhora não chore tanto, não fique nesse desespero!". Foi uma coisa muito triste, viu? Depois meu filho fez outras viagens, era o trabalho dele, cada avião que passava em cima de minha casa eu fazia uma oração.

Minhas filhas tiveram um casamento muito bonito, veio toda a parentada para a festa, o enxoval foi feito com muito carinho. A Wanda casou com um advogado, vivem em São Paulo, não têm filhos; já estão aposentados, vivem muito bem. A Daisy, assim que se formou de professora, casou com um funcionário público que já está aposentado. Têm três filhos: o meu primeiro neto, que já está casado e é engenheiro da Volks, o Humberto que também estuda engenharia, e a Beatriz que está se formando em bioquímica. Tivemos essa alegria: meu filho caçula se formou também. Casou mocinho e tem cinco filhos.

A mais velha tem 21 anos e está estudando arquitetura. A Daisy, quando casou, ficou morando comigo. Os meus netinhos foram criados em casa.

A Wanda, que morava na Lapa, vinha todos os domingos em casa com o marido. Os meus genros eram amorosos comigo e com meu velho. Em casa era sempre aquele movimento de crianças. A vida ativa continuou.

A Ida Malavoglia ainda estava viva. Mas amigos meus, mesmo, eu não tinha; a vida era agitada, a casa dava muito trabalho. Minha vizinha, a comadre Bianca, ali do lado, tomava parte em tudo. No Ano-Novo, Natal, Páscoa, os meus filhos se reuniam comigo. Minha casa ficava uma maravilha, vinham todos.

As bodas de prata foram festejadas nessa casa: eu mesma costurei meu vestido cor de cinza, fiz os doces. Foi uma festa linda, linda, com missa. A família veio em peso; só mais tarde é que fomos nos afastando. Depois minha filha mudou para Piracicaba e ficamos sós.

Os meninos diziam para o pai: "Venda essa casa, o senhor já fez muito sacrifício, vá agora aproveitar. O senhor tem tanta vontade de conhecer a Itália!". Vendemos a casa.

O Humberto tinha muita vontade de conhecer a terra dos pais... Dezessete anos são passados desde que embarcamos. Ficamos três meses na Itália, fui de Gênova a Catania, vi Bolonha, Firenze, Veneza, a terra dos pais dele... atravessei a Itália de trem. Fui visitar as pinturas com o Humberto, o Museu degli Uffizi em Firenze... fico emocionada quando lembro. Fomos em Pisa ver a torre que *pende* mas não cai. Fomos visitar o Simone, companheiro de fábrica do Humberto. Quando aparecemos lá e ele veio abrir a porta... não sabia se chorava ou se ria. Fui recebida com o maior carinho, a minha tristeza era ter que me despedir dessa gente.

Depois que vendemos a casa, minha vida continuou. Minha mãe, o Humberto e eu fomos morar num apartamento na rua Oscar Freire. Minha filha, quando vivia no interior, se converteu ao cristianismo espírita. Depois, o Humberto acompanhou. Não sei se posso contar aqui, mas ela é médium. Não vou dizer que ainda não seja católica, porque gosto de entrar numa igreja, todas as religiões vão a Deus...

Naquele tempo, então, costurávamos roupas com meu genro e minha filha, para as casas de caridade. À noite, víamos um pouco de televisão. Mas minha mãe estranhou demais o apartamento, sentia falta do bairro e não se acostumava. Até que um dia ela saiu para visitar a Daisy; tinha quase oitenta anos; acompanhei minha mãe até a condução, tomei a bênção dela. Hoje de manhã ela foi, e quando foi amanhã cedo recebi a notícia que ela estava morta.

Acho que nesse apartamento morei quase uns cinco anos. Meu filho continuava viajando, nós estávamos acostumados, ele tinha ido para os Estados Unidos. Seu último filho, que está hoje com treze anos, tinha um ano e pouco. Nós queríamos esperar o Ronald no aeroporto. O Humberto estava aposentado e era muito amigo da minha nora, Marina; quiseram ir juntos. Todos os dias ele ia na casa dela, eram muito companheiros.

De manhã o Humberto foi embora para esperar o filho. Foi a última vez que vi ele vivo. Na metade do caminho, caía uma chuvinha e tinha óleo na estrada; o carro ficou derrapando, girando e a Marina perdeu o controle. A porta se abriu, o Humberto foi atirado do carro. Foi recolhido mas quando estava entrando nas Clínicas, estava morrendo. Eu queria ter morrido antes dele.

Depois que o Humberto morreu, eu fazia arranjos de flores para vender e vendia muito. Sabe quanto eu recebo de aposentadoria? Recebia 490 cruzeiros; fui aumentada agora para 680 cruzeiros. Não dá para viver, mas meus filhos não deixam faltar nada para mim.

É difícil estar sozinha: eu varava a noite inteira na cozinha trabalhando nas flores e achava lindo aquilo, me acalmava, tinha uma sensação muito boa. Eu não queria deixar minha casa, a pessoa de idade é muito apegada às suas lembranças; mas acharam que era bobagem ficar ali. Quando chegou o dia que decidiram que eu ia morar com a filha, tive uma grande tristeza, me invadiu um desgosto muito grande mesmo. Minha aposentadoria era mínima, era e é. Mas eu adorava minhas coisas e ia desmanchar minha casa.

Aquela noite, vou contar para você, nem no confessionário a gente fala com tanta franqueza assim, eu chorei a noite inteirinha sem parar. Tive o sentimento de que era minha última morada. Quando saí da casa do Cambuci, saí com meu companheiro e com minha mãe. Mas desta vez, saí sozinha.

Moro com minha filha Daisy. Fico aqui neste quarto vendo fotografias; quando arrumo as gavetas e mexo nas minhas coisas, estou sempre recordando e me encanto. Sonho, às vezes, com a casa do Cambuci e com o Humberto antes dele morrer. Faço uns trabalhinhos de crochê, umas flores de papel que ofereço de presente, assisto televisão.

Quando vejo notícias do Hitler, notícias de guerra, trágicas, subo para meu quarto. Sei que houve muitas coisas, a bomba atômica, crianças que perderam as mãos, a Guerra do Vietnã sei que foi horrível. Quando pego no jornal, dou uma vista por cima, mas quando vejo um desastre eu não leio. Gosto de jornal, revistas, livros sobre o cristianismo espírita. Os romances estão muito diferentes de quando era moça, têm coisas muito fortes. Tenho certeza que se for ver os filmes de agora não vou gostar.

Uma vez assisti na TV um repórter — não sei o nome dele — falando que os americanos no Vietnã... há quantos anos foi? Acho que foi uma guerra mais antiga...

Ontem ouvi uma notícia sobre a greve dos estudantes. Será verdade o que o delegado disse? Não acredito.

Os meus parentes me visitam, não tanto como antigamente porque sabem que eu estou boa. Me telefonam quando é alguma data. Depois de muitos anos sem contato, recebi há pouco tempo a visita da comadre Bianca. A vida vai ficando... não tem uma coisa para lembrar, fica sempre igual... você compreendeu, meu bem, você entendeu, não é?

O tempo de criança, não gosto de contar para meus netos, não quero que eles achem que eles têm muito e eu não tive nada. Se vou contar alguma coisa antiga pras minhas netas, do meu tempo, digo: "Foi naquele tempo que Jesus andava no mundo".

Sabe de uma coisa? Parece que tem muita gente do lado de lá me esperando: tenho os meus amigos, tenho os meus parentes todos, meus avós, minhas cunhadas que eu adorava tanto. Eu vou ficar contente de partir, às vezes dá uma saudade da turma que foi embora. Está na hora de matar a saudade! Digo sempre para minhas netas: "No dia em que for fazer companhia para o vovô..." ("Não fala isso, vovó, pelo amor de Deus!") "... não quero que vocês fiquem chorando e se lamentando. É lógico que vocês não vão dar risada mas têm que pensar assim: 'Muita gente não conheceu avó, avô. Graças a Deus tivemos a companhia da vovó que contava história, cantava, assistia quem ficava doente. Muitas vezes a gente conversava com ela'".

Não sou tão antiga como muitas que não compreendem a conversa dos moços. Faço o possível para acompanhar um pouco. Então falo pra elas, que estão me ouvindo: "Tem uma coisa, minhas netas, que não muda: é o respeito dos moços pelos velhos". Agora tem uma liberdade maior, mais diálogo: mudou a linguagem, o cabelo fica mais curto, mais comprido, os vestidos mais justos, mais largos, muda a cor das fitas, os sapatos... enfim tudo muda. Mas aquele respeito não deve mudar.

Falar: *Você é quadrada, você é uma velha, você está por fora...* é saudável isso, não ofende ninguém nem desmerece não... Mas sei de muitas pessoas idosas que ficam sentidas quando os moços falam assim: *Naquele tempo, ah, naquele tempo!* E a pessoa idosa não pode recordar.

Vocês já pensaram quando tiverem cinquenta, sessenta anos? Aí vocês vão ter seus netos, aí vocês não vão estar tão pra frente como dizem agora. Aí a época mudou muito. Aí vocês também serão o que acham que hoje é muito antigo. Quem viver até lá vai saber. Tem que se dar aos velhos o amor que eles nos dão quando a gente é pequena.

Rezo na oração da manhã:

*Senhor, no silêncio dessa prece*
*venho pedir-Te a paz, a sabedoria e a força.*
*Quero sempre olhar o mundo com olhos cheios de amor,*
*quero ser paciente, compreensiva e prudente.*

Nos tempos de pobreza, quando eu estava enfastiada, minha mãe dizia: "Você não vai comer? Come que te dou um tostão!".

Antes de terminar quero agradecer: à minha mãe... à família de Carlos Ciryllo, onde minha mãe trabalhou... Ida Malavoglia... às minhas companheiras de trabalho por essas oficinas onde passei, desde pequena. Talvez não existam mais essas pessoas, mas que recebam onde elas estiverem o meu agradecimento, o meu carinho. Quero agradecer a senhora que me oferecia a janta quando eu fazia horas extraordinárias à noite; todo esse amor de pessoas que não me conheciam, por onde eu passei.

Quem diria que um dia eu ia abrir o livro de minha vida e contar tudo? E agradeço por isso: é bom a gente lembrar. Deus te abençoe.

# Sr. Amadeu

Nasci no Brás, rua Carlos Garcia, 26, no dia 30 de novembro de 1906. Meus pais vieram da Itália: meu pai era toscano e minha mãe era vêneta. Meu pai era alfaiate e minha mãe costureira. Vieram no tempo da emigração mas não eram emigrantes, vieram para tentar a vida aqui no Brasil, já casados na Itália.

O primeiro filho nasceu aqui em São Paulo e faleceu com meses de vida. Veio o segundo filho, Alfredo Bovi, e mais cinco filhos: Atílio, Artur, Anita, Alda e Amadeu Bovi, seis filhos. Fui o caçula. Minha mãe morou cinquenta anos na casa onde nasci, na rua Carlos Garcia. Essa rua Carlos Garcia é nas imediações do comércio de cereais, no Brás, perto da Santa Rosa, Benjamim de Oliveira, Cantareira...

Meu pai, quando chegou em São Paulo, já tinha profissão e foi trabalhar como alfaiate. Naquele tempo o dinheiro era pouco e a roupa barata; o artesão ganhava muito pouco. Naquele tempo os homens usavam o terno completo: meu pai fazia o paletó e o colete, minha mãe fazia a calça. Meu pai trabalhava catorze, quinze horas por dia; faleceu em 1925 de uma úlcera no estômago.

Minha mãe era franzina, miúda, clara, cabelos pretos, olhos castanhos. Era muito calma, tinha muito sentimento. Fazia questão de pôr pano quente quando os irmãos se zangavam um com o outro. Minha mãe gostava muito de ir ao cinema. Toda segunda-feira a família saía junto para assistir um filme. Minha mãe contava umas histórias muito bonitas para eu dormir. Lembro ainda uma que ela contava sempre: "A árvore de ouro". Era a história de um pai que era cego e o filho saiu à procura de uma árvore de ouro, de folhas que curavam a vista. Era muito sacrifício, precisava atravessar um lago enorme com uma infinidade de perigos. Mas como era para o pai, ele foi e voltou com as folhas que tinham um líquido: ele passou nos olhos do pai que recuperou a vista. A história é mais comprida, nesse momento me escapa a memória. Depois da morte de meu pai, ela não trabalhou mais para fora, só em casa. Ela fazia todo o serviço da casa. Cozinhou até a morte. Enfraqueceu no finzinho da vida. Morreu com 76 anos, mas não ficou inválida. Ficou doente de desgaste, muitos filhos, muito trabalho.

Meus irmãos eram muito bons: o orientador da família sempre foi o irmão mais velho, o Alfredo Bovi. Das crianças que eu conheci, os pais eram todos gente boa. Mas naquele tempo bebiam muito: o vinho italiano custava duzentos réis o litro. E, naturalmente, quando uma criança se portava mal, os pais castigavam. Na vizinhança, os casais se queriam muito bem, a família era mais unida, as crianças tinham mais amor aos pais, avós, tios... Os pais tratavam os filhos muito bem, havia mais amor que hoje.

Naquele tempo, as esposas tinham pouca vez, não é como hoje, os homens eram mais severos e quem mandava mesmo era o pai. Meu pai tinha sua turma, gostava mais do vinhozinho, mas minha mãe era muito atenciosa com os filhos, contava histórias para a gente dormir...

Nesse tempo não existia luz elétrica na rua, só lampiões de querosene. Em casa também, os lampiões eram pendurados na sala, no quintal e na cozinha. Só quando eu tinha dez anos é que veio a luz elétrica, por volta de uns sessenta anos atrás.

A casa dava para a rua, mas tinha quintal; lembro da sala, dos dormitórios. Na frente da casa passavam os vendedores de castanha, cantarolando. E o pizzaiolo com latas enormes, que era muito engraçado e vendia o produto dele cantando. As crianças iam atrás. A rua não tinha calçada. Elas ficavam à vontade naquelas ruas antigas. Eram ruas de lazer, porque não tinham movimento, e crianças tinha demais. Em São Paulo, nos terrenos baldios grandes, sempre se faziam parques para a meninada. Meus irmãos jogavam juntos futebol na rua. Tínhamos um clube, formado por nós, chamado Carlos Garcia.

Tenho meu cunhado, o Vito, irmão da patroa, que tem minha idade e nós éramos já amigos nesse tempo. Ele mora na Vila Santa Maria mas está sempre em casa. Tenho outro amigo daquele tempo, o campeão brasileiro de pingue-pongue, Rafael Morales.

Havia, no Brás, uma festa de rua, a de são Vito Mártir. Iluminavam a rua do Gasômetro, a Santa Rosa, a Assunção, imediações da igreja. Armavam palanques para um concurso de bandas que vinham do interior, de Campinas, Jundiaí... Davam prêmios até em libras esterlinas para os músicos (naquele tempo, uma libra esterlina valia oito mil-réis). Os fogos de artifício eram uma coisa extraordinária. No fim da festa tinha um bombardeio que estremecia todas as vidraças do centro da cidade. Essas bombas, chamadas morteiros, eram enterradas e soltas debaixo da terra. Alcançavam uma altitude de trezentos metros, era tão forte quando explodia que quebrava os vidros dos prédios. Comia-se *ghimirella,* carne de carneiro tostada, e pizza bem mais gostosa que a de hoje. Era uma festa de bareses, puglianeses, napolitanos, todos da Baixa Itália.

A imagem de são Vito ficava na igreja na rua do Lucas, que ainda existe. Depois a imagem dava a volta no bairro, carregada por oito pessoas. Pra carregar, leiloavam a preferência, cada um pagava uma cota. Uma vez o conde Francisco Matarazzo carregou a imagem e contribuiu com uma nota grande. Hoje, ainda festejam são Vito, em ponto pequeno, com umas barraquinhas perto da igreja. Mas terminou quando começaram asfaltar as ruas, asfaltaram a Santa Rosa, a Benjamim de Oliveira, veio esse progresso, então terminou a festa monumental em que o povo ocupava todas as ruas. Ainda existe a igrejinha de são Vito, são Cosmo e são Damiano. No dia de são Cosmo ainda soltam aquela bateria para recordar o tempo das festas grandes.

Perto de minha casa, vinham duas, três vezes por semana, os "mata-mosquitos", fardados de amarelo e com bonezinho. Vinham com bombas extintoras matar mosquitos nos quintais, poças de água, no mato, aquele bairro era quase todo mato.

Quando eu era criança, na rua Carlos Garcia, precisávamos fugir de casa quase todo mês, um ou dois dias. O rio Tamanduateí enchia fácil, era muito estreito. Uma vez nós saímos de casa, eu tinha uns quinze anos, e fomos dormir três dias numa casa de amigos, no Alto do Cambuci. A água estava já a um metro e vinte do chão. Me lembro que mais de cinquenta vezes saímos de manhã e voltamos só de noite. No Cambuci, a enchente era uma brincadeira, davam conhaque e caipirinha pros bombeiros, as famílias ficavam amigas dos bombeiros.

O dia que meus pais mais estimavam era o Natal, que se festejava à moda italiana. Era o dia que na casa de italianos não faltava nada. A árvore de Natal e o presépio eram uma tradição de todos os anos. A ceia era na véspera e o almoço no dia. Ainda comemoramos, minha esposa, minhas filhas, meus netos, como quando eu era menino, no Natal de meus pais. Minha esposa faz os doces da tradição: a *pezza dorci,* ou "peça doce", que é um panetone.

Na meninice, mocidade, na velhice a minha religião sempre foi uma: fui católico. Fiz a primeira comunhão com os padres beneditinos na Igreja de São Bento. Os padres fizeram uma festa numa chácara que tinham em Santana. Essa igreja protegia os vendedores de jornal que tinham a sede no Anhangabaú. Quando eles faziam a primeira comunhão eram todos convidados também para essa festa no Alto de Santana, que hoje é Mandaqui, Chora Menino. Era uma fazenda enorme: a festa era bonita, tinha de tudo, os padres eram muito bons.

Fui muito feliz na infância, porque, já aos nove anos, tinha muito juízo e fazia aquilo que achava certo. Meu irmão Alfredo Bovi me ajudava muito, isso para mim foi uma ótima felicidade. O orientador da família sempre foi o irmão mais velho. Com onze, doze anos, jogava pingue-pongue toda noite num clube perto de casa: lá militou o menino Rafael Morales, campeão brasileiro, internacional.

Desde pequeno gostava de teatros, operetas, o teatro sempre foi minha maior paixão. Era o Teatro Cassino Antártica, o Boa Vista, o Santana. E o circo. O circo hoje tem mais luxo, mas o circo daquele tempo era o verdadeiro circo onde existia Chicharrão, Piolim, Irmãos Queirolo que faziam a "ponte humana", o maior espetáculo que tinha aqui em São Paulo. Era um circo extraordinário: os Irmãos Queirolo, era o verdadeiro circo dos que trabalhavam pra comer. Serravam as mulheres pelo meio, faziam água virar vinho, desaparecer as carteiras dos bolsos...

Todo ano, a oficina organizava um piquenique na praia do Gonzaga: lembro a primeira vez que vi o mar, com doze anos. Meu irmão Alfredo Bovi tinha um Jazz Band, o Grupo Excêntrico, com oito ou dez músicos. Eles promoviam passeios, piqueniques em Santos, no Parque Antarctica, onde hoje o Palmeiras

"Sonho às vezes que estou trabalhando na oficina porque fiquei 44 anos nessa oficina, sempre, desde menino, na infância, na mocidade e numa parte da velhice. Essa oficina não me sai do pensamento."

"Meu patrão, Afonso Nicoli."

1917 *(no estandarte do fundo está escrito: Salve il 1º Maggio. No fundo, à direita, o jovem Amadeu abraça seu irmão). Os operários do Brás festejavam o 1º de Maio, as famílias se reuniam, havia baile na grama, cantavam, brincavam (do álbum de d. Theresa Bosi).*

joga. Convidavam todos os vizinhos, íamos cem, 120 pessoas. Lá em Santos alugávamos um salão; depois do banho de mar, eles tocavam, começava a brincadeira. Íamos num trem que saía da Estação da Luz e levava de três a quatro horas para nos levar. Penso que ninguém mais está vivo, isso foi há mais de cinquenta anos, não tenho lembranças se existe alguém ainda.

Quando eu tinha oito anos veio a guerra, que começou no 14 e terminou no 18.* Com a guerra veio muita miséria, nós passamos muito mal aqui em São Paulo. Lembro, na rua Américo Brasiliense, da Companhia Mecânica Importadora, que ajudou muitos desses que não tinham possibilidade de aquisição: um porque o pai foi pra guerra, outros porque tinham dificuldade de encontrar trabalho. Na hora do almoço e na hora da janta ela dava uma sopa para famílias do Brás, da Mooca, do Pari, da classe menos favorecida pela sorte. Com meus dez, onze anos, a miséria era muito grande aqui em São Paulo. Meus irmãos e eu íamos com um caldeirão e eles enchiam o caldeirão de sopa e davam um pão. Em 1917, no finalzinho da guerra, veio uma miséria extrema.

Lembro muito da gripe espanhola porque fiquei bem ruim. Todos, menos o Alfredo, pegaram a gripe na minha casa. Foi dado esse nome porque nesse tempo vinham muitos espanhóis para cá e logo depois veio a gripe. Era tanta gente que morria que não havia possibilidade de atender a todos. Quem tinha caminhão se prontificava a carregar os mortos até o lugar indicado pela Santa Casa. São Paulo não tinha o preparo de hoje, não tinha injeções. Foi uma gripe tão agressiva que já não davam conta de fazer remédios. Só limão. Numa certa hora acabaram também os limões em São Paulo. Eu comia muito pouco, só tomava água com limão. Eu cheguei a ver meu caixão. O médico disse que a gripe tinha três tempos: fraco, forte, mata. Eu tinha pegado a forte. "Precisa tomar um pouco de ar" e me puseram numa cama perto da janela, onde eu ficava o dia todo, olhando a rua e tomando ar. Foi então que vi passar no céu uma calécia. Era um carro bonito com seis ou oito cavalos, todos brancos. Vi como se fosse uma coisa natural. Virei para minha mãe e disse: "Olhem que carro de morto bonito está passando no céu com seis cavalos!". Então uma vizinha que estava lá me deu uma bofetada, e chamaram o médico. Me lembro, como se fosse hoje, da calécia. Tinha doze anos e estava perto da morte.

---

* As expressões de tempo "no 14, no 18" são italianismos que correspondem a "nel 14, nel 18", muito usadas no Brás do sr. Amadeu.

\* \* \*

Uma lembrança que nunca me sai do pensamento é a Revolução de 24, do Isidoro Dias Lopes e do general Klinger. Essa revolução marcou época, precisamos fugir porque as balas já estavam chegando em minha casa. Fomos para Itaici, um pequeno lugar de Campinas; lá ficamos um mês até terminar a revolução, que foi vencida pelos legalistas. Nesse tempo, quem estava brigando eram os legalistas e os soldados do governo. Tinha dezessete anos. A família de minha esposa, que eram nossos vizinhos, também precisaram fugir.

Esses parentes de Itaici vinham sempre se hospedar em casa e encomendar roupas para o pessoal da fazenda deles; chamavam-se os Barnabés. Eram amigos, se tornaram da família pela grande amizade.

Depois da Primeira Guerra... não, depois da Revolução de 24, o povo assaltou o Mercado Municipal. O povo em geral. Eles saquearam não foi só o mercado mas os armazéns de bairro. Lá na Mooca. No Mercado Municipal tiraram tudo, até balanças e caixas registradoras. Na companhia do Matarazzo levaram todos os sacos de farinha do depósito. Quando terminou a revolução, os soldados não tinham condição de controlar o povo. Assaltaram, saquearam, fizeram de tudo. Foi geral, São Paulo inteiro, e durou quatro ou cinco dias. O roubo eles puniam. O saque, não, eles entendiam que era uma coisa da fome, não consideravam um crime, consideravam uma necessidade.

As escolas eram poucas, a maior parte das crianças tinha pouco estudo. Não podiam ter a educação de hoje. No Brás, tinha a Escola Regina Margherita que alfabetizava em italiano, a escola onde Alfredo Bovi estudou. Eu aprendi a ler no Grupo Escolar do Carmo, com d. Leocádia Chaves. Fui levado por meu pai, no primeiro dia de aula, que me apresentou a d. Leocádia; não fiquei com receio de entrar, mas não via a hora de sair. Aos poucos fui me acostumando e gostando. A escola era onde está hoje a igreja do Carmo, onde estão fazendo o metrô, era ali no fim da avenida Rangel Pestana, perto da praça Clóvis. O edifício foi derrubado. Ainda encontro algum colega daquele tempo, eles me reconhecem, mas não lembro o nome deles.

O primário era como o de hoje, mas mais puxado. Quase todo mundo repetia no segundo ano. Quando a professora tinha conferência com o diretor, ela me escolhia para tomar conta da sala. Quando ela saía, eu precisava reagir quando começavam as brincadeiras. Isso não é uma boa lembrança porque muitos me esperavam na rua para brigar.

Era difícil a aquisição de livros e às vezes a professora nos trazia algum para ler. As professoras, o diretor, eram gente boa; quando o menino era malcriado ia para a sala do diretor que era severo e podia expulsar. Eu gostava muito da escola: a maior parte dos meninos eram de família pobre e quando havia alguma festa as professoras providenciavam a roupa para as crianças.

Meus irmãos mais velhos estudaram na Regina Margherita. Minha irmã mais velha, a Anita, estudou até o diploma, e depois foi costureira. Ela me ajudava a fazer as lições. Naquele tempo, quem tirava o diploma do quarto ano já não ia mais na escola, era o fim. Alfredo, meu irmão mais velho, era violinista e ele conseguiu me ensinar um ano de violino. Mas não tinha vocação para a música e desisti.

Ganhei um prêmio certa vez na corrida do circuito do Brás, que era a corrida anual que se fazia antes da São Silvestre. Corri seis mil metros do Brás à Mooca e vice-versa. Nesse tempo o campeão era o Alfredo Biasi, que depois foi campeão da São Silvestre.

Os vizinhos daquele tempo já mudaram todos de lá: havia uma boa parte de italianos, portugueses, espanhóis. Chegou o progresso e as famílias mudaram. Nossa casa foi derrubada para dar passagem aos ônibus da Água Rasa que vão para o largo do Paiçandu. Com essa abertura a ruazinha ficou pela metade, toda de armazéns de cereais e casas de negócios.

Quando eu era pequeno só havia sobrados na cidade. Para ir até o centro era preciso atravessar um matagal, que hoje é o Parque D. Pedro, onde está o Palácio 9 de Julho; e atravessar o rio Tamanduateí, era um lugar lamacento, perigoso. Eu vi a inauguração do palácio; estavam presentes os maiores industriais: Matarazzo, Penteado, Crespi, Gamba, que colocaram num poço valores: ouro, prata, dinheiro. Cada industrial colocou ouro e prata no poço, e dinheiro também. Usavam fazer isso como incentivo para a grande obra. O governador também, não sei se Carlos de Campos. Cada um pôs uma pazinha de cimento. Agora é Palácio 9 de Julho, naquela época era o Palácio das Exposições. A primeira peça que mostraram ali foi uma geladeira importada, isso quando eu tinha uns doze anos, depois da gripe espanhola. Antes, o lugar era o nosso campo de futebol, de um clube chamado Torino. Meu pai vinha me buscar com o cinto porque não queria que eu jogasse futebol. Eu era pequeno e o quadro era de adultos. Existia o Aniagens, existia o Torino. Eram molecotes.

Na minha infância o bairro fino mesmo era a avenida Paulista, avenida Angélica e imediações. Higienópolis nesse tempo ainda não era.

Pra esse lado do Brás, Cambuci, Belenzinho, Mooca, Pari, aqui tudo era uma pobreza, ruas sem calçadas, casas antigas, bairros pobres, bem pobres. A iluminação era a lampião de querosene. Lembro quando em minha casa puseram *um* bico de luz, foi o primeiro bico que puseram naquela rua, não lembro exatamente o tempo, faz uns cinquenta anos. Era mocinho. Punham um bico só porque a luz era muito cara, mais de duzentos réis por mês. Com o tempo punha-se um bico na cozinha, no quarto, no quintal e assim por diante. Mas era usada como uma luz bem econômica porque não dava para pagar no fim do mês.

Bonde a burro lembro pouco, lembro apenas de alguns. Lembro mais do bonde aberto, tipo jardineira, à eletricidade. Tinha o bonde e tinha o "caradura" que levava os operários. Não lembro quando começou o bonde elétrico, faz uns 45 anos.

Naquela época, houve o crime da mala: um marido esquartejou a esposa e fechou na mala. Quando ele foi viajar revistaram a mala e encontraram a mulher esquartejada. Isso eu li no jornal, não vi.

E havia o ladrão mais famoso do Brasil, o Meneghetti, talvez internacional. Lembro o primeiro roubo dele, quando ele escalou diversas casas aqui em São Paulo: a especialidade dele era joias. Mas não era criminoso, depois a história modificou a vida dele, pelo que nós lemos e ouvimos, era até um ladrão muito bonzinho, diz que ajudava os pobres.

Quando entrei na fábrica ganhava quinhentos réis por dia, então era menino e não era responsável pela casa. Só fiquei responsável quando casei. Antes de casar eu ganhava e entregava tudo lá em casa e dava para viver. Meus irmãos trabalhavam e, infelizmente, quando nós éramos em quatro irmãos, um morreu muito cedo, com 26 anos. Fiquei com dois irmãos e duas irmãs.

Minhas irmãs eram costureiras, ganhavam pouco; o dinheiro, naquele tempo, era muito curto. A Anita trabalhava na oficina de d. Teresa. A Alda trabalhava um pouco em casa, mas casou cedo e não trabalhou mais para fora. Um irmão era gravador, outro, o Atílio, era litógrafo.

Minha mãe tinha mais interesse pelo Arturo, ela sempre pendeu mais para o lado dele porque ele sofria do coração. O Arturo ficou muito tempo na cama. Era tipógrafo, lidava com tintas e com o tempo ficou sofrendo do coração. Ficou um par de anos na cama, com poucos recursos e morreu muito cedo.

Comecei a trabalhar com nove anos numa oficina de gravura que ainda existe: Masucci, Petracco e Nicoli. Hoje quem dirige a fábrica é o Mário Nicoli, filho de um dos sócios que não existe mais. Meu irmão Alfredo, que já trabalhava lá, me encaminhou: era estamparia, gravuras, fundição de placa de bronze... Nessa fábrica foi a minha infância, mocidade e uma boa parte da velhice. Saí de lá com 55 anos de trabalho, aposentado. Quando entrei, ganhava quinhentos réis por dia, quinze mil-réis por mês; trabalhava das sete da manhã até as cinco horas. Quinhentos réis por dia já dava para comprar leite e pão. Nessa época, essa fábrica tinha quarenta operários, hoje tem uns duzentos.

Nas férias da escola, eu ia levar almoço pro meu mano e ficava apreciando a turma que trabalhava, as máquinas de estampar placas de automóveis, carroças, bicicletas. Gostei muito e pedi para aprender. Nesse mês de férias aprendi e me convidaram para trabalhar nesse setor; eu saí da escola e fiquei estampando placas, plaquetas... Isso um ano e meio, depois passei para a seção de gravuras. Nessa seção, fazíamos placas de metal, de bronze, datadores, carimbos; a maior parte dos trabalhos era feita a mão. A gente faz um desenho na placa (por exemplo: DR. FULANO DE TAL), depois cortávamos o metal de acordo com o desenho, preparávamos o metal e fazíamos uma composição de goma-laca, breu e cera virgem. Essa composição era espalhada numa placa onde desenhávamos por cima. Com um bisturi recortávamos as letras. Depois protegíamos a placa com papelão pintado de cera virgem e breu onde colocávamos uma solução de ácido nítrico misturado com água porque era muito poderoso, muito agressivo: ele ficava trabalhando oito ou dez horas para aprofundar as letras que tínhamos cortado com o bisturi. Removendo a camada de cera as letras ficavam gravadas. O bordo da placa, que chamávamos de chanfro, era feito a mão com buril. Depois fazíamos outra solução, que seria um esmalte de goma-laca, terebentina, pó leve. Moíamos tudo num moinho (como os de café) e formava um pó que ia preencher as letras que foram gravadas. Com pedra-pomes, lixa, dávamos o acabamento na placa. No fim, o bordo ia para a politriz, aí já era a máquina que dava aquele brilho em volta. Políamos com Kaol até o término da placa. Essas placas iam para médicos, advogados, firmas comerciais...

Nessa época eram muito usadas as fichas de metal nos bancos. Precisávamos fazer o estampo: o estampo é um bloco de aço que era torneado, aplainado e depois trabalhado. Formava-se um estampo, chamado macho. Depois formava-se uma outra peça aonde esse macho se concluía, fazendo a fêmea. A ficha ali era estampada em metal grosso e cortada. Depois eram numeradas e polidas, cromadas, niqueladas, conforme o pedido. Quase todos os bancos tinham fichas de metal executadas por nós.

A oficina tinha seções com muito barulho, mau cheiro de ácido. Noutra oficina se fazia a fundição de placas de bronze, cada seção era separada. A nossa era um pouco mais sossegada quanto ao barulho, mas tinha o mau odor do ácido que prejudicava. Chegamos a trabalhar até de máscaras nesse tempo.

Na seção de esmalte, o ferro passava por uma limpeza num tanque de ácido úrico. Ali era uma poluição de ácido! Trabalhava-se com máscaras.

Quanto ao barulho, a seção de estamparia era a mais barulhenta; havia lá muitas máquinas pesadas.

As seções de escritório, de desenho, eram muito sossegadas. As outras sofriam barulho, mau cheiro e acidentes.

Tínhamos um laminador. Laminador é aquele cilindro de aço onde a gente põe o material de um lado bem grosso e ele sai fino do outro lado. É uma máquina perigosa. Uma ocasião, um senhor foi laminar umas peças e uma correia, uma polia, pegou o braço dele. Quebrou o braço, a mão, abriu a cabeça; enfim, o homem ficou inutilizado. Esse é um dos desastres que lembro, dos que foram mais perigosos. Mas na estamparia cortavam todo mês um dedo, dois dedos, cada operário.

Uma vez, uma bombona de ácido nítrico explodiu, quando era transportada. Felizmente não atingiu os operários que estavam perto, na vista. Atingiu nas mãos, na roupa e não foi um acidente muito grave. Tiveram a felicidade de não acertar nos olhos, se fosse nos olhos cegava, o ácido nítrico é um ácido perigoso.

Ceccherini era o nome de um operário que foi laminar uma peça de ouro e ficou inválido. Ele era dourador. Ficou inválido e meio louco, mas continuou trabalhando nos banhos de ouro. Naquele tempo não tinha indenização, ele continuou fazendo o que podia.

Na seção onde trabalhávamos eles fizeram uma máscara para proteger do ácido, mas acontece que essa máscara atrapalhava, tirava um bocadinho da respiração. Quem trabalhava no ácido não gostava de usar essa máscara.

A seção dos fornos, onde era feita a esmaltação, também oferecia bastante calorias, mau odor. Então todos os dias distribuíam quinze a vinte litros de leite para quem trabalhava lá, que era para não afetar o pulmão e outros órgãos. Mas sempre existia aquela poluição de ácido, dos fornos.

Nesse tempo, às sete e meia da manhã era a entrada; às onze e meia o almoço; ao meio-dia e meia a volta e às cinco horas a saída. Quem não respeitava o horário tinha que enfrentar uma multa. Havia muito extraordinário, horas em que a gente trabalhava depois que tinha terminado as horas do dia. Trabalhávamos até meia-noite. Eu fazia muito extraordinário; a gente trabalhava até as cinco horas e depois pegava empreitada até meia-noite, trabalhando.

Meu irmão levava o serviço para casa porque o trabalho dele era a gravura, uma coisa pequena, um carimbo, um estampo e era mais fácil fazer em casa. Não necessitava de máquina, nem de ácido.

Na fábrica, a pessoa que queria aprender a trabalhar ia à noite na escola, o Liceu de Artes e Ofícios, na Estação da Luz; ali tinha professores de pintura, gravura, tudo grátis. Frequentei o Liceu de Artes e Ofícios dois anos, fui aprender desenho depois de uns três anos de firma.

Sempre trabalhamos em grupo, nosso trabalho dependia de um e de outro, cada um tinha a sua função; era uma seção de quinze rapazes onde com o tempo eu tomava conta.

Brincadeiras, sempre havia entre operários. Tinha naquele tempo como tem hoje: contavam anedotas, brincavam. Tinha dois ou três que cantavam muito bem. Meu mano tocava violino, outro tocava flauta, outro clarineta. Esse pessoal se reunia fora do trabalho, para passeios. Mas a maior parte deles, aos sábados e domingos, ia construir sua própria casa. Compravam um terreninho e combinavam, em oito ou dez, fazer a casa. Arrumavam um pedreiro e o passeio deles era construir sua casa mesmo.

Parece que o sindicato começou no 32, no 35. Havia nesse tempo muita camaradagem e um ajudava o outro, em caso de necessidade, porque não havia ganância de dinheiro. O dinheiro era muito curto, existia muito pouco, um ajudava o outro. No início, as firmas não aceitavam o sindicato, então os operários se reuniam na casa de um, de outro, e combinavam o que fazer para se sindicalizar. Mas faziam isso escondido porque os patrões não gostavam. Depois o sindicato progrediu bastante e as empresas acabaram entrando, foi obrigatório. Eu já era moço, com 27, 28 anos.

Só tenho conhecimento dos metalúrgicos: antes de 1930 não era legalizado; os operários se reuniam escondidos para trocar ideias. Onde eu trabalhava vinham boletins dos sindicatos dos metalúrgicos italianos que chamava-se *I Metallurgici*. Eles aproveitavam para copiar alguma coisa para nós. Isso, antes do 30. Depois, na entrada do Getúlio em 1932, parece-me que o sindicato começou aos poucos a sua atividade, fazendo leis internas, colhendo sócios, se firmando, isso por volta de 1940, 42. Eles alugaram, no início, um salão numa sociedade chamada Classes Laboriosas, que ainda existe na rua do Carmo. Lá faziam suas sessões. No início eram só 25% dos operários que se reuniam. Um deles ainda existe, é vice-presidente hoje: Orlando Malvesi, muito meu amigo. Naquele tempo o sindicato não era visto como hoje, uma sociedade que ajuda o trabalhador. Pensavam em infiltração comunista, o sindicato era perseguido. Quando faziam sessões, aparecia o DOPS com cassetetes, metralhadoras e terminava a reunião. Não me lembro das primeiras diretorias; comecei a trabalhar criança e só entrei para o sindicato sete, oito anos depois.

As Classes Laboriosas tiveram muitos problemas: o sindicato era uma entidade que a classe empresarial desprezava. Depois a força venceu. Na conquista do 13º salário, os sindicatos anunciaram que sem o 13º ninguém iria trabalhar. O Carvalho Pinto pediu ao operário que fosse trabalhar e esperasse sair o 13º depois. Mas a turma do sindicato ficava na porta para que ninguém entrasse. Fizeram uma cadeia improvisada na Mooca e prenderam centenas de operários. No dia seguinte os patrões tiraram o cartão de todos os que não tinham ido trabalhar. Estavam despedidos. Eu não fui trabalhar. Tiraram meu cartão. Nessa época tachavam os metalúrgicos de comunistas. O presidente do nosso sindicato, muito bom, demitiu-se; foi o Remo Forli. Houve um corre--corre em que muitos metalúrgicos foram presos.

A Petracco e Nicoli não fazia pressão contra os operários sindicalizados: não gostavam, mas não ligavam muito pros sindicatos. Outras firmas faziam pressão contra os operários: assistiam à sessão e apontavam os que lá estavam. O velho Afonso Nicoli era um operário, trabalhava junto com a gente, era um artista. Sendo operário, tinha muito contato conosco, compreendia seus trabalhadores. Tornava-se um amigo. O sistema de trabalho, naquele tempo, não tinha grande severidade. Era uma camaradagem; Afonso Nicoli, que tinha sido operário, sentia-se muito bem no meio do pessoal. Depois a firma mudou para Petracco e Nicoli, ficou proprietário seu filho Mário Nicoli. Naturalmente que o sr. Mário Nicoli não era gravador, nem trabalhava junto com os operários. É um economista e ele levou a fábrica para outras modalidades de condições entre patrão-empregados. Conseguiu um progresso extraordinário, embora não trabalhasse no ramo. Hoje a oficina é uma fábrica enorme. A casa do meu patrão era aqui no Cambuci onde está agora o Liceu Siqueira Campos. Com o progresso, ele comprou uma ótima casa na praça Princesa Isabel.

Meu tempo de juventude foi muito empregado no esporte; organizava jogos, escalava os times, dava notícias para a *Gazeta*. Dirigi o Clube São Cristóvão aí do Brás, composto de vendedores de jornal. Depois fui convidado para dirigir o Madri dos espanhóis da rua Santa Rosa; eram todos carroceiros. Dirigi o Clube Madri onde joguei, militei uns cinco, seis anos, por volta de 1930 ou 33... O Estrela de Oliveira era um time de várzea, muitos da turma fundaram depois a corrida de São Silvestre. O nome do time vem de rua Benjamim de Oliveira. Tomás Mazzoni era do nosso bairro, era amigo daquela gente. Nós pagávamos para jogar, ninguém ganhava; quem perdia chorava, tinha amor no clube.

Nesse tempo, os jogadores da Primeira Divisão podiam jogar na várzea. Não eram profissionais, não ganhavam nada. Joguei no São Cristóvão, que era o melhor clube da várzea. Uma vez o Internacional, por intermédio do Tomás Mazzoni, convidou o São Cristóvão para formar seu primeiro quadro. O Internacional era de Primeira Divisão.

Comecei a jogar futebol com nove anos. Naquele tempo tinha mais de mil campos de várzea. Na Vila Maria, no Canindé, na Várzea do Glicério, cada um tinha mais ou menos cinquenta campos de futebol. Penha, pode pôr cinquenta campos. Barra Funda, Lapa, entre vinte e 25 campos. Ipiranga, junto com Vila Prudente, pode pôr uns cinquenta campos. Vila Matilde, uns vinte. Agora tudo virou fábrica, prédios de apartamentos. O problema da várzea é o terreno. Quem tinha um campo de sessenta por 120 metros acabou vendendo pra fábrica.

Se nós vamos procurar na memória quantos jogadores da várzea, de uns quarenta anos faz, tinha mais de 10 mil jogadores. Aquele tempo era uma coisa! Cada campo tinha um clube; a maior parte dos campos eram dados pelos donos para o lugar progredir, popularizar. O dono é que pedia pra fazerem um campo nesses terrenos baldios. Quando tinha um clube, vinha o progresso. No domingo vinham 2 mil pessoas assistir, e começava o comércio, o progresso.

Hoje não jogam nem 10% daquilo que jogavam naquele tempo, por falta de campo, de lugar. Não têm onde jogar. Em cada bairro se fazia um campeonato, juntavam dez ou vinte clubes. Ali era uma coisa! O jogo da várzea era o que atraía a maior parte do público. De grande, havia o campo da Ponte Pequena, do Corinthians velho, e o campo do Sírio. Depois veio o Parque Antarctica e o Parque São Jorge. A gente dizia: "Em que parque vamos jogar?". Não tinha ainda estádio, era campo livre, ninguém pagava pra ver. O Pacaembu veio mais tarde, acho que em 38 ou 40. Aí começou a massa, antes o pessoal estava espalhado nas várzeas e nos bairros, jogando mesmo.

Sempre torci para o Palestra Itália, desde criança. Lembro o primeiro goleiro do Palestra, Vulcano Flosi. Me lembro depois do Bertolini, era da linha, do Goliardo, Ministrinho, Xingo (este era um grande *half*), Amílcar Barbuy, que foi do Corinthians, Picagli, um grande beque; Heitor Marcelino, era meia-direita, jogava junto com o Friedenreich, do Paulistano. O Athiê Jorge Cury, o Feitiço eram do Sírio: hoje é presidente do Santos. Havia o Botafogo, na rua Paula Souza, que é o Corinthians de hoje.

Não tinha preto naquele tempo no Palestra. Os torcedores eram 90% italianos ou filhos de italianos. As brigas eram até mais brutas do que hoje. Me lembro de uma passagem do Neco, um dos maiores jogadores do Corinthians. Uma vez ele tirou o cinto e correu atrás do juiz batendo nele o tempo todo. Naquele tempo o Paulistano era o clube da elite. Mas as torcidas maiores eram do Corinthians e do Palestra. No Corinthians estava a massa: os pretos e os espanhóis.

Depois de casado joguei alguns jogos, poucos. Casado versus solteiro. Aí eu já tinha a responsabilidade da família. Quando foi morrendo o jogo da várzea e o futebol de bairro, começou a se concentrar o público nos estádios. Até mulheres começaram se interessar por jogo. O Morumbi já é recente. Fui na semana de inauguração do Pacaembu; mas o futebol já não é mais o que foi para o povo.

Eu gostava de dirigir, quando nossas federações esportivas representavam um drama. Lembro uma peça de amadores *O louco da aldeia,* que volta e meia passávamos. Nas óperas que chegavam a São Paulo, vinham cantar Caruso, Beniamino Gigli, Tito Schipa. Eram caras as entradas para frisa, camarote, cadeira... Nós íamos na geral. Vimos todas as óperas... *Traviata, Rigoletto,* que ainda são lembradas... não me recordo o nome dos sopranos, mas a *Aida* é monumental.

Meu irmão Alfredo tocava violino nos cinemas; quando era filme mudo... ele tocava os números musicais dos filmes, no tempo do Carlitos. Os companheiros dele, do Conjunto Musical Excêntrico, devem ter morrido todos... são tantos anos...

Não sou muito do tempo da serenata. Sei que faziam serenatas no Bom Retiro e no Brás, ali no largo da Concórdia. No início da ponte do Brás tem uma alegoria do compositor que fez a "Rapaziada do Brás"; por sinal que ele era amigo do meu irmão Alfredo. O Francisco Alves cantava na Companhia de Revistas Tro-ló-ló, no Cine-Teatro Santa Helena. Íamos ao Teatro Bela Vista, ouvir as "canzonetas" italianas pelas companhias de artistas que chegavam: Minello, Caiaffa, Anita Piccioni...

Na minha infância só existia rádio de pôr no ouvido, mas quando veio o rádio fomos dos primeiros a ter, eu devia ter uns quinze, dezesseis anos... Lembro do programa Tiro Schipa, em língua italiana, que era transmitido no jardim da Luz. O patrocinador era um italiano chamado Morgantini, que tinha lá uma cantina que denominou Tito Schipa. Quando Tito Schipa vinha para São Paulo, sempre visitava o Morgantini. Em casa, tínhamos uma vitrola antiga de dar corda e pôr o disco. Era o tempo de Francisco Alves.

Lembro bem do cinema mudo porque meu irmão tocava no Cinema São Pedro, na Barra Funda. Conforme era o filme, ele procurava acompanhar com a música. Assisti *Moeda quebrada*, *Roleaux* e os filmes do Carlitos. O cinema falado, quando exatamente ele apareceu, eu não me lembro. Sei que no começo das exibições alguns filmes atrapalhavam porque, parece-me, era acompanhado por discos, então não se escutava bem. Antes do casamento íamos com a família, meus irmãos, minha mãe, meu pai; toda segunda-feira era dia de cinema.

Sempre fui ao teatro e lembro dos bons artistas brasileiros: Leopoldo Fróes, Procópio Ferreira, Jayme Costa, Dulcina de Morais. Assisti *Deus lhe pague* com Procópio Ferreira diversas vezes. *Manhãs de sol* com Dulcina de Morais e Oduvaldo Viana foi uma peça muito bonita que repercutiu em todo o Brasil.

Não gostava de danças, ligava muito pouco pra baile. Os mocinhos e as mocinhas passeavam à noite no largo da Concórdia e na Rangel Pestana, de um lado os rapazes, de outro as moças. Eu preferia jogar pingue-pongue toda noite, até meu casamento, em 1937. Assistia também às corridas de cavalo, com meus colegas, quando o Jockey Club era na Mooca, na rua do Hipódromo. Não gosto do jogo; gosto de ver o cavalo correndo; pelo dono ele arrebenta o coração.

O Carnaval também era uma festa de povo na rua, que brincava com confete, serpentina, lança-perfume. O maior carnaval era feito na rua, não se ia em clubes de bailes. Passava o corso na avenida Paulista, com carros alegóricos, o desfile era muito mais interessante.

Em 1922, houve festa em São Paulo, pelo Centenário da Independência; a festa foi no Museu do Ipiranga.

Eu devia ter mais ou menos vinte anos quando começou o Martinelli. Eles venderam o prédio para inquilinos e para comércio. O Hotel d'Oeste ficava, se não me engano, no sétimo ou oitavo andar. Embaixo era tudo casa de comércio, me lembro de uma casa grande, de esporte.

A mudança não foi assim tão rápida. O progresso da periferia começou porque no centro já estava ficando difícil morar. O comércio progrediu e ocupou as casas de inquilinos. As pessoas mudavam para pagar um aluguel mais barato. Iam para a Penha, para a Lapa, para o Ipiranga. Mais tarde iluminaram a avenida São João, isso foi depois do Martinelli. Me lembro do calçamento da praça Clóvis Bevilacqua, que era descalça. A Catedral levou vinte anos para terminar.

Comecei a ver automóvel há uns 55 anos; antes daquele tempo eram projetos de automóveis. Lembro quando começaram a vir automóveis que faziam corridas no Velódromo; naquele tempo se chamava Velódromo. Lembro a primeira vez que subi num automóvel. Tinha escola de chofres aí na rua do Lucas, no Brás. Os alunos, no sábado e domingo, deixavam os automóveis. Então, no domingo, íamos a Santos com eles: eu tinha uns dezoito anos quando subi num automóvel.

O primeiro rádio era de galena, não de eletricidade, nem de pilha. Punha-se no ouvido um dispositivo e se escutava rádio assim.

Telefone era no meu tempo coisa de luxo, muito difícil. Quando trabalhava na oficina é que me chamaram pela primeira vez no telefone. Ele era mais difícil de adquirir do que, hoje, um prêmio na Loteca.

A primeira vez que vi avião foi no tempo da Ada Rogato, uma grande aviadora brasileira, que ainda é. Ela estava fazendo horas de voo para poder ganhar o brevê no Campo de Marte e voava de teco-teco. Ela era uma excelente aviadora, mas naquele tempo era muito perigoso. Voei uns quarenta minutos naquele teco-teco, dirigido por Ada Rogato que fazia horas para obter o brevê e a gente alugava. Levei comigo um menino, o Ronaldo, filho do companheiro Humberto e da d. Alice, que ficou muito impressionado e voou comigo pela primeira vez.

Fui muito feliz na minha juventude. Amigos, eu tinha uma legião deles. Onde eu trabalhava, na indústria Petracco e Nicoli, tinha 120 operários nessa época; eram 120 amigos. Íamos a piqueniques, brincadeiras de sala no domingo.

Na oficina, era amigo de todos. Me lembro muito do João Volpi; trabalhei com ele trinta anos. O irmão dele, Alfredo, pintava céus de igrejas.

Uma vez, uns sírios amigos meus me procuraram porque sabiam que eu conhecia o irmão do pintor e me pediram que lhe desse um recado: "Vê se ele quer pintar a igreja dos sírios da rua Pajé". Eu dei o recado para o Joãozinho Volpi; o irmão dele, Alfredo Volpi, aceitou; mas a encomenda não deu certo porque a prefeitura desapropriou a igreja e ele ficou sem o trabalho.

O Humberto Razo eu conheci quando ia levar almoço para o meu irmão. Era mais velho do que eu, uma pessoa muito boa, trabalhador, ótimo marido, bom pai de família. Era chefe da seção de esmaltaria. Controlava a esmaltação a fogo, com forno de seiscentos a oitocentos graus. Compunha química no esmalte, tinha a noção do tempo... Um artista.

As férias começaram no 35, no 34. Lembro disso porque casei no 37; foram as primeiras férias que eu pedi, para casar e passear de sete a dez dias, isso já no tempo de Getúlio, no 37. Os patrões começaram no princípio com um pequeno reconhecimento; davam um conto de réis para quem fazia vinte anos de casa; esse conto de réis, naquele tempo, para o operário, era uma fortuna. Era a única regalia que tinha nesse tempo e era somente para quem fazia vinte anos. Não havia aposentadoria ainda, o salário-família veio também com a lei da aposentadoria. Não estou bem lembrado no momento, mas sei que veio tudo junto. Salário-família era sete, licença médica também não tinha. A pessoa faltava, precisava naturalmente explicar por que tinha faltado e isso era reconhecido e descontado o dia, senão eles não levavam em consideração.

Havia muito desemprego para aqueles que não tinham ofício, mas aqueles que sabiam uma profissão tinham sempre emprego. Mas, nesse tempo, era muito mais gente que não tinha profissão do que aqueles que tinham, por isso é que havia muito desemprego.

Nosso ramo era pouco conhecido. A gravura ficou conhecida, aqui no Brasil, através de Afonso Nicoli; uma outra firma chamada Cardinali, mas de gravura, quase cinquenta anos faz, ninguém entendia antes. Em nosso setor havia o nosso chefe, o Nicoli, que era italiano, o Oddone Carletti, que continua ainda e acabou sendo gerente e que está agora com quase noventa anos. Oddone foi o mestre que sabia todos os ofícios, que ensinou a todos a arte.

Os operários do Brás festejavam o Primeiro de Maio, fazendo piqueniques no Parque Antarctica; as famílias se reuniam, havia baile na grama, cantavam, brincavam. A maior parte dos Primeiro de Maio na praça eram paulada. Quando os comícios se alteravam chegava a cavalaria. Uma vez, no largo do Pari, no fim da rua Santa Rosa onde se reuniam os trabalhadores... nesse dia tinha umas 5, 6 mil pessoas, o comício estava marcado para as dez horas. Quando chegou a hora do comício, apareceu a cavalaria com 150 soldados que desmancharam o comício com cassetete, cavalo por cima da turma e o comício não foi realizado. Eu tinha treze anos, precisamos fugir do quebra-quebra do largo do Pari.

Sempre fui metalúrgico e assisti os comícios do sindicato. Os metalúrgicos tinham um jornal chamado *Hoje*. Me parece que agora o operário está ligando menos para o Primeiro de Maio, o trabalhador está mais acomodado. Não ligam muito como antigamente; antes esperavam o Primeiro de Maio como uma vingança. Não havia direito a médico, a remédios na fábrica, em lugar algum. Entrei numa sociedade beneficente, as Classes Laboriosas. Com uma pequena mensalidade davam assistência médica e 50% nos medicamentos, operações e hospital. Isso, até a formação do sindicato, que dá isso e dá muito mais.

Tem que ser sindicalizado! A pessoa que trabalha não tem condições de ir ao hospital, alugar um quarto, pagar um médico, uma operação se a esposa ou o filho ficam doentes. O trabalhador não tem. O sindicato é tudo. Antigamente, quando uma fábrica se mostrava contra o sindicato, apedrejavam a fábrica.

Havia na mecânica o Vicentini, que era vêneto; na estamparia, dois ou três espanhóis e muitos descendentes de italianos. Esse tempo era de muita migração, havia muito migrante e os que chegavam aqui vinham pro trabalho, obedeciam às leis da nação. Não havia aquela rivalidade estrangeiro/brasileiro; os imigrantes eram bem-aceitos mas sofriam muito no interior, trabalhavam bastante e ganhavam pouco. O preconceito contra italianos veio no tempo da guerra, em 1937, 38, até terminar a guerra. Antes o italiano era bem-visto, era muito progressista e a maior parte dos trabalhadores que tinha ofício, que sabiam trabalhar, eram italianos ou descendentes de italianos.

Antes da guerra, o Mussolini era um ídolo para os italianos porque o que ele fez na Itália, parece-me, repercutiu bem em todo o mundo. Depois ele inventou a guerra com o Hitler, tornou-se uma pessoa muito antipática, mesmo para os trabalhadores estrangeiros aqui no Brasil. Antes da guerra, os trabalhadores não ligavam para fascismo, essas coisas; eles faziam até desfiles de camisa verde, de camisa preta em campos de futebol, mas eram times de italianos, adeptos do fascismo, mas isto era bem antes da guerra, e era permitido. Então tinha sociedades fascistas e depois que entrou o Hitler tinha sociedades nazistas. Quando começou a guerra, isto tudo acabou.

Os sindicatos nesse tempo eram fracos, mas num apanhado geral a gente percebia que eles eram contra esses camisas-verdes. Os camisas-verdes não estavam no sindicato, eram mocinhos de ginásios. Naquele tempo tinha muita escola italiana. Então eles pegavam esses mocinhos e convidavam para fazer as passeatas dos camisas-verdes do fascismo.

Antes da guerra, o fascismo era benquisto aqui, todos os ricos daquele tempo eram proprietários, fabricantes, gente que estava muito bem e a terra deles era a Itália e eles apreciavam que o Mussolini estava fazendo alguma coisa boa pelos italianos. Essa simpatia foi só até antes da guerra, depois não.

Da última guerra, a de 1937, lembro que faziam blackout. Eles determinavam uma hora, por exemplo das oito às nove ficava tudo no escuro, e ninguém podia acender nem um fósforo, e tinha guardas em todos os bairros. Por intermédio do rádio eles pediam que não acendessem nada. E o povo obedecia, não sabiam por quê.

No tempo da guerra os brasileiros começaram a ter ódio dos italianos. Alguns pretos ameaçaram os jornaleiros italianos. Um preto deu uma surra num jornaleiro mas depois os italianos se reuniram e pegaram o preto.

Um caso se passou com o Nicoli. Lá na oficina vinha gente da polícia e uma vez o delegado viu que o Nicoli falava em italiano com o Bassetto. Aí o delegado gritou com o Nicoli e ameaçou pôr na cadeia quem falasse italiano. Era tempo da aliança da Itália-Alemanha-Japão.

Teve um caso que se deu com um velho que foi preso por falar italiano: *"Mi son Italian!"* ele disse. "Gosto muito do Brasil *ma però viva l'Italia! Adesso te può mettermi in prison.*" O delegado apertou a mão dele e disse que seria bom que os brasileiros gostassem do Brasil como ele gostava da Itália. Era o Antonioli, que eu conheci, charuteiro da rua Benjamim de Oliveira.

No Brás não moravam só italianos. Os portugueses, em São Paulo, não tinham uma grande colônia, como em Santos e no Rio de Janeiro. No Brás, os portugueses ficavam nas padarias e nos bares. Eram poucos. Mais espanhóis do que portugueses. Os espanhóis ficavam nos armazéns de cereais, mas principalmente no ferro-velho. Na fábrica, poucos. A maioria preferia se estabelecer por conta própria. Abriam uma portinha de cebolas na Santa Rosa. Hoje, os espanhóis ficam principalmente na rua Piratininga. Comercializavam ferro-velho, depois ficaram com a venda de peças de automóvel. Conheci muitos espanhóis: o Rafael Morales, pai do jogador de pingue-pongue; Macotera, Sevillano que já tem oitenta anos, Francisco Hererias... O filho de Sevillano mora no Jardim Paulista. O velho, já com 82 anos, mora ainda no Brás. Está sempre ali sentadinho, dizem que toma sete ou oito Caracus por dia.

Pretos, no Brás, tinha muito pouco. A maior parte eram descarregadores de sacos lá no Mercado Pequeno, um mercado de peixe, na ladeira do Empório Toscano, perto do parque D. Pedro. Nós não sabíamos onde moravam aqueles pretos. Deviam morar longe, no Alto da Mooca, Alto do Ipiranga. Eram lugares longe, descampados, onde a turma tinha um terreninho, depois do Monumento. Preto distinto conheci um. Era um senhor preto, gordo, fiscal da Companhia Antarctica. Andava com um tílburi, fiscalizava os bares onde serviam bebidas da Antarctica. A maioria dos pretos descarregavam sacos. Naquele tempo, no Brás só havia 1% de pretos. Mas depois da guerra, principalmente no largo da Concórdia, o Brás virou a Bahia.

Não me lembro de nordestinos naquele tempo. Essa invasão dos baianos não passa de vinte anos. Começaram a morar lá no Brás. Na Caetano Pinto tinha muito cortiço. Antigamente eram dos italianos, depois eles foram progredindo e saíram. Na Baixada da Mooca, também. Quando os nordestinos vieram, São Paulo já era grande. Mas eles vieram contribuir muito para o progresso, eram pedreiros, faziam qualquer serviço. Pegavam prática de construção. Só depois é que entraram nas fábricas.

No Nicoli ainda tem alguns italianos, ou filhos, são os mestres. Mas as seções de serviço mais fácil são de nordestinos. Na estamparia, por exemplo, a pessoa fica vendo o estampador e com o tempo vira estampador, mas fica naquilo. Não é como antigamente que levava quatro ou cinco anos para aprender o ofício. Antes tinha que aprender a desenhar, e ir na escola de desenho; por exemplo, o Liceu de Artes e Ofícios ensinava desenho e artes, gratuitamente. Agora o Liceu é mais de artesanato.

Os nordestinos se dedicam ao trabalho de cinco a oito anos, mas só para conseguir umas economias para comprar um sítio e trabalhar com a família. Esses que trabalham no metrô fazem sociedade com cinco, dez pessoas, trabalham dezesseis horas no metrô onde não têm tempo nem de dormir. Um fica em casa fazendo comida, lavando roupa. Compram tudo por atacado ou no fim da feira. Fazem economia, no fim de um ano põem dinheiro a juro e depois de cinco a oito anos compram um terreno lá no Nordeste, em lugares muito afastados onde não existe quase nada. Trabalham em fábrica, são choferes de lotação. Eles se juntam e gastam uns 20% do que ganham. Só têm a despesa da comida.

Um ofício como o de gravador pra se aperfeiçoar leva cinco a seis anos, e eles não querem ficar em São Paulo. Nas máquinas, eles aprendem com facilidade. A máquina é mais simples, foi feita para trabalhar. No máximo de um ano ele fica prático de laminador, de estampador, e num ano ele pode ganhar o dobro de um salário-mínimo.

O ofício precisa começar pelo começo, e o começo é o desenho. A arte é muito demorada para aprender.


Lembro da Coluna Prestes no Rio de Janeiro. Diversos generais se entrincheiraram em Copacabana, num lugar que não me lembro. Era uma coluna, parece-me, que lutava pela Constituição. Luís Carlos Prestes era o chefe do comunismo; ouvi nos palanques muita palestra dele no tempo que o comunismo era permitido no Brasil, que aliás foi muito pouco tempo. Nesse pouco tempo ele se pronunciava nos palanques, nas Classes Laboriosas. Houve uma época que todo mundo falava dele. E com as leis que vinham vindo, os empresários, gente que tinha muita propriedade, pensava que ele ia se juntar com o Getúlio. Mas não foi bem assim. O Getúlio fez leis que se executam hoje e para o movimento operário ele foi um dos melhores presidentes que teve o Brasil.

A primeira eleição foi no tempo da Constituição. Foi feita depois de muito tempo que não se votava mais. Foi uma dificuldade conseguir o título. As filas eram tão enormes que era preciso pular a parede. Votei no Dutra. Em 50, votei no Getúlio. Em 1955, votei no Juscelino. Em 60, votei no Jânio. O Jânio esteve na oficina. Eu estive com ele na estamparia. Ele veio encomendar o tostão Zinho com o slogan: "O Tostão contra o Milhão". Mandou fazer um pedido de 200 mil distintivos. Foi quando ele ganhou do Ademar. A oficina toda votou no Jânio. Parece que nós votamos também no Jango: era o JJ. Para o Carvalho Pinto nós fizemos 2 milhões de pintinhos.

O Jânio era um tipo atlético, quando novo. Depois entrou na política. Nessa época ele veio com o general Porfírio da Paz, candidato a vice-prefeito dele. Conseguiu entrar. Depois fez a campanha para governador, conseguiu entrar e apontou o Carvalho Pinto para seu sucessor no governo. Aí voltou na oficina com ele e teve a ideia de lançar o distintivo do pintinho, propaganda que foi uma consagração.

Ele veio até nós porque teve aquela ideia da campanha do "Tostão contra o Milhão". E teve a satisfação de estampar a primeira moeda na máquina de estampo. De um lado estava escrito *Tostão*, do outro *contra* o *Milhão*. Ele falou: "Este tostãozinho aqui é vocês. O milhão é a sociedade que nós devemos fazer reconhecer a necessidade daquele que precisa, do operário, do trabalhador".

Quando o Jânio vinha na oficina ele se sentava numa cadeira e em volta dele ficavam os operários perguntando: se ele ia ser presidente, o que faria no governo... Ele respondeu que a primeira coisa que ia fazer era trabalhar pela gente mais necessitada. Ia ajudar os cobradores de ônibus, motorneiros, condutores... ia favorecer essa classe. Quando o Jânio mandou os operários falar, eu falei: "Escute, sr. Jânio, o senhor está protegendo muito os cobradores de ônibus, por quê?". "Boa pergunta: eles são trabalhadores como vocês. Eles ganham um salário de fome. E essa gente aí é responsável. São como vocês. Nós temos que olhar por todos." Ele fez uma exposição daquilo que ele ia fazer pros operários. Depois, ele trouxe o Carvalho Pinto: "Vocês têm que conhecer os candidatos". O pessoal em geral votava nele. "Vocês têm que se sindicalizar. Vocês têm que ajudar o sindicato a ajudar vocês. Quem sobe lá em cima tem muito o que fazer." Ele ensinava o operário.

Quando ele era presidente, foi chamado pelos lordes da Inglaterra e nem deu confiança. Quando ele voltou para o Brasil, ele explicou que o nosso produto, o café, era vendido por intermediários ingleses e americanos como se fosse coisa deles. Depois teve a passagem do Guevara, o Jânio condecorou o Guevara, parece que a razão foi essa. Naturalmente foram os militares que fizeram essa coisa. Nas reuniões, na porta da fábrica, a gente comentava.

Em 64 foi aquele negócio de Lar-Pátria-Família. Foi quando fizeram a Revolução, a revolução de mentira, feita na secretaria. E conseguiram pôr uma lei diferente.

Dívidas não fiz, mas no tempo do noivado fiz força para juntar cinco contos, juntei. Quando casei usei no casamento e ainda sobrou um dinheiro pra volta da lua de mel.

O grupo Excêntrico (do álbum de d. Theresa Bosi).

O ano em que me casei, 1937, foi um dos anos de maior miséria em São Paulo. Não sei se foi porque era o começo da guerra, foi um ano muito sacrificado, não tinha serviço, era muita miséria. Casei a 13 de abril de 1937. Vai para 41 anos. Foi na Igreja do Brás e depois teve aquela festinha na minha casa, que foi a consagração do casamento. Toda turma da rua veio; vieram todos, eram todos meus amigos. Vieram alguns colegas da fábrica.

Meu irmão, que tocava violino, tinha conhecimento com um maestro que ensinava a tocar violino e que se chamava Gigin Gagliera. Ele encarregou-se de arrumar oito ou dez pessoas que tocavam violino e que na minha despedida ficaram tocando na porta. Depois de um ano e pouco, em 38, nasceu minha primeira filha, em fevereiro. Minha esposa foi muito bem acompanhada por médico porque eu era sócio das Classes Laboriosas.

A Isabel já não tinha mãe para ajudar; eu, quando casei, já não tinha sogra. Veio uma prima ajudar. Minha mãe e minhas irmãs ajudaram muito minha esposa, que nessa época tinha que ajudar sua família. Os irmãos dela tinham muita necessidade e ela precisava cuidar também das pessoas da família dela. Meu cunhado esteve doente e depois faleceu. Sempre fizemos tudo por ele. Por minha irmã viúva também; dediquei-me quanto pude à minha família.

Quando casei, mudamos para um quarto, sala e cozinha, na rua Benjamim de Oliveira, na casa de uma família do Brás. O primeiro aluguel que paguei depois de casado foi de 120 mil-réis. O aluguel da rua Carlos Garcia parece-me que era de vinte mil-réis. Depois mudei de novo para a casa de minha mãe, onde eu pagava uma mesada. Lá fiquei um ano e meio somente e mudei para o Cambuci, perto da fábrica. Vim morar bem perto da d. Alice e do Humberto, e aí paguei duzentos mil-réis. Depois passei pra Luís Gama, eram 450 mil-réis. Na rua Stefano foi um conto de réis. Morei sempre em casa alugada e depois consegui comprar um terreno na Vila Ré, mas isso é recente.

Em 1943 nasceu minha segunda filha; tem a diferença de uns quatro anos entre uma e outra. Eduquei de modo diferente de meus pais, não vou dizer melhor. Eu trabalhava e minha maior ambição era dar escola e estudo para as crianças. Uma delas estudou de dezessete a dezoito anos, a outra de doze a catorze, mais ou menos. Felizmente uma delas estudou, porque não tive estudo em minha mocidade. Existiam poucas escolas do governo naquele tempo, as escolas eram caras. Os preços eram altos, não tínhamos condições.

A comida sempre foi como hoje: arroz e feijão; os outros mantimentos, carne, peixe eram mais baratos que hoje; então havia essa comida na mesa, mas o principal mesmo era o arroz e feijão. Minha mãe era vêneta e fazia bastante sopa, bastante caldo, polenta e outros pratos vênetos. Depois que casei, minha esposa é descendente da Baixa Itália, então é macarronada, braciola, massas, comidas mais pesadas, mas muito gostosas.

Meus companheiros de trabalho bebiam; saíam às seis horas do trabalho, se reuniam na venda da esquina e ficavam lá até meia-noite, sempre bebendo, discutindo. Bebiam pinga, o vinho para o operário era caro, por barato que fosse, não era para a aquisição do operário. No tempo de meu pai o vinho que vinha em cartolas, em barris, da Itália, era bem barato. Depois de casado tomávamos um vinhozinho no almoço, um vinhozinho na janta, mas em casa, só um copo. Os que iam no bar saíam de lá embriagados. No Brás eram muito procuradas as cantinas que serviam queijos, azeitonas, atum estrangeiros, mas eu não tinha o hábito de frequentar essas cantinas.

Todo sábado ou domingo ia com minha esposa ao cinema na rua do Gasômetro, chamado Ísis. Hoje é Glória, mas também não existe mais. Depois tinha o Cinema Mafalda, hoje é aquele Cine Olímpia, mas também não existe mais: hoje é uma fábrica de móveis. E tinha o Cinema Colombo, depois o Colombo virou teatro, era no largo da Concórdia, onde vieram os maiores músicos e os maiores artistas do mundo. Não existe mais. Íamos ao teatro também.

Quando minhas filhas cresceram minha maior satisfação era levar as meninas passearem. Durante a semana trabalhava mas no domingo sempre conseguia poder levar as duas passear. Quando ficaram com mais idade íamos toda semana ao cinema.

Consegui que minha filha frequentasse a Escola Álvares Penteado; outra filha que frequentasse a Escola Nossa Senhora da Glória e depois a Álvares Penteado e aos poucos, com sacrifício, consegui dar um estudo mais ou menos bom.

Não obriguei, mas sempre fiz ver a elas que a religião da Igreja era muito boa e que a gente devia ter uma crença em Deus; parece-me que elas seguiram. Vou à missa todo domingo. Hoje, a Igreja dá uma certa liberdade para o católico, que não tem obrigação nenhuma. Ele vai à igreja, reza, toma comunhão, faz aquilo que acha que tem que fazer, sempre pensando em Deus, naturalmente. A Igreja não obriga a nada. Parece que tudo aquilo que peço a Deus eu recebo, e quando tenho qualquer problema rezo a Deus e, parece, sempre fui ouvido.

Lembro como se fosse hoje que na gripe espanhola vi no céu o carro com os cavalos brancos na frente e o meu caixão. Vi mesmo, não que foi um milagre, mas vi e lembro como se fosse hoje.

Nunca fui a sessão espírita mas faço coleta para o André Luiz porque me levaram visitar as crianças e fiquei muito penalizado vendo aquele sofrimento, e então prometi a Deus que ia colaborar de alguma maneira. São dezoito anos. Na Páscoa e Natal entrego listas e tudo que as listas derem é para as crianças da Casa de André Luiz. São crianças abandonadas no manicômio, entre os leprosos, não as que têm pai e mãe. Elas vivem do que dão essas pessoas que gostam de ajudar, que têm amor pelas crianças. O hospital abriga quase 2 mil crianças com o dinheiro que o povo dá. Todo Natal e Páscoa vou lá levar contribuições, angario sócios; este ano angariei uns cinquenta sócios que pagam quinze cruzeiros por mês. Levei o pessoal da fábrica, há uns doze ou treze anos, visitar a Casa de André Luiz; eles também ficaram muito penalizados e me pediram para angariar donativos. E continuam ajudando.

Hoje moro com a Isabel, minha filha solteira, e minha filha viúva e os dois netos. Um dos netos que gosta de um bonito traçado de letras, estou levando no Instituto de Caligrafia De Franco. Sou aposentado mas ainda faço alguma coisa daquilo que eu sabia fazer, afinal sou responsável pela casa.

Morei muitos anos numa casa-prêmio do IAPI; ali pagava um conto de réis de aluguel quem tinha os quesitos necessários. Lembro de seis desses quesitos: 1º) ser brasileiro; 2º) ser casado; 3º) ter dois ou mais filhos menores; 4º) ter pago o primeiro recibo do IAPI; 5º) ser sindicalizado; 6º) ter ordenado correspondente. A gente ficava inquilino o tempo que quisesse. Aconteceu depois que o cruzeiro desvalorizou e o IAPI nos obrigou a comprar as casas. Fizeram um preço facilitado, e até foi um alto negócio para os que compraram. Eu comprei, depois vendi, por causa das enchentes. Uma tarde meu neto não voltou para casa, porque já tinha um metro e meio de água. O chofer do Colégio Anglo Latino não pôde entrar com a perua e ficou com o menino até meia-noite. Aí, minha filha disse que não morava mais lá. Uma ocasião ficamos três dias e três noites sem poder sair do apartamento, sem luz, sem água e sem gás. Vinham os bombeiros de barco, ali era Venezia. Os bombeiros vinham buscar a gente em casa pra levar a gente onde quisesse. Foi em 1970 ou 71. Foi quando veio aquela chuva tremenda que inundou São Paulo todo. Agora diminuiu muito com a retificação do Tamanduateí.

A aposentadoria não é nada e preciso pegar serviços de gravação. Pago o aluguel desta casa porque tem um quintal gostoso para os netos, árvores. Esta rua do Cambuci é sossegada.

Sinto-me contentíssimo com a vida, agora. Ainda vou ao cinema, teatro, todo lugar em que haja alguma coisa para aprender eu vou. Desde que minha mãe faleceu vou todo domingo visitá-la. Prometi que iria visitar mamãe toda semana, quando ela morreu. Quando preciso viajar, vou no sábado ou num dia da semana.

Toda a família está no cemitério: meu pai Adolfo Bovi, meu irmão Alfredo Bovi, Atílio Bovi, Arturo Bovi, Anita Bovi, Alda Bovi e Júlia, minha mãe. Quando ela faleceu fiz de tudo para fazer um túmulo e consegui tirar minha mãe e meu irmão dos ossos, que era cinco anos que estavam enterrados. Mas não consegui reunir meu pai e meu irmão Arturo.

Meu pai e meu irmão perdi. Eles estavam enterrados numa rua do Cemitério do Araçá onde iam abrir uma avenida. Sempre perguntava quando iam desenterrar e me respondiam: "Olha, o tempo normal é cinco anos mas acontece que vai haver uma reforma, vão abrir uma avenida e, quando se der isso, nós avisamos". Essa reforma levou mais de dez anos e quando chegou a época não me avisaram. Então perdi meu pai e meu irmão Arturo.

Lembro mais das coisas recentes, do momento. O tempo que posso lembrar é o de 25, trinta anos atrás; tudo era muito diferente aqui em São Paulo porque a gente ganhava pouco. A mão de obra era muito barata mas a vida também era barata, o salário era pequeno mas valia mais. Não tinha essa correria de hoje, esses aumentos de seis em seis meses. O aumento do custo de vida era cada ano e era relativo, menos que agora porque o dinheiro, naquele tempo lá, era difícil. Continuo sócio remido do Sindicato dos Metalúrgicos; com uma pequena mensalidade o sócio tem direitos na doença, na desgraça. Os metalúrgicos são um exemplo.

Quando encontro os amigos da oficina que trabalharam trinta, quarenta anos comigo é uma satisfação enorme, lembrando o que fazíamos; as amizades lá eram boas. Porém, o mais importante em minha vida foi o meu casamento, o nascimento das filhas, o casamento da primeira filha, o nascimento dos filhos da minha filha.

Aquilo que eu fiz na vida não foi lá grande coisa. Se estivesse na minha competência eu daria um conselho aos jovens para levar uma vida honesta, uma vida com amor. E se portar direitinho... A coisa mais linda que existe é quando um homem tem a responsabilidade da família, uma boa esposa.

Lembro da infância, sim, de quanto gostava do esporte, de futebol, pingue-pongue. Uma coisa que não esqueço foi a chegada do Torino da Itália; fui recebê-los no Aeroporto de Congonhas e abracei os jogadores. A *Gazeta* tirou uma fotografia em que eu saí na primeira página junto com os jogadores, isso eu não esqueço. Não fico lembrando sempre, só quando passa no pensamento. Se preciso, forço a memória e lembro o que quero.

Tem uma passagem que vou contar, foi o dia que as indústrias não funcionaram. Nós não sabíamos de nada. Ficamos na esquina esperando e a fábrica não abria. Deu sete e meia, oito horas, oito e meia, e nada. Então começamos a sentir um ardor nos olhos, um ardor que foi ficando cada vez mais forte até a gente lacrimejar. Muitos operários pareciam chorando e não suportavam mais. Então nos avisaram que as Forças Aéreas é que estavam atirando um ácido nos lugares de reunião do povo e era para a gente voltar pra casa. As autoridades não queriam que ninguém se reunisse.

Foi o dia da morte do Getúlio.

Sonho, às vezes, que estou trabalhando na oficina porque fiquei 44 anos nessa oficina, sempre, desde menino, na infância, na mocidade e numa parte da velhice. Essa oficina não me sai do pensamento.

Os velhos de hoje foram os moços de ontem. Devem procurar ainda fazer alguma coisa na vida. Se um velho fosse doente, abandonado, deve-se recolher num lar onde pudesse passar os últimos anos com fartura, boa companhia quando sozinho. Se tem família, embora tenha feito algum deslize na mocidade, acho que devia ser perdoado e tratado muito bem. Há os que partiram para o jogo e a bebida e ficaram por aí abandonados. Mas eu acho que deveríamos olhar até por esses velhos. Eles também trabalharam.

# Sr. Ariosto

Nasci na avenida Paulista, em 1900, numa travessa chamada Antônio Carlos, dia 20 de setembro. Meus pais vieram para cá como imigrantes, deixaram sua família na Europa. Da hospedaria de imigrantes eles já eram tratados para uma fazenda no estado de São Paulo e para lá meu pai foi.

Naquela época não tinha maquinaria, meu pai trabalhava na enxada. Meu pai era de Módena, minha mãe era de Carpi e ficaram muito tempo na roça. Depois a família veio morar nessa travessa da avenida Paulista; agora está tudo mudado, já não entendo nada dessas ruas.

Meu pai era mestre de caligrafia, pintava quadros a aquarela e fazia retratos a bico de pena, que é uma arte difícil. Ele gostava muito de ler, por isso escolheu esses nomes para nós: Amleto, Telésforo, Ariosto... penso que ele tirou da literatura. Aqui no asilo não tem ninguém com esse nome de Ariosto, sou o único. Pode dizer que sou o Ariosto de *Orlando furioso*.

A avenida Paulista era bonita, calçamento de paralelepípedos, palacetes. As outras ruas eram semicalçadas, cobertas de árvores, de mata. De noite, os "lampioneiros" vinham acender os lampiões e de madrugada voltavam para apagar. Minha rua tinha poucas casas, uma aqui, outra a quinhentos metros. Naquela época faziam casas bem grandes, pé-direito alto, a nossa tinha quintal com pé de laranja, mexerica, ameixa e abacate. Minha mãe gostava muito de flores e plantava rosas, margaridas, violetas. Todo dia de manhã cedo ia regar as flores com seu regadorzinho. E eu ia atrás dela.

A mamãe levantava cedinho e acendia o fogão a lenha, depois vinha acordar a gente: "Vamos meus filhos, vamos tomar café!". Mamãe era muito boazinha. Ela servia tigelas grandes, punha o pão, jogava o leite e o café e fazia uma papinha.

Mamãe cozinhava macarrão, bife à milanesa, à "parmegiana", risoto. Antigamente não tinha nada artificial. Hoje, os japoneses quando plantam já põem uma porção de adubo para dar logo, porque é muita gente e a comida não dá. Agora, a barriga fica vazia.

Naquela época existia muito turco, muito mascate, eles carregavam cestas e iam batendo matracas e oferecendo sua mercadoria: "Moça, tenho muita coisa para você, tudo baratinho!". Passava a carrocinha do italiano com queijo e ele gritava: "O *formaggio*! Olha o *formaggio*! É o barateiro, o barateiro!".

Armazém de secos e molhados a gente encontrava, mas era muito distante. Dois quilos de café ou dois quilos de açúcar custavam quinhentos réis. O português vendia verdura de casa em casa, um maço de couve custava um tostão.

A minha lembrança mais antiga, quando eu tinha cinco anos, é o padeiro com um saco nas costas. Todo dia me pegava no colo e me ensinava os números: "Esse é o 1, o 2... e esse aqui, redondinho?".

"Esse eu não sei!"

"Este aqui é o 3. Se você vai contar até dez, então eu te dou um pão bem gostoso."

Naquela época não existiam brinquedos. Penso que eles começaram a surgir só depois de 1910, 1911, mas vinham de fora. Eu fazia carrinhos com rodas de carretel de linha e nós brincávamos o dia todo, livremente, nunca me machuquei porque a rua não tinha carros.

Gostava do pica-pau: era um pauzinho com ponta dos dois lados. A gente apostava: "Quero ver se você bate o pica-pau; até onde ele vai?". A gente batia com outro pauzinho e o pica-pau dava volta e pulava longe. Ou então com diabolô, conhece? Ele tem um vãozinho no meio com carretel. A gente põe o diabolô no carretel e ele fica dançando na linha e quando a gente joga assim ele vai lá... e volta.

A criançada corria e jogava no meio da rua futebol com bola feita de meia. As meninas convidavam a gente para brincar de roda com elas e cantávamos:

*Passa, passa três vezes*
*o último que ficar!*

Morava com meus irmãos: Amleto, Roberta, Mário, Dolores, Deleia e Telésforo: eu era o quarto filho. O Amleto fazia compras com uma carriolinha que ele tinha feito e sempre me levava nela. A Roberta, quando ficou mocinha, ia de casa por casa lecionando o italiano. Meus irmãos eram todos bons. O Amleto sempre me dava um tostão, duzentos réis: "Agora você vai comprar um docinho".

Nós ajudávamos a mamãe a lavar a louça, a arear os talheres em pó de tijolo. Meu pai nunca nos castigou nem minha mãe, ao contrário, mamãe estava sempre me agradando e com bom humor. Eu brincava com os mais moços: o Telésforo, meu predileto, o Mário que eu segurei no colo.

Minha mãe lavava a roupa para todos nós, tinha que cozinhar, engomar as camisas de meu pai com peito duro, colarinho duro, os punhos eram duros, postiços. Ela não passava com ferro de brasa, mas com um ferro pesado, esquentado no fogo. No fundo do quintal assava pão num forno redondinho de tijolos. E amassava, amassava:

"Ariosto, venha ajudar amassar o pão!".

"Eu não quero, não quero!"

"Só um pouquinho para você aprender. Quando não tiver pão e eu não estiver aqui, você faz pão pra mamãe."

Ela fazia as *pagnottas* redondas e quando a gente tinha fome ela cortava no braço uma fatia, cortava os tomatinhos e punha no pão, com sal e azeite estrangeiro. A gente comia com prazer.

Eu estava sempre na saia de minha mãe. Mamãe contava muitas histórias. Lá na Europa ela foi bailarina: quando contava, dançava e nós acompanhávamos os passos, dançávamos junto com ela. Contava que foi costureira; no teatro vestia as atrizes, os senhores artistas da *Traviata*, da *Aida*. E depois ajustava no corpo, estava sempre junto com as artistas. Ela cantava uma ópera inteira de cor: a *Traviata*, a *Cavalleria rusticana*, a *Lucia* de *Lammermoor*, que tinha vestuários muito ricos. Depois deixou a costura para trabalhar no palco; minha mãe era bonita, meu pai tinha muito ciúmes dela. Ela era dessas pessoas que sabem cativar.

Minha mãe e meu pai falaram italiano conosco até morrer.

"Papai, por que o senhor não fala brasileiro?"

"Eu não sei *la vostra lìngua, solo la lìngua italiana.*"

Os quadros de meu pai eram lindíssimos: hoje não tem ninguém que faça quadros como ele. Naquela época era tudo sossegado e os quadros demoravam. Por um quadro, que levava um mês para pintar, pagavam trinta, quarenta mil-réis. Meu pai pintou, a bico de pena, o retrato de Altino Arantes, presidente de São Paulo que já faleceu faz tempo.

Recebia alunos em casa: o aluguel era vinte mil-réis, mas para ganhar era preciso suar. Levava muito tempo para pintar um pergaminho, com letras maravilhosas, desenhos a bico de pena em roda. Precisava entregar na data certa, com as dedicatórias num aniversário, ou em homenagem a alguém. Numa ocasião dessas, meu pai saiu para comprar tintas que necessitava e um tal de Giovannino, que veio com ele da Itália, estava em casa. O pergaminho apareceu borrado. Meu pai ficou louco:

"*Giovannino, m'hai rovinato! Comme facciamo adesso?* Estava quase *pronto tutto.* Tenho que entregar. *Tu m'hai rovinato!*".

"*É stato senza volere. Io sono andato a prendere* o pincelzinho na tinta, esqueci de enxugar e caiu o borrão de tinta."

"*Vai via! Mascalzone! Non mi venire piú qua, per l'amor di Dio!*"

"*Cosa vuoi fare? Cosa che è successo... Pur cosa facciamo?*"

"*Non fa niente... Io lavoro di notte, notte e giorno, ma vado accomodare questo qui.*"

O pergaminho chupa e segura a tinta, é preciso muito tato para trabalhar nele; não sei como, mas meu pai conseguiu tirar o borrão. De vez em quando eu também ajudava meu pai nos pergaminhos; pegava o pincel com muito cuidado.

"Ariosto, *molta attenzione! Comincia a fare! Bravo, bravo... cosí!*"

Naquela época os pais tomavam mais cuidado com as crianças, mesmo com os parentes, as crianças iam mas eles estavam sempre de olho. Eu não vi nenhuma criança que os pais tivessem castigado, só nas escolas. Meu pai era severo, mas ao mesmo tempo era bom, ele me pegava no colo e me abraçava.

"*Domani ti porto un dolce, vuoi?*"

Ele lecionava crianças de casa em casa, em italiano; cobrava três mil-réis por mês de cada uma. Vendia sempre alguns quadrinhos, naquela época dez mil-réis por um quadro era dinheiro. Assim ele ia sustentando a família, com sacrifício, mas ia sustentando. Meu pai ia sempre à cidade procurar trabalho, ou ia lecionar, comprar tintas na Casa Michelangelo, que ainda existe perto do viaduto.

Quando eu tinha dez anos, papai me levou no centro da cidade. Naquela época estavam fazendo a Catedral da praça da Sé: vi quatro, seis operários carregando um bloco de pedra para a igreja. A praça da Sé tinha alguns sobrados: só em 1915 é que começou a construção de edifícios em São Paulo. Nas ruas do centro as pessoas se cumprimentavam. Faz uns vinte anos que São Paulo ficou desse jeito.

Papai me levava sempre na Penha para vender uns quadrinhos na chácara do sr. Marengo. E o Marengo dizia pra mim: "Olha, tem muita uva aí! Você vai comendo…". Nós comíamos ameixas, uvas e depois a gente almoçava com ele. Tomávamos, para ir lá, um bonde que saía da Vila Mariana e ia até a Quarta Parada, na Penha. O motorneiro parava o bonde onde as famílias pediam: segurava as crianças no colo e punha no chão. A Penha não era calçada, tinha poucas casas, só o trilho dos bondes, árvores, rios. E antes os bondes eram puxados a burro. Quando chovia muito os bondes não saíam: os burros não podiam transitar porque escorregavam.

Um vizinho nosso, barbeiro, escreveu uma carta de amor para uma moça que morava umas quadras abaixo da avenida e me ofereceu quatrocentos réis para entregar a carta, quando eu tinha uns oito anos. Andei, andei, era longe, fiquei cansado, mas cheguei na casa e bati. A moça atendeu e, quando recebeu a carta, respondeu: "Estou nervosa porque o papai está aí, se ele vê essa carta vai me bater. Eu vou ler depois e dar uma resposta". O barbeiro achou que eu merecia os quatrocentos réis e me pagou. Acontece que naquele dia o papai não tinha dinheiro nenhum e quando cheguei em casa mamãe falou: "Hoje não temos comida!". Tirei do bolso os quatrocentos réis e dei pra ela.

"Oh! meu filho! Vou comprar um quilo de carne!" Mamãe ficou contente e me abraçou.

Veja, hoje a minha voz está mais forte que ontem, já não me canso a todo instante. Parece que estou rejuvenescendo enquanto recordo.

Aprendi a ler no Dante Alighieri com o professor Quaranta, podia ter oito anos. Ele era baixo, gordo, tinha uns quarenta anos e lecionava em italiano.

O primeiro, segundo, terceiro e quarto ano era tudo junto na mesma sala; ele ficava um pouquinho com cada aluno. Mas a gente não era tão peralta como hoje. As crianças eram mais quietinhas, tinham mais respeito. Talvez tivessem receio de apanhar: hoje as crianças não têm medo de apanhar, são protegidas. Se a gente errava alguma coisa, apanhava com reguada: "Dá tua mão aí!". "Ai, professor, eu não vou errar mais!" A gente abria a mão com medo e... pum! Quem que ia na escola depois? Ninguém! A senhora acha? Quem reincidia no erro ajoelhava no milho: se a gente queria levantar porque o milho penetrava nos joelhos, nas pernas, levava uma reguada nas costas.

Em casa a mamãe me ajudava a fazer as lições: "Mamãe, quando se junta o *b* com o *a*, o que quer dizer isso?". Quem me levou na escola, no primeiro dia de aula, foi ela. Mamãe tinha cultura, foi bailarina de teatro. Foi me levando pela mão a uma distância longe, quase uma hora a pé. Não estou bem lembrado, mas o Dante Alighieri era uma casa isolada, no mato.

O professor nos dava um papel com as letras do abecedário e explicava: esta é A, esta é B, esta é C e assim por diante. Ajuntando A com R, com o I, ele pegava na minha mão e escrevia Ariosto. Fui gostando da escola porque estava aprendendo. As crianças diziam: "Hoje aprendi a fazer o meu nome!". Na outra aula: "E o nome da mamãe, e o nome do papai!". Gostava muito de um colega, o Antônio Figueiroa. Era um portuguesinho. Seus pais eram ricos, donos de chácara e ele sempre trazia frutas para mim. Não sei por onde anda, talvez já tenha falecido.

Só fiquei na escola um ano e pouco. O papai mudou, não fomos mais para a escola. Então acabei de aprender; acabei, não, porque tenho ainda muito que aprender! Meu pai me ensinou caligrafia e pintura. Hoje, se quero afirmar a mão para escrever não posso, porque o coração não deixa; mas pintei muitos quadros na vida, até bem pouco tempo ainda pintava como ele me ensinou.

Um dia chamaram meu pai no laboratório do professor Osvaldo Cruz: ele pediu que meu pai desenhasse as espécies de mosquitos para estudo dos cientistas. Mais tarde houve a campanha dos mata-mosquitos em São Paulo, contra os transmissores da febre amarela.

Papai não gostava de passeios, piqueniques. Ele preferia que ficássemos em casa, todos juntos, reunidos em família. Mamãe, na Páscoa, fazia o *pastiera di grano*, gostosíssimo, é uma torta de grãos de trigo. A Pascoela é um suplemento de Páscoa na segunda-feira: íamos para o Bosque da Saúde com comidas feitas em casa, e comíamos na mata. Festejar a Pascoela é um costume lá da Itália. Hoje não festejam mais porque a vida está muito cara. Mas que era bonita a Pascoela, era, a gente indo no campo para comer todos juntos. Aquele lugar no Bosque da Saúde agora é a praça da Árvore.

No Natal, mamãe enfeitava um pinheiro com um anjo, Nossa Senhora, os Reis Magos. O papai trazia nozes, castanhas, "nozelas", frutas secas italianas para festejar. Mamãe punha tudo naquelas travessas grandes na mesa, depois do macarrão, vinho, carne assada. Vinham amigos. A gente sentava na mesa e só levantava de noite.

No primeiro do ano o papai ia buscar, em Santana, um sanfoneiro chamado Pepino. Ele tocava valsas antigas e papai dançava com a mamãe, minha irmã. Nós cantávamos, todos juntos, uma canção de Natal. Agora não se vê mais isso. Nas festas daquele tempo a gente não ganhava presentes mas a mamãe fazia um bolo e punha as oito, dez velinhas de aniversário.

Com uns oito anos, aparecia ali perto de casa, no Campo Grande, Santos Dumont. Mamãe dizia de vez em quando: "Vocês querem ver o balão de ferramenta?". A gente descia para as imediações do que é hoje o Jardim América, avenida São Gabriel, que era um campo. Santos Dumont usava um colarinho alto, camisa engomada, aquele chapéu característico, às vezes se vestia de cinza, às vezes de azul-marinho. Ficava mexendo num aparelho esquisito, que agora não posso decifrar, pois minha memória não dá. Mamãe ia sempre lá, ele era muito democrático, cumprimentava todo mundo e explicava como fez o balão. Às vezes me abraçava e falava: "Ainda vou inventar um aparelho e levar todos vocês lá em cima". Quando ele subia uns duzentos, trezentos metros e voava, a gente batia palmas: "Viva o balão de ferramenta! Viva Santos Dumont!".

Antes da Grande Guerra apareceu a estrela cometa, luminosa, com um rabo comprido. Aparecia de madrugada e ficava quase uma hora no céu. Mamãe me acordava para ver a estrela cometa. Ela sumia lentamente e a gente ia dormir de novo, era muito cedo ainda.

Na época da Grande Guerra todos tinham medo, compravam e guardavam mantimentos, armazenavam pão em casa. A mamãe também fazia cestas grandes de pão para durar muito tempo, mais de seis meses. Houve uma época em que os jornais diziam que o mundo ia acabar em fogo e revolução. As pessoas faziam festas, se embriagavam com vinho, muitos se jogavam do viaduto do Chá. Ouvi comentar, não vi com meus olhos ninguém se jogar. Isso foi antes da gripe espanhola.

Mudamos para a rua Major Diogo quando eu tinha uns dez anos; lá eu fazia papagaios de uma porção de feitios e pendurava na janela. Passava a meninada: "Ah! estão vendendo papagaio! Ah! quanto custa?". "Um tostão." Tinha dias que eu vendia quatro, cinco papagaios. Esse dinheiro dava todo pra mamãe e ela comprava o que necessitava.

Com uns doze anos fui pela primeira vez ao cinema, na rua Major Diogo. Penso que nem existe mais essa rua. Antes de começar o filme precisavam molhar a tela com baldes de água porque esquentava muito. Era um filme de Napoleão que a todo instante queimava. A música era orquestra com violinos, saxofones, clarinetas, violoncelos que tocavam valsas de Strauss.

A iluminação elétrica aqui em São Paulo começou no centro, na rua Direita, na Líbero Badaró, praça do Patriarca, na época do prefeito Pires.

A gente ia muito na festa da Caropita [Nossa Senhora Aqueropita] no Bexiga, lá perto da Major Diogo, na Igreja Nossa Senhora da Caropita, padroeira dos peixeiros. Tinha banda, procissão e a rua ficava cheia de barraquinhas das quermesses. Os peixeiros são fanáticos por Nossa Senhora Caropita: é uma grande festa, eles gastam até a alma por ela.

Santo Antônio era o santo mais festejado no bairro porque era casamenteiro. Os vizinhos acendiam fogueiras nos descampados. As moças jogavam chumbo derretido na água, conforme apareciam as figuras, elas adivinhavam com quem iam casar.

O Primeiro de Maio era muito festejado pelos operários. O governo não queria que os operários fossem para a rua e que o Primeiro de Maio fosse tão festejado. Então, quando eles faziam as grandes manifestações, que eu me lembro, mandava as patas de cavalo em cima do povo para dispersar. O povo se reunia ali na praça da Sé e os soldados batiam com espadas. Uma ocasião vi um soldado bater com a aljava em alguém; eu comecei a chorar e meu pai me disse: "Eh, vamos embora, senão a coisa vai ser ruim. A gente vem aqui para ver a manifestação dos operários e está acontecendo isso?!". É como agora; eles não querem a manifestação dos estudantes.

Comecei a trabalhar com doze anos num armazém de secos e molhados na avenida Brigadeiro Luís Antônio perto do viaduto Dona Paulina; fazia entregas mas não ganhava nada. Os fregueses é que me davam um tostão, duzentos réis, quando davam quinhentos réis eu pulava de alegria. As entregas eram no Piques, onde hoje é a praça da Bandeira, que não era ainda calçada, mas já tinha muitas casas. Era o Bexiga, como chamavam.

Com uns treze anos mudei para a rua dos Carmelitas, na Mooca, em frente do Quartel da Força Pública. A casa era meio assobradada, com duas janelas para a rua, tinha dois quartos, uma sala, era bem menor que a outra. Não tinha jardim, só um quintalzinho onde mamãe plantava flores, tomates. O aluguel devia ser uns vinte mil-réis. A rua era calçada, bem mais povoada que a outra, com os soldados: o quartel dava de frente para quatro ruas: Tabatinguera, Condessa de Nioac, Lavapés e Carmelitas. O resto eram chácaras. Depois as chácaras saíram dali, fizeram parques de diversão...

Ficamos só um ano ali, depois papai arrumou na rua da Mooca uma casa numa série de casas iguais, de propriedade do senador Lacerda Franco. Era dessas casas que quando se abre a porta se vê tudo, os quartos, a cozinha com fogão de lenha. A gente descia para o quintal e num barracão puseram um chuveiro. Antes da rua da Mooca, tomávamos banho de bacia. Morei dez anos aí.

Na casa defronte morava uma menina, minha futura esposa: eu tinha uns catorze, quinze anos, ela também tinha a mesma idade e era florista desde seus onze anos. A gente se olhava de longe, dava uma risadinha.

Com quinze anos fui trabalhar com um tio, dono do Hotel d'Oeste na rua Bela Vista. Meu pai falou que queria que eu trabalhasse com ele e me entregou. Trabalhei como garçom cinco anos sem ganhar um tostãozinho. Os fregueses eram coronéis, fazendeiros que vinham do interior, as mulheres com vestido comprido fechadinho, arrastando no chão, não se via nem o sapato. De vez em quando ganhava cem, duzentos, quinhentos réis que levava para meus pais que quase sempre estavam em dificuldade. Nessa casa perdi, no mesmo ano, duas irmãs já moças: a Dolores e a Deleia.

Trabalhava das sete da manhã até as dez horas da noite sem ganhar nada. Que vida sacrificada! Não tinha tempo nem de ver a namorada. Só quando era moço fui dar um passeio em Santos com meus amigos e conheci o mar com vinte anos. Os trinta mil-réis que eu tirava de gorjeta por mês davam para comprar um sapato, que custava quatro ou cinco mil-réis, uma camisa por dois ou três mil-réis. O aluguel da casa ficava nuns cinquenta mil-réis. Meu irmão mais velho, Amleto, trabalhava em couro para a luvaria Scaramello, que tinha loja na rua Direita e ganhava cem mil-réis, dava uns oitenta em casa. O Telésforo ganhava mais de cinquenta: ele foi ser gravateiro na fábrica de um judeu na rua José Paulino. A Roberta dava aulas de italiano, de casa em casa. O Mário trabalhou muito tempo na fábrica de calçados Piccinini, na Mooca, mas uma máquina de pressão pegou os dedos dele e ele ficou com os dedos amassados. Era moço ainda e foi obrigado a tirar aposentadoria. Isso foi depois de 32, na época do Getúlio que deu a aposentadoria.

Quando a gente é menino passa muita coisa pela cabeça da gente: meu tio, do Hotel d'Oeste, falava muito de Paris, de um filho que estudava no exterior. Tive vontade de conhecer a França, de viver lá, de trabalhar lá: "*Je t'aime, tu aimes, il aime...*". Estudei francês com um professor que me dava aulas na pensão em que morava na Santa Ifigênia. Ele vestia casaca para receber os alunos. O professor era nervoso, me xingava muito, por isso desisti. Compreendo muito bem o francês, só que não falo, faz tantos anos! "*Nous aimons, vouz aimez, ils aiment.*"

Nessa época lia muito a revista de cinema *A Cena Muda, Eu Sei Tudo*. E os folhetins do *Fanfulla*, como "il fiacre", que vinham todos os dias em capítulos. Meu pai lia sempre o *Fanfulla* e trazia notícias para nós: "*Guarda, guarda, hanno fatto una rivoluzione in Russia. Son gli partiti!*". Depuseram o czar que esbanjava o dinheiro do povo e fazia muita babilônia, por isso entrou a revolução, a Rússia ficou vermelha! No Brasil também houve uma revolta comunista, em 22, que abafaram, sei que fuzilaram muita gente.

De vez em quando a gente ouvia que ia haver greve, mas a polícia não deixava. Vi algumas na fábrica Moinho Santista, do Matarazzo, por aumento de salário.

Em 1918 eu via gente andando e de repente caía, vi gente morrendo na rua. Era a gripe espanhola. Perto de casa, na Mooca, tinha o Rodovalho, que levava os mortos num carro dourado, com cocheiro e ajudante, cavalos bonitos; os músicos iam atrás tocando, a pé. Mas como não davam mais conta, começaram a jogar os mortos um por cima do outro, em carroças, caminhões. As pessoas caíam que nem moscas. Eu fui atingido, mas muito fraco, porque me aconselharam a chupar limão. Meus pais procuravam, estava tudo fechado, quando abria uma venda, uma quitanda, eles corriam. O limão de um tostão passou a quinhentos réis.

No tempo em que eu trabalhava no Hotel d'Oeste, houve a grande festa de 1922, no Centenário da Independência, quando começou o Monumento do

Ipiranga: quem fez o monumento foi o escultor espanhol Jimenez, amigo de meu pai. O rei da Bélgica veio na época do Centenário, se não me engano, se hospedou no Hotel Terminus, atrás do Teatro Municipal. Quando ele chegou fui ver: passou no largo de São Bento, vindo da Estação da Luz. Veio de carruagem da rua Florêncio de Abreu, um homem barbudo, bonitão, a farda cheia de medalhas, cumprimentando de perto as pessoas.

O rádio só veio a existir em 1926, por aí. Não era rádio como hoje, mas de fone. Em 1930 vieram os primeiros rádios estrangeiros. Antes púnhamos os fones no ouvido, era o rádio de galena que custava uns quinhentos, seiscentos mil-réis; cheguei a comprar um. A única estação era a Rádio Cultura, não sei mas penso que ainda agora existe. Em 1928 comprei um gramofone: antes de começar a música o disco anunciava: "Casa Edson, Rio de Janeiro".

Os vizinhos é que tocavam, na Mooca: uns tocavam pistão, outro tocava violino, o Amleto tocava flauta e bandolim e acompanhava mamãe no *Sole mio*. A mamãe cantava em casa, mas festas, com dança, papai não permitia porque era muito ciumento dela. Mas Natal, a Páscoa, festejávamos sempre em família.

No Carnaval os mascarados saíam de dominós, pierrôs, palhaços, com o rosto encoberto, jogando lança-perfume. O corso era no Brás, na rua Rangel Pestana, que já tinha alguns pedaços de rua calçados. Eu dançava num salão na rua Florêncio de Abreu.

Nós assistíamos sempre às revistas do Oscarito, muito bonitas, no teatro do Anhangabaú. Os artistas do Teatro Bela Vista almoçavam sempre no Hotel d'Oeste que ficava em frente do teatro, Raul Soares, Sebastião Arruda, e nos davam entrada para as comédias; lembro *Mulheres nervosas*, a revista *Mambembe*, o drama *Deus lhe pague* com o Procópio mocinho, que estava começando mas já era um grande artista.

Uma grande festa aqui em São Paulo foi a chegada do avião que atravessou pela primeira vez o Atlântico, de Gago Coutinho e Sacadura Cabral. Os portugueses davam dinheiro, davam cheques em branco para os aviadores porem a quantia que quisessem; o povo carregava eles na rua. Naquela época, quando acontecia um fato desses todo mundo corria.

O Zeppelin passou na Mooca três ou quatro vezes, ele era bonito, oval, acinzentado, passava baixinho, quem guiava era o próprio dono, o engenheiro Zeppelin. Os passageiros olhavam a gente das janelinhas, ele voava baixo, uns duzentos metros de altura. Nunca mais apareceu depois esse tal de Zeppelin.

Meus colegas vinham almoçar, jantar em casa e meus pais recebiam muito bem nossos amigos. Íamos pescar lambaris no rio Tamanduateí. Perdi de vista esses amigos.

Lembro de uma peregrinação que fiz à Penha para pagar a promessa de uma mocinha que tinha alcançado uma cura. Ela tinha medo de ir sozinha e me convidou para acompanhar sua peregrinação: saímos de madrugada da praça da Sé e fomos até a Penha a pé, para agradecer a Nossa Senhora. A devoção era tão grande que a igreja foi reconstruída três vezes para conter o número de fiéis. Foi lá que fiz minha primeira comunhão. Ganhei nesse dia uma bandeja de doces da Confeitaria Fasoli, da rua Direita. Naquela época, era engraçado, o Fasoli fazia os pacotes assim: enrolavam com papel a bandejinha de papelão, depois com fitilho e amarravam no fitilho um pauzinho para a gente segurar, escrito "Confeitaria Fasoli".*

Quando eu era moço houve um ladrão famoso, aqui, que deu muito trabalho para a polícia. Ele saltava de vinte metros de altura, subia nas paredes como um gato, pulava de uma casa para outra. E a polícia atrás dele: ele conseguia fugir mas tornavam a pegar. As pessoas queriam ver o Meneghetti na prisão. Na minha opinião ele se revoltou porque foi acusado de um roubo que não fez, ele nunca foi um assassino. Ele não tinha culpa nenhuma. Ouvi falar que ele roubava dos ricos e dava pros pobres. O *Fanfulla* sempre noticiava essas novidades.

Um crime que ficou famoso foi o de um turco, Farah, que matou a mulher, enrolou num pano e fechou na mala; queria atravessar o mar, mas foi preso e condenado a trinta ou mais anos de cadeia. Faz quase sessenta anos.

Li também, naquela época, o desastre da corredora francesa que competia com um corredor sírio, o italiano Pintacuda; eu sei dizer que no correr ela distraiu-se e o carro dela virou e incendiou; ela ficou em pedaços.

E lia também os desastres da Central do Brasil em que se perdia muita gente.

---

* Como o sr. Ariosto, uma personagem de Pirandello (*L'uomo dal fiore in bocca*), que sabe que vai morrer, detém-se nas vitrinas e observa longamente como os pacotes eram feitos, como os caixeiros os envolviam com o barbante...

*Avenida Paulista, à época de sua inauguração.*

*Aquelas ruas quietas...*

\* \* \*

    Quando veio a Revolução de 24, disparavam os canhões nas travessas da rua da Mooca. Lembro que todos os vizinhos rodeavam o tenente Cabanas, que era muito destemido, levavam comida para os soldados, ou iam levar seu abraço. Nós víamos os petardos atravessarem as ruas; na Igreja do Cambuci os soldados do governo acamparam e disparavam. Os revoltosos do Isidoro Dias Lopes e do tenente Cabanas atiravam do quartel da rua Tabatinguera. O povo andava escondido, fugindo para outros bairros. O povo do Brás fugiu para onde pôde fugir: Penha, Belenzinho, Lapa.

    Os aviadores tiveram ordem de jogar bombas no Brás; diziam que a italianada estava a favor da revolução. Ficamos na rua da Mooca, 82; durante a noite ouvia o tiroteio, os soldados correndo, as ordens do tenente Cabanas, o barulho era infernal. Meu irmão Amleto, depois de uma discussão com papai, se uniu aos revoltosos e partiu.

    Depois da revolução o povo sentiu-se com fome. Nas igrejas davam mantimentos. As fábricas pararam muito tempo e os operários não tinham mais mantimento, não tinham nada nas suas casas, então começaram a saquear o Moinho Santista, o Matarazzo. Traziam sacos de farinha nas costas e levavam para os seus. Até armazéns eles saquearam. Depois a polícia foi de casa por casa buscar os mantimentos. Eles recuperaram os sacos de farinha para os moinhos. Até lá em casa bateram e quiseram entrar, e meu pai: "Aqui não tem nada, não somos saqueadores". Mas quem saqueava é porque tinha fome. É como está acontecendo agora, derrubam as carroças de mantimento, os caminhões que vêm de fora: as pessoas saqueiam batata, arroz, para comer.

    Estou lendo e analisando; está acontecendo a mesma coisa, sendo muita a miséria. Sabe por quê? O governo aumentou muito os aluguéis de casa e as pessoas não têm meios mais de comprar mantimentos. Só pagam aluguel... e a comida? Eu não posso alugar um quarto; minha aposentadoria é de 540 cruzeiros. É exatamente por isso que estou aqui, no asilo de indigentes.

    Quando saí do Hotel d'Oeste fui para a Confeitaria Fasoli, que a alta sociedade frequentava; os lanches eram acompanhados com música de violino e clarineta. Depois fiquei desempregado dois anos; era muito difícil arranjar emprego. Vivia com meus pais. Meu pai estava velho, mas ainda fazia caligrafia para viver. Ele morreu com 106 anos e não usava óculos. Minha mãe morreu com 96 anos.

Afinal, consegui um emprego no largo de São Bento; para trabalhar, tomava o bonde na Mooca e em quinze minutos chegava no largo do Tesouro de onde seguia a pé. Chegava a atender trinta, quarenta pessoas ao mesmo tempo; as pernas cansavam mas eu usava sapatos leves. Trabalhava das sete da manhã até nove horas da noite, sem domingo, sem dia de Natal. Depois das nove horas tudo ficava morto, não passava mais ninguém. Chegava exausto em casa, mas não recebíamos ordenado.

Os garçons eram unidos. Um companheiro reuniu o grupo e lutou para que os garçons pudessem ver a luz do dia. Foi difícil conseguir o dia de folga: era como agora, os patrões nunca cedem, estão sempre pisando. Naquela época ninguém podia falar nada, que mandavam embora. Mas tínhamos esse danado do Armando Scarpelli, que era vivo, tinha cultura e convenceu os outros a lutar contra — como se diz? — o despotismo. Conseguimos o dia de folga. Não tínhamos direito a férias, aposentadoria, licença médica, direito nenhum. Só depois que veio o Getúlio, que Deus o abençoe! Ele lutou contra a classe patronal, capitalista, que é sempre assim: o pobre que está pisado embaixo dela tem que se assujeitar. Eles nos despediam, sem aviso prévio, talvez porque um freguês reclamava que estava esperando quando entrava muita gente de uma vez. Não se podia ficar servindo todo mundo, era falta de consciência nos despedirem. Havia fregueses estrangeiros, americanos, alemães. Os garçons eram na maioria filhos de italianos. Os portugueses vinham de Portugal já tratados para o emprego, eram analfabetos e iam para a cozinha descascar batatas, fazer limpeza.

Quando trabalhava na Confeitaria Fasoli, existia na praça João Mendes um cinema, chamava-se Cine Congresso, pagava-se oitocentos réis a entrada. Não perdia um filme do Carlitos; gostava de Joan Crawford, Marlene Dietrich. Lembro do primeiro filme nacional que assisti, sobre um caçador que se perdeu na mata.

À noite, dava umas voltas na avenida São João; estavam querendo construir o prédio Martinelli, mas a fundação estava difícil porque ali minava muita água; levaram muito tempo para secar as minas de água. Vi também construir o prédio do Correio. Lembro quando a Casa Alemã na rua Direita pegou fogo.

Nas ruas do centro as pessoas se cumprimentavam: "Bom dia! Boa tarde!".

Um terno de casimira estrangeira na Preço Fixo da praça do Patriarca custava oitocentos réis. Usava gravata-borboleta, chapéu da Borsalino; quando ia aos bailes do Almeida Garrett, no Brás, não precisava tirar as meninas que elas mesmas me tiravam. Dançávamos valsa, marcha, foxtrote, shots. Eu praticava remo no Clube Espéria, lá pelos lados de Santana.

Em 1928 fui convidado para ser garçom-gerente do bar e restaurante do Teatro Municipal, um salão grande com música, onde servi artistas como Beniamino Gigli, Tito Schipa, o barítono Tito Ruffo. Gostava de ver *I pagliacci*, a *Cavalleria rusticana*, *O barbeiro de Sevilha*: "Figaro qui, figaro là...". Ia assistir lá em cima os grandes espetáculos, as óperas de companhias italianas que chegavam.

A plateia quase desabava de bater palmas quando os russos dançavam *O lago dos cisnes*.

Os homens iam de casaca e as mulheres com vestuários lindos; por causa das roupas é que nunca pude trazer a mamãe para ver os espetáculos. Muita gente se apresentava todo dia para assistir as óperas, mas não podia pagar. Quando o teatro não estava muito cheio deixavam entrar essas pessoas nas galerias e os que estavam bem-vestidos sentavam em lugar melhor, somente para bater palmas. Eram as claques. Essas pessoas sabiam quando deviam bater palmas, conheciam os trechos bonitos e a plateia acompanhava quando gritavam: "Bravo, maestro!".

Comecei a namorar minha esposa na rua da Mooca, ela morava numa casa defronte da minha. A gente se via de longe. Depois de um certo tempo ela mudou de lá, foi para a rua da Consolação. Não vi mais essa menina. Muitos anos depois, olhei da janela de casa e, ai, meu Deus, que alegria, ela estava ali, havia voltado para a casa defronte. A primeira vez que conversei com ela fiquei emocionado, tive até vergonha de falar, não conseguia falar de alegria. Eu tinha 26 anos, ela tinha a mesma idade.

O namoro foi bem diferente dos dias de hoje, a gente pra dar um beijo custava, as moças eram muito mais tímidas. Nós nos casamos em 1929, na igreja do Brás. Aquele dia choveu tanto, a água subiu meio metro na rua da

Mooca. Em vez de chegar na igreja às cinco chegamos às sete horas da noite, mas todo mundo compreendeu que a chuva tinha alagado nossa rua. Diziam que era felicidade. A Elvira entrou de vestido branco, tão magrinha, a grinalda de laranjeira, as florzinhas brancas que ela mesma fazia...

Fomos morar perto da casa de nossos pais, quase em frente à casa em que ela morava. Era uma casa assobradada. Depois que acabou a festa de casamento nós fomos embora, quando chegou no início da escada segurei no colo a minha noiva e levei até nosso quarto. Dei um beijinho nela e assim começamos a nossa vida.

Em 1930 requisitavam soldados de casa em casa, perguntando se os moços queriam aderir à revolução contra o Getúlio. Mas eu tinha esperança que a situação melhorasse.

A gente trabalhava, não ganhava nada: minha mulher e eu fazíamos flores para a Casa Ferrão, na rua Líbero Badaró, e para a Casa Alemã, mas as lojas suspenderam as encomendas porque a moda das flores tinha caído. Ficamos parados, precisando trabalho. Encontrei um emprego de garçom no largo São Bento. Foi aí que alguns fregueses me convidaram para me alistar nas tropas a favor do governo. Não quis ir. Eu tinha ideia que o Getúlio ajudava mais os pobres e foi justamente o que aconteceu, veio o salário-mínimo, a aposentadoria por meio do Getúlio; se não fosse assim não teríamos nada disso. A maioria dos que trabalhavam era a favor dele.

Tem certos regimes que cansam o povo. Penso que o presidente Washington Luís não gostava dos trabalhadores, ele não permitia as manifestações do Primeiro de Maio. Não queria que se fizesse nada. Se houvesse alguma coisa punha os cavalos por cima.

Quando soube da morte do Getúlio, fiquei muito triste. Eu não acredito que ele se suicidou, um dos capangas que viviam em roda deu uns tiros nele. Ele estava melhorando o país. A gente já estava ganhando o salário, havia leis do trabalho, todo mundo ficou triste, especialmente os operários. Até hoje os trabalhadores vivem falando nele.

Em 1932, nem tomei conhecimento das coisas porque era casado há pouco tempo. Nós íamos vivendo e trabalhando. Francamente naquela época não vi nada. Sei que os rio-grandenses pisaram muito São Paulo, quando ganharam a revolução. Quando eu servia no bar, os gaúchos entravam de bota e bombacha e gritavam: "Bota aí uma garrafa de vinho! Vocês paulistas não prestam, vocês deviam ser fuzilados!".

Antes da guerra havia muita simpatia pelo Mussolini e meu pai era fã dele. Lia o *Fanfulla* e achava que a Itália e a Alemanha iam ganhar a guerra. A Itália já tinha ganho a Abissínia, era poderosa. Os alemães tinham entrado na Rússia, mas o frio matava os soldados que começaram a recuar. Todos eram contra os alemães. O Mussolini aceitou o Hitler pelo povo italiano; se ele resistisse, Hitler invadia a Itália também. Ele foi obrigado a isso, mas o povo italiano não quis compreender, cercaram e mataram ele.

No Brasil, racionaram o óleo e o açúcar; às vezes precisava ficar na fila para comprar pão, com cartões de racionamento, mas com amizade sempre se arrumava.

Quando houve eleição para presidente da República, um amigo me aconselhou a votar no marechal Dutra. Depois votei no Getúlio, é claro. Ninguém votou no brigadeiro, porque em 1924 ele mandou bombardear o Brás, os italianos que eram contra o governo; por isso o Getúlio ganhou estourado aqui em São Paulo. Ele não aumentou o preço de nada, a gente ia na feira com dez mil-réis: a laranja-baía custava quatrocentos réis a dúzia; a banana, um tostão; um frango, oitocentos réis... Depois votei para o Juscelino que passou a capital para Brasília e também não aumentou muito o preço das coisas. Quando votei no Jânio me enganei muito: ele deu nossa maior comenda para o irmão do Fidel Castro. Os militares não gostaram e chutaram ele. Desde aí a vida ficou muito cara e o povo anda triste.

Eu tive um restaurante, fui sócio do proprietário, servia os fregueses, cozinhava. Era aqui, na rua da Quitanda perto da praça do Patriarca, onde está a Casa Fretin, chamava-se Tangará. Cheguei a ganhar mais ou menos bem, mas meu sócio jogava, sábado, nas corridas de cavalo toda a féria que fazíamos na semana. Um dia jogou uma quantia grande e perdeu, voltou para a casa dele, na rua França Pinto, pegou num revólver e deu-se um tiro no ouvido. E o danado não morreu, conseguiu se salvar. Fechamos o restaurante e nunca mais o vi. Voltei para o bar, na esquina da praça de São Bento.

A vida tinha encarecido, estava pagando oitenta mil-réis de aluguel e vivia de gorjetas, sem salário. Minha mulher tinha doze irmãs: fui morar com uma cunhada e o marido, que repartiam o aluguel conosco. Ela era florista como a Elvira e tinha uma filhinha, a Lúcia, que seguramos no colo, que queríamos muito bem. Resolvemos trabalhar só em flores. Mas quem corta uma margarida com tesoura? Ninguém pode, compramos um estampo para cortar margaridas, vendemos as margaridas, juntamos um dinheirinho e compramos um estampo de rosas. Depois de violetas, camélias. O estampo é uma ferramenta que aperta uma pilha de fazenda com uma prensa e quando a gente aciona corta de uma vez. Se é margarida branca não precisa pintar, mas o miolo é recheado de algodão e coberto de veludo amarelo. O caule, fazíamos de arame recoberto.

A Casa Sloper nos comprava toda a produção. Chegamos a reunir vinte moças para trabalhar conosco, no fundo do quintal, numa oficina que chamamos A Multicor. A Elvira e eu ensinávamos: pegávamos uma rosa natural, víamos como era a rosa, cortávamos as pétalas e mergulhávamos na anilina. A rosa tem uma porção de cores, mais fortes, mais claras, em dégradé. As pétalas iam secar num tabuleiro; quando secavam, separávamos por tonalidade. As pétalas eram lisas, antes de armar passavam pelos boleadores, que são umas bolas que a gente esquenta no fogo para encurvar a pétala, primeiro no centro, depois em sentido contrário, nas bordas. Eu preferia fazer margaridas e rosas.

Sentávamos em volta de uma mesa grande, cada um com sua almofadinha para bolear com a espiriteira na frente. Outras armavam e faziam o caule. Era como se fosse uma família. Minha mulher era um anjo. Tínhamos uma menina prodígio que conseguia armar 120 rosas por hora.

Só eu que mexia nas anilinas, que davam dor de cabeça; quando eu derretia o pó da anilina no álcool, às vezes precisei usar máscara. Preparar as tonalidades do dégradé para as pétalas era um segredo. Essas violetas, veja, são de anilina roxa, mas esses tons diferentes consegui segurando a ponta das pétalas com a mão para que não mergulhassem no roxo.

Veja o caule, nós enrolávamos torcendo assim, com a mão direita, enquanto a esquerda vai enrolando a tira verde. "Assim... Bravo! Agora enrole este sozinho." Se um dia precisar fazer flores, é bom que aprenda direito.

O horário de trabalho era das oito da manhã às seis e meia da tarde, sábado era meio dia. Cada mocinha ganhava 150 mil-réis, que corresponde ao salário de hoje. Depois trezentos, quatrocentos cruzeiros. Depois que as moças saíam, minha mulher e eu ficávamos trabalhando até duas horas da madrugada, embalando as flores em caixinhas. Nós dois trabalhávamos também sábado e domingo.

Morei na rua Santa Isabel, em frente à Santa Casa, pouco tempo. Depois fui para a rua Caio Prado, em frente ao Colégio Sion, numa casa térrea. Pagava 150 mil-réis de aluguel, mas tinha muito rato no porão e mudamos para a rua Rego Freitas, casa de quintal grande, onde criei pombos. Acabei comprando uma casa na rua Natal, na Mooca, por 47 contos de réis, que em 1953 era bastante dinheiro. Na frente plantei margaridas, rosas. Nós lutamos bastante mas cheguei a ter automóveis, uma perua para entregar as caixas de flores. Exportamos flores para a França e os Estados Unidos.

Não tivemos filhos: o médico examinou minha patroa e disse que ela não podia. Ela era o meu anjo da guarda. Tinha muito cuidado comigo e eu com ela, não tínhamos filhos, um ficava adorando o outro. Íamos passear de mãos dadas, até os últimos dias. Vivi 44 anos com ela.

Quando a gente vive bem, dia bonito é todo dia, a gente está sempre alegre, feliz. Aos domingos, íamos almoçar, passar o dia com a família. No meu aniversário ela preparava uma surpresa: chamava toda a família, as meninas da oficina, para festejar meu aniversário. Algumas me abraçavam para felicitar, minha mulher tinha um pouco de ciúme, mas eu nunca saí fora do sério. No Natal, eu mesmo gostava de arrumar a mesa com nozes, castanhas, vermute, como se fosse uma festa e a mesa ficava posta até o fim do ano, enfeitada com flores naturais.

Festejamos as bodas de prata na casa de uma sobrinha na Vila Pompeia, que era grande. Convidamos muitos amigos, vieram umas trezentas pessoas. Dei para a Elvira um anel chuveiro de brilhantes. Foi um casamento feliz, graças a Deus; se vou morrer, morro contente.

No Congresso Eucarístico, em São Paulo, os padres confessavam o povo nas ruas do centro da cidade: na rua da Consolação, na praça da Sé, na rua Direita… Hoje não se vê mais padres, estão tudo à paisana. Eu me confessei na rua: "Tem algum pecado, meu filho?".

"Nenhum pecado, seu padre, não faço mal a ninguém, nem nunca fiz."

"Então, você reze três padre-nossos e três ave-marias."

Em 1953, recebi uma graça de Deus: nós tínhamos um quadro do Coração de Jesus sobre a cama que estava olhando sempre pra gente. Uma noite

*Viaduto do Chá. O chão era de tábuas largas...*
*Via lá embaixo o Anhangabaú, um córrego, plantações...*

*O Teatro Municipal.*

sonhei que Ele saiu do quadro, chegou perto de mim e pôs a mão na minha cabeça e na cabeça da Elvira... não lembro esse gesto sem chorar. Esse sonho foi o momento maior da minha vida.

Tem épocas que as flores caem da moda: pode-se oferecer até uma flor de ouro que ninguém quer. Já não vinham mais pedidos. Comecei a despedir as moças, com pena; elas choravam quando iam embora. Minha mulher tentou salvar a situação, pediu emprestado mil cruzeiros a juros para um nosso amigo, gerente de banco, escondido de mim. Deu entrada para alugar uma loja quase na cidade, em frente ao Cine Majestic na rua Augusta. Chamava--se Le Village. Achei um péssimo negócio, porque a loja era no fundo de uma galeria, mas pensamos que fazendo força, daria. Enchemos a loja de flores. O primeiro mês foi uma maravilha, depois começou a entrar pouca gente; logo, logo todo mundo saiu correndo. E foi caindo, caindo. Tinha dias, meses, que não vendia nada.

Em certas épocas, as mulheres não querem usar flor nenhuma no vestido; nem um cravo, nem um macinho de rosas, nem uma violetinha. Veio a falência. Vendi barato meu estoque de flores. Minha mulher me queria como se quer uma criança, acho que ela morreu de desgosto. Eu também não queria que ela sofresse, mas Deus não quis. Só vendi a casa depois da morte da Elvira. Até hoje, não se vê mais ninguém com flores e agora, que está chegando o inverno, as pessoas deveriam usar ao menos uma camélia no ombro.

A Elvira tinha 72 anos: veio um enfarte mas ela se salvou; ficou um mês no Hospital São José, do Brás. Voltou para casa e um mês depois, num domingo de manhã, eu disse para ela: "Meu benzinho, vou comprar coisas para o almoço. Você vai descansar porque não pode ficar sempre levantando e descendo a escada". Quando voltei fiz um frango assado, batatas assadas, quis fazer uma surpresa para ela. Disse: "Se você pode descer, você desce, senão levo o almoço aí para você". Ela respondeu: "Eu desço!". E qual foi a surpresa? A surpresa do almoço é que, antes de descer, ela caiu morta de bruços. Ela se machucou tanto, não pareceu porque cobrimos o corpo de flores.

Aí eu fiquei louco, não era para menos. Anos depois, sempre atormentado desde o dia que ela morreu, fui morar num quarto na avenida Lins de Vasconcelos. Pagava trezentos cruzeiros por mês.

Um dia o coração parou de bater de desgosto. Me levaram para o hospital; depois de quatro meses os médicos me dispensaram. Tinha pago dois meses adiantados para a senhoria como reserva do quarto, mas enquanto estive no hospital ela alugou para outro e eu não tinha aonde ir. Voltei para o hospital. A assistente social me perguntou: "O senhor não tem aonde ir, seu Ariosto?". "Não tenho, dona Jurema." "Bom, eu sei de um asilo, levamos o senhor." Eu vim pra cá e aqui estou.

Meus irmãos Amleto, de noventa anos, e Mário vivem com suas famílias. Meu irmão Telésforo, de 74, toma conta da Roberta de quase noventa anos. Ele mesmo faz a comida e dá para ela. Pega a velhinha no colo porque não pode mais andar e vive numa cadeira. O Telésforo também recebe uma aposentadoria que não dá, tem que comprar remédios. Às vezes deixa de fazer a vontade da minha irmã porque não tem dinheiro. Ela gosta muito de queijo e quando vê queijo fica com vontade e pede: "O *formaggio!*". E ele não pode comprar.

Minha irmã é vidente. De vez em quando o Telésforo joga no bicho e ela sabe quando vai ganhar e quando não vai. Se não dá o número que ela diz naquela semana, dá na outra.

Dos meus parentes, quem me visita é a sobrinha que morou conosco quando pequena, a Lúcia. Ela é ocupada e não pode vir toda semana mas quando ela vem fico contente por um mês.

Um dia vou deixar este asilo, vou morar com meu irmão e trabalhar, ainda posso fazer flores. Estou recebendo de aposentadoria 540 cruzeiros por mês e gasto uma parte em remédios para o coração. A comida aqui parece de cachorro: misturam o macarrão que sobrou de ontem com arroz, feijão, salada. À noite não durmo por causa do mau cheiro do dormitório. Durmo um pouco de dia.

Hoje recordo mais os tempos de criança, quando eu comia um bolinho que mamãe fazia... E do tempo em que casei com esse anjo... que não está mais aqui. Ainda sonho com a escola, quando queria ser engenheiro. À tarde, à noite, fico triste quando recordo: se eu fosse receber o que já trabalhei, não estava aqui.

Quando era moço os patrões eram ruins, carrascos, não consideravam a gente e trabalhávamos de graça. Nunca pensei que viesse um Getúlio Vargas proteger os trabalhadores. Quando em 31 de março de 1964 derrubaram o presidente Jango não gostei, porque as coisas encareceram muito. Só anda alegre os que vão assistir futebol. O povo anda triste. Sábado, domingo, leio jornal que o barbeiro traz; fico conversando com os outros velhinhos e assim vai passando o tempo. Mas eu não gosto de passar esse tempo.

Acho que deviam ouvir as necessidades dos velhos, tratar com mais carinho as pessoas de idade. Ninguém gosta de velho. Não maltratem os seus pais, porque se você perder esses velhos perdeu tudo.

Quando fazem festa no asilo tem sanduíche de pão e queijo, bolo, é quando a gente passa bem. Vêm algumas meninas, convidadas do asilo, e agradam a gente: "Vovô, o que é que o senhor precisa? Come mais um pouquinho!". E beijam a gente. Tem duas meninas que quando se despedem abraçam um por um: "Vovô, eu gosto do senhor!". Mas é só dia de festa. No dia a dia deviam ter mais tolerância conosco.

Se eu pudesse pedir alguma coisa, pediria que não maltratem os velhos, pediria que tenham mais compaixão das pessoas.

# Sr. Abel

Eu nasci no largo da Sé onde ainda existe a Casa Baruel. Nasci em 27 de setembro de 1903. Quem me criou foi meu avô, filho do dr. Emílio Ribas, que foi o saneador. Meu avô, Roberto Duarte Ribas, foi o principal criador, fundador e acionista do Banco de Crédito Real do Estado de São Paulo; ele e o dr. Carlos de Campos e o dr. Antônio Rodrigues Lopes.

Meu pai dava muitas lições de humanidades no Rio de Janeiro. Era de saúde muito fraca e, vindo para São Paulo, sofreu uma hemoptise, teve um estouro no pulmão e morreu. Mamãe, nesse tempo, estava esperando a mim, que nasci sete dias depois da morte dele, no dia 27 de setembro, Libra. Minha mãe teve eclampsia e ficou dois anos sem me conhecer. Então, meu avô mandou alugar uma escrava, Maria Inácia, mandou examinar o sangue, o leite e viu que era extraordinariamente sã. Então eu passei a mamar, e eu tinha um irmão de leite, chamava-se Ormindo. Eu mamava naquele seio preto. Com dois anos, eu já falava tudo, e dizia: "Olha, eu quero o bem preto, quero o bem preto". Ela baixava, me dava o peito, enquanto o irmão de leite ficava esperando. Eu mamava, mamava, mamava. Aí ela dizia: "Você, Ormindo". E só então é que ele mamava.

Meu avô, que achava interessante aquele momento, dizia: "Zinho (meu nome, eu era Abelzinho), então o bem da Inácia é preto ou não é?".

"É preto nada, é branquinho, branquinho!"

Minha memória é extraordinária. Tanto eu me lembro de coisas recentes quanto as do passado. E chego até a me transportar para o passado mais remoto como a precognizidar o futuro. Eu me lembro de coisas de quando eu tinha um ano! Eu me lembro que com um ano eu comecei a aprender a rezar com minha avó: ela me punha ajoelhado numa banqueta estofada e começou a me ensinar a rezar a ave-maria em latim e depois o *Pater Noster qui es in coelis...* Eu tinha três anos e tanto... ia haver uma procissão. E minha avó fez uma roupinha de anjinho pra mim. Eu fiquei danado da vida, eu achava que aquilo era pra mulher e não pra homem, e não houve quem me fizesse vestir aquela roupinha com asinha. Com dois anos eu já me lembro de Querubim, um pretinho que vendia bala de leite branca, bala de coco. Custava o pacote cinquenta réis.

Meu avô era uma pessoa extraordinária, força hercúlea, um corpo privilegiado, cabelo grisalho, bonito homem de uma valentia extraordinária. Eu me lembro de que uma vez nós íamos de bonde e ele deu sinal pra parar. O condutor esperou que todo mundo descesse e não parou. Ele podia descer andando, mas era teimoso também; não desceu e chamou às falas o condutor. O condutor disse: "O senhor quer brigar?". Meu avô passou a mão no homem, suspendeu-o com sua força hercúlea no ar, e ele: "Desculpe, coronel, desculpe!". "Ah, bom!" Então desceu, tirou cinco mil-réis do bolso e deu pra ele. Este era meu avô. Era um santo! Ele dizia pra mim: "Meu filho! Eu não tenho pecado. Eu tenho um pecado só: é a carne".

Eu me lembro que numa época fomos a um... era um cabaré. E ele me deu um bilhete e eu o levei ao palco, lá em cima. E era para uma mulher conhecidíssima na época, uma cantora. Ela pegou o bilhete, me fez subir lá em cima e me deu um beijo besuntado. Eu devia ter uns doze anos somente.


Eu dormia na própria cama de meu avô até três anos de idade. Com quatro anos ele separou as camas, mas eu não dormia que não fosse no quarto dele.

Ele jogava muito. Uma vez perguntei: "Vovô, por que o senhor joga tanto?". Ele disse: "Meu filho, tudo o que eu estou fazendo é pra você. Não quero nada para mim".

Às vezes eu esperava até meia-noite, uma hora, eu não dormia enquanto ele não chegava. Quando eu ouvia o barulho do sapato dele — plop, plop, plop — eu fechava os olhos e fingia que estava dormindo, ele sentava e então eu ouvia o choro dele. E ele chorava. Depois eu perguntava: "Vô, o que o senhor trouxe?". "Trouxe ostra recheada pra você, um sanduíche de anchovas e uma guaraná." Eu tomava aquilo com muito prazer. Aí ele ia me fazer dormir. Me ninava. E era este homem que me fazia dormir. Dizia: "Durma com Deus, a Virgem Maria, Nossa Senhora da Penha, santo Antônio, são Benedito, santa Rosa, padre Claret, santa Ifigênia, santos da tua devoção, que te amparem e te protejam, façam com que você cresça, seja feliz, contente, com saúde e inteligência, e o anjo da guarda esteja sempre com você para que nada te aconteça. Em nome do Pai, do Filho e do Espírito Santo, amém". Sem isso eu não dormia.

Minha avó, Glorinha, eu só conheci um ano e pouco. O nome dela era Maria da Glória Ribas. Me lembro dela me ensinando a rezar em latim, num acolchoado. Mas não lembro a reza.

Tenho fotos deixadas pelo meu bisavô Emílio Ribas. Onde hoje é o fundo da Caixa Econômica Federal, existia um largo. E existia uma igreja chamada São Pedro da Pedra. Na foto tinha um tílburi na porta e uma pessoa. Olhando-se com uma lente se via perfeitamente meu avô com um chapeuzinho-coco.

A profissão de meu avô era humanidades. Ele estudou muito, muito, muito, mas no fundo ele foi um autodidata. Porque meu avô sabia todas as línguas, e ele transferiu o saber para mim, que também sei todas as línguas. Ainda sei. De título mesmo, porém, ele só tinha o de contador. E humanidades ele aprendeu, mas não chegou a terminar porque ele já sabia mais do que os próprios mestres. Ele era contador oficial do banco, ao mesmo tempo que era um dos seus principais acionistas. Era ele, o dr. Antônio Rodrigues Lopes e o dr. Carlos de Campos. Na falência do banco, com o acervo, fundaram a Companhia Agrícola Paulista, eu tenho aqui ainda os convites para a reunião dos diretores pra ver o que é que se faria com o acervo. Muitos sócios ficaram com alguma coisa... Mas Carlos de Campos, homem correto, perdeu tudo, ficou na miséria. Muito mais tarde, quando fui trabalhar num departamento das Caixas Econômicas, minha auxiliar chamava-se Sylvia de Campos, filha de Sylvio de Campos.

Carlos de Campos tocava piano, tomava a pinguinha dele, mas era um homem santo. O Sylvio de Campos era meio boêmio, bebia muito. Mas a Sylvia de Campos, esperando a fortuna toda do presidente do estado, acabou auxiliar minha no departamento. Belíssima criatura, muito inteligente, mas lutava com dificuldades. Isso em 1925.

Nasci naquela Casa Baruel, como já lhe contei, depois me perdi no tempo e no espaço, e só vim a me reencontrar na rua Duque de Caxias, que eu então interpretava naquele tempo como cheio de cachos (eu era pequeno, usava cachinhos como menina). Na Barão de Campinas morava a irmã de minha mãe, que era a Niseica Ribas Galvão Bueno, cunhada da dona Sinhá Baruel, a dona da chácara Baruel, que era minha tia também, a tia Sinhá. A casa da Duque de Caxias era pequena: éramos eu, vovô, mamãe, já melhor, porque ia sempre a Santos tomar banhos de mar, e a empregada.

Aos cinco anos mudamos para a rua General Jardim, número 63. Lá estive até treze anos. Lembro-me muito bem dessa casa. Era de tijolinho vermelho, alta, com duas janelas, o portão era gradeado, bem antigo, não tinha mais chave. Subia-se a escada de mármore, depois havia um cabide e a sala de visita. Todos os móveis eram de palhinha antigos. Naquela poltrona meu avô, que estava começando a ficar grisalho, me dava um mil-réis para cada fio de cabelo branco que eu tirasse dele. E ele então aproveitava pras duas coisas: tirava o cabelo branco e dormia. Agora, saúde tinha: ele comia muito bem e tomava dois dedos de caninha; botava quatro ou cinco colheres de açúcar, o resto era limão, ficava cheio o copo. E nunca vi meu avô nem alegre. E olhe que ele tomava todo dia. Nós íamos a um bar. Eu tomava uma Sissi. E ele dizia: "Pra mim um cafezinho". Já sabe o que era né? O cafezinho era uma pinguinha, característica de meu avô.

Eu ia na casa de amigos italianos e comia o pão quentinho; era gostoso e não fazia mal nenhum. Meu avô não queria que eu comesse pão italiano: "Aquela porcaria, meu filho!".

A casa não tinha jardim: tinha sala, três quartos, uma sala de jantar grande onde se reunia toda a família, inclusive tios, meu tio Sinhozinho, minha tia Zinha, depois outro quarto, depois a cozinha.

Nem meu avô nem minha mãe casaram de novo. Minha mãe era chamada a "Viúva Alegre". Ela foi namorada e noiva do Martinelli, o Ezio Martinelli que fez o prédio. Ele pediu a mão da mamãe para o vovô, e o vovô consentiu. Mas eu, que tinha o complexo de Electra, não deixava ele nem chegar perto. Embora ele passasse pela rua com aquele lindíssimo cavalo branco — pom, pom, pom — e me jogasse uma prata de dois mil-réis, quando ele descia do cavalo, eu: "Mamãe não, hein, mamãe não!". E não conseguiu. Então ele começou a ensinar à mamãe o italiano e eu aprendi todas as rimas de Stecchetti, que até agora sei de cor. Ele cantava:

*Vorrei baciare i tuoi capelli neri*
*le labbra tue e gli occbi tuoi severi,*
*vorrei morire per te, angel divino,*
*vorrei morire e jarti un'altra volta.*

Ele cantava pra mamãe. Mamãe tinha o cabelo negro, negro. Era muito moça e eu não deixei ela casar. Segurei até o fim! Nessa época eu tinha oito anos. Fiquei nessa casa até os doze anos. Com doze, me mudei para a rua Itatiaia, sabe onde é? Era a avenida Angélica. Tinha o palacete de d. Angélica, lá embaixo. Depois calçou-se a rua e mudou de nome. A nossa casa era o 138, casa fininha com sete metros de frente, mas 150 de fundo, que dava para um ribeirão, lá no fundão, onde meu avô mandava a criançada pegar caiapiá pra pôr na pinga. Caiapiá é uma raiz ardida que se põe na pinga.

Gosto muito de lembrar minha primeira ida a Campos do Jordão. Eu tinha seis anos e era ciumento como o diabo. Campos era diferente: existia só a Abernéssia, a Vila Jaguaribe, embaixo, e bem lá em cima, a Pensão Inglesa. A primeira vez que fui lá com meu avô, nós tomamos um trem até Pindamonhangaba. De Pinda a gente subia. Mas houve um desastre de trem, mas um desastre grave, caiu tudo do trem. E eu tinha um pacote de empadas na mão. Com o solavanco eu caí sentado, amassou todas as empadas, o trem caiu, nós todos saímos de lá e fomos atender os outros. Então, vovô disse: "Eu sou protegido de Nossa Senhora da Penha. Onde eu estiver não acontece nada. Um desastre enorme, o trem rolou pela ribanceira, só o maquinista quebrou a perna, mais ninguém".

Então vovô, logo que chegou a Pindamonhangaba, mandou um telegrama... mamãe ficou louca da vida. *"Eu e Zinho salvos"*. Mais nada. "Mas, salvos do quê?". Ela não sabia nada do desastre ainda, naquele tempo não havia rádio. Então ela levou um susto; até que nós voltássemos... mas ela foi pra lá também. Em Campos do Jordão nós fomos nos hospedar no Bazin. O Bazin era lá em cima, no morro, perto do Baú, a 1300 metros. Lembro-me perfeitamente de tudo, me lembro do mato, do cheiro, daquelas framboesas brancas com que faziam um licor muito gostoso. E lá foram as primeiras fumadas que eu dei.

Lá estavam a mamãe e o dr. Amâncio. E mamãe começou a namorar o dr. Amâncio. Mas eu estraguei também. "Isso não pode doutor, imagine, minha mãe! Ela é noiva do dono do Martinelli." E não era verdade, eu já tinha desmanchado o outro; ele sumiu de vergonha.

Eu ficava embaixo pra espiar e mamãe e o dr. Amâncio fumavam o Ponta de Ouro, e eu aprendi a fumar. Foram as primeiras vezes. Lá tinha um cavalinho chamado Feitiço, e o dono do Feitiço era o Lotário. O Lotário emprestava o Feitiço só pra mim, ninguém mais montava. E a Débora era a mulher dele. Depois ele largou da Débora, a Débora foi-se juntar ao Caldas; o Caldas era um doente muito instruído e tão precavido que, quando se dava a mão pra ele, ele não aceitava, ia primeiro lavar bem a mão com sabão e depois dava a mão, de medo de passar a tuberculose pra gente, tal o escrúpulo desse homem. Até hoje eu rezo por ele.

Minha mãe não me contava histórias antes de dormir. Vovô sim, contava. Lembro que ele falava muito dos escravos. Ele era do tempo da escravatura. Os negros queriam cantar e a sinhazinha não deixava. Então eles cantavam:

*Batuque na cozinha Sinhá não qué,*
*Batuque na cozinha queimei meu pé.*

Depois dizia: "Pois é, agora é hora da meia-noite, é hora do urutau au au, é hora do saci fazer trancinha e embaraçar cabelo de cavalo, é hora da mula sem cabeça botando fogo pelos olhos...". Tudo isso ele contava pra mim e eu não tinha medo, nunca tive medo, eu gostava.

Depois ele me levou pra Pantojo, eu estava muito mimado por minha mãe; minha mãe dizia: "Não pode fazer isso, não pode fazer aquilo, olha o agasalho...". Ele mandou comprar um colchão pra mim e começou a chuva. Eu me envolvia na capa de borracha e ia apanhando chuva catando vaga-lumes.

O pão, era uma vez por semana. Eu pegava um saco e ia para Mairinque comprar pão, que era pra durar uma semana inteirinha.

Um dia eu saí passear a cavalo e deparei com um mato de figo. E disse aos caipiras: "Mas vocês não comem aquilo?". "Aquilo, o senhor não vê? Aquilo é figo, é um veneno, foi numa árvore dessas que Judas se enforcou." "Pois olha aqui, me dá um saco." Enchi o saco de figo e fui pra casa, depois dei uma gilete pra cada um e raspei a pele, levou um tempo danado, levou dois dias para raspar, três dias pra ferver, deu uma lata de figo em calda delicioso.

Na casa vivia um casal. Ela chamava-se Délia e ele Antoninho. Eram italianos vindos de uma região perto da Suíça, gente de cabelo vermelho. Ela dizia, com seu papo de chio, um papo enorme: "Seu Zinho, iiiiinnnho, o senhor come isso, iiiiiisssso?". E ele: "Seu Zinho, eu tenho um bigode vermelho muito feio. Quando o senhor for com seu avô pra São Paulo, me traz uma tintura?". Meu avô, quando foi, comprou um lápis de nitrato de prata e trouxe pra ele. "Olha, eu vou fazer isso pra você, você não pega nisto aqui, nem deixa molhar." Mas ele desobedeceu. No dia seguinte, quando ele apareceu de manhã, foi uma gargalhada geral. Ele estava com o rosto todo preto. Porque ele passava o lápis no bigode e olhava no espelho; como não via nada, molhava o lápis no copo e ia molhando sempre na língua... o resultado foi que, até nós sairmos de lá, ficou inteirinho preto, o bigode e a cara.

Pantojo... em frente da casa tinha a estação e o Manuel, telegrafista, que dormia o dia inteiro e dava plantão à noite, trabalhando. Eu vivia lá. Aprendi o telégrafo, que era de manipulador: tan-tantan-tan tan, tan-tantan-tan tan... E ele conversava com os outros lugares: "Tudo bem aí? Aqui está chovendo, e aí? Estou firme aqui. Estou mal, estou cansado, já tá na hora de dormir. Já são quase sete horas da manhã e eu vou dormir".

E o Antoninho e a Délia não acreditavam que se pudesse conversar a distância, pelo telégrafo. Eles eram tão xucros que nunca tinham ouvido falar de elevador! "O quê? Um quartinho fechado onde a gente entra, e que sobe sozinho? Não acredito. Não pode ser." E uma vez meu avô levou a gente pra São Paulo, e quando os convidou a entrar num elevador, foi o maior escândalo. A gente subiu e desceu e eles ficaram embaixo, esperando. Não quiseram entrar de jeito nenhum.

Lembro que eu engordei muito em Pantojo. Meu avô me deixou lá e, quando foi me buscar, quis saber o que eu comia. Pois eu não comia feijão, não gostava disso, não gostava daquilo... Mas eu via que a d. Délia fazia uma sopa gostosa, eu não sabia o que era. E perguntei: "O que é isso?". "Feijão com serralha." E era uma delícia! Eu comia todo dia e engordei. Uma vez fui à vendinha, a única de Pantojo, e lá tinha uma prateleira enorme de leite condensado... as latas já estavam com bolor, amareladas pelo tempo. O vendeiro me disse: "Olhe, você me dá duzentos réis e eu lhe vendo tudo isso aí". Comprei todo o estoque de leite condensado da vendinha. Lavei todas as latas e comi todo o leite condensado que já estava cozido pelo tempo. O tempo passou e o leite cozeu. Mas o tempo não passa, o tempo é estático, o tempo é, nós é que estamos passando pelo tempo, nós nos desgastamos no tempo, deu pra compreender?

Em frente à minha casa, em São Paulo, morava Raul Pederneiras. Foi um grande escritor, escrevia em jornais. Ao lado, o Mendonça, mais adiante os Pathiot... Mas depois se afastaram, não conservei a amizade deles. Depois fui morar na rua Itatiaia, que é a avenida Angélica, e depois foi o melhor tempo da minha vida, na casa da rua Minas Gerais. Lá meu avô jogava muito, jogava, jogava, jogava, mesmo sem dinheiro. Depois pagava. Um dia ele jogou na loteria, era o Grande Prêmio Anual Santa Catarina. O banqueiro era um tal de La Scalea. Eu me lembro, era de manhãzinha, bem cedo, e eu tinha ido buscar o pão e o leite, quando vejo o La Scalea na porta de casa, parado. Quando me viu, foi logo dizendo: "Zinho, o coronel está aí?".
"Está."
"Então, não vai avisar, que ele vai morrer do coração."
"Mas por quê?"
"Ele tirou os cem contos."
Era o maior prêmio que existia, um bolo, pois se uma casa valia doze contos!...
Eu cheguei com todo o cuidado e disse: "Vovô, tem um homem na porta, a cavalo, parado..."
"Que é que ele está fazendo aí?"
"É que aconteceu uma coisa... sabe?"
"Não é a voz do La Scalea?"
"É."
"Então, vamos dormir: seu avô ganhou cem contos, mas vamos dormir primeiro, depois a gente pensa nisso."
É extraordinário, ou não é?

Ah! Esqueci uma coisa interessante! Essa casa, a despeito de ser muito grande, não tinha quintal. Mas tinha um galinheiro enorme, fechado, com portões vermelhos no fundo. Mas não era galinheiro: servia para guardar as cadeiras do cinema familiar. Então eu assistia cinema de graça, porque nós guardávamos as cadeiras sem cobrar. Depois vinha um salão enorme, de dez por dez talvez, que era o salão de boxe. Meu avô cobria tudo aquilo de colchão. E foi lá, na minha casa, que se começou a lutar boxe em São Paulo. Chamava-se São Paulo Boxing Club. Lá que o Jacques Tigre, campeão brasileiro e sul-americano durante muitos anos, treinava as suas lutas. Lá no porão de minha casa. Os primeiros que vieram ensinar boxe em São Paulo, lá em casa, foram Adriano Bellorei e Rui Bertagnoli. O punching-ball, eles trouxeram, ninguém sabia o que era. O rugby nós não sabíamos o que era. Foram eles que ensinaram no São Paulo Boxing Club. As luvas, naturalmente, eram de dez onças. Eu passei a treinar com o Jacques Tigre, e afinal ele arrebentou um vaso do meu nariz, e eu não quis mais saber. Mas eu então era o manager deles. E perdi muito dinheiro com o Manecão Lacerda Franco, que era um empresário de boxe.

Lutavam sempre o Ítalo Ugo e o Passarinho de Santa Helena, que era o neto do Jackie Lonson; era o Peter Lonson, o nosso magrinho. O Ítalo Ugo era o nosso campeão, tinha um soco que era um coice de mula, mas não acertava o Peter Lonson, chamado de Passarinho de Santa Helena. Enquanto ele dava vinte socos, e não acertava nenhum, o Peter Lonson ia dando uma porção de soquinhos dele, e não resolviam. Até que, afinal, eles puseram em jogo o título. Nesse dia, o Peter Lonson estava ganhando por pontos até o último assalto, mas numa daquelas em que o Ítalo Ugo foi para as cordas e voltou com a força que vinha das cordas e com o impacto do soco que ia dar, acertou no queixo do Passarinho, e o Passarinho caiu; teve um derrame, ficou abobado e, depois, em todas as reuniões pugilistas, ele vivia com um pirezinho, pedindo esmola.

No meu tempo tinha muitos pregões pela rua:

*Batata assada al furn*
*Batata assada al furn*

O italiano tinha um baú de ferro de onde tirava umas batatas enormes que vendia a duzentos réis cada uma. Não. Era duas um tostão. E aquilo comia a família inteira.

Depois tinha:

*Pipoca. Amendoim torrado.*
*Olha a pipoca. Tá torradinho.*
*Pipoca, iaiá...*

Depois vinha o sorvete:

*Survetinho, survetón,*
*survetinho de limón,*
*quem não tem o dez tostão*
*não toma sorvete não,*
*sorvete, iaiá!*

Depois nós tínhamos o bobo. O bobo era célebre. Ele punha a mão em concha na orelha e cantava em macarrônico *O celeste Aida* e ia cantando pelo bairro de Higienópolis. Em São Paulo havia muitos italianos, demais. Naquela época estavam completando cinquenta anos da imigração italiana e sessenta da japonesa. E quantos tipos eu lembro! E tinha a "vovó do pito", uma baianona, que andava com um turbante na cabeça, saia-balão e não fazia nada, só pitava, pitava, pitava... Era conhecidíssima como a "vovó do pito". Tinha o assobiador. Ele dava um assobio de um fôlego só no quarteirão. Uma nota só: fiiiii↗ até chegar a outro quarteirão. Aí ele mudava de tom: piiiii↘. Depois, a aleijadinha, que andava numa cadeirinha de palha vendendo bilhetes. E tinha a mulata do bonde, essa era terrível, subia e descia do bonde andando. Ela vendia jornais e descia do bonde de costas. E os condutores então? "Tin-tin, dois pra Light e um pra mim."

E o bonde a burro subindo até a praça Doutor Antônio Prado chapinhando no lameiro? E o boleeiro, "pá" com o chicote, "pá" com o chicote, e os burros fazendo aquela força danada! Isso quando vovô não estava. Ele era um dos fundadores da Sociedade Protetora dos Animais. Quando viu uma carroça e o sujeito com chicote batendo no focinho do animal, ele foi até lá e deu uns três ou quatro socos na cara dele e deixou-o estendido no chão. Aí meu avô pegou um apito (naquele tempo precisava de licença para portar apito) e prrrriiii, chamou o guarda. O guarda gritou: "Que foi? O senhor matou o homem?".

"Não, não matei, só dei uma lição nele."

"Mas então o senhor está preso."

"Preso? Eu sou o coronel Ribas."

"Coronel Ribas, o senhor, que mora naquela casa?! Mas o senhor é da Guarda Nacional!"

Quando ele morreu, pôs o chapéu grande, de feltro cinza, revirado na ponta, da Guarda Nacional. O bigodinho era branco, mas forte. Ele usava cartola e claque. Claque a senhora nunca ouviu falar, não é? Claque era uma cartola grande que quando batia ficava pequenininha. Ele era muito elegante, andava sempre chique. Usava roupa de última moda, tinha um colete muito bonito e uma corrente de ouro e platina e um relógio Patek de 22 linhas que, quando ele morreu, ficou pra mim, e eu troquei com o dr. Caramuru, hoje desembargador, por um Chevrolet canadense; ele mandou avaliar e naquela época valia, o relógio com a corrente de ouro e platina, 4.500 cruzeiros, quatro contos e quinhentos; foi meu primeiro automóvel.

Ele tinha também uma bengala de ébano muito bonita, com um castão de prata com a cara de um cachorro. Essa bengala ficou guardada, escondida, e minha própria mulher não soube, porque naquela casa a parede era lisa, lisa, mas tinha um risquinho que eu sabia e meu avô, mais ninguém. Um dia, meu filho (esse meu filho que morreu há dois meses) me disse: "Pai, quero ver o retrato do cachorro, me empresta a chave". "Mas que retrato, pelo amor de Deus?" (Eu sabia que ele não sabia de nada.) "Me dá a chave, pai!" Eu dei, ele foi direitinho na parede, abriu, destrancou o cofre e me trouxe a bengala com a cara do cachorro.


Como era diferente a avenida Paulista daquele tempo! Ela tinha dois quilômetros de ponta a ponta. Na ponta de cá, tinha o que chamávamos de monstrengo: Olavo Bilac saindo de dentro de uma pedra, coisa horrorosa! E quem pôs o lançamento da primeira pedra foi um malandro, este malandro que está aqui, meto a cara em tudo, escrevi o meu nome numa pedra e fecharam. Saiu aquele monstrengo feito pelo Zadic, que mais tarde fez o Monumento do Ipiranga. Ali começava a avenida Paulista. No meio da avenida, em frente ao Trianon, estavam Ceci e Peri, depois uma Diana, branca, com uma flecha. E terminava no Paraíso.

Na Paulista moravam o Marcelino de Carvalho, o Matarazzo que dava bailes, eu até ganhei uma caneta de ouro numa festa daquelas. Por sinal que aconteceram coisas horrorosas lá. Soube que um chauffeur engraçou-se de uma mulher da família e houve morte.

O Matarazzo começou vendendo banha, todos sabem. Depois latas de banha. E depois fez as garrafas, a Vidraria Santa Marina: quantos meninos ficaram tuberculosos soprando a areia para virar vidro!

Na Rangel Pestana, que antigamente se chamava rua do Colégio, existia o marco da meia légua. Lá existia a Cervejaria Bavária, de um alemão. Daí se ia para a Penha. No Brás havia, e há ainda, a rua Caetano Pinto, que é meu bisavô. Eu sou herdeiro do barão de Cocais, Pinto Guimarães, que deixou uma fortuna proveniente da venda de minas aos ingleses. Ainda está tudo pendente: eram cinquenta milhões de libras esterlinas, mas como houve 2 mil pretendentes, o banco parou de distribuir. Então apareceu um Pinto Flores da Cunha que se disse herdeiro direto do barão de Cocais, que era João Antônio Coelho Pinto da Cunha. Eu então mandei fazer minha árvore genealógica e descobri que sou descendente de uma índia, Maria Messiaçu, isso há 450 anos. E veio vindo pra cá, pra cá, pra cá e encontrei meu avô, meu pai... Depois pensei: meu avô foi casado com Maria da Glória Pinto Ribas. Olha o Pinto aí. Disse eu: achei. Meus primos irmãos e meus tios deram ao Hervê Cordovil, que é Pinto da Cunha também, procuração para ir à Inglaterra e reivindicar a herança. E de fato era verdade. Mas a Albion não deixava sair o dinheiro de lá, sem uma compensação. Ficaram com 25 milhões de libras e as outras 25 doaram ao Brasil. Esses 25 vieram pra cá. Nós tínhamos, além disso, as grandes jazidas de Ouro Preto, a cujos dividendos nós tínhamos direito. Mas tudo quanto tinha Pinto apareceu para reivindicar a herança e o juiz sustou a distribuição. Não recebi nada até hoje.

A Fazenda do Chá era nossa. Foi a única coisa que vovô recebeu da falência do banco. O Carlos de Campos e o dr. Marcolino Barreto deram ao vovô, para ele não ficar na miséria, *apenas* a Fazenda do Chá. Ia de Pinheiros até Santo Amaro, passando pelo Morumbi. Hoje, lotearam tudo aquilo, é o Jardim Leonor. Aquilo era a Fazenda do Chá de meu avô, de minha mãe. Eu fui uma vez lá, de carro de boi, e me lembro de um ninho de morcegos que saía do cofre de ferro enorme que tinha no porão. A fazenda, na verdade, passou do acervo do banco para a Companhia Agrícola Paulista, que, por sua vez, a cedeu em comodato a meu avô, o coronel Roberto Duarte Pinto Ribas.

\* \* \*

    Meu avô nasceu em 1849, morreu com 85 anos. Ele, com quase oitenta anos tinha a cabeça branca, branca, branca, branca, branca. Mas cinco anos depois ficou preta de novo, pra morrer. Sempre morei com meu avô, mas nos últimos anos aconteceu uma coisa triste. Meu tio Vidoca tinha uma inveja danada de minha mãe, porque ela tinha o cabelo preto, preto, preto ("Você pinta o cabelo de preto?" "Não, é assim mesmo", dizia minha mãe), e a mulher dele, que era polaca, tinha o cabelo vermelho, uma coisa horrorosa... Então, o que ele fez? Tio Vidoca se aproveitou porque meu avô se queixou para ele dizendo que eu não estava fazendo muito o que ele queria, e levou meu avô para a rua Cincinato Braga. Um dia mandaram uma cartinha pra mim para eu ir até lá; quando cheguei, encontrei meu avô já morto. Tenho a cartinha guardada aí até hoje. Eu era casado de pouco e tinha um filho de três anos, o Abelzinho, meu rosto, que ficou com um metro e noventa de altura, e que o vovô chamava de anjinho louro, filho do meu casamento legítimo, o segundo não foi legítimo.

    A rua Itatiaia, depois avenida Angélica, era uma rua lamacenta, com o trilho do bonde no meio. Havia o bonde 1, era o Posto Zootécnico; 2, Brás; 3, Avenida; 4, Ipiranga; 5, Higienópolis; 6, Mooca; 7, São João; 8, Mooca via Bresser; 9, Barra Funda; 10, não tinha; 11, Higienópolis; 12, Penha; 13, Barra Funda; 14, não tinha. Ah, não! 14 era o Vila Buarque! Conhece a história do "caradura"? Era o bonde que ficava atrás e que servia para levar as verduras no mercado, o mercadinho da rua do Carmo, lá embaixo. Mas quem não queria gastar os duzentos réis da passagem, pagava só um tostão no "caradura", e ia bem sentadinho lá junto com as frutas e as verduras. Eram os "caradura". Sabe o que deu nome aos bondes? *Bond* era a ação da Companhia Light and Power.
    Lembro também o primeiro automóvel. Não, dos primeiros. O raio era deste tamanho, de madeira. A cor, vermelha. Carro aberto. Uma tia dos Bosisio, nossos amigos, nos levou de carro à Festa do Centenário. Lembro que fui com minha mãe, de carro aberto, à Festa do Centenário, em 1922. Ela pôs óculos e echarpe. Chovia pra burro, e minha mãe, coitada, se molhando e fazendo tudo pra eu não me molhar. Eu não, gostava da chuva, e dizia: "Deixa eu me molhar". Foi a maior festa de foguetório que houve. Havia um bombardeio de um navio

para o outro. E era de morteiro. Um acertava no outro: bam! bam! Depois, no final... Tinha a capelinha, linda a capelinha! E depois uma porção de bombinhas de todas as cores — pré... pré... pré... pré... E quando acabava, um italiano, que tinha feito aquilo, ficava contente, contente. Depois, o final: o morteiro — ben... ben... — aí o rojão que subia — fiuuunnn — e caía lá embaixo, e a chuva de prata, o para-quedinhas que ia e voltava uma porção de vezes. Depois, o final: centenas e centenas e centenas de varas partindo ao mesmo tempo para todas as direções — ple ple ple ple ple... E muito desastre houve, que aquelas varas caíram na cabeça do pessoal, e uma caiu na cabeça de um velho de cartola e varou a cabeça e matou o coitado. As varas de rojão tinham bombas reais deste tamanho! Depois que acabava, só se ouvia o ronco: hooooooonnnn...

Da Primeira Guerra pouco me lembro, tinha só onze anos. Ouvia falar da crise, crise de dinheiro. Era no tempo do Kaiser alemão.

Na Segunda Guerra, o que se comentava é que o Brasil não tinha nada com isso, não devia entrar. Mas os alemães puseram a pique dois de nossos navios e o Getúlio precisou entrar. Mas só conseguiu arrebanhar, em todo o país, 40 mil homens, enquanto Portugal, o pequenino Portugal, mandou 200 mil! A Alemanha tinha um exército de 12 milhões de homens? A nossa FEB era comandada pelo coronel Mascarenhas de Moraes. Mas não vamos arrotar grandeza: só 40 mil homens em todo o Brasil.

Os alemães comiam só o *Ersatz*, uma bolacha de soja, que era o substituto da comida, e com isso conseguiam andar o dia todo. Mas o que acabou com os alemães, a despeito do *Ersatz*, foi o frio da Rússia, que eles não aguentavam. O que fez a Alemanha perder a guerra foi o frio da Rússia. Os Estados Unidos, muito espertos, ficaram olhando do alto e vendendo armas como a bomba V-2.

Depois da Grande Guerra, tivemos no Brasil uma rebelião. Os Dezoito do Forte de Copacabana tiveram um grande homem, o Siqueira Campos, irmão do Pedro Siqueira Campos, que foi meu chefe no Instituto Brasileiro do Café. Os Dezoito queriam a revolução. Diziam que eram comunistas por causa do Siqueira Campos. O último que se rendeu foi o Negrão de Lima, companheiro de João Ribeiro de Barros, do *Jaú*.* Foi o último a ficar no Forte.

Em 1924 foi a revolução do Isidoro, que ninguém entendeu. O Isidoro veio de Santa Catarina pra atacar. Havia uma trincheira perto de minha casa,

---

* *Jaú* foi o primeiro avião com um piloto brasileiro a cruzar o Atlântico.

na rua Minas Gerais, e minha mãe mandava bolinhos e café para os revolucionários. Eu estava ainda sem emprego, tinha 21 anos, mas namorava e queria trabalhar na Light, porque me disseram que lá pagavam dois meses adiantados de ordenado. Fui pra Light e vi as fileiras dos soldados e tive que pular as trincheiras.

"Posso passar? Vou trabalhar."

"Pode."

Na volta começou o tiroteio. O Cabral Velho, que era chefe da polícia, me deu um lugar de guarda municipal. Me puseram uma faixa amarela que eu conservo até hoje. E eu fazia a ronda de noite e aproveitava para namorar, era quase noivo naquele tempo. Fazia a ronda de um quarteirão, em companhia de um meu amigo, Alfredo Luís Kaminski. O Alfredo Luís vê passar um caminhão cheio de soldados do Isidoro. "Guarda Municipal, suba." E nos levaram presos, a mim e ao Kaminski, para o Corpo de Bombeiros. Mas lá eu encontrei um preto alto, forte, que tinha trabalhado pro meu avô lá na casa da General Jardim.

"Oi, Abelzinho, o que é que há com você?"

"Nada, disseram que Guarda Municipal andou matando revolucionário e me prenderam e me trouxeram aqui."

"Você abre esta porta aqui e na segunda porta à direita, lá no fundo do corredor, você abre e pode ir embora."

Eu fui, devagarzinho, abri a porta e peguei um carreirão até a rua Minas Gerais... Então minha mãe disse: "Você não inventa moda mais, não sai mais de casa!".

Eu não apanhei a gripe de 1918. Mamãe me mandou para São José dos Campos. Eu fugi da gripe. Fiquei sozinho num hospital de tuberculosos, o Instituto São Geraldo, que era do Jaime Ferreira, casado com minha prima. Até a empregada caiu de gripe; aprendi a fazer de tudo, até cozinhar.

A tuberculose não pega, tanto que comecei a namorar com uma tuberculosa, dava cada beijo nela e não peguei nada. Ela tinha sido casada com Fosco Candini, que era um cantor de operetas. E uma moça que sabia que ia morrer, me disse: "Seu Abelzinho, eu sou tuberculosa, ninguém gosta de mim, mas eu gostaria de que alguém me desse um beijo". "Então, venha cá." E lhe dei um beijo de desentupir pia. Eu tinha quinze anos nesse tempo.

O Huygnens, que era um dos hóspedes, descobriu-se que não era tuberculoso, ele estava lá era fugido; tinha dado um desfalque no Banco Noroeste.

A comida que eu comia lá era a mesma dos tuberculosos do sanatório, e nunca pegou. Os parentes proibiam que se desse dinheiro para as moças tuberculosas, porque elas compravam bebida com esse dinheiro. Um dia, no quarto de uma moça, debaixo da cama, achei uma garrafa de álcool. Ela, com o pretexto de tomar banho de álcool (os tuberculosos naquele tempo não tomavam banho comum, de água), guardava debaixo da cama aquele garrafão e bebia o álcool! De tão desesperadas, elas bebiam mesmo. E acabavam morrendo. E lembro agora uma história de família.

De Campos do Jordão eu tenho uma lembrança nítida. Quando eu tinha oito anos, fui passar uns tempos lá com minha prima, a Nadir Galvão Bueno. Foi então que chegou a Campos um jovem alto, grande, cabelos bastos negros, o homem mais bonito que eu conheci, uma dentadura perfeita, uma beleza sem defeito. Mas subiu de maca, veio para morrer. Era filho do armador Mateus Ferreira, do Rio de Janeiro. Subiu para morrer. No fim de uma semana, quem tratava dele já não era a enfermeira, era essa minha prima. E ela acabou casando com ele. Todo mundo achou que era loucura casar com um homem que estava para morrer. Pois olhe, o sr. Jaime Ferreira não morreu, ficou dois ou três meses em Campos do Jordão, desceram ele e a mulher pra São José dos Campos e montaram lá o Instituto São Geraldo, a primeira pensão de tuberculosos. São Geraldo é o protetor dos tuberculosos. Tiveram um filho que até os cinco anos era uma beleza de menino, mas aos seis anos teve um ataque epiléptico. Quando ele começava a gaguejar, pê... pê... pá... pá... pá..., a gente mandava ele correr pra casa porque era certo que vinha o ataque epiléptico. E não há remédio para este mal. Só esperar aquele estrebucho e deixar passar, depois ele se sentia feliz e descansado.

O tuberculoso pode fazer tudo, menos vir para São Paulo. Esse meu parente era tuberculoso dos dois pulmões, fez uma toracoplastia, cortou as costas e pôs duas bolinhas de pingue-pongue no lugar das cavernas. Mais tarde veio para São Paulo magro, torto e morreu. Deu um tiro no ouvido, não aguentava mais viver.

Os tuberculosos tinham características interessantes. Uma delas era usar uma escarradeira pequenina de bolso, azulzinha, um negócio horroroso. Eles faziam hé... hé... hé... cuspiam lá dentro e depois guardavam no bolso. Mas depois descobriu-se que não era necessário usar as escarradeiras fora do sanatório, só dentro, porque ao ar livre os raios ultravioleta em quinze minutos eliminam o bacilo, isso por causa da situação de São José dos Campos. Não é a altura, pouco mais que a de São Paulo, é a situação da cidade. São Paulo tem 670 e São José 674 metros de altura, mas tem raios ultravioleta. Por isso deixou de existir lá a peste branca.

A tuberculose é curável: é só comer bastante, fazer repouso e tomar cuidado com o sol. A característica do tuberculoso, naquele tempo, era andar sempre de guarda-chuva, não por causa da chuva, mas para não tomar sol. O sol pode fazer aumentar a infecção e aí aparece a "vermelhinha". Eles brincavam uns com os outros: "Eu estou ficando rico, tinha só um tostão e já estou agora com duzentão. Mas ainda chego lá, no quatrocentão". "E a vermelhinha?" "Bom, a vermelhinha eu já estou com ela." O tostão, o duzentão, eram o tamanho das cavernas que eles tinham no pulmão. E a vermelhinha era a febre acompanhada de sangue quando eles cuspiam.

No sanatório, quando um doente passava mal acendia uma luzinha vermelha. Meu primo pedia: "Você não quer atender pra mim". Deixava toda a aparelhagem ali: algodão, gelo e emetina Bruneau. Tocava e lá ia eu atender a moça. Quanta moça bonita! "Moça, o que houve?" Era aquela sangueira no chão. Era uma hemoptise violenta. Então eu sapecava a emetina Bruneau, gelo na boca e ficava esperando. Muitas se salvaram. Outras, no dia seguinte, morreram.

Eu tocava piano. Era muito amigo do Paulo de Carvalho e vivia na casa da Guiomar Novaes de Carvalho, a maior pianista do mundo, que deu concerto até 89 anos de idade. Mas eu não aprendi, tocava de ouvido. Eles moravam na rua Maria Antônia. Na minha casa tinha um piano muito antigo, que nos foi dado pelo dr. Celestino Bourroul, médico da família. Era um piano Nardelli. Com sete anos, eu fiz a minha primeira composição, chamava-se *Pesares*. D. Vitorinha Pimenta queria me ensinar a clave de sol e a clave de fá. Mas eu não queria saber nada por música. Mamãe, ao contrário, tocava tranquilamente como se fosse uma vitrola. Eu não, tudo de cabeça.

Uma vez o maestro Belardi ia dar um concerto, mas anunciou que ia chegar meia hora depois. E o povo esperando essa meia hora, o que era uma judiação. Eu não tive dúvidas. Cheguei perto do primeiro violino e perguntei: "Qual é a peça?". "*Cavalleria rusticana*. O prelúdio." "Então vamos tocar." E sem partitura, sem nada, eu regi a música inteira, o povo aplaudiu que foi uma beleza. Até o Belardi aplaudiu quando chegou, no fim.

Em 1918 fui passear com meu avô em Portugal. Aos 21 anos fui sozinho a Paris. *Au boulevard des Capucines, six, deuxième étage. J'ai joué et j'ai jetté beaucoup d'argent au cabaret.*

Um dos meus melhores amigos foi o Paulo Cardoso; tinha dezoito anos e eu 22. Nós nos conhecemos por causa do piano. Ele tocava tanto quanto eu. Nós fazíamos misérias: tocávamos a quatro mãos, eu saía, ele entrava; eu entrava, ele saía. Além disso, versejávamos em desafio. Lembro-me de uma resposta que dei a ele num desses desafios de rima:

*Quando as fadas do ostracismo*
*embrulhadas num lençol*
*cantavam em si bemol*
*as trovas do paroxismo,*
*surgiu do fundo do abismo*
*o fantasma de alabastro*
*que arvorou no grande mastro*
*quatro panos de toicinho,*
*se encontravam no caminho*
*da casa do João de Castro.*
*No entanto é uma rima vã*
*deixando a fera acuada em seu divã.*\*

Conheci Paulo Setúbal numa época em que eu já tinha dois filhinhos pequenos, o Abelzinho e a Maria da Glória. Eu morava na Vila Gaby e tinha um vizinho cujo nome eu não sabia. Havia na cerca, que separava as nossas casas, uma pitangueira que pendia do lado dele: "Moço, posso tirar pitanga?".

"Pode, seu moço."

---

\* A estrofe nonsense pertence ao gênero bestialógico, então em voga nos salões brasileiros.

*Soldado constitucionalista.*

*Solidariedade em 1932.*

*"Vai explodir o depósito de pólvora lá do Hospício." Imagine crianças, mulheres com bebês, velhos doentes que não podiam andar, naquela procissão. Foi a revolução de Isidoro Dias Lopes.*

*Crianças fabricando capacetes em 1932.*

Ele ficava na porta, eu olhava, mas não sabia quem era. A descrição de Paulo Setúbal: mal ajambrado, culote velho, perneira, meia esquisita e chinelo, chapéu de palha rasgado. Passava um pobre, com um saco nas costas: "A bença, sinhô, posso entrá?". O tal do homem, que eu não sabia ainda quem era, fazia com a cabeça um sinal de assentimento e o pobre entrava. O pobre ficava um certo tempo lá dentro, saía, e depois eu ainda via ele tirar um dinheirinho e dar na mão do pobre. E assim, consecutivamente, oito ou dez por dia. Um dia eu disse para ele: "Posso saber seu nome?".

"Pois não, meu filho. É Paulo Setúbal."

"Mas, meu Deus do céu! Eu o conheço, eu tenho os seus livros, eu tenho o *Confiteor* e todos os outros livros seus!"

"Pode deixar tudo isso, que eu vou dar a você todos eles com dedicatória."

E ficamos amigos. Eu mostrei a ele os originais do meu livro, *Paulo Eiró, 1882* e ele gostou tanto que escreveu um prefácio. Só pelo prefácio os irmãos Pongetti queriam me dar vinte contos! O livro era histórico, mas com cunho de romance pra prender a atenção do leitor. Mas verdadeiro! A descrição de uma festa que conto no largo dos Curros é pura verdade! Infelizmente, os irmãos Pongetti não queriam o livro, queriam comprar só o prefácio do Paulo Setúbal. Afinal, publiquei e ganhei algum dinheiro.

Mas, voltando ao Paulo Setúbal, ele sempre me perguntava se eu gostava de escrever.

"Eu escrevo, tenho mania, tenho verdadeira obsessão de escrever, e principalmente quando se trata da história de São Paulo."

"Ah! meu filho, eu também sou piratiningano! Venha cá, então."

Eu não conheci nada da casa dele, entrei direto na biblioteca e, meu Deus do céu, quantos livros e arquivos e papéis manuscritos e batidos a máquina, uma informação histórica extraordinária! Eu olhei para tudo aquilo e disse:

"Olhe, dr. Paulo, eu não sei nem por onde começar, eu fico zonzo só de olhar. Mas eu vou começar por esse cantinho, se o senhor me der licença, todo dia..."

"Meu filho, não me peça, vá entrando e lendo, porque eu me sinto feliz em ter um amigo como você. Eu estou aqui só, completamente só, ninguém me quer, têm medo que eu seja tuberculoso, porque eu fui tuberculoso."

De fato, a sogra dele dirigia um sanatório em São José dos Campos, o Instituto Aranha.

Li tanta coisa, tanta coisa na biblioteca do Paulo Setúbal! Num dos livros descrevia-se o antigo largo da Sé, com os burros tropeiros que vinham beber água numa guasca já esverdeada pelo zinabre. E ali paravam os tílburis de um passageiro só e os cavalos bebiam água também. O aluguel do tílburi era um mil-réis por hora. Quem guiava eram aqueles italianos bigodudos que há pouco tempo tinham vindo na imigração.

Agora, um parênteses. Eu tinha dez anos e estava em Campos do Jordão, passando uns dias com minha mãe na Vila Inglesa. Minha mãe, naquela época, estava de namoro com o dr. Amâncio. E davam festas e bailes para alegrar os hóspedes. Num desses bailes, em que todos dançavam (inclusive eu, que era criança e dançava com miss Rose), mr. Becker pediu que todos parassem: "Vocês vão esperar um pouquinho que agora vamos ver uma dança clássica". E aparece um homem, um belo homem, elegante, de sapatilhas de balé, meias brancas, saiote de filó engomado, até com um pouquinho de seio, que dança maravilhosamente a morte do cisne. Eu achei aquilo estranho, alguma coisa em mim achava aquilo muito esquisito, não sei explicar por que, mas cheguei perto dele e disse: "O senhor dança muito bem! Parabéns! Como é o seu nome?". "Eu sou o conde Raul de Carapebus Neto."

Mas eu, até hoje, rezo por ele. Ele nos divertia, não só dançava, também fazia mágicas à noite, muitas adivinhas. Era nossa diversão, talvez um joguete. Mas quando nós soubemos que ele ia embora, enchemos as malas dele de pedras, por pura molecagem. Ele despediu-se de todos, montou no cavalo e foi descendo aquele lameiro terrível da fazenda do Becker, a Vila Inglesa, um lameiro que embaixo tem mais de meio metro, difícil de passar. Mas ele passou. Depois tinha uma pinguela por onde o cavalo devia passar. Como chovia muito, o cavalo escorregou e com o peso das pedras lá se foi pra baixo o conde de Carapebus, que bateu naquelas pedras e morreu. Aí fez-se o enterro e mr. Becker fez questão de pôr o fumo no braço por aquele infausto acontecimento. E até hoje ainda rezo pela alma do conde Raul de Carapebus.

Um episódio da vida de São Paulo antigo é o da festa do largo dos Curros. Quem dava a festa era José Mariano Arouche de Toledo, que morava numa esquina do largo, hoje praça da República. Lá, nas festas da Independência, cinco dias por mês, realizavam-se touradas verdadeiras. D. Pedro II, vendo que se praticavam malvadezas, acabou proibindo aquelas touradas. Eu vi muito toureiro levar chifrada de atravessar barriga. D. Pedro mandou bolear os touros. Mas assim mesmo aconteciam coisas impressionantes: eu conheci um homem pequenininho, que não tinha pernas, mas tinha tronco enorme, braços enormes: ele ficava numa cadeira, de braços abertos, e o touro vinha vindo, louco, naquela carreira, o toureiro saltava de banda, e o pequenininho agarrava o touro e abraçava com tanta força que enforcava o animal. Que força extraordinária! D. Pedro mandou um olheiro, o conselheiro Lafayette, para investigar tudo e resolveu proibir as touradas.

As festas mais nobres eram dadas por um valido da corte, José Mariano Arouche de Toledo, na sua casa do largo dos Curros. No salão, as platibandas tinham enfeites dourados e por toda parte havia gambiarras acesas. Gambiarras são uma espécie de archotes que davam um aspecto feérico a toda a casa. Eram salões enormes. Lá encontrava-se a baronesa de Penamacor, que era dama de companhia e confidente de Sua Alteza Real, a princesa Isabel. Dançava-se o minuete, o voltarete, o *pas-de-quatre,* e estava começando a entrar na moda a valsa trazida da Alemanha, de passagem pela França, pelo conde Raul de Carapebus. O conde era um bailarino e todas aquelas senhoras faziam questão de dançar com ele.

Uma certa hora, o mestre de sala bateu no assoalho com um bastão de argolinhas de prata na ponta: "Senhoras e senhores, o conde Raul de Carapebus irá fazer uma demonstração de uma dança clássica". Então vinha o conde Raul de Carapebus, vestido bonito demais para homem, as pernas perfeitas, meia branca, saiotinho empinado de filó dourado e sapatilhas próprias para dançar na ponta dos pés. E ele dançava e girava e voltava e fazia meneios com os braços e as mãos como se fosse um pássaro na agonia caindo, caindo... Era a morte do cisne no balé *O lago dos cisnes.*


O meu casamento foi com a irmã de um jogador, Artur Friedenreich, que era o Pelé daquele tempo. Eu me casei com 22 anos na Igreja da Consolação. Meu sogro morava na rua Antônia de Queiroz, uma casa linda, estilo alemão, com aqueles lírios no terraço de fora, uma coisa linda! Quem passasse perto sentia aquele perfume.

Eu conheci minha futura mulher numa casa chamada Panelinha, lugar onde eu ia tocar piano e onde se reuniam uma porção de moças de família para cantar e dançar. Lá conheci uma moça loura, muito bonita, que usava uma fita no cabelo. Alguém me disse: "Aquela é a irmã do famoso jogador". Naquele tempo ele era um ídolo, um deus. Ele era magrinho, alto, e ninguém pegava ele. Eu me lembro quando ele fez o gol da vitória no Campeonato Sul-Americano de Futebol, com a boca! Quebrou as duas pernas e os dois braços e fez o gol da vitória com a boca. Imagine que homem valente! Era filho de Joana von Friedenreich, professora de cor, muito inteligente. Meu sogro gostava de usar o *Von*, partícula nobiliárquica.

Meu sogro era um homem bonitão, falava muito mal o português, veio de Santi Catirrin, mas falava o alemão perfeitamente bem. Minha futura sogra tinha duas filhas: Lali e Alice. Namorei a Lali. Mas o velho era danado, orgulhoso, terrível. A gente perguntava: "Quem ganhou o jogo, Paulistano ou Palestra?". "Foi meu filho: 2 a 1."

Um dia eu estava namorando com a Lali no portão e ele apareceu na janela. Com aquele cavanhaque e aquele bigodão branco, bonito: "O zenhorr está namorrando minha filha pra casarr ou pra que é?".

"Ora, meu senhor, eu tenho as melhores intenções com sua filha. Mas amanhã eu dou resposta."

"Ah! está pem."

Quando eu voltei pra casa, de noite, encontro minha mãe descabelada, chorando: "Meu filho, casar assim tão cedo, você nem tem emprego fixo. O que você vai fazer!"

"Casar, eu mamãe? Quem disse?"

"Claro! Esteve aqui um senhor alto, forte, tipo alemão de cavanhaque branco que nem bem entrou já foi dizendo: 'Minha senhora, o seu filho quer casar com minha filha. As intenções tele são poas, enton eu fim pedir a mão tele parra minha filha.'"

E foi assim que eu casei.

Casamos na Igreja da Consolação, em 1923. Tivemos por testemunhas dois senadores, o senador Rodolfo Miranda e o Marcolino Barreto. Quem nos casou foi o monsenhor Manfredo Leite, grande orador, professor de canto orfeônico e cantochão, que nos tinha dado aula no Ginásio do Carmo, onde eu havia estudado, e onde fui colega do Mário Ottobrini, do Laudo Natel.

Um fato interessante do meu casamento, nunca mais me esqueço. Meu maior amigo na época chamava-se Paulo Costa. Eu ia indo pela Consolação, já de cartola e plastrom, com a noiva esperando no altar, quando vi o Paulo

Costa: "Paulo, segura aqui minha bengala e a cartola, que eu vou casar ali e já volto". Ele segurou e nunca mais esqueci, rezo até hoje por ele.

A Revolução de 32, esta sim! Ela não perdeu, ela apenas ensarilhou suas armas. Porque o Getúlio tinha rasgado a Carta Magna, depois de ter sido deputado e ministro do Washington Luís. Ele enganava os trabalhadores: "Trabalhadores do Brasil! Nós precisamos mais pão! Precisamos ganhar mais! Os outros não dão nada a vocês!". E o povo todo: "Nós queremos Getúlio! Nós queremos Getúlio! Nós queremos Getúlio!". Foi assim que ele se perpetuou quinze anos no poder, rasgando a Constituição, desrespeitando a Carta Magna.

Mas a revolução não perdeu, ela deixou de lutar quando nós já tínhamos obtido o que queríamos, o fim já tinha chegado, o ideal era aquele, a Constituição. E Getúlio ficou com medo e retirou-se.

1932... Eu, esse que vos fala, Abel R., morava na então Pensão Mello, esquina da rua do Arouche com praça da República. Ali jantava comigo Miragaia, o José Miragaia, que vinha de São José dos Campos. Nós vimos um homem com uma porção de varas e um lenço na mão, gritando; não sei o quê. Da antiga Recordinha, lá na praça da República, saiu um homem apontando: tinha começado a revolução. Era aí naquela esquina, onde estava o antigo PPP, Partido Popular Paulista, de que era presidente o dr. Miguel Costa. Então nós descemos para ver o que havia. O Miragaia estava comigo. Quando nós chegamos perto do PPP, saiu detrás de uma árvore um homem armado de uma carabina. Esse homem disse: "Foge, seu filho disso! Corre!". Eu e o Miragaia arrancamos o fuzil da mão dele e corremos. Então ouvimos o ruído de tiros. Eu não estava acreditando, eu estava pensando, aquilo devia ser tiro de festim, porque era impossível dar tiro à toa, sem quê nem como. Nós não havíamos feito nada, não sabíamos nem do que estava se tratando. Quando chegamos naquela esquina, antes da avenida São João, eu me joguei no chão e o Miragaia também. Eu dali continuei dando tiro, e disse: "Ó Mira, venha pra cá, aí você está correndo perigo!". Ele não respondeu. Então fui chegando, sempre de rastos e dando tiro, e vi que ele tinha levado um tiro na nuca. Assim, era ele a primeira vítima da revolução. Eu chamei a ambulância, ela veio, e puseram o Miragaia na maca. Os enfermeiros me perguntaram: "O senhor está ferido?".

"Não, parece que não estou ferido."

"Então nós levamos o senhor num ambulatório, o senhor vê."

"Não, por favor, o senhor me deixe logo aí, porque eu moro na esquina, e eu quero tomar um copo d'água, me lavar."

E eles levaram o Miragaia, coitado. Eu desci e subi pra minha casa. Eu estava louco da vida. Minha mulher estava chorando, com dois filhos. Pusemos um colchão tampando a janela e a sacada. Passei a mão num 38 com duas caixas de balas. E a primeira coisa que eu fiz foi atirar no lampião da rua pra ver se acertava a mira. Fui depois de rastos até a esquina onde estava o PPP, atirando sempre, até acabar as caixas de balas. Depois voltei de rastos também e disse pra minha mulher: "Lali, não precisa chorar mais, acabou tudo, não há mais nada. Agora nós ficamos aqui para apreciar o movimento da outra janela, do outro lado, pra ver o que está acontecendo lá". Mas nisso eu ouço um gemido que vem de baixo. E tinha um senhor bem-vestido deitado lá embaixo, vestido de branco. E gemia, gemia, gemia.

"Me arranje um médico, pelo amor de Deus. Eu estou mal."

"Mas um médico, a esta hora? E com esse tiroteio? Aí tem uma farmácia, mas a farmácia está fechada."

"Mas eu estou muito ferido, meu amigo."

"Então, espere um pouquinho."

Fui à nossa farmácia de emergência, passei a mão num algodão, iodo, esparadrapo, peguei num papel, fiz uma espécie de uma barquinha, amarrei e fiz descer até ele. Desci, desci, desci, desci, enquanto eu ouvia ele gemer. Mas não vi ele fazer curativo nenhum. Então ele disse:

"Já não adianta mais. Não adianta mais... Se acontecer alguma coisa, o senhor diga que meu nome é Dráusio, meu nome é... Dra... áu... sio."

Segunda vítima da revolução. A respeito de Martins e Camargo, nada sei, não ouvi falar.

Veja o que é uma contradição. Comemora-se hoje, 3 de maio, o início da revolução. É um erro crasso. Nós acabamos de jantar eram seis horas. Aquele vaivém foi até a noite do dia 2. Tem que se comemorar dia 2. Poucos dias depois, fizeram a Constituição. Aí nós exigimos que Pedro de Toledo fosse interventor paulista; coitado do velhinho, teve que ser interventor a muque. Então um grande baiano, chamado dr. Luís Américo de Freitas, um magrinho valente, deu 45 mil contos, que naquela época era uma fábula, para custear a revolução. Ele deu 5 mil contos para o dr. Ítalo Brasil Portieri ir aos Estados

Unidos comprar armamentos, e os 40 mil ficaram aqui para custear a revolução. Então via-se aquelas mulheres trabalhando dia e noite, costurando para fazer as fardas, os culotes, os bibis, chapeuzinhos de campanha de tecido forte, grosso, zuarte. As perneiras já vinham feitas e os capacetes de aço também.

O Instituto Brasileiro do Café, naquela época só Instituto do Café, organizou quatro batalhões, portanto um regimento, o 9 de Julho. Eu pertencia ao 1º Batalhão do 9 de Julho: 2º grupo, 3º pelotão. E daí fomos para a frente de combate. O meu comandante era o capitão Tito Lívio Xavier de Castro. E fomos andando comandados. Estávamos muito cansados, mas íamos andando. Chegamos em Eleutério. Em Ouro Fino. Em Borda da Mata já não estávamos mais aguentando de fome. O capitão Pinker, que levava consigo o filho, o tenente Pinker, como ordenança dele, dizia: "Meus amigos, nós vamos jantar em Pouso Alegre". Quando chegamos tínhamos caído numa ferradura. Eles eram tropas regulares, nós éramos todos recrutas, pó de arroz, como eles chamavam; pó de arroz porque eram estudantes de direito, mas valentíssimos, porque lutaram até o último fôlego. Mas sabe quem chamava o Batalhão 9 de Julho de pó de arroz? Os FFFF — fico fardado fazendo fita — que ficavam em São Paulo, fantasiados de soldado, sem fazer nada, fazendo fita. Quando eles chegavam, as senhoras se levantavam, davam os lugares pra eles sentarem na condução.

Mas, voltando ao assunto, quando chegamos lá, eram mais de oito horas' da noite, fomos apanhados pelo tiroteio, que durou dezenove horas. Eu estava lá com o Luizinho do São Paulo, enterrados num brejo com água até o umbigo e lá ficamos durante as dezenove horas. E perto tinha um preto que gemia: "Me matem, pelo amor de Deus! Acabem comigo, pelo amor de Deus! Eu estou arrebentado, eu estou sem uma perna, uma rajada de metralhadora me cortou". E gritou a noite inteirinha!

Depois, nós fomos indo e fizemos uma trincheira. Sabe o que é uma trincheira? Foi lá que eu contraí esse desarranjo intestinal que tenho até hoje. É arroz azedo, feijão azedo com farinha, carne-seca azeda e velha, e dias e dias lá dentro, com aquele cheiro horroroso. Isso é uma revolução, isso é uma trincheira, e todas as trincheiras são e serão iguais. Eles me deram o posto de terceiro sargento. Nós ficávamos com o rifle e púnhamos o carro entre dois tijolinhos pra dar tiro; não se enxergava nada, era escuro como breu. Só se escutava o ruído abafado do tiro na terra. Numa daquelas noites de breu eu senti uma coisa fria, úmida no meu rosto e não sabia o que era: "Gastão, veja o que é isso no meu rosto". Então clareou um pouquinho e eu vi o que era: a massa encefálica dele. Tinha levado um tiro no centro da testa. Ele levantou demais o tijolinho e levou um tiro.

O capitão das tropas paulistas era mineiro, e o das tropas mineiras era paulista. Veja que contraste, e os dois valentíssimos. O capitão que comandava as forças ditatoriais, Raul do Apocalipse, era paulista. E o Pinker, que comandava as tropas paulistas, era mineiro. O nosso material era horrível. O fuzil de 1890! O fuzil-metralhadora tinha os pentes já gastos. A metralhadora pesada, que nós chamávamos "a mulata", tinha uma munição horrível. E as balas, que eu até hoje conservo... nós líamos nelas: 1890, 1885. Depois, o governo paulista obrigou uma indústria, que vendia armas e munições, a ceder o seu material para a revolução. Embaixo, no Anhangabaú, as mães costurando zuarte. Nós tivemos meninos que foram para a frente de combate.

Eu vivia nesse tempo com minha mulher e dois filhos na, então, Pensão Mello. Eu trabalhava no Instituto do Café, que foi o organizador do primeiro regimento revolucionário. O Instituto ficava na rua Wenceslau Brás, 67, oitavo andar.

O meu primeiro emprego foi no Santamayor e Cia. Meu avô me dava cinquenta mil-réis por mês. Depois fui trabalhar na Light em 1924, 1925, mais ou menos. O dr. Carlos de Campos, que era amigo íntimo de meu avô, um santo, me deu uma cartinha de apresentação para o diretor do Instituto do Café; quando cheguei lá me disseram que infelizmente não havia lugar, então eu mostrei a carta do dr. Carlos de Campos ao dr. Siqueira Campos, e imediatamente fui admitido como segundo escriturário e, no mês seguinte, passei logo a chefe de seção. E não subi mais porque, não demorou muito, houve o maior enterro de São Paulo, o enterro do dr. Carlos de Campos, o mais belo enterro que já vi na minha vida. São Paulo inteiro foi chorando levar o morto ao Cemitério da Consolação, bem perto do nosso túmulo. O nosso fica na primeira rua, é o primeiro túmulo. O dele fica a três quadras do meu, onde está Maria Florência, aquela freira que fugiu com o Pedro Maria, tenente da Casa Imperial. São de minha família. Tenho ainda os recortes do *Estado de S. Paulo* que contam o sucesso. Mas eu só conheci de fotografia, como meu bisavô, o saneador Emílio Ribas.

Trabalhei 42 anos no Instituto do Café. Era o funcionário que mais entendia de inquéritos administrativos no estado. Podia ter-me aposentado muito antes. Mas não queriam que eu deixasse o lugar. O dr. José Pereira dos Santos costumava dizer assim: "No Fórum sou um leão, mas aqui não sou nada, delego todos os poderes ao Abel". Eu dirigia os processos e ganhava uma gratificação por processo. Ninguém podia comigo. Só o advogado trabalhista, Rio Branco Paranhos, o comunista, me pegava quando ele era o defensor da parte acusada: homem inteligentíssimo. Os Ciampolini pulavam pra cá e pra lá; um eu peguei, o outro conseguiu escapar. Muitas vezes eu recebia um envelope com dinheiro dentro, uma vez até uma libra esterlina! Eram dos processados ou dos seus advogados que queriam copiar parte dos autos ou saber de informações que só eu tinha, como funcionário da União.

Viajei pelo Brasil todo, fazendo inquéritos, colhendo testemunhas para processos de corrupção administrativa. Lembro-me, uma vez, fui a Presidente Prudente investigar um desfalque de uma agência do banco local. O ladrão tinha já três ou quatro mortes nas costas e fugiu para o mato. O presidente do Instituto disse: "Esse caso, só o Abel. Joga o Abel em cima do homem". E fomos para o lugar onde ele estava amoitado. Fiz questão de ir sem arma. E chamei: "Chiquinho, Chiquinho!". (O nome dele era Francisco.)

"O que é?"

"Francisco, o que você está fazendo aí?"

"Não quero voltar pra cidade, não."

"Mas Chiquinho! Salta pra lá, homem! Pode voltar! Já pegaram o autor do desfalque, ele está preso, está na cadeia, você não tem nada, sai daí, volta pra casa, deixa de ser bobo! Venha cá. E eu prometo dar a você aquele mesmo lugar no banco, você vai ver! Nós vamos dizer ao presidente da comissão que já apuramos tudo, que não foi você, que foi o outro, e vai ficar tudo como antes... Venha junto conosco!"

Ele veio. Mal chegamos lá, entregamos ele pra polícia, a polícia fez o interrogatório e lá ficou ele preso. E eu disse para o presidente da comissão: "Veio ou não veio o homem?".

"É, Abel, você é danado mesmo."

Aí vim para São Paulo e o presidente do Instituto do Café me perguntou: "Então, Abel, você conseguiu ou não pegar o homem?".

"Consegui."

"E o inquérito?"

"Ah! isso eu não sei. Eu que não volto para Prudente, lá está a família dele inteira, tudo de metralhadora na mão pra pegar quem de nós chegar lá perto. Quem aparecer lá, morre."

O rapaz foi condenado como assassino.

Depois da falência do banco, mamãe montou uma pensão muito grande na Rego Freitas, 538, a cem metros da Igreja da Consolação. E foi nesta igreja que eu me casei. O vigário era o padre Miguel.

Tive em primeiro lugar o Abelzinho, que é a minha cara, com um metro e noventa de altura, um atleta. Em segundo, a Maria da Glória. O terceiro foi o Fernando. Dos filhos da Lali não morreu ninguém; treze netos, catorze bisnetos e uma tataraneta; a Elza teve um filho agora, de modo que eu, com 74 anos, sou tataravô. O sangue bom, alemão, é da Lali. O Fernando sumiu mocinho e nunca mais vi até hoje, é o meu algoz.

Mas depois, por uma questão que até é meio esquisita... eu andava desnorteado, frequentava o Salão Verde. Lá dançava-se, havia bailarinas que eram uma beleza! E eu ia só pra dançar, que eu gosto muito de dançar e ouvir música, principalmente tango argentino que eu dançava muito bem. Lá comecei a dançar com a Leyla e ela se engraçou comigo e eu me engracei por ela e fizemos um negócio meio malfeito. O amante dela era o Leão do Fórum, mas era uma espécie de explorador dela. Ela tinha dois filhinhos dele. Era tão atrevida que me tirou todo o dinheiro. "Quelo dinhelo gandão". E me levou todo o dinheiro, tanto que eu comecei a jogar. E um anel lindo, com brilhantes. Ela era tão atrevida que um dia eu estava no Departamento das Caixas Econômicas, eu era chefe de seção, e presidia uma comissão quando: "Dr. Abel, está aí uma moça que quer falar com o senhor, uma moça bonita mesmo!". "Mas quem será? Mande entrar." Ela entrou lá dentro com dois meninos no colo e foi dizendo: "Me dá quinhentos mil-réis aí porque eu preciso ir numa parteira e fazer uma curetagem".

Era uma chantagista, nada daquilo é verdade. Mas me tirou todo o dinheiro e eu comecei a jogar. E fiz amizade nessa época com o Valdemar Seyssel, dono do Circo do Arrelia e com o Paulo, irmão dele. Ele era advogado. Íamos todos ao Salão Verde e ele não bebia nem dançava, mas furava o cartão do mesmo jeito. Ficávamos na mesma mesa. Era assim: "Pan! pitchibum, tchi bum bum bum! Uma! Pan! pitchibum, tchi bum bum bum! Duas!". Era uma ladroeira danada. E vinha o homem picotar o cartão a cada volta que dávamos no salão.

"Quantas?"
"Dezesseis danças!"
"Mas isso é uma roubalheira! Foram quatro!"
"Então, paga seis!"

E eu comecei a jogar. Conheci lá o maior profissional de São Paulo, o Mãozinha, que tinha uma mão enorme. Ele jogava com a "presa". Eu o levava para minha casa e convidava a "estrela" para jogar conosco. Estrela é o pato, o rico que a gente arranjava pra depenar. Um dia, um amigo meu, sem-vergonha (coitado, já morreu!), o dr. Zenóbio, dentista, me chamou: "Oi! Abel, tem um fazendeiro aí cheio de dinheiro, eu vou levar na sua casa pra ele jogar...". "Então vai." Chegaram lá. O seu Eugênio, homem que tinha inventado a "presa", antes do Mãozinha, dizia: "Ô Abel, pede logo". Era jogo de pôquer, jogo bonito, mas perigoso, jogo de roubo. Em vez de cinco cartas ele pegava dez. Nesse jogo pode mais quem mente mais. E havia o blefe, a chapeleta, o anel lustroso que espelhava as cartas do adversário. Naquela noite nós depenamos o fazendeiro; até esse ponto eu cheguei e me arrependo. Mas nesse tempo eu já estava separado da Lali.

Também fui secretário do X, o X todo o mundo sabe quem era, um homem bom. Eu o conheci quando fazia o inquérito dos encanadores. Ele soube que eu estava com o processo e mandou um amigo dele me sondar: "Oi, Abel, como é que você receberia o dr. X em sua casa?". "Eu receberei como um amigo quando ele for." É que por dentro eu já tinha uma simpatia pelo dr. X. Ele estava de volta de Cochabamba todo empesteado, cheio de bichos.

No dia seguinte, de manhã cedinho, ele bateu em minha porta e disse: "O dedo de Deus me trouxe a esta casa". "Eu já sei, dr. X, o que o senhor quer. O que o senhor quer está em cima de minha mesa. Pode levar." Era o processo.

No dia seguinte, ele voltou lá, e a minha mulher (já era a segunda) disse: "Dr. X, eu não gosto do senhor, eu detesto o senhor, eu não gosto que o Abelzinho se meta com o senhor, porque o senhor foi buscar o Getúlio lá onde ele estava, na Granja do Torto, e trouxe de volta para o governo. É por isso que eu não gosto do senhor". Então ele disse: "Muito bem, minha filha, muito bem!

Está vendo, dr. Abel? Eu estou acostumado a toda aquela gente que está comigo dizendo amém, amém, sim, sim, e esta moça chega e diz o que quer. Essa moça é que serve para trabalhar comigo. Quer trabalhar comigo, minha filha?". "Eu não, nem que o senhor me pagar o dobro do que o senhor paga para ele." E disse o diabo. Eu apaziguava: "É, dr. X, a dona Sandra aqui é muito brava mesmo".

No dia seguinte eu estava trabalhando pra ele. Todo processo em nome do dr. X eu sumia com ele. Não houve o processo famoso da urna marajoara? Ele me disse: "Ô Abel! Esconde aquilo, senão eles me pegam". Um dia chegou em casa um homem esquisito, com uma fisionomia de inca... O que eu tinha feito? Tinha botado a urna num Chevrolet verde enorme (ele tinha a mania do verde e do trevo de quatro folhas) e levado pro porão de minha casa, lá na rua Minas Gerais. Aliás, na rua São Vicente de Paula... Pois uma noite apareceu por lá o tal sujeito, o inca, eu olhei pra ele e adivinhei: "O senhor veio buscar a urna marajoara?".

"Exato!"*

"Está aqui."

Quando o dr. X soube, ele chorou.

Eu trabalhava na casa do X e estranhava que um general aparecesse toda noite lá, bem na hora de eu sair, às nove, dez da noite. E pensava: esse homem não presta. Aparece na hora que não tem mais ninguém. É dinheiro, dinheiro que ele vem buscar.

E assim o general K. sustentava o X no poder.**

Houve uma época em que ele chegou a dizer às milhares de pessoas e firmas que queriam telefone e tinham prioridade A ou prioridade B: "Escutem, se vocês quiserem telefone, não peçam a mim, peçam ao Abel, porque é ele que manda, não sou eu que mando". E eu mandava mesmo. Eu devia ganhar vinte contos por mês. E ele nunca que me pagava. Eram três meses já e eu não via um tostão: "Olhe, dr. X, já são três meses que o senhor não me paga. São sessenta contos e eu quero receber, preciso desse dinheiro".

"Pois não, vamos jantar agora."

Nós sentamos à mesa. Estava ele, d. Nora, eu à direita dela e, em frente, o dr. Osório. Então ele dizia: "Osório, você tem sessenta contos aí?".

---

* Pronunciado "ecssato", em espanhol.
** Esse general foi um dos promotores do Golpe Militar de 1964.

E ele me passava depois.

Aí nós começamos a cobrar os banqueiros do jogo de bicho. Estavam lá o Totó, o Piba, o Durva, o Fernandes, que eram os principais bicheiros. Eles pagavam para o dr. X não mandar a polícia lá. Vinham e traziam as maletas recheadas de dinheiro. O dr. X me dizia: "Ô Abel, entra aí, abre esse cofre que a gente vai pôr o dinheiro aí". Quando eu abri, era tanto o dinheiro, que caía em cima da gente, não cabia mais nada. Estava atulhado de notas. Quando os bicheiros tinham descarregado as maletas e ficava aquele montão de dinheiro pra gente enfiar no cofre, o dr. X me dizia: "Ô Abel, por que você não pega? Ninguém contou esse dinheiro, nem eu sei quanto tem!".

"Não senhor, dr. X."

"Você é uma besta mesmo, Abel, você não gosta de dinheiro?"

"Não senhor, não é que eu não gosto de dinheiro, mas a verdade é que eu gosto do senhor. Eu não tive pai, o senhor me trata como pai. O senhor já me paga ordenado!"

"Mas você é uma besta mesmo. Tira quanto quiser. Eu não sei quanto tem!"

Ele era assim, louco. Tinha umas coisas que não funcionavam. Dizia: "Ninguém come enquanto eu não chegar e a Nora não chegar". Muito bem, mas eu, como era seco pela Sebastiana, a cozinheira, que ficava lá embaixo, e tinha aquele elevadorzinho que trazia a comida pra cima, eu batia e gritava: "Tiana, eu estou com uma fome desgraçada!". E aí subia o elevadorzinho com empadinhas, coxinhas de galinha...

"Você não quer um vinhozinho gostoso, Abel?"

"Quero."

Só eu tinha coragem de comer. Nem o Dão, que era o factótum, o leva e traz, e que chegava perto de mim e dizia baixinho: "Dona Nora quer falar com você...".

Nem o Cândido, que era o mordomo, um alto e magro, que um dia me pediu uma caneta. Só eu tinha coragem de subir até o quarto do X e pegar uma caneta. Eu fui e vi tanta caneta, um monte, que peguei três de uma vez, aliás quatro, mas uma caiu no chão. Desci, dei uma pro Cândido e o resto guardei pra mim. Quando ele chegou, deu com aquela caneta no chão e comentou: "Isso é coisa do Abel. Coragem para entrar no meu quarto, só ele".

Eu fui logo dizendo: "Entenda, dr. X, o Cândido queria uma caneta, eu fui buscar e deixei cair uma no chão".

"Mas por que não pegou uma pra você, em vez de dar pra esse velho esquelético que anda por aí fazendo turismo?!"

Não deixava ninguém comer antes dele chegar. Mas eu comia. E todo mundo ficava com uma fome desgraçada sem poder comer. E eu, só de malvadeza, dizia pro Cândido, lambendo os beiços: "Ó, Cândido... mnhã, mnhã, mnhã... ĥum... ĥum...".

Um dia chegou o dr. X, três horas da tarde, pra almoçar, ele e a d. Nora.

"Ô, Abel, você já comeu, não é?"

"Não, senhor!"

"E essa farinha que você tem no beiço, o que é? Bastiana, não me mande mais comida pro Abel enquanto eu não estiver aqui, hein?"

Ele descobria mesmo, não adiantava esconder, nunca deixou de descobrir. Então d. Nora, que era muito afeiçoada a mim, dizia: "Coitado do Abel, ter que esperar até três horas, fez muito bem de comer!". Depois íamos pra mesa. Ele, no seu lugar; d. Nora na frente; eu à direita dele, sempre à direita, e o Carlos à direita dela. Eu sempre do lado direito dele. Eu não sei por que, ele sobrestimava o meu valor. Porque de fato eu não era o que ele pensava. Eu descobri o fraco do X. E eu jogava com pau de dois bicos, o que não era muito leal da minha parte. Mas ele sobrestimava o meu valor. Tudo quanto era prioridade passava pelas minhas mãos: "O dr. Fávero está querendo botar uma banca de flores ali na praça". "Mas eu já assinei a licença, seu malandro. Agora, se você quiser cobrar como 'prioridade', são vinte contos." E eu corava, e era o único dinheiro certo que eu recebia.

D. Nora fumava cigarros LS; ela me dava um pacote e eu tirava dois. ela percebia: "Você tirou dois, Abel".

Um dia o Caio, que era mordomo do palácio, teve uma briga séria com o X. Os dois eram valentes e quase se atracaram. Tinha chegado o total do jogo de bicho: 60 milhões! O Batista pôs a mala no chão e nós fazendo o possível pra separar os dois grandes. Numa certa hora, o X gritou: "Ponha-se daqui pra fora e nunca mais entre aqui na minha casa!". O Caio passou a mão na mala e, vupt!... fugiu.

"Dá a mala! Dá a mala! Peguem a mala!"

E o Caio assim ficou milionário, ninguém o alcançou. Sessenta milhões naquele tempo!

Uma vez ele tinha de me pagar duzentos contos por uma letra que vencia e que tinha sido endossada em meu nome. "Duzentos contos? Agora eu não tenho isso, espera até amanhã, e lá pelas onze horas vamos nos encontrar na escadaria do Hotel Esplanada, atrás do Teatro Municipal." Dito e feito. No dia seguinte de manhã ele me encontrou junto a uma porção de gente louca pra falar com ele, pedir favor a ele. Ele me abraçou pelo pescoço bem apertado e me ia dizendo: "Vamos descer juntos, vamos indo almoçar".

"Mas dr. X, eu quero os duzentos contos que o senhor me prometeu ontem."

"Sei, sei, vamos almoçar, meu amigo". E ia descendo e cochichando até a praça da República.

E chegando lá, estava um carrão oficial, ele entrou e me deixou de fora, na mão. Quando eu olhei em volta, vi uma porção de gente, aqueles mesmos que estavam no Esplanada, me cercaram e perguntaram: "Você é amigo do dr. X?".

"Sou, sim, por quê?"

"E o que você estava querendo dele?"

"Ora, eu estava cobrando duzentos contos que ele me deve."

"Pois então, toma lá, duzentos contos, e toma nota do meu nome."

E outro: "Toma lá, duzentos e o meu nome, anota aí!".

E outro: "Trezentos, e não esqueça o meu nome!".

E foi uma chuva de dinheiro que eu mal podia carregar. E todos me davam o nome porque assim ficavam credores de favores do dr. X que, por causa deles, não precisava mais me pagar nada... E o danado sabia disso. Depois eles o iriam procurar, pedindo compensações: um queria abrir uma doceira, outro uma banca de flores. Por isso, anotavam o meu nome e me davam o deles. No dia seguinte, de manhã, eu cheguei para contar o fato ao dr. X, e ele deu risada: "Eu sou mesmo um colosso, sou ou não sou, Abel?".

"É mesmo!"

"Quer dizer que você recebeu um bolo, não é verdade?! Me dá a metade aí! Quanto você recebeu?"

"Bem, eu recebi quase 2 mil contos."

"Bom, então passa mil pra cá porque eu sei que você ganhou 3 mil. Não tem importância. Ladrão que rouba ladrão tem cem anos de perdão. Me dá aqui mil."

Eu repeti que eram 2 mil, foi a única vez que eu tapeei o X. Eu fiquei com 1500, o que afinal era uma fortuna pra quem ganhava vinte contos por mês. O César era primeiro secretário dele, mas eu, como segundo secretário, é que fazia tudo. O César só vivia com a mala de documentos atrás dele. Só, mais nada.

Um dia o dr. X me disse: "Ô Abel, vamos passear?".

"Vamos."

Veio o chofer, o Toninho, que era o pistoleiro dele, outro guarda-costas, e lá fomos girando. Eu quando percebi que estávamos chegando ao Campo de Marte, disse: "Dr. X, já não estou gostando, esse não é o Campo de Marte? O senhor sabe que eu não gosto de andar de avião."

"Mas que é isso? Vamos lá! Dar uma volta..."

Chegando lá entramos em um avião portentoso do Fontoura, que só faltava ter um cabaré dentro.

"Suba, Abel."

"Vamos."

O César não foi, só estávamos o comandante, dr. X e eu.

"Pra onde é que nós vamos?"

"Nós vamos a Botucatu, onde o dr. Salzano, meu médico e amigo, tem uma fazenda."

Chegamos logo e eu percebi logo a coisa: "Dr. X, nós já chegamos, eu já percebi, mas o avião gira, gira, gira e não desce. Aconteceu alguma coisa. Será a gasolina? Eu não disse?!".

"Mas eu não sou o dr. X? Eu não tenho um anjo comigo? Não tenha medo, Abel!"

O avião foi girando, girando, meteu-se dentro de umas árvores, ficou dependurado, eu fiquei sentado amarrado pelo cinto, e o dr. X ficou também seguro, sem poder se mexer, mas entalado de ponta-cabeça. E levou muitas horas naquela posição. Xingou de tudo o que era nome: "Esses filhos disso são uns irresponsáveis. Quando eu sair daqui, eu faço, eu aconteço!". "Mas dr. X, tem paciência, tome um pouquinho disso pra poder aguentar. O senhor não quer?" Eram umas pílulas que a gente levava pra não enjoar. "O senhor não quer? Isto ao menos tira o enjoo." "Fica quieto aí, sua besta!" Afinal chegaram e tiraram o X de lá.

Salvaram o X. E ele, todo sorridente: "Não disse? Comigo não acontece nada, tenho santo forte, Abel!".

Eu nunca mais entrei num avião, nem com ele nem sem ele. E por isso, minha mulher o detestava.

Tudo ia bem... até que um dia apareceu o dr. R., ouviu falar no dr. R.? Era uma mulher loura, não era bonita mas era uma mulher atraente... como quê! Ela tinha uma força que atraía a gente. O marido dela, o dr. Sangi, era médico do X. Culta, cabelo vermelho, uma mulher atraente mesmo, atraía até a mim; ela me dava a mão, segurava a minha mão, e o X dizia: "Larga, Abel, que isto é pra mim!".

E foi pra ele mesmo. E todos diziam: "O dr. R. está aí".

E ela mesma dizia: "Não me chamem mais pelo meu nome, agora eu sou o dr. R.".

E aí começou o sacrifício de d. Nora, uma santa. Porque eles viviam como dois namorados. Ele não bebia, não jogava, não fumava, não tinha mulheres. Era só a Nora.

Até que um dia eles embarcaram, dr. R. e o dr. X, e foram para a Suíça depositar todo o dinheiro do jogo de bicho lá no banco. Depois ficou tudo aquilo lá. Ele tinha 62 anos nessa época, a minha idade, e a exata idade do Getúlio. Eu disse então pra ele: "Dr. X, aqui a minha missão está terminada, eu já percebi tudo". "Mas por que, Abel?" Porque alguém tirou o senhor de todos nós, inclusive de mim." E d. Nora chorava. Todo mundo chorava.

Um dia, o general K. chegou e disse: "Abel, depressa, onde é que está o X? Vamos embora, o Exército se rebelou contra mim, já sabe da corriola toda, e vamos embora!". E começou o corre-corre. O dr. X tinha uma hérnia enorme, que era uma bola de futebol nº 5. E pra encaixar dentro da barriga precisava o dr. ir enfaixando e eu puxando como cavalo. Eram voltas e voltas na barriga dele até o último nó.

"Vamos Abel, força, burro, hei, hei, hum, hum... Pronto! Já entrou."

Um dia ele me chamou. Estava sentado naquela escrivaninha linda, cor-de-rosa, enorme.

"Senta aí."

Eu sentei. E ele: "Olhe, Abel. Eu vou fazer uma promessa a você. Eu prometo, eu juro a você que eu não vou roubar mais, nem vou deixar que ninguém roube por mim. Prometo a Você que é meu amigo. Quero ser um outro homem. Eu mesmo, às vezes, acordo perguntando a mim mesmo: 'Será que eu sou aquele homem ou sou outro homem?' E se eu perguntar a você, Abel: você é você mesmo ou você é outro homem, você saberia me responder?".

E eu fiquei sem saber o que responder. Mas no dia seguinte ele esquecia e começava tudo de novo. Até que enfim ele foi embora mesmo, com a hérnia e tudo. E foi para a Suíça operar a hérnia. No dia seguinte, eu recebi um telegrama de d. Nora: *"Dr. Abel, não opere sua hérnia. O chefe operou, morreu"*. Eu tinha a mesma idade que ele, não operei, até hoje eu uso uma funda dessas na barriga.

Agora, rapidamente, eu queria falar do dr. Jânio. O dr. Jânio, faziam dele uma imagem de homem caspento, não é isso? Um homem que ia para os comícios comendo um pão com queijo embolorado e fedido. Mas um dia eu estava atravessando a sala de trabalho dele, que era caminho forçado para os secretários, quando ele me chamou: "Abel, me dá um cigarro".

Eu dei.

"Mas você precisa comprar um cigarro mais forte pra dar pro governador, esse daí é muito fraco, que é isso?"

Aí ele me fez sentar e disse: "Olha bem pro meu cabelo".

E me mostrou o cabelo bem preto, cheiroso, lustroso, não tinha caspa nenhuma, nenhuma, nenhuma...

"E o meu almoço, como é?"

"Eu acho que o senhor almoça bastante, acho que até um pouco demais, veja que o senhor está engordando, dorme uma meia hora, depois o senhor sai bem reconfortado e vai pro comício."

"E dizem que eu levo aquele pão com queijo podre, e que eu sou caspento! Que é que eu posso fazer? Eu tenho culpa disso, tenho culpa?"

Mas eu era empregado dos dois ao mesmo tempo: do X, secretário particular; do Jânio, como funcionário dos inquéritos administrativos. Um dia eu estava no jardim da residência particular do dr. X, perto de uma piscina de cinquenta metros, olhando e cheirando umas rosas: "Sabe, dr. X, que é dessas rosas que se extrai o perfume do charuto que o senhor tem nas mãos mas não fuma? É da raiz dessa roseira que se faz o perfume. Dessa rosa branca, enorme: a *Sachzen Gross*". Ele estava me abraçando quando eu olhei para uma casa alta, lá nos fundos, do outro lado da rua, e disse: "Mas dr. X, e se tem um olheiro lá em cima, ele pode ver tudo aqui".

"Mas você anda cismado com olheiros!"

No dia seguinte, eu fui levar um processo importante ao dr. Jânio, cheguei perto da mesa e vi, bem em cima, o retrato do dr. X me abraçando perto das roseiras.

"Excelência..."

"Excelência nada; dr. Jânio."

"Dr. Jânio, vim trazer esse processo..."

"Como é que o senhor se deixou dominar por aquele homem? O senhor, pra mim, era o melhor empregado que eu tive até hoje!" (Eu era secretário da Comissão de Inquérito.)

"O senhor continua do mesmo jeito. Só lhe peço uma coisa com este processo aqui. Este processo é importante e tem um nome de um homem com o meu sobrenome. Leia bem este processo. Se esse homem que tem o meu sobrenome fez alguma coisa contra o serviço público, me avise, que eu peço a demissão dele. Porque eu tomo conta do meu nome, e ele aproveitou-se do meu nome."

Eu peguei: li, li, li, li, li, li, e vi que o homem, coitado, tinha entrado no processo como Pilatos no Credo. E disse isso pra ele.

"Você está dizendo isso pra me agradar?"

"Não, senhor. O senhor quer que eu jure?"

"Nunca jure, Abel. Eu acredito."

Então, era honesto ou não era? Era pobre, aquelas viagens que ele fez pagaram tudo pra ele, ele só tinha uma casa. Era um homem extraordinário. Algum presidente teve 6 milhões de votos? Renunciou por causa do Carlos Lacerda, aquela víbora, demônio, homem da capa preta, Satanás. Tanto fez, tanto fez, que conseguiu.

O Jânio dizia pra mim: "Abel, eu estou cansado de tanta luta. Vou escrever". E fez uma enciclopédia que era uma maravilha. Ele nunca me pegou num erro. Mas um dia, ele fez um errinho e eu disse: "Dr., peguei o senhor! Escreveu no processo *haja vista* e o certo seria *haja visto*". "É verdade." "Se eu não pegasse, o senhor seria girafa. A girafa tão grande que não existe. Ainda bem que o senhor fez um errinho." Fez a enciclopédia, e até hoje eu tenho os livros com dedicatória dele. Um homem com uma inteligência fabulosa. Um português como eu não vi outro até hoje! Pronunciava bem, parece que estudou califasia para poder falar, orar, pregar e fazer discurso. Trabalhava uma coisa horrorosa! Ele dormia duas ou três horas por dia, tomava injeções, eu vi Jânio tomar soro; um homem que conseguiu 6 milhões de votos!

Quando trabalhei na Comissão de Inquérito, o Juqueri tinha 14 mil doentes, com capacidade para 7 mil. Desmembrei esse aglomerado para oito colônias, fui eu que assinei o desmembramento do hospício com a maior concentração de loucos do mundo.

O dr. X conseguiu 45 mil votos na campanha de governador. Fomos para o Rio buscar o Luís Carlos Prestes. Mal nos viu, ele disse: "Sou muito pequeno, não é?". Ele adivinhava o que estávamos pensando. E falava, falava: "Vou pedir que meus partidários votem em branco. Nenhum dos candidatos presta. Minha mensagem será: *Sou o Cavaleiro da Esperança. Estarei ao vosso lado. Votem em branco*".

Quando chegou o dr. X e propôs o acordo, Prestes disse: "Para o senhor ganhar essas eleições preciso 40 milhões de cruzeiros". "Mas, capitão Prestes, o senhor quer milhões?!" "Sim, senhor. Eu tenho obras de caridade." E tinha mesmo. Aquele homem não mentia. Falava de frente, sustentando o olhar do outro. Mantinha um asilo com duzentos velhos. O único que o auxiliava no asilo era o Tenório Cavalcanti, aquele da "Lurdinha".* Mas o dr. X não deu nada, tapeou. Ele voltou para Santos, depois do acordo assinado. Então, redigiram um manifesto como se fosse dele: "Ainda hoje, estarei entre vós. Eu sou o Cavaleiro da Esperança. Votai em X porque os outros não prestam".

Passaram a noite batendo essas palavras e quem assinou com a letra igualzinha à do Prestes foi um sujeito que tem uma habilidade tremenda para imitar assinaturas. Jogamos de avião lá de cima, inundamos São Paulo. E o X ganhou 45 mil votos. Se os secretários do Prestes soubessem! O povo aqui é comunista em grande parte, não se diz comunista mas é, por dentro é: católico apostólico romano comunista.

O X ganhou a eleição. Fui visitá-lo no palácio. Estava cheio de gente, inclusive um padre danado. X disse: "Deixem este homem passar. Devo a este moço o estar sentado aqui". E me deu uma caneta de ouro. Todo mundo começou a perguntar: "Quem é esse moço?". Eu disse: "Dr. X, eu agradeço o 'moço'". E fiquei lá como um deus. Todo mundo queria falar comigo, chegar perto de mim. O X sobrestimava meu valor. Como não tive pai, me apeguei a ele, sentia pena dele.

O que ele fez com o general Porfírio da Paz foi coisa que não se escreve: "ô general, entre e espere aqui em meu lugar que já volto". Ele pegava o dólmã do

---

* Deputado da Baixada Fluminense famoso por portar sua metralhadora, a "Lurdinha".

Porfírio, dava um nó e ia embora. Quando o general queria sair não conseguia. O pessoal todo olhando e ele: "Dá licença, dá licença... Ah, esse X tem cada coisa". Não conseguia desamarrar. E era um general.

A entrada da casa dele era uma beleza! Tinha um Cristo de mármore grande, muito bonito. A gente entrava e via o salão dourado onde ficava o retrato de d. Pedro I. Ele dizia: "Eu sou a reencarnação de Pedro I, safado, mulherengo...". Não é verdade, Pedro I não era nada disso.

Um dia ele chamou o Freitas Nobre. Freitas Nobre vai ser candidato a deputado estadual. Freitas Nobre era espírita: "Freitas Nobre, eu vou pagar tudo quanto você quiser, vou te dar as cédulas, os volantes da campanha e mais 20 mil cruzeiros, se você me fizer uma coisa".

"O que é?"

"Me faz aqui uma sessãozinha e vê se eu sou mesmo d. Pedro..."

"O senhor pensa que eu sou de brincadeira, o senhor vá à merda!"

Eu fui atrás dele: "Como é que você faz isso? Tenha paciência, Freitas, você fazer uma coisa dessas!".

"Por uma brincadeira ele me chama lá pra fazer uma sessão espírita e saber se ele é a reencarnação de d. Pedro I! Ele é louco!"

"Pois ele mandou dizer que lhe dá 20 mil cruzeiros e manda fazer todos os volantes que você precisar."

"Não aceito, não quero negócio nenhum. E se um dia vier qualquer coisa contra o X, eu votarei contra ele."

E ele se julgava encarnação de d. Pedro I.

Já tive muitas visões. Sei que quase ninguém acredita, mas não posso negar que tive, seria negar a mim mesmo, negar a minha convicção. Visão já tive com minha mãe, meu avô e meu filho (este que morreu), principalmente agora. Não que eu peça a Deus pra ver, mesmo porque eu peço a Deus que me faça esquecer o que aconteceu, pois tudo está ainda tão recente. Mas não consigo esquecer. Então eu ouço rádio pra esquecer. À noite, quando eu deito, eu peço a bênção à minha mãe e a meu avô. Agora, uma coisa que ninguém acredita, mas que eu tenho certeza. *Meu filho, André, e meu avô eram uma só pessoa*. Meu filho, quando tinha seis anos, adivinhou coisas que eu não compreendo como é que ele poderia saber. Ele disse: "Pai, quem é que gosta mais do senhor?".

"Acho que é você, meu filho."

"E antigamente, quando o senhor era pequeno, quem é que gostava mais do senhor?"

"Era meu avô."

"Mas é lógico que era seu avô, porque eu sou seu avô."

"É, meu filho?" (Eu queria experimentá-lo.) "E como é que você sabe disso?"

"Me dá um retrato dele, eu olho e digo qual era."

Eu mostrava uma fotografia onde estavam os quatro: o dr. Lopes, o Marcolino Barreto, o dr. Carlos de Campos e um senhor bonitão de bigode grisalho, meio agressivo.

"Olha eu aqui!"

E eu pensava: não é possível! E ele: "Pai, me dá a chave".

"Chave do que, filho?"

"A chave lá de cima."

E a mãe intervinha: "Mas que chave de cima? Lá não tem nada!".

Mas eu sabia.

"Nem você sabe... Você quer ver como ele sabe? Olhe essa fotografia. Meu avô está com uma bengala. Ele está escondendo na mão o cabo de prata com um cachorro..."

"Me dá a chave, pai!"

Eu dei a chave, ele subiu e, daí a pouco, volta com a bengala com o cabo de prata e o cachorro gravado! Ela se espantou: "Mas filho, onde que você achou isso?".

Eu expliquei: "Lá em cima, há um quartinho em que ninguém vai e onde estão as recordações de vovô; você aperta um lugar que só eu sei, abre, que tem o chapéu dele, tem a bengala, uma espada e o fardão da Guarda Nacional, porque ele era coronel da Guarda Nacional".

E ela: "Mas isso é coisa de macumba, aqui na minha casa! Onde se viu isso?! Eu sou dona da casa e não sabia de nada disso!".

"É claro, você não se incomoda com o passado! O que é tradicional você não se incomoda! Mas eu, sim!"

Eu quero a tradição, porque quem não teve passado não tem presente.

Esse menino, o André, um gênio, entrou no Instituto Tecnológico de Aeronáutica em terceiro lugar; formou-se engenheiro aviador. Morreu há dois meses de câncer, com 29 anos! E me deixou aqui sozinho, sozinho.

Antes de morrer ele foi ficando amarelado, parecido com as tuberculosas, as mocinhas que namorei em Campos do Jordão, com aquele rosto... Rezo toda noite por elas.

Minha situação é esta: um pouco antes de eu me aposentar, eu cedi meu lugar para Sandra. Eu era procurador do Estado, eu cedi meu ordenado para ela, no tempo do X. "Eu vou me aposentar agora, já trabalhei doze anos a mais do que devia." Então eles aceitaram: ela, que é 23 anos mais nova do que eu, ganha de 15 a 20 mil cruzeiros, é assistente técnica de administração, alto padrão; e eu estou ganhando 5 mil cruzeiros. Sou um aposentado com 5 mil, é uma miséria! Ah, não! Eu tenho mais cinquenta centavos da revolução, do artigo 30 das disposições transitórias. Eu não pedi, ninguém pediu; eles é que nos deram em forma de diploma, como uma espécie de promoção. Mas uma alma danada brecou aquilo: que seja uma quantia $x$ e não uma letra a mais. Eles não pensaram que o tempo ia passar e que a moeda iria desvalorizar desse jeito.

Sou herdeiro do barão de Cocais e não tenho um vintém.

Minha mulher Lali hoje está vivendo no Palácio Metodista de Campinas. Aqui no asilo só converso com meu companheiro de quarto, meu amigo Antônio, que também tem muito boa memória. Tenho comentado com ele coisas passadas, a São Paulo de sessenta anos atrás. E de um tempo ainda mais antigo, que eu lembro ainda melhor, de uma festa no largo dos Curros em que dançou o conde Raul de Carapebus.

Na velhice temos o que ensinar, mas escrevi num poema:

*A mão trêmula é incapaz*
*de ensinar o aprendido.*

Quando criança, eu tive sonhos premonitórios que eu contava para meu avô. A primeira vez eu sonhei que vivia num lugar onde havia uma grande cruz. Um lugar que se chamava Vera Cruz. Eu estava tão nervoso que meu avô chamou um médico, o dr. Carneiro Leão, que me deu um calmante e me aplicou injeções. E eu dormi. No dia seguinte, eu acordei e disse: "Vô, eu sonhei outra vez, o Vera Cruz era um hospital, eu estava internado lá, era um lugar horroroso, tinha o Zé Cabelo, tinha uma descida com um portão enorme que se batia, batia, batia, e quando abria, a gente tinha que correr, correr, correr pulando... E a minha mesa era a última... E eu dizia: 'quem me pôs aqui, meu Deus?!' E meu anjo protetor chamava-se Maria".

Tudo isso meu sonho de quando eu tinha oito anos. Agora, a realidade. Me puseram no Vera Cruz, um internato de loucos e bêbados. Para comer, a primeira vez perdi a vez. Quando tocava a sineta, a gente precisava correr até um portão enorme, e os loucos todos atrás, pressionando; quando abria, era preciso saltar em passo de canguru pela descida abaixo até chegar à mesa. A minha protetora, a Maria, vendo que eu não tinha conseguido, me avisou: "Da outra vez, venha mais depressa!". Foi o que eu fiz. Quando abriu o portão, desci como canguru e consegui chegar até a mesa, onde recebi uma sopa com duas almôndegas e uma colher. Eles não davam garfo nem faca, de medo que os loucos se ferissem. E a Maria picava toda a carne pra mim.

No quarto enorme, com dez camas, eu estava deitado ao lado de um homem nortista com uma cabeça colossal, um cabelo armado enorme! Ele chamava-se Zé Cabelo. Me perguntou meu nome. "Abel." "Ah! Sr. Abel, Abel, Abel, me dá um cigarro?" Ele nunca me chamou de Abel uma vez só; dizia sempre três vezes: Abel, Abel, Abel.

A cama era uma espécie de maca. O cobertor parecia uma toalha, de tão fino. E estávamos em junho, fazia muito frio. "Pois não!" E dei o cigarro que ele pediu. Ele deu umas pitadas, deu uma cuspida, depois ficou quieto. Apagaram-se as luzes e eu senti um calor repentino nas minhas costas. Epa, o que será isso? E me virei com medo para o lado do Zé Cabelo. Ele tinha me dado o cobertor dele e estava nu, virado para a parede gelada de cimento. Esse era louco.

E tudo isso eu tinha sonhado quando criança. Foi uma precognição. Esta mulher, a Sandra, fez uma macumba na minha casa e dois meses depois eu estava no hospital.

Um dia, o Zé Cabelo disse:

"Abel Abel Abel, eu vou pedir uma coisa. Se o Abel Abel Abel me der, eu agradeço. Se o Abel Abel Abel não der, Zé Cabelo não fica zangado."

"O que é?"

"Eu queria cinco mil-réis para visitar minha família."

"Até mais, Zé, até mais eu te dou."

Eu dei os cinco mil-réis pra ele, ele não quis mais. Um dia antes de eu sair, eu recebi uma carta dele: "Abel Abel Abel, tá aqui os cinco mil-réis. A bênção". Eu sofri tanto com aquilo!

Mas bateu cinco horas! E eu corri, corri para comer e consegui chegar em primeiro lugar; feri um pouco os lábios no portão mas cheguei.

Lá havia bêbados, loucos, toxicômanos, homens que maltratavam as esposas e que elas punham lá para se tratar. O diretor era o dr. Fagundes, psiquiatra. Mas eu fiquei tão desesperado que resolvi me acabar. Eu tinha retenção de urina e tomava mercúrio corrosivo que uma enfermeira, parenta do presidente Médici, me tinha receitado; ele também sofria de retenção de urina. Um homeopata meio alopata meu amigo, o dr. Brickman, me dizia: "Isso é formidável, mas tome só dez gotas; se você tomar vinte, pode até morrer". Eu pedi perdão a Deus, perdão pelos suicidas, mas não aguentava mais. "Ela não vem aqui, já estou aqui há uma semana e ela não apareceu para saber o que aconteceu comigo!" O sofrimento era grande demais. Tomei então o vidro inteirinho, umas quinhentas, seiscentas gotas, e senti no ouvido tiuuuuunnn... E morri. E imediatamente acordei: "O que foi? O que foi?". Haviam passado oito horas. E o enfermeiro mandou chamá-la imediatamente.

Enquanto isso, dormi um sono sem sonho, profundo, pela primeira vez. Quando acordei, levantei, fui ao banheiro e urinei. Depois caí de joelhos e rezei: "Deus quis! Eu queria me matar, ele não deixou e me sarou de minha doença. Eu sarei da minha retenção de urina". E ela chegou lá: "Oh, como é que você foi fazer isso?". "Você me pôs aqui para se ver livre de mim! E eu tentei suicídio. Mas agora, veja, eu estou curado. Se você esperar quinze minutos, você vai ver." E bebi dois copos d'água e em menos de quinze minutos o efeito se fez sentir. Ela ficou quieta, quieta, pensando, e depois se retirou. Eu repeti mais tarde a tentativa. Tomei um remédio ainda mais forte e o resultado foi o mesmo, só que demorou um pouco mais para eu acordar. Então ela ficou com pena, me tirou do Vera Cruz e me pôs no Hospital Psiquiátrico. O nome era pomposo, mas afinal era quase a mesma coisa: tinha pouco espaço e muito doente. Enfim ela se arrependeu e me disse: "Eu vou levar você para outro lugar".

Agora voltando à infância: quando eu tinha oito anos eu vi, em sonho, um lugar lindo chamado Abrigo São... Eu sabia que era um santo mas não sabia qual. Sabe o que era? Abrigo São Vicente, onde eu estou agora. E eu vim pra cá em sonho e vi este quartinho e abri a portinha do armário e vi o retratinho dela pregado... Foi uma precognição. Coisas que a nossa vã sabedoria não sabe explicar. Fui *enfant gâté,* agora estou um trapo.

Minha mulher esteve aqui: ela tem 72 anos e continua bonita como antes. Ela veio aqui me visitar com nosso filho Abel; e eu pensava: "Meu Deus do céu, ela está mais bonita do que antes, mais bonita do que nunca! Até o perfume de violetas que eu gostava tanto ela está usando...".

E eu fiquei embasbacado.

"Como vai, Abel?"

"Eu vou bem, e você, como vai?"

Eu fiquei com uma vontade de dar um abraço. E sei que ela também estava querendo me abraçar.

"E a Sandra?"

"A Sandra vai indo mais ou menos."

"Ela tem te tratado bem?"

"Tem."

"Porque se ela não estiver tratando você bem, nós temos um lugar lá no palácio, não é, pai?"

Ela trata o genro, que é bispo metodista, de "pai".

"É claro que sim, lá no palácio há sempre um lugar à mesa para o senhor."

Numa certa hora eu perguntei: "Mas por que você foi embora, Lali?"

"É... a vida... um equívoco! Você brigava muito comigo, queria que eu pusesse farinha, quando eu não punha farinha, se eu comprava Sissi você queria gasosa, e tal... E eu dizia: 'Um dia eu vou embora!'. E você: 'Vai quando quiser...'"

"Mas isso não era pra ir embora; você foi."

E agora? Agora está tudo acabado."

Eu sou filho único, criado por avô, nunca me bateram, nunca apanhei na vida, fui um *enfant gâté,* e isso foi o mal, e eu acabo aqui como um traste, eu que falo todas as línguas, inclusive o russo, inclusive o chinês, inclusive a língua dos índios, quer ouvir? *Kojibamba ipi boca Kemorinê. Jepê Bocaína. Itapira. Mapó. Cepó. Epó.* Eles só contavam até dez, e com a mão. *Jepê. Bocain. Ussapira, Urumbi,* quatro. Depois era *pó,* cinco, com a mão. *Ce-pó,* duas mãos. *Ituba,* o resto. Eu aprendi tudo isso com meu avô.

Eu quase não sonho. Só quando eu chamo meu filho é que eu consigo dormir. Como ontem, por exemplo, que me deu uma tristeza!... Não entendo por que eu estou aqui há três anos e meio, estou com 74 anos, aqui não é minha casa. O que eu estou fazendo aqui se eu não moro aqui? Minha casa não é esta, é outra. Meu filho, me ajuda!

Eram onze horas, eu fechei os olhos, e imediatamente depois veio a enfermeira aqui trocar o seu Antônio: "Mas seu Antônio, por favor, podiam pelo menos ter um pouco de consideração, agora que eu comecei a dormir...".

"Mas o senhor sabe que horas são?"

"Que horas?"

"Sete horas da manhã."

Veja, eu dormi oito horas de um sono só, sem sonho! Meu filho me ajudou. Aliás, nunca fui de sonhar muito. Eu não durmo de costas! Quem dorme de costas sonha, ronca e respira pela boca. Eu, não; durmo dos três lados para não gastar. Durmo com a boca fechada. De vez em quando tomo um gole d'água. Mas é só.

Passei pelo Vera Cruz, um inferno de loucos e alcoólatras, onde ela me internou, mas sou um homem inteiro ainda. Apenas essa funda para a hérnia que eu adquiri trabalhando numa época em que fazia demonstração de máquinas de costura Elgin e andava muito a pé. Foi um trabalho que peguei depois de aposentado.

Voltar pra casa?

Ela sai de casa às sete e meia, vai para o ministério e só volta à noite. Então eu faço tudo: arroz, feijão, verdura, batatinha, vejo o que tem na geladeira: leite, manteiga. Vejo o pão, pego dois filés, tempero bem, bato bem... e isso é a única coisa que ela vai fazer. Então já está tudo pronto na mesa, tudo quentinho quando ela chega na hora exata. Ela é exata. Chega, acende um cigarro, ô raio de cigarro! Frita o filé mignon e vamos comer. Depois tomamos um licor de cacau. Vemos uma Philco portátil.

Voltar pra casa? Não, eu não tenho mais condições de viver lá. Não conheço mais ninguém. Eu chamo este asilo de gaiolão de ouro. Gaiolão de porta aberta. Mas, fugir para quê? Para onde eu vou?

# Sr. Antônio

Nasci em Santa Rita do Passa Quatro em 23 de agosto de 1904; filho de Giovanni e Ripalda, que chegaram ao Brasil em 1900 como imigrantes. Foram trabalhar nas fazendas de Santa Rita, roçando e apanhando café. Dos seus filhos, cinco vieram da Itália e quatro nasceram aqui. O mais velho Ângelo, o segundo Sabino, o terceiro Francisco, o quarto Mateus, e depois veio minha irmã Antonieta e outra irmã Incoronata, depois eu, ainda meu irmão Domingos e finalmente a última, Rita.

Nasci com o braço direito pregado no corpo, esse braço não abria. Estava com poucos dias e como nasci numa fazenda em Santa Rita do Passa Quatro, em Monte Alegre, meu pai me levou a Santa Rita consultar um médico. O médico disse que não podia operar aquilo porque não sabia o que ia acontecer; eu era muito novo e poderia perder o braço. Um vizinho nosso aconselhou meus pais a fazerem uma trezena para santo Antônio. Eu não tinha ainda sido batizado, nem nome eu tinha. Na nona noite dessa trezena meu braço despregou-se e minha mãe, de susto, deixou-me cair no solo. Esse foi o milagre, por isso que me chamo Antônio.

Meus pais vieram de Ortanuova, província de Foggia.

Nessa fazenda de café davam uma certa parte para os colonos plantarem algo que pudesse servir pra eles e criar um porquinho, uma vaca... A fazenda de Monte Alegre tinha um mangueirão coletivo, todos os trabalhadores da fazenda tinham seus porcos lá. As casas não eram de taipa, eram de tijolos e muito bem-feitas pelos italianos. Nossa casa tinha, na frente, uma escada de pedra com uns trinta degraus; a varanda e a sala muito grandes, de chão batido, e nos quartos dormiam de quatro a cinco pessoas em colchões de palha... O fogão era de lenha. Os italianos não pegaram os hábitos do caboclo; pelo contrário, eram os caboclos que assimilavam os hábitos dos italianos.

O capataz era um preto bem retinto mas não era um preto mau, apesar de ser o fiscal, o chefe. Quando havia altercação ele que ia apaziguar, mas sempre com cordura. Lembro que ia levar comida pra meu pai e meus irmãos, no cafezal. Meu pai era forte, de estatura meã; quando soldado, na Abissínia, foi ótimo corredor. Às vezes encontravam cobras no meio do cafezal e meu pai matava. Herdei dele o fato de que toda cobra que encontrava matava também.

Ele gostava muito de jogar a tômbola, o baralho e um jogo muito jogado aqui em São Paulo, o "patrão e o *sotto*".* O jogo era assim: uma turma de dez, quinze pessoas se reunia, cada um estendia alguns dedos, somavam os dedos e escolhiam um patrão, a partir de um certo número. Por exemplo, 32, contavam e aquele que o toque indicava dizia: "Eu sou o patrão!". Outro toque escolhia o *sotto*: "Temos o patrão e *sotto*". Mandavam vir a bebida; naquele tempo importavam vinho da Itália nas cidades ou bebia-se cerveja, mas nas fazendas era pinga mesmo, dos alambiques de lá. O garrafão era dividido em garrafas e o patrão era dono daquilo; podia beber tudo sem dar satisfação a ninguém porque ele era o patrão. Se ele quisesse podia dividir com seus apaniguados mas precisava da anuência do *sotto* que era secretário dele. O *sotto* também tinha seus apaniguados: "Se o patrão quer dar bebida praquele, tem que dar para os meus também". E se ajustava assim. Se o patrão negava dar para quem o *sotto* queria, bebia toda a pinga e acabou-se.

Quando começava o porre, não, o jogo, o patrão e *sotto* enchiam dois copos, batiam os copos um no outro e bebiam. Aí iam cuidar do resto; segundo o que eles decidiam, a pinga era distribuída ou não. O patrão podia tomá-la toda, se ele quisesse, não daria nem para o *sotto*. Geralmente havia sempre um que ficava *all'urmo*, era um termo italiano que queria dizer que nem uma gota dava praquele, era castigado entre os compadres todos que jogavam, e não podia reclamar porque jogo é jogo.

* *Sotto* quer dizer o *sub*, o que está abaixo do patrão.

\* \* \*

Minha mãe era um pouco mais alta que meu pai, muito clara, gorda, mas se movimentava muito. Ela exigia mais da gente, meu pai era mais tolerante, só intervinha quando não tinha mais solução. Quem orientava e ordenava era ela. Minha mãe era muito inteligente, nunca apanhamos dela, mas meu pai era violento nos castigos. Quando meus irmãos brigavam ele corria atrás deles e alcançava alguns. Um só, o Sabino, ele nunca alcançou; eu estava sempre à mão.

A respeito de meu pai tenho que contar que ele viu o saci. O saci brasileiro tem uma perna só, mas o saci italiano tem duas pernas. Chamava-se, pelo dialeto que falávamos em casa, *scazzamuriddu*, parece-me que quer dizer aquele que salta muros. Era pequeno, baixinho, arteiro, sabia onde estavam os tesouros e os dava para quem ficasse com o chapéu dele. Minha mãe dizia: "Você é tão bobo que deixou o saci fugir com o boné". (Intervenção de d. Rosa, mulher do Sr. Antônio: "Foi o saci que roubou o boné de seu pai!".) Meu irmão mais velho viu o lobisomem lá em Santa Rita, que era chamado por nós o *lup'unnaro*\* e que aparecia sexta-feira à meia-noite. O lobisomem italiano era diferente, grita, gritos intensos que todo mundo ouve, como as bruxas que voavam nos cabos de vassoura. Essas histórias eram contadas antes de dormir.

Um dia caminhava com minha irmã Antonieta, me distanciei dela e entrei num brejo. Estava já sendo tragado pelo brejo quando ela chega com muito cuidado e me dá uma mão e vai puxando, vai puxando até que me salvou. Fiquei tão apavorado que me lembro desse fato como se tivesse acontecido ontem.

Uma vez puseram fogo num pasto dividido por cercas onde cada um punha sua vaca, tinha seu gado. Eu tinha medo que o fogo atravessasse o rio e viesse queimar minha casa, então chorava.

Lembro quando engatinhava com um ano e meio, e, às vezes, corria engatinhando sobre pedregulhos pequenos, pontudos, que se fixavam nas minhas coxas, nádegas. Lembro que eu arrastava meu corpo todo no pedregulho. Aí então minha mãe me socorria.

Minha mãe tinha uma grande frigideira que chamava de *sartagine,* palavra que se fala cantando. Mais tarde procurei um equivalente no dicionário de português e encontrei "sartã".

À noite orávamos todos em latim. Meu pai não era muito religioso, minha mãe era mais, mas ele é que entoava quando os vizinhos vinham em casa para cantar a ladainha de Nossa Senhora. Ele então pontificava e todos respondiam.

Outras reuniões eram presididas por meu pai, no jogo do baralho. Minha mãe não gostava daquilo, uma ocasião ela pegou o lume e atirou no meio da rua, para que eles ficassem no escuro e foram todos embora.

Uma lembrança triste daquele tempo que eu presenciava com muita amargura: eu via meu pai bater em minha mãe. Aquilo me mortificava, para mim era morte.

Quando ele contava como participou na guerra da Abissínia, sempre exagerava, então minha mãe corrigia: "Outrora ele dizia que eram dez. Agora são vinte". Era essa a desavença entre os dois.

Meu pai ganhava por tarefa na lavoura; quem economizava, quem era o tesoureiro da casa era minha mãe mesmo. Meu pai pagava muitas multas por brigas, que eram multadas na fazenda. Ele brigava geralmente para defender um amigo, um compadre e sempre era multado. Assim mesmo minha mãe economizou naquele tempo uma soma importante: oito contos de réis. Quando viemos para São Paulo, meu pai comprou um armazém de sociedade com um compadre dele, um francês, chamado Paulo, lá de Santa Rita. Era um armazém grande na rua do Seminário e vendia tudo como no interior: desde banana até ferragens e vinho. O armazém custou dezesseis contos. Minha mãe deu os oito contos de réis e meu pai pôde entrar como sócio. Um belo dia meu pai chega lá e encontra um outro dono: o francês tinha vendido o armazém e ido para a França. Meu pai foi lá com o fuzil para matar o francês, eram dez anos de trabalho.

Meu pai foi trabalhar como encaixotador da Casa Leon, na rua da Quitanda. Ele fazia os caixotes de fazendas e máquinas para lavoura que iam para o interior. Trabalhou sempre no mesmo ramo e depois de mudar três ou quatro vezes de emprego, no fim da vida dele estava na Casa Odeon. Morreu com 69 anos, em 1935. Minha mãe morreu alguns anos antes, com 63 anos.

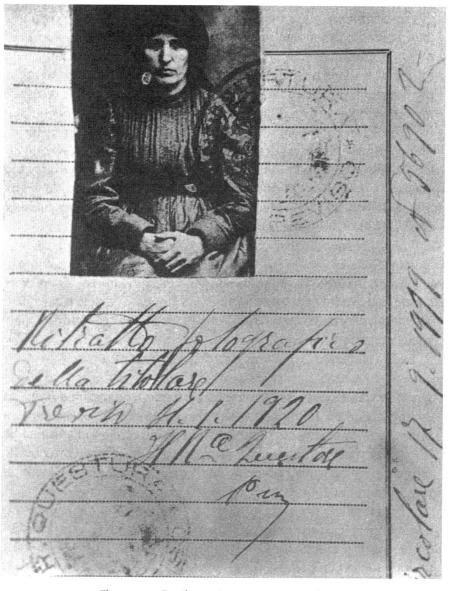

*Chegaram ao Brasil como imigrantes. Foram trabalhar
nas fazendas, roçando e apanhando café.*

Nós viemos para São Paulo em 1910 para voltar para a Itália, mas estalou a guerra ítalo-turca, lá na Líbia, e tivemos medo que papai e meu irmão mais velho fossem convocados. Ficamos em São Paulo, na Bela Vista, rua Fortaleza, número 14. Essa casa, que era térrea, com dois dormitórios, onde dormíamos todos, ainda existe. Tinha quintal, onde criávamos galinhas, e porão.

Brincávamos no campo do morro dos Ingleses; a vizinhança era heterogênea, italianos, negros; mais ou menos um terço da população era de negros. Aqui na Bela Vista havia festas de italianos: a de Nossa Senhora Aqueropita, dos calabreses, e outra de Nossa Senhora Ripalda, da região dos meus parentes, padroeira da grande província de Foggia. Falavam todos quase o mesmo dialeto: os bareses e, os "foggianos", os "cerignolanos", os "ortanuovenses", mas não entendiam o dialeto dos calabreses. Meu pai tinha dificuldade em dizer *Santos*, ele dizia *Sandós*. Minha mãe, quando dizia "compra um sanduíche e coma", dizia: *Accattevi un sanduicbe*. Quer dizer: "faça com que chegue a você um sanduíche". O português dos italianos era muito deteriorado.

Na Bela Vista, os carroceiros calabreses se recolhiam às seis, sete horas. Quando chegavam, guardavam os animais nas cocheiras, na rua Treze de Maio, rua Rui Barbosa, rua Pereira Barreto, que antigamente se chamava rua do Sol. Aí tinham seus cortiços e suas baias onde punham ração para os animais. À tarde já estavam limpos (eles se lavavam, mas banho mesmo só tomavam nas vésperas de Natal e Páscoa) e almoçados. Liam o *Fanfulla* e comentavam os acontecimentos. Eram muito pequeninos e usavam brinco de ouro numa orelha só. Se reuniam na frente de casa, punham cadeiras na calçada e vinha um compadre, vinha outro e conversavam. Imagine a chegada de mais um compadre quando os outros já estavam sentados. Esse mais um cumprimentava: *"Buona sera!" "Buona sera! Come va?"*. Ele trazia uma linguiça calabresa fininha na boca, dependurada, que ia mastigando, do outro lado um cachimbo de barro longo, com bambu. Tirava o cachimbo para responder. *"Bene!" "Cosa hai fatto?" "M'aggio fatto una vípeta d'acqua e sto beníssimo."* Que quer dizer: tomei um copo d'água, quase "aspirei, sorvi". Para eles era um prazer extraordinário tomar esse pouco de água fresca.

O bairro era muito alto, do morro dos Ingleses se avistava toda São Paulo, recebeu o nome de Bela Vista. Quando houve uma epidemia de varíola, lá por 1902, ficou então Bexiga, são as bexigas da varíola. Mudamos no mesmo bairro, para uma casa muito maior na rua Conselheiro Ramalho onde vivemos muitos anos. Essa rua termina na avenida Brigadeiro Luís Antônio. Nossa casa era perto da avenida, tinha quinze metros de frente, por sessenta de fundo, quintal grande. Meu pai plantava milho no quintal. Os meninos brincavam de futebol nas ruas com bola de meia. Nos matagais fazíamos campinhos. Entre uma rua e outra havia muita guerra a pedradas, um divertimento bom também. Não tivemos brinquedos, fazíamos papagaios, os "quadrados", para empinar no morro dos Ingleses. Brincávamos de pegador, de barra-manteiga, de roda:

*Eu fui no Itararé*
*beber água e não achei.*
*Dei adeus à morena*
*que no Itararé deixei.*

*Acredite minha gente*
*que uma noite não é nada,*
*se não dormir à noite,*
*dormirei de madrugada.*

Na minha casa se comia um prato só nas refeições: um prato grande e substancial. Naquele tempo os italianos comiam em prato fundo, não tinha prato raso. Era macarronada, o arroz era pouco utilizado, feijão com sopa, frango, nabo. O mais usual era o caldo de feijão com macarrão e as braciola.* Isso, de vez em quando. Apesar da carne barata daquele tempo, ganhava-se pouco e não era todo dia que se comia. Os quitutes para o Natal minha mãe preparava dois ou três dias antes: usava muito mel, fazia uma espécie de biscoito com mel derramado. Chamava-se em nosso dialeto *scartellati*. O Natal e a Páscoa eram comemorados condignamente. Nesses dias era a maior fartura possível. Mas quase se esquecia o dia do aniversário de cada um.

A Semana Santa era muito mais observada que hoje. Já na quinta-feira começava um silêncio. Sexta-feira era um silêncio que não se ouvia uma voz. Hoje, não ligam. Havia a procissão do Encontro, em que falavam os oradores daquele tempo. Às três horas também, e nas horas que antecederam à morte de Cristo na cruz, frei Luís Santana fazia o sermão das Três Horas da Agonia.

---

* Carne enrolada e cozida no molho de tomate.

Ele e o monsenhor Manfredo Leite eram os grandes oradores. E o padre João Gualberto, que foi o maior orador sacro no Brasil.

A festa de são Vito Mártir dos bareses aqui no Brás reunia vinte bandas. Bersaglieri, Pietro Mascagni, Ettore Fieramosca, todas essas bandas vinham tocar nas imediações do Gasômetro. Nos arredores, tocava uma banda ali, outra acolá; era uma festa extraordinária. Nunca mais se viu uma coisa igual àquela; já não fazem mais a festa de são Vito Mártir. Os calabreses tinham sua festa na Bela Vista, no Bexiga: a de Nossa Senhora Aqueropita, que tinha procissão, tinha tudo, mas não tinha a imponência da festa de são Vito. Depois tinha também a festa de Cerignola, que era perto da cidade em que nasceram meus pais. Meus pais se irmanavam com os "cerignolanos". A santa era a *Madonna* de Ripalda. Essa festa era feita na Igreja de Nossa Senhora Aqueropita, os calabreses emprestavam a igreja deles. Ainda existe na rua Treze de Maio a igreja com a imagem da Aqueropita. Lá foi batizada a primeira filha nossa. A festa do Divino era de devoção brasileira e faziam aqui na rua do Glicério. A banda famosa da festa do Divino era regida pelo maestro Veríssimo Glória, um mulatão alto que tinha os seus cantores, o coro do maestro Veríssimo. Antes do dia, a bandeira do Divino percorria as ruas.

As cerimônias religiosas mudaram muito do meu tempo de menino pra hoje. Acho mais imponente a missa em latim, acho extraordinária, majestosa. Esta de agora é mais pueril, mais achegada ao coração da gente. O povo participa, está dentro dela e a Igreja é isso, é povo reunido em torno do sacrifício da missa. Apesar da imponência da outra, acho que o rito de hoje é muito mais humano, está dentro da gente, é palpável. O outro era mais solene.

Um argentino elegante, bem falante, passava pelas ruas do centro da cidade, fazendo propaganda de cigarros: "Pierrot 64!". Pelos bairros passava um *foggiano* que vendia dez laranjas por um tostão:

> *Frequentemente é difícil transcrever os pregões segundo a notação musical tradicional, porque neles os perfis das melodias tonais (ou modais) misturam-se com as entonações da fala; os chamados sons musicais são cortados às vezes por um súbito parlato, e mesmo a métrica musical, com seus recortes regulares, deixa-se invadir por uma prosódia muito livre e incisiva. Vários deles são falados ritmadamente, explorando menos a melodia que as possibilidades do timbre da voz.*
>
> *Vale lembrar a situação em que se reproduzem. Temas curtos e chamativos, sempre contendo um imprevisto sonoro, infinitamente repetidos no tempo como uma ideia fixa, mas ambulantes em seu contínuo deslocamento pelo espaço das ruas, ora parecendo alegres flauteadas, ora dolorosos lamentos, os pregões expõem a mercadoria mas cantam também o mercador, o trabalhador solitário que vaga pela cidade, sem paradeiro. O pregão leva essa aura: alguém canta, esse canto de trabalho está longe e perto, e, talvez por isso, fale diretamente à nossa memória.*
>
> José Miguel Wisnik

O pasteleiro vendia assim dois pastéis quentes por um tostão:

O pipoqueiro mulato tinha vindo da construção da Alta Sorocabana (diziam que levavam os mulatos para lá porque as onças preferiam os mulatos para comer):

O calabrês vendia pimenta: "*Ó pimenta!*".
Um sorveteiro de Foggia gritava: "*Surveta! Surveta!*".

Tinha um que era sargento da Força, também italiano: *"A tostón o pedaço! Melanzia barata!/ Come, bebe e lava a cara"*.

O sorveteiro vinha de longe gritando fininho: *"Zzzzzzurviete!"*.

Vinha um, com um animal, e vendia sapato, chinelo, tudo, e apregoava assim:

Outro cantava:

O vassoureiro era célebre em São Paulo com seu pregão em francês que não lembro mais.**

Tinha o pai do Salerno, colega meu do grupo escolar:

Outro, que era acendedor de lampiões da Companhia de Gás (naquele tempo São Paulo era iluminada a gás), vendia espigas quentes, e diziam que virava lobisomem: *"Ei, espiga cávida!"*.***

---

\* "A elocução inicial, lenta e pontuada, eclode num glissando ascendente de uma oitava, humoradamente operístico" *(José Miguel Wisnik)*.
\*\* Recolhi este pregão: *Liberté, Egalité, Fraternité, Vassourê!*
\*\*\* Esse pregão, baixo e soturno, talvez impressionasse as crianças, justificando a fama de lobisomem do apregoador. *Cávida* vem de *calida*, em italiano.

Cada bairro tinha seus apregoadores.

O centro da cidade de São Paulo só tinha dois viadutos, ambos de ferro, o viaduto do Chá e o Santa Ifigênia. Depois da feitura do prédio Martinelli é que São Paulo começou a ter ares de cidade importante, em 1927 e 1928. Abriram a avenida São João, a rua Líbero Badaró, o centro foi se alargando. Conheci São Paulo como uma cidade provinciana; hoje qualquer bairrozinho de São Paulo tem mais habitantes do que a São Paulo que conheci. Era pequeno quando vi a primeira iluminação elétrica.

Os automóveis corriam no máximo a quarenta, cinquenta quilômetros por hora, eram automóveis franceses, tinha um Fiat só, que era do filho do conde Penteado, ele era um playboy, corria muito. Diziam até que as italianas estavam esperando ele passar a toda a brida para jogar os filhos delas embaixo do automóvel para ele pagar. O filho do conde atropelava muita gente. Lembro do Zeppelin; eu estava no viaduto do Chá, quando ele passou.

Fiz o curso primário no Grupo Escolar Maria José e no Grupo Escolar Bela Vista. Passei do segundo para o terceiro ano e quando fui me matricular, me disseram que eu tinha sido expulso. Era confusão com outro menino que tinha o mesmo nome. Eles o aceitaram e me expulsaram. Fui então para o Grupo da Bela Vista. O último professor que eu tive no grupo se chamava dr. José Salles. Dava aula de casaca. Ensinavam bem naquele tempo: frações e decimais davam já no segundo ano. Minha primeira professora chamava-se d. Laudelina. Era loira, mansa. No segundo ano, foi d. Carolina Ribeiro, que vive ainda; naquele tempo devia ter uns 25 anos, daí pra mais. Era uma mulher de porte grande, muito enérgica, e que sabia dosar a energia. Uma vez me deu um livro de prêmio. Ela escreveu o nome dos planetas no quadro-negro e ofereceu um prêmio para quem lembrasse tudo em seguida. Eu fui o único que acertou. Ela disse muito solenemente: "Muito bem! Dificilmente alguém seria capaz de fazer o que você fez". E me deu um prêmio. Não havia palmatória nem castigos corporais, o castigo era a expulsão. Eu ia contente para a aula. Antes de entrar no Maria José, estive uns dias numa escolinha italiana para fazer traços a tinta. Me lembro de alguns colegas, o Viggiani, depois cônego Viggiani, que ficou na Cúria. Fui procurá-lo na Cúria e ele lembrou-se de mim. Eu encontro de vez em quando algum, e pelos traços consigo reconhecer, mas não lembro o nome. Lembro que havia festas das crianças no Parque Antarctica, com lanches. Brincávamos de barra-manteiga.

Estudei religião com os padres capuchinhos. Guardo até a morte a mágoa de frei Luís Santana, que me preparou para a primeira comunhão. Ele era frade do Convento da Imaculada Conceição na avenida Brigadeiro Luís Antônio, depois foi bispo de Botucatu. Uma ocasião em que estavam dando a última demão para a nossa primeira comunhão, a turma era só de meninos, de rapazes, um espanhol ao meu lado fez coisa que não devia fazer. Chegou o professor e meu deu um tapa, era frei Luís Santana, um dos maiores oradores sacros que conheci. Não disse nada, nem chorei, mas guardei até hoje. Foi a primeira vez que apanhei na minha vida. Quem foi que me bateu? Sei que foi um grande padre, um bispo inteligente, depois me tornei amigo dele. Mais tarde, fiz uma viagem com ele em que me empenhei muito por ele; me indispus com uma turba de gente que queria agredi-lo. Ele me impediu que reagisse contra aqueles que queriam bater nele. Foi ele que impediu que eu o defendesse. Com tudo isso, ainda guardo até a morte a mágoa dele.

Nunca guardei também raiva de meu pai, apesar dele às vezes agredir minha mãe na nossa frente. Eu tinha ímpetos de impedir que ele fizesse isso, mas não podia fazer nada. Nunca odiei meu pai, nem tive má intenção com ele por causa disso. Eu gostava mesmo é de minha mãe, mais que de meu pai. Mas também nunca odiei meu pai. Uma ocasião ele me bateu tanto que quase me matou. Apesar disso não guardei rancor de ninguém, mas guardo mágoa.

Estava em São Paulo quando Santos Dumont fazia as experiências dele. Lá no morro dos Ingleses desceu um avião, não, não sei, chamado Cattanio, um dos aviadores era o Ruggeroni. Tanto que havia um clube chamado Ruggeroni de onde saíram os primeiros jogadores do Palestra Itália. Ruggeroni foi um dos fundadores do Palestra Itália. O Palestra foi fundado em 1915.

Os passeios eram depois do Natal e da Páscoa. A Pascoela era no Bosque da Saúde, muito distante da cidade, íamos no famoso bonde Bosque.

No largo do Paiçandu, ou numa esquina da avenida São João, os Irmãos Queirolo armavam o circo e ficavam anos e anos lá. Artistas famosos eram o palhaço Chicharrão, o Alcebíades, o Piolim. No Circo Pinheiro, que tinha um leão, lembro de um cantador que cantava "A morte do Camisa Preta", que era um valentão do bas-fonds lá do Rio:

*No dia catorze de outubro
numa rubra madrugada,
mataram o Camisa Preta
à beira de uma calçada.
Ai, ai, foi um tiro tão certeiro
vibrado por um covarde
com um revólver traiçoeiro.*

Essas coisas são da época de 1920.

Lembro perfeitamente o Centenário da Independência de São Paulo, veio o rei da Bélgica em visita ao Brasil nessa ocasião e formou-se na esplanada do Teatro Municipal um coro de quatrocentas vozes e cantamos o hino belga, "La Brabançonne". Eles convidaram todas as escolas, prepararam o coro muito antes do rei chegar. A rainha era muito simpática. Epitácio Pessoa era o presidente naquela época. Vi a inauguração do Monumento do Ipiranga, feito por Ettore Ximenes, italiano. Houve depois uma festa nacional no Ipiranga, mas eu não estava presente.

Os legisladores brasileiros, de São Paulo e os municipais, não têm visão nenhuma do futuro de São Paulo. Se tivessem não estaria assim, cidade que odeia os paulistanos. Cidade odienta que não trata com benevolência os seus filhos. No tempo anterior à Primeira Guerra, a cidade era diferente. Cada vez mais São Paulo cresce: o que era uma célula, vai ser um novo bairro. Pinheiros era um matagal, agora é centro. Lapa é centro. Até Penha é centro. Entre o centro e Pinheiros havia uma estrada de terra, com chácaras na margem, portugueses plantando. A Vila Mariana era toda de chácaras de portugueses plantando suas hortaliças. Os bairros de habitação mais densa eram o Brás, Belenzinho, Mooca. Depois a Mooca foi avançando, o Brás foi se estendendo e formou-se esses gigantes, gigantes como Saturno que come seus filhos.

Lá moravam os italianos, os espanhóis. A classe alta morava em Higienópolis, Vila Buarque, Campos Elísios. Depois se estendeu para o Jardim América, já em 1934, 35. Quando se abriu a avenida Paulista, tinha chácaras de frutas, os moleques iam roubar fruta lá. Os Matarazzo moravam lá, foram os primeiros. Por falar em Matarazzo posso dar um testemunho, foi o maior trabalhador que o Brasil conheceu. Ele foi a semente de tudo isso que São Paulo é agora. Eu era menino, já via ele, quando chegava no escritório, lá no largo da

Misericórdia. Percorria a cavalo esse interior comprando porcos e começou vendendo banha. Talvez foi o maior trabalhador que o Brasil teve.

Para se ir do centro à avenida Paulista, era o bonde que se tomava. Ele fazia um círculo: pela Consolação entrava na avenida Paulista, descia a avenida Brigadeiro Luís Antônio, entrava no centro e refazia o círculo. Os bondes puxados a burro foram até 1906; eu conheci só os elétricos. Viemos para São Paulo em 1910.

Em 1918 caímos todos com a gripe, os únicos que não ficaram foram meu pai e minha mãe, para tratar dos outros. As notícias que vinham do Rio diziam que as pessoas caíam mortas na rua. De fato, soube que no Rio morreram mais gente que aqui. Em São Paulo a gripe matou mais gente que a guerra de 1914 a 18. No Cemitério do Araçá faziam valas grandes para enterrar os cadáveres que enrolavam num lençol e cobriam de cal. Passava o caminhão recolhendo cadáveres na rua. Tratavam a gripe com ácido benzoico, remédio que um farmacêutico muito em voga inventou, tirando do estômago de animais. A gripe dizimou, metade dos que tiveram a gripe morreram.

Na época eu tinha catorze anos, era aprendiz de ourives, no centro da cidade. Comecei a trabalhar com dez anos. Trabalhei como ascensorista da Casa Michel, na rua Quinze de Novembro, esquina da rua da Quitanda; era o prédio mais alto de São Paulo naquele tempo, tinha quatro andares. Ainda continua lá, esse prédio. Depois é que fui trabalhar como aprendiz de ourives. A ourivesaria era de bolonheses, muito boa gente, os Andreani. Comecei aprender no cobre, soldava, serrava metal, fazia pequenos consertos. Não gostava da profissão, mas minha mãe quis. As mulheres da Bela Vista achavam que um filho ourives que fazia medalhas, correntes, anéis, era uma bênção do céu.

Mas os operários mesmo eram explorados. As casas de joia eram de semitas que pagavam uma miséria para os artistas e ganhavam muito. Pagavam dez tostões por hora, ou dois mil-réis. Em duas horas o artista fazia um anel. O dono da oficina cobrava dez mil-réis por esse anel. A loja ganhava cem a duzentos mil-réis, enquanto o artista que fez ganhava quatro mil-réis. Por isso desisti, achei que estava sendo explorado. O ourives bolonhês, da oficina, trabalhava para as lojas, não vendia diretamente. A maioria dos ourives eram italianos, grandes artistas. Antonino La Mota, Amatucci, napolitano, Arrigo Andreani, os irmãos Sandri. Esses eram os artistas daquele tempo. Depois fui para a oficina de Antonio Travaglia, irmão do dono da famosa Confeitaria Fasoli na rua Direita, célebre confeitaria.

Conheci Ângelo Vial, anarquista, tem oitenta e tantos anos. Foi ele que fez a greve de 1918. Era tecelão. Mas só conheci depois. Era muito inteligente, e depois que se pilhou com o dinheiro... *C'est l'argent qui fait la guerre*, dizia Napoleão. Ele tinha uma sabedoria: a retaguarda deve ser sempre bem fornecida. Não era comunista ainda em 1918.

Dos companheiros de trabalho, lembro um que dizia: *Ci ho un figlio dottore, dottore*. Conheço também Oddone Carletti, ele vinha na minha oficina, era amigo do Andreoni. O Oddone é um monumento, Oddone é um *signore*. Diz o Oddone que o velho gravador Nicoli era formidável, um artista. Até 1930 os ourives passaram mal. Depois a situação melhorou. As leis brasileiras ficaram as melhores do mundo. Nem a Escandinávia.

Um aprendiz de ourives começava a trabalhar com cobre, o metal mais pobre. A limalha de cobre não tinha valor, custava tostão o quilo. Mas o ouro, só depois de adquirida a prática de serrar, desenhar uma pequena joia, antes da execução da obra. O trabalho devia ser feito de tal modo que a limalha resultante disso devia cair dentro de uma gaveta bem fechada, de onde não pudesse escapar. Depois a gente recolhia as limalhas das gavetas dos aprendizes, para se fundir em barrinhas de ouro.

Eu comecei a serrar, a embutir. Comecei a fazer bolinhas de ouro que eram cortadas em curva e embutidas dentro de um embutidor. Ficavam duas meias bolas, limava-se uma parte, limava-se a outra, juntavam-se as duas meias bolas e formavam uma bolinha que era a conta de um terço. Eram dez ave-marias, um padre-nosso e depois a medalha e o crucifixo. A maioria dos bons oficiais ourives eram italianos e filhos de italianos. Hoje o aprendizado de ourivesaria é estatal, no SESI ou SESC.

Fiz a Escola de Comércio, a Álvares Penteado, mas eu não podia conciliar o horário de ourives com a escola. Precisava lavar as mãos do pó de ouro que ficava entranhado nas mãos, e não dava tempo. E eu tinha vergonha de chegar com as mãos sujas. Depois fui para a escola do Basileu. Quando ele percebeu que eu não podia pagar, veio até minha casa para falar comigo. Nós éramos pobres e eu não queria mostrar minha casa nem meus amigos ao Basileu Garcia. Quando ele veio, eu estava na esquina, mas longe deles, fazendo de conta que não conhecia aquela gente, eu reneguei meus amigos. Como naquele dia eu vestia uma calça branca, eles começaram a gritar e a me chamar: "Oi, sorveteiro! sorveteiro!". Eu nem olhava e ia caminhando depressa com o Basileu, que era homem de uma elegância extrema. E eles: "Oi, católico! católico!". O Basileu desconfiou: "Não é com você?". E eu dizia sempre: "Nem conheço essa gente". "Mas é com você mesmo. Não é mesmo?"

Fiquei pouco tempo na escola dele, nunca tive os 25 mil-réis por mês que ele teria de cobrar. Estávamos em 1925 e eu nunca tinha dinheiro. Eu já era meio-oficial ourives, explorado pelo judaísmo internacional. Ganhava oito mil-réis por dia, não chegava a 200 mil. A questão é que não se trabalhava dez horas por dia, só quatro ou cinco. A gente ganhava oitocentos réis por hora, mas se não tinha serviço, lei nenhuma garantia ordenado fixo no fim do mês. E qualquer coisa, diziam: *Ti mando via...*

As leis só vieram depois de 1930. Foi um farmacêutico gaúcho, ministro do Getúlio, Lindolfo Collor, que fez as leis trabalhistas. Era um homem muito inteligente, autodidata, era poeta, era tudo, formado em nada. Até 1930 eu não gostava do Getúlio. Mas em 1932 eu já era a favor. O Getúlio era um homem bom. Depois da promulgação das leis, Jorge Chateaubriand me disse que, quando o Lindolfo Collor leu durante uma hora e meia as leis trabalhistas, o Getúlio dormiu, mas, quando acordou, assinou tudo. Só depois de 1932 vieram as leis. Tirando Júlio Prestes, a única esperança era Getúlio. O Washington Luís era burrão, era atrasado: "A questão social se resolve a patas de cavalo".

Minhas primeiras leituras foram em italiano. O primeiro livro que li foi *I paladini di Francia*, que meus irmãos também leram em casa. Contava a história de Rinaldo de Montalbano, de Rolando, dos doze pares de França no tempo de Carlos Magno. Na juventude li em italiano *Quo vadis*, do polonês. Nunca li uma tradução melhor desse romance.

Lia-se muito no Brasil Gabriele D'Annunzio, Giovanni Papini. Li quase todos os livros do Papini, eu me irmanava com ele, achava que tudo nele estava certo. Muito agressivo, dizia sem rebuços o que devia, talvez um dos homens mais inteligentes da época. Comprava-se esses livros na Libreria Italiana da rua Xavier de Toledo, que importava da Itália. Havia uns livreiros, os Fittipaldi, que começaram a editar livros em português. Li a *História universal* de

Cesare Cantù em português, editada por eles. Mesmo os italianos analfabetos conheciam a *Divina comédia*. Declamavam certos trechos transmitidos de pai para filho. Existia em São Paulo o grupo Le Muse Italiche que discutia arte. Lá no Bexiga se reuniam pessoas para declamar a *Divina comédia,* aquilo era de tradição.

As peças de Pirandello foram levadas aqui em São Paulo em italiano. E as de D'Annunzio. Todo ano vinha uma companhia italiana, lá por 1925-26 até 1938-39, quando começou a guerra. Hoje não seria possível, os netos daqueles italianos, são netos só no nome, não sabem *un'acca di italiano* ["um agá de italiano"].

Em 1928 comecei a ler em português: achei extraordinário Alexandre Herculano, Camilo Castelo Branco. Minhas posses eram muito pequenas: tirava da biblioteca, emprestava de alguém. Por causa do integralismo comecei a me interessar pelos enciclopedistas, Revolução Francesa, li alguma coisa sobre o marxismo, *O Estado totalitário* de Hobbes, me interessei enfim pela evolução dos tempos até nossos dias. Li A *vida de Cristo,* de Plínio Salgado. Plínio Salgado recomendava a leitura de livros, na Ação Integralista Brasileira fundada por ele. Por ter um cunho nacionalista, que não era usual naquele tempo, é que fez com que eu entrasse. Acho até hoje que o integralismo de Plínio Salgado, no Manifesto de Outubro, era superior ao nazismo e ao fascismo. Não era cópia, tinha um sentido muito mais alto.

Naquele tempo se cantava muito na rua uma canção de Beniamino Gigli, "Mimosa", da autoria de Leopoldo Fróes, que era médico e o maior ator da época. Depois ele formou um dos melhores conjuntos do mundo com o ator português Chaby Pinheiro. Representavam as peças de Ibsen, Shakespeare. Dos italianos, lembro de Ermete Zaccone. Representava Ibsen, Shakespeare. Pirandello é mais difícil; não há chance para um ator representar Pirandello, só ele, sendo os outros todos secundários. É um autor cômico, dá chance para todos os atores sobressair, como espetáculo, não como ator em particular. Shakespeare dava ocasião para que o ator mostrasse toda sua capacidade: nunca houve um ator mais perfeito que ele. E Zaccone então, até 84 anos, fazia o Otelo mais elegante que se viu no palco. Já tinha até as bochechas caídas, mas se transformava no palco. Veio a São Paulo duas vezes, em 1924 e 1926. A primeira vez que veio tinha 74 anos. Ele chamava um café: "*Dammi un caffè*", e o som batia contra a parede e voltava muito mais forte. Ele dava um suspiro, se ouvia até na geral do Municipal que era um teatro sem acústica. No *Otello,* quando ele está sofrendo e Iago pisa em cima dele e diz: *"Ecco il leone!"*, nessa ocasião ele dava aquele suspiro... que coisa fantástica!

Dos atores brasileiros Procópio foi o mais famoso. Eu trabalhei também em *Deus lhe pague,* com a Companhia Sousa Ferraz; eu era filodramático, gostava muito de representar. Fiz o papel de milionário, o papel que mais sobressai na peça. Uma ocasião, em que Clara della Guardia, grande atriz italiana, estava em São Paulo, antes de ir para a Itália, quis dar para o público paulistano uma representação em cada teatro de bairro. No Teatro São Paulo, aqui na rua da Glória, ela fez *La nemica,* A inimiga, e eu fiz o papel de bispo. Ela reuniu os filodramáticos numa peça ali, noutra peça aqui e assim Clara della Guardia despediu-se de São Paulo.

Continuei no Lírico a dar espetáculos por volta de 1938. Sempre que vinham companhias aqui, contratavam a gente. Eu era o secretário do Grupo Coral Lírico e todos tinham que falar comigo para contratar tanto o coro masculino, como o feminino. Os italianos eram pródigos em oferecer: *"Quanto?".*

*"Cinquanta* mil-réis *un giorno? La notte?"*

*"Ma come! Cosa gli date? Non si fa niente!"*

*"Le dó cento!"*

Eles prometiam só, mas não davam nem *cento* nem *cinquanta*. Eram caloteiros. É como tratar com advogados: eles têm a palavra doce, adocicada, mas depois te roubam até as calças. Os italianos eram os maiores caloteiros, mas era gostoso tratar com eles.

Eu trabalhei em todas as óperas. A última foi *Nabucodonosor* de Verdi; lembro que se cantava o canto dos escravos judeus:

*Va pensiero sull'ale dorate*
*Va ti posa sui clivi, sui colli,*
*Ah mia patria, si bella e perduta!*
*Arpa d'or dei fatidici vati...*

Uma ocasião, no Teatro Santana, hoje demolido, representei uma ópera de Puccini, *Madame Butterfly*. Já tinha filhos crescidos nessa época. Era secretário de um grande tenor português, eu é que fazia todos os contratos para ele, mesmo os maestros era eu que contratava, ele tinha uma confiança enorme em mim. Morreu atropelado. Era tão bom ator e tenor que substituía Aureliano

Pértili, no Scala, quando ele saía para o exterior. Manuel Alves da Silva, não podia ser outro o nome, Manuel foi atropelado por um jipe do Exército. Até hoje não se sabe quem o matou.

Tinha uns quarenta anos quando deixei o teatro. Eu me afastei, mas meus amigos continuaram e se tornaram profissionais. Foram contratados pela prefeitura e fizeram parte do corpo estável do Municipal. Havia o balé, o coral lírico e o coral sinfônico.

Até uns 25 anos atrás houve um forte interesse popular por ópera em São Paulo. Hoje, quase ninguém mais vai, depois da guerra acende e bruxuleia o entusiasmo. Depois foi se apagando, se apagando o entusiasmo de São Paulo por música, hoje está muito atrasado, muito abaixo de seu nível econômico. Cheguei a assistir vinte vezes a mesma ópera. A cultura musical naquele tempo era muito mais elevada que hoje. Em tudo. Eu não culpo tanto a televisão, é o povo mesmo. Roberto Carlos, no nosso tempo de Teatro Municipal, quando muito seria nosso engraxate. Hoje ele é o maior cantor brasileiro.

Seu Cicillo, um sapateiro lá do Bexiga, em todas as temporadas líricas servia cerveja, refrigerantes no bar do teatro só para ter uma ocasião de assistir as óperas. Não ganhava nada por aquilo, mas ganhava o prazer de estar lá. Uma noite, *La bohème* de Puccini estava sendo representada; cantava o tenor Cavaliere Ufficiale Avvocato Giacomo Lauri Volpi, ele tinha voz extraordinária. Estava cantando o primeiro ato, no dueto que vem depois de *Mi chiamo Mimí* e que termina com "amor, amor" que é um *dó* final que o tenor tem que dar, e a soprano tem que dar o *ré*, uma nota acima. Nesse instante o sapateiro apurou o ouvido e disse: "O tenor está desafinado. Está três notas acima".

"Você entende de música? Três notas acima? Você não entende nada disso."

Desci as escadas do Municipal, são 84 degraus, para saber o que estava acontecendo. Embaixo ficava o coro, quatro ou cinco alemães que estavam descansando. Notei que estavam tensos, tremendo, quando o tenor deu a última nota eles ficaram satisfeitos, deram um suspiro de alívio. Perguntei: "*Stonato il tenor?*".

"*Sí, stonato, perô bêlo.*"

"*Quante note?*"

"*Tre, una terza.*"

Os alemães estudaram a vida inteira, para eles música é matemática. Que ouvido tremendo o de seu Cicillo!

Desde menino eu frequentava a ópera: ia ao Teatro São José, localizado onde está a Light hoje, o teatro de melhor acústica que havia em São Paulo. Depois dele era o Colombo, lá do Brás, ambos demolidos já há muito tempo. Ia com meus amigos, entrávamos como figurantes, como comparsas: no *Guarani* tem uma festa da tribo dos aimorés e nós entrávamos como pirralhos, os filhos dos índios, acompanhando os bailados. Não pagavam nada, era só para entretenimento, a gente gostava. Quando não trabalhávamos como comparsas íamos bater palmas nas gerais com a claque. Naquele tempo não tinha restrições, qualquer um entrava. Assim, assisti de graça, lá em cima na geral, *Il trovatore* de Verdi. Ia como claque, ou como comparsa no palco.

Em 1918-19 já assistia, dentro do teatro, companhias oficiais no Municipal ou as de segunda ordem no Teatro São José, onde está a Light hoje. Com grandes artistas: o tenor Bergamaschi, Olga Simz, Adelina Agostinelli, Elvira Galeazzo, os barítonos Izal e Federici. O maior baixo era brasileiro, Mário Pinheiro, que estudou na Itália e cantou, no Scala, *Mefistófeles* do Boito. Eu, particularmente, gostava mais da *Aida*. Mas a ópera mais difícil, a melhor do mundo é o *Otello,* de Verdi. Segundo Otto Maria Carpeaux as duas melhores óperas do mundo são *Tristão e Isolda* de Wagner e *Otello* de Verdi.

Também houve época da ópera francesa, com bons artistas. O povo aplaudia mas também vaiava. Di Lorenzo foi vaiado em São Paulo, atiraram ovos podres nele. Na *Carmen,* no Municipal fiquei de figurante. Era a melhor *Carmen* do mundo com o contralto Elvira Besanzoni. Fiquei como assistente do circo de touros.

Quando me tornei corista, o presidente de São Paulo era Carlos de Campos, que era também compositor. Levou duas óperas: *A bela adormecida* e *O caso singular.* Abriu uma escola de canto no Municipal, em 1922. Os ensaios eram feitos no conservatório da avenida São João. Um dos maestros, D'Alessio Filippo, está no Rio, vivo. Eu já tinha uns dezenove anos e toda noite ia ao Conservatório. O dr. Carlos de Campos era um homem boníssimo, dificilmente se encontraria pessoa melhor. Ele resistiu até morrer como presidente. Sacrificou a carreira dele, era um dos melhores advogados do Brasil. Foi apanhado pelo Isidoro Dias Lopes. Isidoro era um militar gaúcho. São Paulo é que mantinha o poder; por isso ele queria depor Artur Bernardes. Ele contava com o pessoal da Força Pública de São Paulo e os tenentes de 1922.

Eu morava no Bexiga. Foi assentado um canhão 75 no morro dos Ingleses; esse canhão era visado pela Força Federal. Alguns marinheiros do *Minas Gerais* vieram para apoiar o governo federal e foram massacrados. O trabalho cessou e foram abertos os armazéns de todo São Paulo. Os revoltosos não saquearam. Os chefes eram taxativos; eles puniriam os seus subordinados mas os soldados não saquearam. Os rebeldes, um belo dia, fugiram pela Sorocabana; aí o general Sócrates e o general Potiguara, que perdeu um braço, muito resoluto governou só sob estado de sítio, pressionando os adversários.

Dois anos antes tinham se revoltado os moços de Copacabana por causa de umas cartas apócrifas em que o Exército era achincalhado. Atribuiu-se estas cartas a Artur Bernardes para Epitácio Pessoa. Um dos moços de Copacabana está vivo, o brigadeiro Eduardo Gomes. Lembro de João Alberto Lins de Barros. Deram uns tiros lá do forte, sinal de que o governo era hostilizado, depois tiveram que se render. Mas o povo nunca se interessou.

Em São Paulo havia oposições, mas só locais, não havia oposição ao governo federal. Só havia o PRP [Partido Republicano Paulista]. Eram chapas únicas, as eleições se faziam de véspera, a bico de pena. A primeira vez que eu votei foi em Júlio Prestes, depois de 1924. Mais ou menos por essa época o Plínio Salgado fez o Movimento de 1922. Ele foi o cabeça de 22 e era muito mais inteligente que os outros. Mário de Andrade e Plínio Salgado foram os vultos proeminentes de 22. Plínio era homem sem diploma nenhum. Era redator do *Correio Paulistano* e estava ligado ao PRP. Quando apareceu Júlio Prestes, começou a entrar gente boa na Câmara, o Ciryllo Junior, por exemplo, homem capaz. Júlio Prestes era um grande nacionalista, não podia apoiar nenhum movimento separatista. Muita gente não apoiou 1932. Mas se eles chegassem até o Rio, pegariam o Getúlio com as calças na mão. Mas pararam em Cruzeiro. Eu estive em Itapetininga, prestando serviço. Era funcionário e fui mobilizado. Não apoiava, mas fui.

Em 1922 os modernistas foram vaiados. Nessa época eu frequentava uma escola de comércio e escrevia composições ao modo da nova ordem. Meu professor, Basileu Garcia, me louvava por isso. Me lembro de uma redação que começava assim: "Rua Direita. Trim trim. Barra Funda". Ele achou interessante e me deu nota boa. A mensalidade da escola era 25 mil-réis, eu não podia pagar, mas ele me procurou e me franqueou os cursos. Era do Partido Democrático, que começou em 1926 com o conselheiro Antônio Prado.

Sabe que eu conheci o Mário de Andrade? O Mário de Andrade eu conheci depois, em Itararé. Ele estava tuberculoso. Eu tinha feito um soneto que tinha suplantado todos os poetas locais. Estávamos numa festa, num baile, e o Mário ficava separado num canto. Quando eu fui apresentado a ele, ele me perguntou: "Você tem publicação?".

"Tenho."

"Deixa eu ver."

Ele leu e disse: "É uma droga".

"Pois então escreva e pode me esculhambar."

E ele escreveu mesmo, no *Itararé*, reduzindo o soneto a pó de traque. Nunca mais escrevi poesia. Ele foi um sujeito canalha. Isso foi em 1927, eu tinha 23 anos. Ele já era famoso. Mário de Andrade era amulatado, alto, usava óculos.

Na Revolução de 24 eu era mocinho, de vez em quando havia tiroteios da artilharia, as balas vinham perdidas quando estávamos na rua jogando vinte e um, no baralho.

Um dia ouvimos umas romanças num gramofone; um senhor que estava sentado na porta da casa dele nos disse: "Vocês querem ouvir? Entrem ali". Nós entramos. Era Gino Amleto Meneghetti, ladrão internacional. Dava impressão de um homem pacato que, quando voltava do trabalho, tomava seu banho e ficava sentado na porta de casa ouvindo música. Ele tinha uma coleção extraordinária de discos. Isso foi na Bela Vista, na rua Abolição, quase em frente à rua São Domingos. Ele sempre desafiou a polícia. Quando roubava uma casa rica, no dia seguinte escrevia para o jornal contando o que tinha feito. Se o dono da casa tinha ido dar parte à polícia e dizia que as joias roubadas valiam cinquenta contos, Meneghetti desmentia: "São joias falsas, da Casa Sloper. Quando muito valem dois, três contos. Cinquenta contos? Esse é um patife! Os ricos usam joias falsas também. Eu fui enganado". Com o produto das joias ele auxiliava uma família, os pobres. Morreu com 93 anos.

Uma noite, então, estávamos numa festa na rua Jaceguai, a rapaziada, quando soubemos que a polícia tinha pego o Meneghetti. E para fugir da polícia ele tinha pulado a janela da casa dele, a mais de trinta metros e tinha caído em cima do telhado de uma casa na rua Jacareí. O telhado furou e ele caiu no piso. E a polícia atirava contra ele e avançava. Ficamos emocionados. Para fugir pulava de casa em casa. Eram seiscentos policiais; ele, de cansaço, se entregou. Chamava-se Gino Amleto Meneghetti: o ladrão mais simpático do mundo. E eu escutei música com ele, como se ele fosse um trabalhador que voltasse cansado do serviço.

Em 1924 ou 1926, Carlos Prestes fez a maior marcha da América do Sul, com a Coluna Prestes de comandados dele. Luís Carlos Prestes era de porte meão; não era, é, porque está vivo ainda; eu o conheci num automóvel. A Coluna era de remanescentes dos revolucionários de 1924, alguns tenentes de 1922. Prestes era o comandante. Uma vez, entrevistado por um jornal aqui de São Paulo, perguntaram a ele qual a personalidade mais importante que ele tinha na coluna. Então ele disse: "O tenente Siqueira Campos (aquele que morreu num avião), além de ser uma inteligência fulgurante, é de uma modéstia, de uma bondade, que não se encontra no mundo pessoa melhor".

"E o mais valente de seus oficiais?"

"O mais valente mesmo é João Alberto Lins de Barros."

E assim ele foi numerando o mérito de cada um até que perguntaram:

"E o mais covarde dos seus?"

"Capitão Juarez Távora."

Prestes ainda não tinha se tornado comunista. Para o comando contra o Prestes foi designado o tenente-coronel Góis Monteiro. Depois dessa luta entre um e outro o Prestes dissolveu a Coluna. Alguns foram para Buenos Aires, alguns para outros centros sul-americanos. Esporadicamente, voltavam para o Brasil às escondidas.

Na Revolução de 30, Prestes foi convidado pelas autoridades gaúchas para comandar a revolução. Parece que deram 2 mil contos para ele e com esse dinheiro, dizem, eu não posso afirmar, que com esse dinheiro foi até a Rússia e lá, então, ele se tornou comunista. E mandou às favas a Revolução de 30 que depois veio, chefiada pelo general Góis Monteiro. Esse Góis Monteiro foi mandado pelo Washington Luís no Rio Grande, sabendo-se no Rio que havia qualquer coisa no Rio Grande. Então, para que o governo ficasse sabedor do que havia, mandou um delegado na pessoa de Góis Monteiro, e Góis Monteiro, quando voltou, voltou na frente das tropas revolucionárias que depuseram Washington Luís.

\* \* \*

Fiquei em São Paulo até 1926, depois andei pelo interior como funcionário do Serviço Sanitário. Era guarda sanitário, vacinava. Em Salto Grande, conheci minha mulher e nos casamos, depois de um ano de namoro, em 4 de dezembro de 1930. O padre veio nos casar na casa de uma irmã dela. Em Salto Grande conheci o dr. Carvalho Franco, meu chefe e meu padrinho de casamento. Era muito boa pessoa. Aprendi tudo trabalhando e lendo livros franceses. Eu sabia um tiquinho assim, mas lia. Peguei o Laffont, *Précis de laboratoire*, e aprendi francês lendo lá, fiquei mestre na arte. Carvalho Franco me ensinou a fisiologia do corpo humano e até hipnotismo. Ele, em tudo que se metia, fazia com perfeição. Cercou o sítio com as suas mãos, plantava orquídeas, criava bicho-da-seda. Acabou chefe do Serviço da Malária. Era muito amigo nosso.

Uma vez chegou a Salto Grande um homem atacado de malária. Veio num carrinho, em petição de miséria. Nós o pusemos em uma mesa de exame e, enquanto foi examinado, morreu. Aí o dr. Carvalho Franco me ensinou como se faz com um cadáver. Primeiro fechar os olhos, cruzar as mãos, esticar as pernas. E eu tive que passar a noite com o morto. Pelo exame de sangue, fazia o "esfregaço" e examinava ao microscópio. Era difícil diferenciar a febre amarela silvestre da malária: os estrangeiros (poloneses) morriam todos; o caipira continuava a trabalhar, defecava pedaços de fígado, mas não morria, o fígado ficava em frangalhos. O nosso caipira continuava a viver e o fígado se recompunha depois.

Meu casamento foi o fato mais importante de minha vida, porque sou um tanto boêmio e estava sendo levado para o lado mau da vida. Não gosto de grandes esforços apesar de ter sido obrigado a fazer; prefiro o sossego, a meditação. Se não fosse o casamento talvez minha vida tivesse tomado um mau tempo. Minha mulher fez com que eu me modificasse completamente. Vivia na boemia, eu não pensava em casar; foi Deus que fez com que eu a conhecesse para que eu tivesse um futuro diferente do que teria sem ela.

Para criar meus filhos, acumulei empregos; durante anos dormia de três a quatro horas por dia. Ia deitar às duas, duas e meia e levantava às seis horas. Mas a heroína maior foi ela: eu tinha uma função material, ela tinha uma função muito mais elevada. Poucas mulheres há no mundo que fizessem tal sacrifício, com tal denodo para enfrentar a vida. E uma coragem extraordinária, até coragem física. Ela é muito corajosa, em todos os sentidos. A coragem ela mostrava todo dia. Teve duas vezes gêmeos, dava de mamar pros dois filhos, lavava a casa, fazia almoço, não tinha empregadas. Era coragem, noturna, diurna, uma coragem exposta a todos os riscos. Não preciso destacar este ou aquele fato demonstrando isso. Era mansa, mais que eu, e o trabalho dela era superior ao meu. Eu tinha confiança, nunca tive medo do futuro. E tivemos percalços na vida, dívidas, eu lastimava que isso acontecesse. Eu tinha coragem também, de ir pra frente, tinha certeza de vencer.

O dinheiro não tem valor nenhum. O maior valor do homem é fazer com que os filhos e a sua mulher tenham uma vida muito superior à dele, é criar uma vida menos aflitiva para esses filhos. Meus filhos: Yolanda, Flávio, Plínio, Carlos, André, João, Lúcia, Pedro e Paulo.

A criação de meus filhos, quase, quase, foi à minha revelia; o papel maior, preponderante, aqui em casa, foi o de minha mulher, que orientou eles todos. Eu trabalhava sábado e domingo, quase não estava em casa, trabalhava no Jockey, durante as corridas. Quando não trabalhava à noite estava em contato com eles, mas a formação deles todos é mais dela do que minha.

Ai daquele homem que pensar que é dono da casa! Quem manda mesmo na casa é a mulher, ela é soberana. Por mais inteligente, bondoso e grato que ele seja ao mundo, o homem não pode se dizer que seja o rei, não. Ele sempre tem a última palavra, não?! Depois que a mulher falou ele diz "sim".

O número de filhos era grande, uma vez tive seis empregos para fazer frente à situação; aqui em São Paulo nada é fácil de adquirir sem dinheiro sonante. Eu precisava me multiplicar para fazer frente às despesas. Se o salário era escasso fora, dentro de casa eu tinha uma retaguarda com minha mulher. De uma calça minha ela fazia um tailleur pra ela, roupas para as crianças.

A vida sempre foi muito sacrificada. Eu sempre precisava de duzentos réis para pagar um tostão. Os filhos estudavam, morávamos em casa alugada, o aluguel de uma casa, quando eles eram pequenos, era 250 mil-réis. Depois aumentou para 350 mil-réis, eu não podia pagar o aumento. Fui despejado e tive que comprar uma casa. Me inscrevi no Instituto de Previdência para adquirir uma casa. Isso foi facilitado pelo processo de despejo, consegui o dinheiro necessário para comprar a casa em que moro até hoje desde 1948, há quase trinta anos.

Fui ourives, analista de laboratório e uma vez substituí o médico diretor de análises do Instituto Clemente Ferreira, de tuberculose. Fiquei lá quatro anos. Saí de lá porque o serviço era muito perigoso, em casa podia contaminar meus filhos. Mas meus filhos cresceram fortes.

Levava um pequeno lanche que tomava depois do serviço no Clemente Ferreira, trazido de casa, depois ia diretamente para a Clínica Infantil do Ipiranga. Terminados os exames ia para a cidade onde fazia requerimentos de pessoas que entrassem com pedidos às repartições públicas, federais e estaduais, dava entrada e cuidava do processamento desses requerimentos até a solução. Depois voltava para casa, jantava às pressas e ia ser cacifeiro do Cisplatino. O Cisplatino é um clube aqui do bairro, de classe média, onde tive amigos e companheiros de jogo de *bocce* e do carteado. Lá se começa a jogar às quatro horas da tarde e à noite, das nove às duas da madrugada.

Aos sábados e domingos trabalhava no Jockey Club para ganhar uma pequena diária como suplente de vendedor de pules, apostas.

O Flávio e os outros meninos daqui de casa iam ouvir rádio na casa dos vizinhos. Nunca tive rádio. Quem me deu o primeiro rádio foram duas moças que iam comprar um rádio novo e sabendo que eu não tinha, falaram com o pai e me deram. Chamava-se Piloto aquele rádio. Então, quando foi o dia da estreia do rádio usado foi uma alegria lá em casa. O Flávio era sequioso por ouvir notícias, ávido por saber as coisas.

(Interferência de d. Rosa: Às vezes o Antônio chegava do trabalho meio baratinado, meio zangado, ele vinha triste, cansado. Um dia que estava chovendo, um dia triste, falei para as crianças: "Seu pai mandou dizer que vai trazer um duque para jantar conosco". Todo mundo se pôs a trabalhar, a casa ficou um brinco. Tomaram banho direitinho, puseram a melhor roupa, eu fiz um jantar bom, dentro de nossa possibilidade. Foram buscar umas flores para enfeitar a mesa. De noite perguntaram: "Onde está o duque?". Aí chegou o pai.)

Quando eu chegava do trabalho, o Flávio comandava a trupe lá de casa a dar um viva para mim: "Viva o Zé Papi Papí!", e todos tinham que repetir.

O primeiro discurso do *Dopolavoro*, em 1934, o primeiro discurso integralista quem fez fui eu. Foi em Sorocaba, sobre o conceito de liberdade. Monsenhor Cangro achou formidável. Depois, em Bauru, os comunistas mataram Nicola Rosicca, o autor do segundo discurso integralista. Eu fui designado para matar o assassino. Quem matou esse Rosicca foi um médico. Eu e o capitão

Ribeiro fomos designados para matar esse homem. Nós o fomos seguindo até a rua Apa. Quando ele percebeu, se encostou na porta e fez um gesto para pedir misericórdia. Eu sabia atirar de revólver. Mas não atirei. "Por que você não atirou?", me perguntou o capitão Ribeiro. "E você, por que não atirou? Você, que é oficial, não quis atirar. Nem eu." O nome do médico era Jerônimo de Cunto Netto, vivia em Bauru.

O núcleo comunista de Sorocaba era forte. O núcleo integralista não era muito forte aqui em São Paulo. Em Ribeirão Preto, sim, era forte. Eu tinha 39 células comunistas fichadas por mim em 1935. Quando houve a Intentona Comunista, em 1935, o Filinto Müller mandou me oferecer duzentos contos pela lista de células. Cada uma valia vinte contos. Eu não dei.

Por ocasião da vinda a Sorocaba do Miguel Reale, que foi uma das mais importantes personalidades do integralismo, aconteceu um episódio interessante. Nós estávamos reunidos em nossa sede, um salão muito grande, duzentos a trezentos integralistas à espera da conferência dele. A conferência seria irradiada com alto-falantes para a praça. Na praça estavam os comunistas; eles foram buscar caminhões e caminhões de seus adeptos na fábrica Votorantim e outros locais, porque um dos maiores centros comunistas do país era Sorocaba. Eles queriam impedir, com altos gritos e ameaças, que Reale falasse. Por diversas vezes ele tentou falar mas gritavam e vaiavam. Afinal então ele decidiu ir em meio aos comunistas para falar com eles. E nisso ele se apressou, ia descendo as escadas sozinho, ia sozinho, nenhum a acompanhá-lo. Eu não prestei atenção quando ele decidiu fazer isso. Prestei atenção quando me chamaram: "Antônio!". Eu olhei, era minha mulher que dizia: "Vamos!" e me indicava que nós devíamos seguir o líder. Eu não tive outro remédio, senão aceitar. E fomos. Aí, ele enfrentou a massa comunista. Eles abriram alas e ele chegou no meio e falou: "Por que vocês não querem que eu fale? Vocês têm medo da minha inteligência, vocês têm medo do fulgor dos meus olhos?". Não se falou mais nada, esse pequeno diálogo entre ele e os comunistas foi o bastante. A conferência dele aí terminou e acabou.

Um acontecimento que eu não esqueço foi o da noite na praça da Sé. Era uma grande parada integralista. Viemos de madrugada, no automóvel do Antônio Salem, aluno da Faculdade de Direito, e com Almeida Salles, grande orador. E também o Armando Pannunzio, o Willem Krüken e eu. O automóvel era um Buick grande. O Pannunzio, ao chegar à Consolação, matou um burro.

Então fomos à praça da Sé e houve um desfile desde a Brigadeiro até a Paulista: o Plínio ia passar em revista as legiões. O dr. Stella era o chefe de São Paulo. Eu formava na Segunda legião. Tudo era legião. O pessoal estava esperando na praça da Sé. O itinerário devia ser: Brigadeiro, largo São Francisco, rua de São Bento, praça Antônio Prado, Quinze de Novembro e Sé. Mas o Ribeiro, que comandava a Segunda legião, percebendo o horário atrasado, cortou caminho e do largo São Francisco passou à Benjamin Constant até a praça da Sé. No triângulo, os comunistas já estavam escondidos com metralhadoras e teriam matado de quinhentas a mil pessoas. Os comunistas e a Guarda Civil estavam mancomunados na praça da Sé: atiraram e mataram quatro integralistas. Eu me arrastei com a barriga no chão. Parece-me que Armando Salles era conivente, mas não acredito. Conheci o dr. Álvaro de Faria, que era do Politburo, muito bom sujeito, eu era muito amigo dele. E também o Montesano.

Os integralistas mais cultos eram: Plínio Salgado, Miguel Reale, Gustavo Barroso, o João do Norte, Luís da Câmara Cascudo, Santiago Dantas (estava com ele na praça da Sé), Helder Câmara (estava no Ceará) e Gofredo da Silva Telles.

O movimento era nacional, não tinha apoio monetário da Itália. O Manifesto de Outubro foi uma coisa fora do comum. Dizem que quem o escreveu foi o João Carlos Fairbanks, um dos homens mais inteligentes que conheci. Foi em outubro de 1933. A Ação Integralista promovia estudos sociais. Estudava-se. Propunha-se a *representação pelas clas*ses. Os sindicatos mandariam os seus representantes para a Comuna, a Província e a União. Os sindicatos de um município mandariam seus melhores representantes: o melhor barbeiro, o melhor sapateiro... escolheriam o governo. Governa quem trabalha.

Em 1937 uma ala do integralismo, chefiada por um médico, Belmiro Valverde, quis, com alguns oficiais do Exército, matar o Getúlio com uma metralhadora. Encontraram d. Darcy, que gritou: "Não me mate!". Belmiro deu uma rajada embaixo da cama, quase matou o Getúlio. O Dutra fuzilou 38 integralistas que já se haviam rendido, agitando bandeiras brancas.

Eu desliguei-me porque a situação me perseguia. Por doze vezes fui acusado pelo Partido Constitucionalista. Mas o Armando Salles viu a minha ficha e não me demitiu. O Plínio me dispensou de usar a camisa verde, antes de 1937. Na ocasião, antes da tentativa contra o governo, ele pensou que ia ser ministro da Educação e levou os integralistas para o Rio. Eu não fui. E disse à minha mulher no dia do golpe do Estado Novo, 10 de novembro de 1937: "Netta, o integralismo acabou". Dito e feito. Mas o Plínio não tinha envergadura varonil, era um intelectual, não era um político.

Logo depois, o Getúlio queria a cabeça do Plínio, vivo ou morto. Quem homiziou o Plínio aqui em São Paulo foi o Ademar de Barros, interventor em 1938. Depois de 38, o Plínio foi para Portugal e lá ficou amigo do Salazar, mas ele era superior a Salazar.

Na última guerra, como os italianos estavam mais radicados aqui, não foi tão violento o combate a esses súditos do Eixo. Não se justificava tanta repressão. Bastava falar italiano para ser preso. Um irmão meu foi preso por causa disso. Ele estava falando com um amigo dele na rua São Bento, nisso chegaram uns agentes e o prenderam. Só o soltaram depois de tempo, ninguém sabia onde ele estava. Preso por falar italiano. Eles eram mais realistas que o rei. A repressão sempre foi absurda.

O pão, o leite, o açúcar eram racionados, eles não racionavam de acordo com o número de pessoas da família, não se importavam com as famílias grandes, faltou muita coisa.

(Intervenção de d. Rosa: Precisava levar todos, até as crianças, ficar na fila desde as cinco horas da manhã.)

No tempo da guerra, o Carlinhos estava brincando pelo chão da casa. Rosa estava sentada numa cadeira com assento sobreposto. Enquanto ela se levantou para apanhar alguma coisa, o Carlinhos tirou o assento da cadeira. Sem observar o que aconteceu, ela sentou no vazio e seus joelhos bateram no ventre dela e houve um deslocamento. Dois dias depois começou a hemorragia e a Rosa quase morreu. Teve um aborto não provocado e perdeu litros de sangue. Depois da hemorragia, que não cessava, ela cada vez mais fraca, me pediu: "Se você me arranjasse um pouquinho de café com leite e um pedaço de pão, eu sobrevivo". Passou na rua um padeiro e eu pedi para comprar um pão e ele me negou. Eram duas horas e meia da madrugada. Nisso, passou um amigo meu, faço questão de registrar seu nome, Isidoro Pais, ele ia passando e eu chamei: "Isidoro! Me acontece isto, isto e isto. Você precisa me arranjar uma taça de café com leite e um pão". Era a coisa mais difícil do mundo. Ele desapareceu e voltou dez minutos depois trazendo o leite e o pão. Não sei aonde foi buscar. E ela sobreviveu e tenho absoluta certeza, por causa daquilo. Esse rapaz, eternamente tem a minha gratidão. Depois, levei-a para o hospital e ela foi operada sem anestesia, se dessem anestesia ela morria, não estava em condições.

Nós somos ingratos, podemos esquecer os que fazem bem à gente. Mas quando fazem a um filho, a gente fica eternamente grato, mesmo que seja uma coisa pequenina, guardamos até o fim da vida. Nós somos ingratos pra todo mundo, menos pra esses. Já tinham dado extrema-unção para a Rosa, ela lutou contra a morte: "Não posso morrer, tenho tantos filhos pra criar, preciso viver".

Uma vez, com o Carlinhos no colo, procurei o açougueiro Vilares na rua da Glória. O menino estava com um abscesso na coxa e eu fui pedir dez mil-réis para ele para comprar algodão e ataduras. Mostrei o abscesso e expliquei que não tinha um tostão em casa. Ele, como resposta, sacudiu a faca no meu rosto. Respondi: "Não quero seu dinheiro, cão, canalha. Ainda vou te ver pedindo esmola na rua". Seis anos depois o encontrei pedindo esmola com a mulher no viaduto do Chá.

Meus anátemas sempre pegam. Certa vez um barbeiro bateu no Flávio e rasgou a bola do menino. Minha mulher não me contou, só depois que ele morreu. Lá no empório vendiam ovos cozidos e esse barbeiro apostou que comia 48. Mas depois que comeu pouco mais de uma dúzia, ele morreu.

Quando era sanitarista, a pior das doenças contagiosas que naquele tempo exigiam notificação compulsória era o tifo. Com a prática, o dr. Sacramento só olhava e já sabia se era caso de tifo, malária. Eu com o tempo adquiri a mesma prática. Olhava para a pessoa e sabia fazer o diagnóstico antes de fazer as reações de sangue, que confirmavam ou não o tifo.

Os bacilos circulam pelo sangue e de semana a semana se instalam nos órgãos internos, no intestino. A cultura desses bacilos se faz no sangue mesmo, a reação de Vidal vê a presença dos anticorpos em nosso organismo. Os sinais mais evidentes do tifo no doente eram a língua de papagaio, saburrosa e grossa, e gargarejo da fossa ilíaca, que se percebe apalpando o flanco. Se tornavam pálidos, anemiados porque perdiam sangue.

*No laboratório da Faculdade de Odontologia. Ao fundo, à direita, a jovem Ida Strambi (do álbum de d. Emma Strambi Frederico).*

Há um caso interessante: trabalhei com dr. Avelino Lemos, muito amigo meu, muito distinta pessoa. Ele contava que, quando era estudante, nas férias foi convidado por uns amigos para conhecer o Clube de Regatas da Ponte Grande. Os outros começaram a nadar porque eram sócios e ele ficou na beira do rio esperando. Afinal, conseguiu com um guarda do clube e entrou na água. Ele nadava cachorrinho porque não sabia nadar. Pouco antes haviam tirado um poste que era porta-bandeira do clube e ficou lá um redemoinho no rio Tietê. Todos sabiam e evitavam, mas ele, não conhecendo, entrou no redemoinho e foi afundando, estava pra se afogar. Estava quase morrendo quando numa das vezes que ele emergiu, viram ele lá e o retiraram e salvaram a vida dele. Mas ele disse que *viu* a Morte e que a Morte era amarela.

E eu via esse amarelo aqui na fronte dos doentes, tinha essa faculdade de ver se a pessoa ia morrer ou não. E podia estar certo que era tiro e queda. Aparecendo aquele halo amarelado na testa o doente morria mesmo.

Em 1945 trabalhava no Centro de Saúde, em Santo Amaro, depois no Brás, como técnico de laboratório. Trabalhava-se com muito afinco e com muita boa vontade, porque era moço, e esse trabalho era em prol da pessoa humana. Trabalhava-se ganhando-se muito pouco por amor ao próximo. Tínhamos mais dados que um médico sanitarista de hoje, bastava olhar um pouco mais além do horizonte da gente.

O tifo exantemático era oriundo das montanhas Rochosas do Canadá e matou todos os que ficaram doentes desse mal. Nós examinávamos os piolhos enviados do interior; eles mataram um médico e o auxiliar dele, que estavam triturando o piolho para estudos. Não tinha cura, nem medicação alguma para evitar. O tifo era endêmico no interior do estado, todo ano havia casos de tifo.

Em Porto Feliz, eu descobri por que que o tifo era disseminado na cidade. O lençol d'água, onde estavam os poços (não tinha água encanada) para proveito da água, era a três, quatro metros do solo. Essa água era captada e distribuída à população. Nesse mesmo local faziam as fossas onde eram atiradas as fezes dos doentes de tifo. Essas fezes desciam do lençol e iam para o rio Tietê que era uns dez metros mais baixo do que a cidade e recebia todos esses bacilos e redistribuídos à população lá em cima, onde era captada essa água para uso. A maioria das casas tinha água nas torneiras mas oriunda de uns poços de areia em que os bacilos tíficos passavam à vontade. Se isso se fizesse durante mil anos, mil anos haveria endemia tífica lá.

Eu fiz ver ao prefeito que era esse o mal, que ele corrigisse, filtrasse, adotasse um método que salvasse Porto Feliz. Aqui em São Paulo os nordestinos trouxeram o esquistossomo das lagoas do Norte e infecções helmínticas, que vêm do chão, da falta de higiene nos alimentos, na água. Hoje, a população de São Paulo sofre mais do que antes.

Em 1946, nas eleições, infelizmente tive que votar no Dutra porque não gostava da UDN. Não porque a UDN apresentasse más pessoas, pelo contrário, mas eles eram intransigentes, estavam muito afastados da massa a que eu pertencia. Tinha também o Yeddo Fiuza mas eu ainda não suportava os comunistas. Hoje já estou bem diferente do que antigamente; hoje os suporto e em algumas coisas os admiro. Mas não sou comunista.

Em 1950 votei no Getúlio; conheci alguns chefes do Partido Socialista aqui em São Paulo, como Alípio Correia Neto, um grande médico, um grande cirurgião, uma grande pessoa. Mas havia muita gente lá no partido que não me inspirava confiança nenhuma entre os socialistas. Eu os conhecia e sabia que eles não eram socialistas, de modo que nunca me filiei a esse partido, nem poderia votar neles. Não era um partido popular apesar do nome socialista.

O Plínio Salgado, em 1955, teve 600 mil votos; nunca mais o revi. Eu não gostava de Ademar, ele era pessoalmente muito simpático, mas politicamente, zero. Eu não gostava do Juscelino porque não o conhecia bem, e Juarez, esse então, pelo que disse o Luís Carlos Prestes, nunca pactuaria com ele pelo meu voto. Então restava o Plínio, que eu conhecia, que era um sujeito digno e correto.

No governo Dutra foi cassado o registro do Partido Comunista Brasileiro, mas na ocasião da eleição do Dutra o Prestes estava, juntamente com o Getúlio, num palanque aí do parque Anhangabaú. O candidato do Prestes era Yeddo Fiuza, mas o Getúlio esteve compartilhando também com o Partido Comunista. O líder mesmo do operariado era o Getúlio.

A Ação Integralista não existia mais, passou a ser PRP, Partido de Representação Popular. O juramento não existia mais porque, se cessou o fato, os efeitos também cessam. Os integralistas juravam fidelidade ao chefe; desde que não existia mais nem o chefe, nem a ação integralista, ipso facto o juramento estava nulo. Eu não quis mais saber de política, me afastei completamente das lides diretas.

Em 1960, votei no Jânio e para vice no Jango. Depois que o Jânio renunciou, foi candidato a governador de São Paulo; era Prestes Maia, ele e Ademar de Barros. Votei em Prestes Maia, Ademar ganhou. Depois não houve mais eleição. Na primeira eleição em que o Ademar venceu foi porque o Partido Comunista votou nele. Quem venceu foi o Hugo Borghi; então, o presidente da República mandou que se apurasse tudo em favor do Ademar de Barros e não Borghi; quem ganhou foi Borghi, a eleição foi roubada. Ultimamente tenho votado nos candidatos do MDB, nos da situação, não.

Todos os meus filhos estudaram. Os irmãos ficam zangados, mas tenho que dizer que o Flávio esteve sempre na frente. A presença dele em casa sempre foi mais marcada. Ele tinha três ou quatro anos, gostava muito de uma freira, a madre Stokler, que era professora dele no jardim de infância do Colégio das Beneditinas, em Sorocaba. A madre estava com câncer, afastada das aulas. E o Flávio disse: "Vou rezar e pedir bastante a Deus pela senhora, até a senhora ficar boa". Ela foi para a Alemanha se tratar. Mas lá também não havia modo de curá-la.

A Landa nunca foi muito religiosa, até agora não é, mas ele, ajoelhado, fazia a Landa ajoelhar também e rezava os três terços para a madre Stokler sarar. E não é que a madre sarou mesmo, voltou boa?! Ela dizia que a causa era ele. Então ele foi à missa durante seis meses, às cinco da manhã, e a mãe, esperando o Toninho, e lá tinha que ir à missa com o Flávio e ajoelhar, porque a madre Stokler tinha sarado.

Ele chamava a atenção da Landa porque a Landa não rezava direito: "Se a madre Stokler não sarar você vai ser culpada. Precisa ficar ajoelhada! E vamos rezar!". Acho que foi aquela fé que curou a madre.

Quando o Flávio foi despedir-se dela, ela falou: "Hoje você beija minha mão, amanhã eu vou beijar a sua mão". Sabe o que ela quis dizer com isso? Que ele seria padre.

Com cinco anos ele recitava o "I Juca Pirama" inteiro e "O caçador de esmeraldas". Ele chegou a fazer o seminário. Saiu porque ficou santo demais. Não podia ver certas figuras. Ele arrancou todas as figuras da *Divina comédia*, daquelas almas sem roupa, no inferno. Ele cortava e o Plínio guardava, isso que era engraçado.

O cônego Castanho era reitor no Seminário de Sorocaba, onde o Flávio estudou até uns dezesseis, dezessete anos. Quando Altino Arantes foi visitar Sorocaba, quis conhecer o cônego Castanho. Antes de ir, foi fazer uma visita ao senhor bispo, d. José Carlos de Aquino, que disse: "Você vai conhecer um caipira e ter uma desilusão tremenda. Ele não é nada daquilo que você está pensando". Altino Arantes conversou com o cônego Castanho e voltou para o bispo: "De fato, ele é um caipira, mas além de ser um dos homens mais doutos que conheci, é um dos mais santos". Era um caipira santo, é impossível que ele tenha pensado mal de alguém.

Quando o Flávio tinha uns onze, doze anos o cônego me disse: "Eu conheço você muito bem e não acredito que o menino tenha puxado você. Deve ter uma outra pessoa que ele puxou. Ele traduziu a ave-maria do latim para o grego. Flávio, recita a ave-maria em grego!". "É verdade, não foi a mim que ele puxou, foi ao pai da Rosa que era um gênio."

O cônego Castanho sofreu de umas três ou quatro moléstias de uma vez só, tifo, uma porção de doenças. Quem fazia as injeções nele era eu. Estava desenganado por todos os médicos, em 1938. Os médicos todos morreram, ele está vivo até hoje, com 85 anos.

O Flávio não podia ser padre, era muito meticuloso, ele se julgava culpado se ouvisse um palavrão de alguém. Ia se confessar por ter ouvido aquele palavrão e a confissão não valia, tinha que fazer outra... Era escrúpulo demais. Se fosse padre e alguém fosse se confessar com ele naquele tempo, ele dava um castigo de três anos, antes de tomar a comunhão. Hoje, é diferente, mas não é tão tolerante, como parece; é um pouco indolente, se tivesse mais ambição teria se projetado. Só os que lidam com ele conhecem seu valor; ele escreve bem, mas não escreve nada. Quando tinha doze anos escreveu uma carta para mim e o portador era um diretor do SESI, que conhecia português de cor e salteado. Curioso, ao ver como o menino escrevia rapidamente, pediu para ler e diz que nunca viu uma pessoa escrever tão bem, sendo tão distraída.

O bispo não quis que ele fosse padre, ele ficou triste. Veio pra São Paulo e d. Beda disse: "É, é melhor esperar". Ele esperou um ano, entrou na faculdade da USP e d. Beda ficou esperando até agora.

Cursando a Faculdade de Direito no primeiro ano, fez exame de direito romano escrito. Depois tinha que fazer oral com Alexandre Correia. Ele estudava até as quatro da manhã, ia dormir e queria levantar às sete horas para estar lá às oito. Precisava fazer oral e nunca tinha assistido uma aula. Mas perdeu o exame, a mãe dele não chamou e ele não acordou. Passou um tempo, ele foi à secretaria da faculdade e disseram que ele não estava mais no primeiro ano, tinha passado para o segundo. O Alexandre Correia, pela primeira vez na vida dele, tinha dado dez para um aluno. Nem para o filho dele, que agora está nessa mesma cadeira, ele nunca deu nem quatro. Nenhum aluno nunca chegou a ter quatro com ele. Era o sujeito que mais castigava os alunos.

Uma ocasião, quando ele dava aula num colégio, entrou numa sala errada. Entrou na sala de segundo ano pra dar uma aula de terceiro. Um dos alunos me contou isso: chegou lá o Flávio com a camisa de fora, o cabelo todo revolto, começaram as gargalhadas dos alunos. Começou a dar aula, eles ficaram boquiabertos. Quando a aula acabou e ele saiu, todos se levantaram e foram atrás dele: "Professor, professor, nós não compreendemos nada da sua aula". "Mas por quê?" "Nós somos do segundo ano." "Então vou voltar!" Ele voltou e deu aula pros alunos que nunca mais deixaram de ser admiradores dele.

O professor de matemática dele me contou o seguinte: estava gizando uma equação algébrica, com um giz numa mão e a outra mão fazendo sinais: "Flávio, fica quieto". Quando ele tirava o giz da lousa, o Flávio dava a resposta, não com os cânones legais da álgebra, mas com a cabeça dele. Estragava a aula do padre.

O xadrez, ele também jogava excepcionalmente. Formou-se em letras clássicas na USP e casou-se com uma colega, de uma família de Piracicaba. Tem cinco filhos, é professor na PUC e diretor de um colégio. Todos os meus filhos são inteligentes, de uma inteligência acima da média, principalmente o Flávio. É um gênio.

Tem o avô, pai de minha mulher, este também era fora do comum. Era genial, muito simples, mas era mais inteligente que o Flávio, muito mais. Ele adquiriu uma cultura universal, lendo só o jornal. Não tinha outro livro e aprendeu tudo. Era consultado antes de qualquer negócio a ser feito, de qualquer atitude a ser tomada, pelos habitantes da sua cidade que naquele tempo era Pau D'Alho, hoje Ibirarema. Até as pessoas formadas, os advogados o consultavam. Era conhecido como sr. Quiquino, o nome dele era Francisco Pontremolese.

O Flávio era fora do comum e por emulação os irmãos se obrigaram a ser iguais a ele. Se não alcançaram, não ficaram no meio do caminho, passaram do meio. A Landa deixou os estudos para casar, mas chegou a dar aulas de inglês.

Casou-se com um homem boníssimo, de vez em quando sai um arranca-rabo entre os dois porque ela é muito impulsiva. (Eu também sou muito impulsivo.) É só naquele instante, depois continuam vencendo sempre os percalços, agora estão muito bem. Têm três filhos formados. O Plínio é geólogo. Dei esse nome a ele porque era muito amigo do Plínio Salgado. Ficou catorze anos trabalhando no Recôncavo Baiano e esteve nos Estados Unidos com uma bolsa de estudos da Petrobrás. Casou-se na Bahia com uma professora e tem dois filhinhos.

Depois vem o Carlinhos, que fez ciências sociais e fez também o Exército. O comandante do Duque de Caxias mandou me chamar e explicou: "Além dos exercícios militares, de vez em quando vem um sargento dar uma aula para os rapazes. Seu filho é muito inteligente, muito culto e os nossos sargentos, o senhor sabe, não é? O sargento fala em radar, essas coisas, e seu filho acha que ele não sabia o que estava falando e estava sempre brigando com o sargento. O capitão chamou por diversas vezes sua atenção, o sargento dava punição pra ele por causa disso. Não se pode fazer uma coisa dessas, ele desmoraliza o instrutor". Carlinhos é assim mesmo, até agora é a mesma coisa. É professor de geografia, não sei de quê. A mulher e ele são professores e têm dois filhos bonitos.

O André também cursou o seminário mas não sei por que não pôde seguir. O bispo era muito exigente, ele queria os levitas dele cem por cento. O bispo queria santos, isso é difícil. Meu filho veio para São Paulo, formou-se em química na USP e trabalha atualmente como químico no Instituto de Pesquisas Tecnológicas. Esteve dois anos nos Estados Unidos fazendo mestrado de química, em Los Angeles; escreveu a tese dele em inglês. Agora, prepara e dá suas aulas e vai casar-se também. Pelo menos soube assim, ele não me participou ainda.

Depois dele vêm o João e a Lúcia, que são gêmeos. O João fez administração de empresas; ele é gerente de uma empresa, foi diretor comercial de outra. É o único de meus filhos, talvez, que saiba ganhar dinheiro. Os outros não são capazes de fazer um negócio. Mas é rapaz muito bom, tem três filhos. A Lúcia é técnica de laboratório, estudou no Adolfo Lutz, prestou vestibular de medicina e entrou. Não cursou. Teria que estudar medicina, ser síndica do prédio onde ela mora e mãe de três filhos. Teria que escolher um dos três. Não podia. Então ela preferiu educar os filhos. Mas ela vai ainda fazer medicina.

Agora vêm os dois gêmeos, que estão com 28 anos: o Pedro e o Paulo, que fecharam com chave de ouro, sendo os últimos. Não vendo o passe deles nem por um trilhão de dólares. Esses aí é que me deram mais trabalho. Os dois são formidáveis, são o saldo, que foi melhor que o resto. Tiveram mais campo, um é matemático, outro fez biologia. O matemático é o chefe de todo serviço de processamento de dados na empresa em que está. Começou ganhando 1800 cruzeiros, agora ganha 35 mil. É uma cabeça importante; se recebe uma atribuição, por mais difícil que seja, faz aquilo muito antes dos outros com uma perfeição extraordinária. Estão abismados com Paulo. O Pedro começou fazendo agronomia e acabou desistindo para fazer biologia. É biólogo. Está tomando conta da fazenda da sogra, que é uma pessoa de idade, em Catanduva. Ambos estão casados, com filhos.

O irmão menor dos nove, o Paulo, foi preso como subversivo depois do congresso de estudantes em Ibiúna, em 1971. Depois de um mês conseguimos vê-lo. Fomos com o gêmeo dele, que ficou embaixo para não ser confundido com o irmão. Entramos num corredor amplo, comprido. Quando Paulo viu a mãe que estava chegando, levantou-se e estava algemado. A mãe se plantou num choro tremendo e gritava: "Meu filho algemado! Meu filho algemado!". Eu não pude sofrer aquilo lá e começou a me doer o peito; para evitar que todos me vissem chorar, passei por eles e entrei na primeira sala à direita. E lá eu xinguei a polícia do mundo inteiro: "Cães, prendem um menino desses que é a melhor pessoa do mundo, enquanto os ladrões e assassinos estão soltos por aí". Fiquei uns dez minutos xingando até que sucumbi. Caí num sofá, com angina, quase sem vida. Quando dei por mim, vi uma pessoa quase ajoelhada ao meu lado que dizia: "O que aconteceu com o senhor? Por que ficou tão exaltado?".

Olhei, não conheci a pessoa, mas percebi que devia ser da polícia.

"Que posso fazer pelo senhor? Eu faço! O que o senhor quer?"

Olhei para ele bem e disse: "O senhor é da polícia?".

"Sou."

"O senhor é pai?"

"Sou."

"Então, não preciso me desculpar de nada. Tudo o que eu disse está dito, viu? Eu não retiro uma palavra sequer do que eu disse."

"Não lhe estou exigindo retratação nenhuma, eu quero é fazer alguma coisa pelo senhor."

"Quem é o senhor?"

"Sou Celso Telles, diretor do DOPS."

"Quero que solte meu filho, que está preso e algemado."

Ele mandou chamar um delegado e disse: "Esse senhor é pai daquele moço que está lá. Veja se você desembaraça isso em dez minutos para ele levar o filho embora".

Fiquei lá com ele e disse: "Agradeço, mas o senhor não está fazendo favor nenhum, está soltando a melhor pessoa do mundo, para mim. O senhor é o único delegado que presta e ilustra esses milhares que não prestam pelo seu modo de agir".

Mais tarde, o Pedro também foi envolvido e preso; eu ia todo dia no dops, de manhã e de tarde. O diretor do dops me disse: "O senhor vem todo dia aqui! Amanhã eu meto o senhor no xadrez também, não precisa mais entrar e sair, fica aí, já". "Eu agradeceria por estar junto de meu filho. O senhor me poria junto do meu filho, não é? Só esse prazer mereceria o mais encomioso agradecimento. E depois, eu agradeceria de vez em quando a sua prosa, o modo humano como o senhor me tratou sempre. Ficaria muito grato de ser preso, seu delegado." Meu filho foi processado e o promotor deu absolvição. Quando aconteceu o mesmo com o Flávio, a cadeia era no interior e foi seu irmão João que o acompanhou todo o tempo.

Meus filhos estranhavam porque eu fui integralista: era um partido que sentia que aquela situação estava errada. E estava mesmo. O que apareceu primeiro no integralismo foi o partido nacionalista e eu entrei. Meus filhos me chamavam de fascista, mas eu me tornei socialista por causa deles. Agora, acho que eles têm razão. Eu era o contrário do que eles são. Não que eu reneguei, mas eles sem necessidade e sem ambição alguma esposam ideais tais que beneficiam aquele que trabalha, eu também sou solidário com eles.

Meus filhos sempre se reuniram em casa. Antes de seu casamento festejávamos o Natal e a Páscoa em casa. Há uma forte amizade entre os irmãos. Se houvesse um atrito entre eu e minha mulher, eu teria sete votos contra, dos sete homens, e dois votos a favor, naturalmente por piedade, das duas moças. No nosso aniversário de casamento, faz uns cinco anos, meus filhos se cotizaram e eu e minha mulher fomos para a Bahia, de avião. Achei uma maravilha. Fiquei na casa do meu filho geólogo. Pra dizer a verdade, aquele Pelourinho lá é uma vergonha. Gostei do povo de lá, baiano é muito melhor do que paulista.

* * *

Gostaria de viajar, mas não tenho meios. Fico aí em casa, não posso me locomover com rapidez por causa das coronárias. Tenho o cérebro bom, só o cérebro porque o coração está pifado. Não tenho quase atividade, esportista nunca fui.

Deixei o teatro, de vez em quando vou assistir uma ópera. Já que não posso viajar, conhecer coisas, quando encontro bons parceiros, jogo. Jogo no Clube Cisplatino, que tem uma tradição de cinquenta anos. Um jogo inteligente como o pôquer quase não se joga mais. Eu jogava bem, mas agora os jogos de carta não são como antigamente. Meus ataques não são tão rápidos, a rapidez me foge, os outros me vencem. Jogo com prazer com as pessoas de idade, que me dão um certo equilíbrio. Sábado e domingo, fico jogando baralho com os amigos.

Não sou desses de contar o que me aconteceu. Nem pros meus filhos, nem pros meus netos. Há um hiato muito grande entre mim e eles. Nenhum deles eu quis que aprendesse italiano, apesar de gostar tanto da língua italiana.

Os maus pedaços são mais recordáveis do que os outros. Recordo com gosto as passagens de vida e morte em que eu sabia que havia perigo de morrer. Eu me recordo muito bem quando tinha uns quatro anos e atearam fogo num campo. Para chegar à minha casa, o fogo precisava atravessar o rio. Eu chorava com medo que o fogo pudesse queimar minha casa. Diz Dante:

*Nessun maggior dolore*
*che ricordarsi nella miseria*
*dei tempi felici.*

Quando encontro pessoas de minhas relações antigas, aí me estendo, fico o dia inteiro conversando sobre o passado, se possível. Com meus companheiros de trabalho de ourivesaria, companheiros de coro do Teatro Municipal que ainda estão vivos. Ainda nos encontramos de vez em quando e fazemos uma *adunanza*, uma reunião de canto.

Dia de finados ia sempre visitar o túmulo de meus pais e irmãos no Cemitério do Araçá. Agora, não vou mais, mas sonho com eles. Sonho com meus irmãos mortos, minha mãe, meu pai, com todos eles. Quando sonho com meus filhos eles são crianças. Eu, no sonho, sou desta idade mesmo, meus irmãos é que são mocinhos. As coisas que me aconteceram ficaram guardadas na memória de tal modo que meu subconsciente vai lá e vai buscar. Das recentes não lembro mais. De certo não têm mais lugar. Lembro mais amiúde as coisas da infância. O que aconteceu ontem pode ser que eu lembre hoje, mas se passar uma semana já não lembro mais.

Tenho 73 anos agora, com 66 me aposentei no Serviço Sanitário, adido ao instituto Adolfo Lutz.

Quer que eu diga com franqueza? Está caindo no mundo uma chuva de fezes, que está dominando tudo. Pode ser que o mundo não vá pra pior e que estas fezes sejam diluídas e postas de lado. Não se sabe, é um mistério. Faz uns dez ou quinze anos. Está tudo mudado. A sociedade ideal é uma utopia. Sou como Bossuet: *Vanitas vanitatum, dixit Ecclesiastes, vanitas vanitatum et omnia vanitas.* Tudo é vaidade. Enquanto o homem persistir em viver, haverá dissemelhança. Não pode haver concórdia, não haverá nunca. Esse mundo é de luta, de sofrer. Tendo como alvo uma outra vida, não é para esse mundo, é para outra vida. Não resta dúvida, isto não tem conserto. A única coisa que presta neste mundo são as coisas mais comezinhas, as coisas mais simples: o olhar de uma criança, essas coisas de casa, de todo dia. É preciso amar quem está aí perto, o resto é tudo vaidade.

Certa vez fui roubado quando saí do trabalho. Levava uma maleta de dinheiro que não me pertencia, eram milhões do Jockey Club de que eu era portador em confiança. Corri uns 160 metros atrás do ladrão, que era um rapaz novo, ágil e disposto a tudo. Comecei a sentir uma dor no lado esquerdo, no alto. Finalmente, a polícia apareceu e dominou o ladrão. Houve um ajuntamento de populares em volta. Ele falou: "Roubei o dinheiro porque ele é velho e gordo e não podia me alcançar". A polícia desceu o cassetete nele. No meio daquele ajuntamento de curiosos me aproximei e o rapaz erguia os dedos quebrados da mão. Ergui os olhos e vi do outro lado da rua Cristo, que passava com uma veste talar e me olhava zangado. Pensei: "Vou morrer e ele quer que eu perdoe". Cobri o corpo do rapaz com meu corpo e fiquei recebendo as pancadas que desciam sobre ele. Quando fui buscar os sapatos dele que tinham sido jogados longe, ouvi um polícia: "Vamos para a delegacia e batemos lá nesse ladrão". Gritei: "Não! Não quero que batam nele. Vou junto". Fui chamado pelo juiz dois meses depois para depor e declarei que tinha sido um engano, que não houve roubo, que o soltassem.

Quero amar o que está aí perto, sou assim terra a terra, um homem, como se diz, ao rés do chão.

# D. Jovina

Nasci no final do século passado a 7 de agosto de 1897, em Ribeirão Preto, onde meu pai era engenheiro da Mogiana. Nasci quase asfixiada dentro de uma pelica: nasci empelicada e o povo diz que tem muita sorte quem nasce assim. Mamãe guardou essa pelica, que era uma pele seca, durante muitos anos, mas de tanto andar de um lado pro outro ela desapareceu.

Nossa casa era no largo Treze de Maio, com quatro janelas de frente: duas da sala de visita, duas do quarto de meus pais. Tinha mais dois quartos e a sala de jantar e a cozinha. O banheiro era no quintal. A casa era simples, modesta, meus pais eram de família pobre mas gostavam de bastante quintal; lá nós tínhamos uma cabra para dar leite. Essa casa foi derrubada muitos anos depois.

No largo havia sempre um circo de cavalinhos onde eu ia com três anos. Já havia o quinto filho em casa: éramos Mário, Preciosa, Caetano, eu e Chico. Toda tarde o palhaço passava montado de trás para diante no seu cavalo.

"O palhaço o que é?"

"É ladrão de mulher!", o pessoal respondia.

O palhaço vinha de cara branca, às vezes com banda de música atrás. Tenho uma pálida ideia de uma pantomima em que iam serrar o braço do palhaço. Armei um berreiro e saí do circo.

Meu tio era farmacêutico, dono da Farmácia Lima (da família Araújo Lima). Lembro da farmácia antiga, com grades de madeira e dois globos, um globo amarelo e um verde. Os armários eram cheios de potes e num tinha açúcar-cande, e a gente ganhava pelotes de açúcar quando ia na farmácia.

Eu era uma criatura travessa com certa tendência para as coisas perigosas. Com dois, três, quatro anos gostava de sentir o cheiro de fósforo aceso até queimar meu nariz. Minha mãe curava essas queimaduras de fósforo com banha de galinha. Meu pai fazia barba à moda antiga no seu lavatório com duas gavetas. Eu ficava de lado e enquanto ele lavava o rosto peguei a navalha e quis imitar os movimentos dele; acabei dando um corte no pescoço. Ainda ouço o grito dele por mamãe quando me viu com sangue no pescoço: "Lilica!".

Tinha uma tendência para os malfeitos. Na fazenda de minha bisavó em Eleutério (Itapira) havia um tanque. Brincava de pegador em roda do tanque com minha prima e uma pretinha. Numa dessas viradas caí no tanque. Gritaram: "A Vivina está morrendo afogada!". As duas meninas fugiram para o mato. Mamãe apareceu na porta da casa de minha bisavó! Trazia no colo uma filha, Ana Margarida, que ela perdeu com um ano. Deixou a criança no chão e veio me pegar. A sorte é que a água entrava por baixo do tanque, fazia um redemoinho e minha cabeça subia para fora. Mamãe me pôs de cabeça pra baixo. Já tinha engolido muita água. Ficou disso uma lembrança muito boa porque me deram para beber uma sangria de vinho tinto, água e açúcar. Não gostava de boneca, mas de correr, de pegador, de acusado, sempre feliz quando trepando em muros, árvores; meu apelido era cabrita.

De vez em quando minha mãe ia ver os pais em Itapira, que se chamou Penha do Rio do Peixe. Dia 11 de fevereiro era uma data negra em Itapira. Foram à casa de Joaquim Firmino, nosso contraparente, tio de minha mãe, para convencê-lo a sair de Penha porque era abolicionista e estava perturbando a ordem da cidade. Ele fugiu pelos fundos da casa mas na rua do fundo os capangas pegaram Joaquim Firmino, puseram num forno e chucharam seu corpo. Sua mulher, de joelhos, pedia que não matassem o marido. Depois da morte de Joaquim Firmino ninguém mais quis ser de Penha do Rio do Peixe, ficou sendo uma vergonha, uma mancha; a gente de lá ficou estigmatizada. Mudou o nome para Itapira. Meus avós eram abolicionistas.

Vovô Bento era homem muito austero, inspirava respeito. Morreu com 69 anos com todos os dentes. Minha avó contava que conheceu meu avô lá em

Eleutério, andando a cavalo, com os fundilhos remendados. Homem de origem humilde, seleiro, chegou a alcaide de Itapira. Minha avó admirou quando reconheceu o homem de fundilhos remendados na pessoa que veio pedi-la em casamento. Vovó gostava de dançar e dançou até ser o vis-à-vis da quadrilha com tio Bento, seu filho mais velho. Havia uma quadrilha feita pelos músicos da época, chamada As Filhas de Nhô Bento. Filhas de nhô Bento eram minha mãe e as irmãs.

Esse meu avô, que nos olhava por cima dos óculos, tinha seu escritório onde ninguém entrava. O corredor dava à esquerda para a sala de visitas, à direita para o escritório, mas havia antes uma alcova por onde se passava e onde ninguém podia entrar. Eu tinha uma vontade louca de entrar lá, até pelo gosto do perigo que me atraía e que a criança tem. Entrei um dia. Vim correndo, bati a mão na escrivaninha e voltei. Sobre a escrivaninha vi um peso de mármore com uma flor em relevo. Tinha profanado o templo.

Meu pai era um homem pobre e estudou engenharia com grande força de vontade. Seus pais eram modestos. Sua mãe viveu muito da costura. Paupérrimo, fez o curso vago de Politécnica, não frequentava as aulas, fazia exames para passar. Morava na Ponta do Caju e ia a pé para a escola, no largo São Francisco; ele contava que passando a pé pelo Cemitério do Caju ouvia os ecos do próprio passo e olhava ao longe, tinha a impressão que o estavam acompanhando. Era chamado pelos colegas de frei Caetano porque, para esconder os fundilhos remendados da calça, andava sempre de sobrecasaca.

Trabalhava como professor com João Köpke, na escola de João Köpke. Lecionava particularmente os dois filhos de Rui Barbosa; a Maria Amélia, que casou depois com Batista Pereira, era a mais inteligente. Mas meu pai tinha horror do Rui. Gente antiga era discreta: ele nunca falou que foi colega do príncipe, filho de d. Pedro II. Era republicano mesmo. Penso que conheceu mamãe quando trabalhava na estrada de ferro, ramal Itapira. Ela era filha de nhô Bento, patriarca de Itapira.

Quando apareceu na cidade um garibaldino chamado Gianelli, um artista, Itapira tomou um impulso artístico e todo mundo começou a cantar. Na praça da igreja, Gianelli reunia os moços e ensinava trechos de ópera. E quando todos cantavam na praça ele exclamava: *"Sono in Italia!"*. Nunca vi uma rua em Itapira com o nome Gianelli, mas quando fiquei moça e fui à ópera conhecia todos os pontos bonitos porque mamãe cantava.

Meu pai casou-se em 1890 com mamãe e veio morar em Ribeirão Preto, cidade pioneira. Ele levou as pontas dos trilhos até o Triângulo Mineiro. Meus avós paternos também vieram com o filho, do Rio, e moravam em Ribeirão Preto. Mamãe teve onze filhos. A luta era tremenda. Dos onze, ficaram oito. Mamãe tinha uma personalidade calma, dócil, controlada. Quando minha irmã mais nova nasceu, em 1908, mamãe ficou com uma moléstia cardíaca, aos 38 anos. Viveu até 53 anos, mas meu pai dizia a todo instante: "Cuidado com sua mãe!". Foram quinze anos de cuidado, na palma da mão. A vida dele era construir estradas, longe de casa. Lembro de mamãe aqui, ele em Santos, construindo canais. Nas cartas, ela dava conta de tudo. Ele tinha um espírito forte, foi um grande trabalhador. Saía pelo sertão no burro Soberbo. Eu escutava em casa, a noite toda, ele sonhando em voz alta, calculando logaritmos.

Meus pais nunca viajaram, nunca fizeram uma estação de águas. Em Ribeirão Preto a terra era roxa, adere nas roupas, na pele. Mamãe dava banho em mim, esfregando com pano o meu corpo. A roupa, para lavar fora, ficava muito cara. Quem engomava as camisas era mamãe: ela punha a camisa de lado, depois engomava um punho e prendia a camisa. Depois outro punho e prendia. Depois engomava o colarinho. Eu ajudava muito mamãe, a vida era dura. Gostava de raspar as panelas e frigideiras grandes de ferro onde se cozinhava o angu dos cachorros.

D. Aninha foi uma senhora que morou com mamãe, a única ajuda que ela teve na vida. D. Aninha me salvou a vida quando saí num relance de perto de mamãe e corri para a cozinha. Lá derramei uma lamparina de querosene no chão, o fogo alastrou e fiquei encurralada entre o fogão de lenha e o fogo do chão. D. Aninha enrolou bem a saia nas pernas e me tirou por cima do fogo.

D. Aninha gostava muito de ler histórias. Dizia meu pai que, com dois anos, quando ele chegava em casa, eu ficava na ponta do pé e assoprava no ouvido dele: "Papai, d. Aninha disse...", e dizia o nome feio. Gostava de quebrar tabus já desse tamanhinho.

Quando meu pai trabalhava nos canais de Santos, o chefe dele era o dr. Rebouças, que descendia do célebre negro Rebouças que a rainha tirou para dançar. Ficamos numa casa de madeira diante do canal que ia para São Vicente, ali na estrada Santos-Juquiá. Em frente passava um guindaste enorme nos trilhos, a casa do maquinista ficava lá em cima e subiam e desciam caçambas para cavar o canal. Havia um vão entre os dormentes por onde enfiava minhas pernas, queria ficar lá para ter a sensação de ver o guindaste descendo. Gostava de coisas perigosas.

O banho de mar pra fazer bem tinha que ser ao raiar do dia, ainda no lusco-fusco da madrugada. Minha mãe levava no colo Brites com nove meses, Chico Bento e eu. No mês de setembro os dias ainda não são largos, um negro nos acompanhava com uma lanterna. Minha mãe vestiu uma roupa de baeta azul-marinho com duas peças, calça até os tornozelos com duas listas brancas e um babado. Paletó com manga comprida, franzido e com aba. Eu e Chico Bento íamos de calcinha pelo meio da perna e colete. Não se tomava banho só, sem banhista. Seu Nicolau entrou conosco. Lembro a primeira vez que entrei no mar, com medo, e vi pela primeira vez as marolas arrebentando com a fibrazinha branca de espumas, tudo meio escuro ainda. Quando voltamos já estava dia e fizemos uma caminhada dentro da mata de beira-mar. Íamos por uma trilha que passava no fundo das chácaras com enormes solares. Foi em setembro de 1904.

Quem tocava o único hotel de Santos, o Parque Balneário, era uma italiana chamada d. Elisa Poli, que nos deu um retrato com dedicatória: "Ao simpático Chico Bento e à graciosa Vivina...". Eu ficava orgulhosa de ler. D. Elisa para mim era uma beleza. Quase matei meus pais de susto nesse hotel; estavam todos almoçando. Tive uma dor de barriga nos sanitários, que ficavam sobre a água, em braços de mar. Dei um grito estridente. Toda mesa do hotel levantou, pensaram que eu havia caído na água. Meus pais chegaram e me enrolaram numa toalha. Quem tem filhos diga adeus ao sossego. Esses braços de mar, que de vez em quando ficavam secos, atravessavam as avenidas, só se passava de trólei. Nas enchentes pescavam bagres de lata, só mergulhar e a lata vinha cheia de peixes.

Em 1903, papai fazia o saneamento de Santos e trouxe toda a família para São Paulo. Logo depois que nós saímos foi o episódio da febre amarela, epidemia tremenda em Ribeirão Preto, que fez morrer muita gente. Fomos morar na rua Maria Antônia, numa casa bem em frente à universidade, que era naquele tempo o sobrado dos Parada (família Rudge Parada), sobrado com água-furtada que ainda está lá. Na casa que foi a antiga universidade, os Parada, quando minha avó aparecia, faziam molecagem: punham a figura de um grande sapo na janela deles para arreliar minha avó, na certa para dizer que ela se parecia com um sapo.

A rua Maria Antônia já estava toda construída, ainda vi casas desse tempo lá, tinha o Colégio Mackenzie na esquina. Depois mudamos para o outro lado da rua, numa casa com escada que dava acesso para a sala de visitas, porão alto mas não habitado. Nesta rua morava Cristóvão Buarque de Holanda, avô do Chico e pai do Sérgio Buarque de Holanda. No terreno ao lado do Mackenzie morava, numa casa de madeira, o Waller, carpinteiro, que fez as carteiras de todos os colégios de São Paulo, muitos anos. No fundo moravam os Correia, onde aprendi com d. Júlia a fazer crochê. Na rua Maria Antônia nasceram minhas irmãzinhas Brites e Clélia. Guiomar nasceu na casa da rua Barão de Tatuí, casa de esquina que tinha uma face para a alameda Barros. Quando mudamos para lá eu teria uns sete anos. Estavam abrindo a avenida Angélica, lá por 1905, 1906. Meu pai construiu a casa num terreno da baronesa Angélica, dona de tudo ali, que morava num castelo na esquina com alameda Barros. Suas terras iam até a rua das Palmeiras.

A avenida Angélica era uma trilha de eucaliptos. Lembro de um passeio que demos até o Hospital Samaritano por essa trilha. Estavam cortando as árvores para nivelar a rua e vi os torrões expostos dos eucaliptos. Subi num torrão. Perto da rua Maceió já havia algumas casas. Era lindo o castelo de d. Angélica. A alta burguesia estudava na Europa e ela mandou construir uma cópia fiel de um castelo da Alemanha, do século passado. Mais tarde, lecionei aos netos de d. Angélica. Uma das salas era revestida de couro com florões em relevo, onde entrava um dedo inteiro da mão. Em frente a esse, Lupércio de Camargo mandou construir um palácio florentino. D. Angélica doou ali um quarteirão para o Asilo São Vicente de Paula. Lembro do casamento das filhas dela, saindo para o Palácio Episcopal. Nossa vizinha, sogra do dr. Espinheira, contava que d. Angélica fechava as terras dela com um portão. Para mim esse portão deve ter sido na rua das Palmeiras. Abstraia o largo Marechal Deodoro, onde está o Minhocão, que era uma rua estreita, de residências. A avenida São João começou só em 1911 e levou vinte anos para se fazer.

Nossa casa tinha um corredor na entrada, um vestíbulo, uma sala de jantar muito grande, quatro quartos, dando dois para a sala e dois para o corredor que ia da sala à cozinha. Uma escadinha levava para o porão alto onde a dependência mais importante era a sala de estudos. Para ali descíamos todos, às sete horas. Eu tinha oito anos. Sentávamos nos bancos das sete às nove da manhã e das sete às nove da noite. A casa tinha um jardim de lado, muito gostoso, e no quintal uvas enxertadas por um jardineiro português, Niágara e Jefferson. Chegamos a colher 85 quilos de uvas. Cada filho, dos mais velhos, tratava do jardim. Para o terraço davam duas portas: a da sala de jantar e a do vestíbulo. Uma escada em curva subia para o terraço com um jasmim-de-itália e uma roseira, que no último ano de vida deu rosas demais — como na vida de alguns homens — e tapou o terraço de flores. No fim do ano a roseira morreu. Morreu com meu irmão Chico.

Meu pai tinha o culto da inteligência e do caráter. Dizia: "Nobreza, só admito uma, a do talento". Lia muito e queria que lêssemos. Foram os irmãos mais velhos que nos prepararam para a Escola Normal. Papai criou um ambiente onde só havia uma obrigação: estudar. Roupa, era só o necessário para andar vestido. Nossos pais tinham a vida deles, nós a nossa. Cada um vivia muito sua vida, voltado para o estudo. Não se saía só de casa, um irmão sempre tinha que acompanhar outro.

Mário, o mais velho, estudou cinco anos nos Estados Unidos. De 1911 a 1915 eu via mamãe, atrás do vidro da janela, "namorando o carteiro". Sua saudade era discreta, calada, mas uma vez que o carteiro não veio ela chorou. Mário era zangado, mas não amolava os menores.

Preciosa era intelectual: quatro anos mais velha que eu, com nove anos completou o grupo, com dez anos fez um exame na Faculdade de Direito e tirou nota 8,5. Estudou com distinção. Passava os domingos desenhando seus mapas. Eu tinha um entusiasmo por ela! Quando eu tinha onze anos, ela tinha quinze e havia lido 72 livros! Na época não se tinha a facilidade de hoje para conseguir livros. Preciosa tinha horror a qualquer arrumação de casa. Era boa, compreensiva, mas de estopim curto. Criatura brava, de gênio forte, dava um estouro e passava... estudava e lia! Papai deu *Dom Quixote* para Preciosa ler nas férias. Deitou na cama com o livro e ria e achava tanta graça, mas tanta, que a cama com rodinhas de ferro ia pra frente e pra trás.

Caetano era uma arrelia com dois pés. Explorava nossos pontos fracos, ameaçava contar pro papai minhas travessuras e eu fazia tudo o que ele queria. Numa irmandade grande acontecem coisas muito engraçadas. Eu tinha fama de não gostar da escola. Quando passei para o terceiro ano ele me disse: "Olha, Vivina, as aulas começam hoje". Corri, me aprontei. Saímos e demos a volta na esquina para outra rua, então ele me disse: "Não começa hoje não!". Chorei de raiva. Como era três anos mais velho, eu caía.

Lembro do Chico Bento sentado na mesa comigo: havia uma hora em que tomávamos uma xícara de café com leite frio. Como ele era travesso! Só se ouvia em casa, quando ele estava, nossos berros: "Mamãe, olha o Chico!". Ele subia nos galhos da goiabeira encostada no muro do quintal e se escondia. Quando entrávamos ele acertava uma goiaba nas irmãs menores. Era um berreiro; ele sarnava muito as irmãs mais novas. O Chico morreu mocinho e mamãe se arrependeu de ter dado palmadas nele. Chico era um tipo castanho, bonito, inteligente. Quis ser militar e meu pai tinha horror do Exército. Fez tudo para ele não ir: "Você só irá se fizer o preliminar da politécnica". Ele fez o preliminar, passou do segundo para o terceiro ano e depois foi para o Exército, na turma do presidente Castelo Branco. Um mês antes de sua morte estivemos juntos numa livraria em Santos, comprando livros. Ele estava estudando as Guerras Napoleônicas. Lá no Exército brigou, denunciou o chefe e veio para casa, doente. Morreu em quinze dias com febre tifoide aos 22 anos.

Minha irmãzinha abaixo do Chico morreu de colerina, com quase um ano, em 24 horas. Hoje se diz desidratação. Veio depois da epidemia de febre amarela, coisa dolorosa em que morreu muita gente.

As pequenas, Brites (com nove anos), Clélia (com sete), Guiomar (com quatro) davam-se muito bem. Brites foi sempre fechada, isolada. Mamãe achava que essa tristeza dela vinha de ter sido concebida e nascer num período de tristeza: o da morte de Ana Margarida. Brites foi uma criança muito bonita, mas triste. Clélia era um tipo sonhador mas uma criança levada, brincalhona. De Guiomar meu pai dizia: "Essa, graças a Deus, já nasceu educada". Para nós, irmãos, era uma criança-modelo, todo mundo gostava muito dela. Era a caçulinha e, quando meu pai morreu, aos onze anos de idade assumiu espontaneamente a direção de casa. Menina extraordinária!

Papai era severo, preparava o horário de estudo que corria religiosamente. E tinha que ser assim: mamãe ficava só, com oito filhos e ele longe, construindo estradas. Papai nos ameaçava às vezes com uma correia que chamávamos de "emancipação" porque ele sempre dizia: "Para ser emancipado não basta querer ser independente. É preciso ter primeiro a emancipação econômica!".

Dos três aos sete anos tive uma solitária que amargurou a vida de meus pais e de meus avós. Só depois de sete anos é que se podia tomar o purgante, depois do feto-macho, muito tóxico, uma erva. Quando chegou o dia de tomar o remédio, papai, mamãe, vovô, d. Aninha me agarraram e me puseram uma rolha na boca. Me enrolaram num lençol e me derramaram o remédio na garganta. A rolha era para manter a boca aberta. Ainda ouço as suas vozes: "Será que ela vai engolir a rolha?".

Dei muito trabalho, não comia nada. Quando minha mãe ficou doente, com arteriosclerose cardiorrenal, tive um reumatismo que me atacou o coração. Tratávamos as doenças pela homeopatia com o dr. Augusto Militão Pacheco. Lembro dele entrando no meu quarto quando minha tia o chamou: "Vem ver minha cunhada primeiro. Ela é que não pode morrer!". Depois tive também a coreia ou dança de são Guido, doença que não se ouve falar mais, a gente fica com os movimentos desgovernados, fica magra, magra. Preciosa, que dormia no meu quarto, tinha medo, porque eu dormia de olho aberto, meu lábio ficou tão fino que moldava os dentes. Meus irmãos me chamavam de Quevedo, que era um homem que a família encerrou num quarto e que vivia acorrentado, magro, impressionante, só pele e osso. Fiquei na casa de minha avó e minha tia dentista, muito dedicada, me fazia tomar até seis gemas de ovos por dia. Tomei aplicações elétricas, banhos de eletricidade estática. Para essas aplicações elétricas subia numa cadeira e todo o meu pelo ficava em pé.

Quando tive dança de são Guido fazia massagens vibratórias na espinha e ventosas. Punha-se álcool no fundo de um copo de vidro e acendia-se fogo. Depois virava-se essa ampola nas minhas costas, que fazia sucção em toda a espinha de um lado e de outro para chamar o sangue. Quem me aplicava era tia Brites. Uma vez ela não pôde aplicar e uma outra tia pôs excesso de álcool que correu para minha pele e o fogo acompanhou. Ela precisou abafar meu corpo com cobertor. Essas ampolas, que chamavam também ventosas, eram para a circulação. No fim de uns cinco ou seis meses fiquei boa e depois sempre tive saúde.

Gostava de correr mais que de ouvir histórias. Na casa de meu avô ia um contador de histórias nordestino, o Zé Pegado; ele era fantástico, contava a história da onça que virou pelo avesso. Não gostava de bonecas. Meu sonho era ter um velocípede, mas Chico Bento tinha um e eu brincava no dele, dobrando minhas pernas compridas. Não cheguei a ter o velocípede, não se davam brinquedos para as crianças. Brincávamos de roda, de ciranda:

*Senhora dona Sancha*
*coberta de ouro e prata,*
*descubra seu rosto*
*que quero ver sua cara.*

Pulei corda como ninguém imagina: corda simples, de dois, passeio na corda, duas meninas entrando uma de cada lado, cruzando e saindo.

Tinha uns vizinhos adoráveis pegado à nossa casa, d. Filisbina, que gente boa! Era uma casa pequena onde muita gente vivia em paz e entendimento. Brincava com os filhos deles, com a Ester, minha companheira de infância. Meus filhos cresceram ouvindo falar dessa gente, a família Gabus. (O Gabus Mendes descende de d. Filisbina, ele é irmão do Otávio Mendes, professor da Faculdade de Direito, pai de d. Leonor Mendes de Barros.) Ester e o marido ainda estão vivos.

Nós patinávamos, jogávamos diabolô: eram dois cabos de madeira ligados por um barbante, no meio um carretel (havia uma variedade enorme, mas o melhor a gente encomendava num carpinteiro no largo do Arouche, de madeira especial). Quanto mais forte o movimento de rotação, melhor, o carretel voa mais longe. Quando se estende os braços o carretel vai embora. Nosso ponto de referência era um sobrado da nossa rua onde morou Vicente de Carvalho, de uns oito metros de altura. O alto do sobrado era o nosso ponto de referência para jogar diabolô.

Pela nossa rua passava um sorveteiro cantando:

*Sorvete, iaiá,*
*é de creme, abacaxi, sinhá...*

Não me lembro o resto, mas era um italiano o sorveteiro, acompanhado por um preto.

"Ella é uma das mais empolgantes mentalidades femininas do nosso Paiz. É a Directora do Departamento Social da 'União Feminina Paulista' e foi uma das fundadoras da 'Federação Internacional Feminina'. Ella é o typo da mulher moderna (...) Admiradora enthusiasta de José Ingenieros — cultiva seu espírito na convivência diária com as obras emancipadoras do gênero humano. É bem um bello exemplo de tudo quanto pode uma alma incorruptível de mulher sonhando o sonho da liberdade, luctando pela educação feminina e protestando sempre contra os prejuízos sociaes, contra os preconceitos religiosos e políticos."

(homenagem a Jovina na revista Renascença)

*Experimento sobre memória: Alunas da Escola Normal da Praça no Laboratório de Psicologia, em 1914, junto aos professores Gomes Cardim e Heráclito Viotti.*

* * *

Uma irmã de meu pai veio morar conosco uns tempos, veio estudar odontologia. Naquele tempo ninguém andava sozinha e tia Brites me levava com ela quando ia ao centro da cidade. Eu tinha medo de passar pelo viaduto do Chá, o chão era de tábuas largas e quando pisava tinha medo de enfiar o pé nas frestas que me pareciam grandes. Via lá embaixo o Anhangabaú, um córrego, plantações... não posso ter certeza do que via...

Lembro de ter ido à Casa Alemã e quando entramos tia Brites me dirigiu para uma porta aberta e me mandou sentar numa salinha com bancos estofados. De repente tive uma sensação engraçada, a salinha levantou... que susto! Era um elevador.

Com meus dez, onze anos, meu pai foi diretor da Tramway da Cantareira. Do outro lado da rua 25 de Março ficava a estaçãozinha. Íamos pela ladeira que sai da rua General Carneiro, que era a rua dos Turcos. De vez em quando ele me levava com Chico Bento e um lanche para comer lá. Desbragávamos de brincar, meus fundilhos vinham duros e verdes de escorregar na grama. Era travessa, não ligava pra roupa, antigamente não se ligava pra roupa. A gente se vestia. Mamãe ia no Bon Diable da rua Direita e me comprava dois vestidos, um rosa e um azul, para frequentar a escola. E o vestidinho melhor, para visitar o vovô, era uma beleza: de *nanzouck* (esta é a memória visual que tenho da palavra), mais transparente, talvez mais fino que cambraia de linho. Branco, com uma faixa cor-de-rosa. Uma pala de renda do Norte, de bilro. Mas eu era afoita, inquieta, não observava roupas, só queria pular e correr nas casas da vizinhança.

Agasalho, o primeiro que tive, de flanela, foi aos onze anos. Com ele atravessava o inverno aqui em São Paulo. Não havia essa preocupação de hoje por agasalho. Antes desse, usava paletós de flanela de algodão. Quando chegamos em São Paulo (Ribeirão era quentíssimo) pegamos um frio! Foi um corre-corre de mamãe para preparar os filhos para o frio. Ela comprou na Casa Alemã um tecido com um dedo de grossura. Por dentro era o escocês mais lindo que se possa imaginar. Por fora era bege-claro, de pelotinhas como lã de carneiro. Mamãe fez uma capa para Preciosa que vinha até o chão. A capa durou não sei quantos anos. Quando fazia frio, o mais esperto pegava a capa de Preciosa e se cobria.

D. Aninha, uma amiga que mamãe teve, seu único auxílio, transformava a roupa de papai em roupas para meus irmãozinhos. Nós tínhamos uma vida muito simples, de classe média para baixo. Minha mãe não saía de casa, como se ia ter uma ideia da sociedade?

Mamãe tinha uma comadre rica que morava nos Campos Elísios, a madrinha de Clélia, d. Senhorinha. Ela vinha cada um, dois anos, visitar mamãe. Seu automóvel era o único que parava em nossa porta, um automóvel-caleça. D. Senhorinha se vestia na última moda, de seda, de rendas. Ela não era pessoa má, mas no meio da conversa — não posso esquecer — contava que seu garçom tinha quebrado uma biscoiteira de sessenta mil-réis e que ela tinha cobrado dele. Enquanto ela conversava com mamãe, o chofer ficava do lado de fora, esperando, tomando chuva.

Mamãe era profundamente boa; cansada como vivia, quando a filha da lavadeira ia para a escola, ela mesma ia para a cozinha preparar o lanche da menina, com receio que ela fosse mal alimentada.

Naquele tempo não se saía de casa, passeio era ir à casa de vovô. Eu gostava muito da vida. Queria fugir para onde havia mais barulho e alegria, fugia para a casa de vovô. Criatura boníssima e alegre, as barbas descendo até o peito, louco pelos netos. Eu era a queridinha dele; com esse despotismo de criança, sentava em seu colo sobre as duas pernas para que ninguém mais pudesse sentar ali. Meus pais não tinham tempo de agradar, era filho demais. O que eu mais gostava em minha vida era estar na casa do vovô. Meu avô morava no largo do Arouche, ia a pé para lá. Minha avó era enérgica, ela gostava da gente empurrando, como se diz, era muito seca com os netos.

Vovô era um indivíduo profundamente idealista que teve a felicidade de ver realizado o sonho que alimentou desde moço: a proclamação da República, pela qual ele lutou e sofreu. Com esse espírito republicano em plena monarquia, tinha que sofrer muito. Volta e meia precisava sair do Rio e deixava minha avó sozinha com os filhos; perdia os empregos, era um homem pobre. Filho de um português, José Álvares, que diziam que era amigo de Bocage e nunca se soube por que veio para cá. Diziam que fugiu para cá porque plantava fumo em Portugal e devido a uma proibição do marquês de Pombal. Foi criado sem mãe. Aos doze anos trabalhava em Santos e, ameaçado com faca, ameaçou também, deu uma sova no agressor e fugiu de canoa para o Rio, onde se casou e teve 24 filhos. Meu avô era republicano, abolicionista, não se sentia bem no Rio. Inteligente, com facilidade para medicina foi enfermeiro de escravos. Quando podia, exaltava o ânimo do escravo: "Tenha esperança, a liberdade está próxima!". Isso desagradava os senhores. Uma vez um negro o avisou: "Não siga por esse caminho, tem lá uma emboscada contra o senhor".

Fui criada num ambiente republicano, florianista. Em 1893 houve a revolta contra a República de Custódio de Melo e Saldanha da Gama, que, todo mundo sabia, era financiada pela Inglaterra. Meu avô morava em Ribeirão Preto, nessa época. Meu pai, já casado e com família, assinava *O País*, do Rio. Abre o jornal e lê com grande surpresa o nome de vovô no Batalhão Tiradentes para defender a República. Ele tinha partido sem contar para ninguém. Não sei se é lenda, mas um grupo de republicanos tinha feito pacto com Benjamin Constant que, se houvesse reação contra a República, voltariam de onde estivessem para defendê-la. Vovô combateu na ponta da Armação em Niterói e contava que viu fincada ali uma bandeira inglesa.

Quando Custódio de Melo levantou a Marinha contra Floriano, o dr. Augusto Militão Pacheco estudava medicina. Saiu da faculdade na praia de Santa Luzia e fez, o que hoje se diria, um comício, convocando todo mundo para defender a República dos monarquistas. Quando chegou ao Catete já tinha o batalhão formado. Combateu com meu avô, ao lado de Floriano, com os acadêmicos de medicina.

Passam-se os tempos e um dia, o dr. Pacheco, que sempre foi nosso médico, em 1905 ou 1908 encontra vovô e lembra o desfile da vitória em que foi o porta-bandeira. Meu avô disse, então: "Eu desfilei a seu lado". Ele era o mais velho do Batalhão Tiradentes, por isso desfilou ao lado do porta-bandeira, como guarda de honra.

O dr. Augusto Militão Pacheco era um médico espírita, mas um lutador. Respeito todas as religiões, mas a gente tem que combater: caridade é justiça, é luta. Querer justiça sem lutar não é nem justiça, nem caridade. Veja na fotografia do meu querido doutor Militão Pacheco que belo olhar ele tinha. Foi ateu e se tornou espírita quando perdeu sua primeira filhinha. Um dia, dormiu naquela tristeza e disse que só acreditaria em Deus se sua filha voltasse por um instante e desse um beijo nele. E a menina veio e o beijou.

Meu avô, sempre lutando, fugindo, teve uma vida difícil. Acabada a revolução vai a Floriano Peixoto para se despedir, voltava para São Paulo. E Floriano perguntou o que ele queria. Respondeu que queria levar só a farda com que tinha combatido. Floriano deu, pela sua posição em defesa da República, apesar dos avançados anos, a meu avô, o título de capitão honorário do Exército. Guardou seu boné da batalha — que vi — furado por um tiro. Era um republicano apaixonado e um homem feliz que viu seus sonhos realizados.

No dia da proclamação da República minhas tias lembram do vovô chegando com uma peça de fazenda para as moças da família festejarem a data, num carro alegórico. Lembro dos 15 de Novembro, especialmente o último: ele vestia a farda, papai a sobrecasaca e iam cumprimentar o presidente do estado, Jorge Tibiriçá. Toda família tinha uma medalhinha de prata com a efígie de Floriano no verso e no reverso: "A bala!". A íris preta de meu avô brilhava quando contava a batalha, como Floriano receberia a esquadra inglesa: "A bala!". Tinha uma vida avoada de menina, mas como sentia o Brasil, nossos heróis!

Meu avô veio para São Paulo conosco e ficou, era carinhoso, paciente com os netos. A gente era tímida, pelo modo de criar da época, e não tinha coragem de dizer quero isto, quero aquilo. Pedia no ouvido dele: "Quero um chinelinho de couro". Vovó achava que ele estragava os netos. Foi o último presente que ele me deu. Sua casa na esquina da dr. Abranches ainda existe, no largo do Arouche. Nós juntávamos meninos e meninas na frente da casa para brincar de bento-que-bento-frade, chicote-queimado, barra-manteiga… Sábado vovô fazia um baileco com gramofone e discos da Casa Odeon. Num concurso de valsinhas ganhei o prêmio; sempre gostei muito de dançar. Quando acabava a festa, a meninada em pé cantava o Hino Nacional. Depois que vovô morreu tudo acabou. Morreu em 1908, quando foi dormir, repousando do enfarte. Foi enterrado com farda de capitão do Exército e coberto com a bandeira brasileira.

Quando vejo aquele fundo do largo do Arouche lembro tudo isso. Do quadro do Floriano na sala de visita. Vovô me chamava de minha mulata quando eu sentava no colo dele e enchia sua barba de trancinhas. O papagaio gritava: "Seu capitão, vi-vi-vi-vi-viva a República!".

Nosso ambiente era anticivilista. Lembro da primeira campanha de Rui Barbosa contra Hermes da Fonseca para Presidência da República. O pessoal de casa, todo hermista, cantava uma modinha que fizeram para o Rui Barbosa, ali por 1908, 1910:

*Papagaio louro
do bico dourado,
tu falavas tanto
já estás calado.
Mas não tenhas medo,
coco de respeito,
quem quer se fazer não pode
quem é bom já nasce feito.*

(Coco de respeito era a cabeça grande de Rui.)

*A Bahia não dá mais coco
para pôr na tapioca,
para fazer bom mingau
e embromar os cariocas.*

Foi muito acirrada a luta entre civilistas e hermistas. A gente do vovô tinha as mesmas ideias, mas discutiam em voz tão alta que parece que estavam brigando.

Morrendo o vovô, minha avó mudou para a rua Major Diogo, numa casa gostosíssima na esquina, no alto de um paredão de pedra. Ao lado do senador Batista e em frente do Almeida Nogueira, que escreveu *Estudantes, estudantões e estudantadas,* reminiscência da Faculdade de Direito. Ele descreve no livro um estudante que saía à janela, para namorar, de colarinho e fraque mas vestido só da cintura para cima para economizar seu par de calças. Uma vez pelo espelho, alguém o viu da rua, refletido por inteiro. Esse estudante era o Barão do Rio Branco.

Nós sempre fomos a pé para a escola, da Barão de Tatuí até a praça da República; hoje ninguém mais faz isto.

Fui alfabetizada, tenho a impressão que pela *Cartilha de miss Brown*. Na Escola Modelo já se começou a usar o método analítico. Miss Brown veio ao Brasil no tempo em que o americano vinha também para dar, não só para tirar. Comecei a estudar com oito anos na Escola Modelo da Praça, sempre com a mesma professora em todo o primário, d. Mariinha Campos. Lembro a sensação de timidez, uma coisa desagradável que sentia, tinha medo dela que era muito seca, de predileções. No segundo ano, interessada no que ela estava explicando levantei, estendi as mãos e disse, espontaneamente: "Mas minha gente...". Ela interrompeu: "Continue em pé!". Continuei em pé, desapontada, humilhada.

Meu primeiro livro foi o de João Köpke: "Começa o dia, quem vadia? Clareia pouco a pouco. O galo canta. Tudo se apronta". O livro tinha versinhos de que gostávamos muito:

*Bertilha fez bem ao sapo.*
*O sapo criou-lhe amor.*
*Se queres que bem te queiram,*
*Faças bem seja a quem for.*

Nunca mais a gente esquece essas coisas. Sempre dei João Köpke quando lecionei. Era do livro dele *Vozes dos animais,* uma riqueza de língua que não se esquece mais:

*Late o cão se algum estranho*
*aproxima-se do lar.*
*Gane, rosna e uiva triste*
*pelas noites de luar.*

Que sinonímia!

Nos fundos da escola, que dá para a praça da República, ficava o Jardim da Infância, prédio hexagonal, octogonal, uma arquitetura de ferro importada da Europa, no fim do século passado. Era uma estrutura muito bonita de ferro, com uma galeria em cima. As turmas antigas da Faculdade de Medicina colavam grau lá.

Certa vez fomos com a escola num *garden party,* no jardim da Luz. Fomos de bonde e levamos qualquer coisa para comer lá. Foi uma novidade para mim, que nunca saía de casa.

Nós cantávamos muito quando começavam e quando acabavam as aulas. Todos os sábados havia reunião no anfiteatro da Escola Normal, que desapareceu. Aprendíamos uma porção de cantos: o Hino Nacional, o da Bandeira, da Proclamação da República, da Independência e o Hino da Mocidade de Carlos Gomes:

*Mocidade, esperança fagueira...*

E o Hino a Tiradentes:

*Salve, salve ínclito mártir,*
*Resplandecente farol.*
*Da aurora da liberdade*
*foste o plangente arrebol.*

*Em soberbos monumentos*
*grave a mão da pátria história:*
*maldição a teus algozes,*
*a teu nome eterna glória!*

Autor: Hipólito da Silva Branco. Tenho quase certeza que era esse o autor, um maestro que nos meios de antanho deve ser lembrado. A filha dele, Lúcia Branco, pianista, companheira, morreu há quatro anos atrás: era uma menina nada bonita, risonha, mas muito desesperada.

Lembro muito bem das aulas de tabuada e cálculo rápido, por fila de carteiras. Aprendi tabuada de modo inteligente: uma circunferência na lousa com números como os do relógio e com o ponteiro, a professora apontava um número e outro que deveriam ser multiplicados. A tabuada era de um a 12. Nesse desafio de cálculo, ela dizia: "A quem for melhor dou uma coisa!". Eu ganhava. Ela nunca me deu essa coisa.

Na aula de leitura ficava em pé e lia. Digo *mãs* e *pãra*, como o português faz, porque era errado pronunciar *más* e *pára*. Quem dizia *más* levava uma chamada da professora. Lemos João Köpke, Silva Pinto... livros interessantes. Descrevíamos uma gravura em que um pai pergunta à filha, que faz anos, que presente ela quer. A menina pede a libertação dos escravos. A primeira lição, "Fraternidade", conta a história de um irmão que na hora de repartir dava a parte maior para o outro. Eu pensava: "Por que razão devia ser a parte maior? Por que não em partes iguais?". Gostava muito do livro *Quarto ano de zoologia*, de Savedra.

Não havia feriado, íamos à aula nas datas nacionais só para comemorar. A escola era modelo, não trazíamos lições para casa, tudo o que aprendíamos era na aula. O maior castigo era ficar em casa.

Uma vizinha, d. Mariquinha Marques, me emprestava livros. Havia solidariedade entre bons vizinhos, hoje não recebo uma visita de meus vizinhos. Li pouco em criança: *Rosa de Taneburgo, Genoveva de Brabante,* e *As meninas exemplares, As férias, Os desastres de Sofia* da madame de Ségur.

Íamos a pé para a Escola da Praça: da alameda Barros até a Martim Francisco, andávamos por uma trilha aberta no mato. Depois da Martim Francisco as ruas eram calçadas. O largo do Arouche era só de casas residenciais. O Cine Coliseu era a casa de Cícero Bastos na esquina com a rua Maria Teresa, hoje Duque de Caxias. A praça da República era cheia de plátanos que tinham em volta uma grade bonita de ferro. D. Aninha dizia que a praça antes se chamava largo dos Curros. Eram só casas de residência. A rua Vieira de Carvalho tinha mansões da burguesia de São Paulo. Entrando nessa rua, que vai para o largo do Arouche, antes de chegar na rua Aurora tem uma grande árvore daquele tempo em frente à casa que fazia esquina com a praça da República. Eram todas casas patriarcais; havia nessa esquina uma linda casa com jardim. Qualquer dia, vou passar em frente para ver se a árvore ainda está lá. O lado da Barão de Itapetininga e da Sete de Abril era só de casas pequenas, onde morava o cabeleireiro Hamel.

Uma coisa que me marcou muito foi o assassinato de Euclides da Cunha, dia 15 de agosto, acho que em 1907 ou 1909... Eu me lembro que chegou a notícia no almoço de batizado da Guiomar. Papai teve um grande abalo. Euclides era engenheiro como papai. Os grandes nos diziam: "Vai embora daqui!". Queriam comentar a notícia longe das crianças: aí que a gente queria ouvir.

Em 1910 estávamos em São Simão: papai ia fazer o ramal da estrada de ferro de Jataí, que vai de São Simão a Ribeirão Preto. O diretor da Secretaria de Obras era o dr. Cochrane, homem de muito valor, avô do Roberto Simonsen. Era engenheiro e homeopata, esse dr. Cochrane. Mamãe já estava doente e nas férias fomos para lá, a Companhia Mogiana nos deu uma casa.

Todo mundo viu o cometa de Halley, que de madrugada enchia o horizonte. Era a melhor hora de ver; em São Paulo só se via à noite. Aquela estrela do tamanho de uma casa, de cauda branca que se alarga, parecia um sonho. De madrugada era maior na esfera celeste. Muito maior impressão tive com Vênus, a estrela-d'alva. Nessa época, papai deu permissão para que eu fosse numa festa, na fazenda de uns amigos. Tinha treze anos. Me recostei, não sei onde, e ferrei no sono. Quando acordei de madrugada me assustei com o tamanho de uma estrela, pensei que fosse a lua, de tão grande. Nunca mais vi a estrela-d'alva de madrugada.

Com catorze anos gostava de fazer crochê e arrumar a casa. Brincava ainda de patim e diabolô na rua. Me disseram: "Não está mais na idade de brincar na rua".

Em nossa família os irmãos mais velhos é que preparavam os mais novos para a Escola Normal. Em 1911 entrei para o primeiro grau da Escola Normal. Na escola havia um *ginasium* onde se praticava esporte e se estudavam quatro anos de francês. Sou da geração dos que sofreram influência da França; não se dizia Beethoven, dizia-se *Betovân*. Todo mundo recebia catálogo de Paris: Au Bon Marché, Galeries Lafayette, Le Printemps. Tinham seção de *blanche* (lingerie) com desenhos das peças e os preços. Os artigos agora me parecem baratíssimos. Eu mesma mandei buscar um *marabout* de penas para pôr no pescoço.

Meu pai assinava revistas francesas: *L'Ingénieur, La Nature, L'Ilustration*, que era linda, no Natal vinham cópias de pinturas célebres que se punham em quadro. Ele tinha admiração pela França, por Voltaire, por Daudet. Líamos muito literatura francesa traduzida. Li *Os miseráveis* em cinco volumes, *Paulo e Virgínia*. Quando acabei *Os miseráveis* caí em pranto. D. Aninha é que me arranjou os livros. D. Aninha foi lavadeira de minha tia e lia, lia. Contava histórias do tempo em que a praça da República era o largo dos Curros. Ela gostava loucamente do Chico Bento. Quando o Serviço Sanitário mandou isolá-lo em casa, no tempo da febre tifoide, ela comia os restos dele. Tinha loucura por Chico Bento e o viu morrer.

Quem me influenciou muito (meu ambiente em casa era muito brasileiro, excessivamente patriota) foi d. Julinha Antunes, uma professora positivista.

Ser positivista era estar com a filosofia de Augusto Comte, ser anticlerical. Os positivistas fizeram a República, sua norma era: "amor por princípio, progresso por base...". Não lembro o resto. O positivismo, como recitávamos, era: "Um templo de saber que se constrói...".

Quando d. Julinha nos contava a história de Galileu, a hora do julgamento, quando ele tinha que dizer que a Terra não se movia e afirmava *"Eppur si muove!"*, gravava-se em nós o espírito de revolta. Ela nos fez ler Euclides da Cunha. E havia no positivismo um culto à Virgem Maria, apesar de ser tão anticlerical. O clero foi um atraso no mundo. O irmão de d. Julinha, Gabriel Antunes, era também contra a monarquia e o clero porque quem não era batizado nem podia frequentar a Escola de Oficiais. Os irmãos Antunes eram positivistas. D. Julinha tinha muita vibração. Como falava de Tiradentes!

Dia 15 de novembro pediu que cada uma de nós levasse um trecho para ler. Li *O valor de um símbolo* de Euclides da Cunha. O que me custou essa leitura! Sofria com minha timidez, tive dor de barriga de pavor. Tudo o que me destacasse me punha em pânico. Mas li o episódio que se passou quando Euclides fazia levantamento de nossas fronteiras no Peru. Os brasileiros vencidos pela maleita estavam deitados nas margens de um rio quando viram uma canoa descendo as águas com a bandeira do Peru. Os brasileiros se ergueram, arrancaram a bandeira e hastearam a nossa. A professora gostou muito. Recitava-se muito na escola, mas eu era tímida, tinha medo de recitar e me escondia.

Guardo uma memória indelével de Margarida Camargo de Barros, colega de minha turma, pela inteligência, pelo caráter, pela bondade, pelo espírito de luta. Margarida formou-se com quinze anos, ela teria feito agora 78, 79 anos. Era sobrinha do bispo d. José Camargo de Barros, que morreu no naufrágio. Ela tinha uma fibra que eu admirava; ia para a pedra e enfrentava o professor de matemática quando ele errava. Tocava violino muito bem. Era humilde, mas nasceu com a convicção de si mesma. Nos gestos do ditado musical, que ouvido tinha! E era bonita! Olhar inteligente, cabelo repuxado com trança, custava a descobrir a beleza dela. Eu era a pessoa com a qual se abria: foi abafada por uma família em que todos os irmãos foram padres ou freiras. O espírito religioso antigo abafou muito a inteligência, daí minha revolta contra a Igreja.

Ela foi a minha grande lembrança do curso. Acompanhei, de longe, com admiração a carreira dela: formou-se em medicina na USP e casou-se com

Itália Fausta.

*O primeiro anarquista foi Afonso Schmidt, um santo. Lia os panfletos de Leuenroth, figura admirável de lutador. Os anarquistas fugiram ou eram presos... Onde estão todos eles?*

um médico. A gente sente necessidade de ter uma grande admiração desde criança. Folheando o jornal, encontrei a notícia da morte dela. Tive uma grande tristeza.

Nosso paraninfo foi o professor Oscar Thompson, grande idealista, que foi secretário da Educação. Festa de formatura não fizemos porque dia 7 de novembro morreu uma colega no surto de febre tifoide de 1914. Quando se preparou a comissão para formatura, pela primeira vez nos encontramos com os colegas rapazes. Havia completa separação entre o curso masculino e o feminino. Não conhecíamos nenhum colega de turma e quando se formou essa comissão nos encontramos pela primeira vez. Mas na presença do vice-diretor Gomes Cardim, que queríamos muito bem. Não houve o menor contato: as meninas sentaram de um lado, os rapazes de outro e ele fazia a ligação em nossa conversa.

Estudei quatro anos de piano, de 1914 a 1918, das oito horas até meio-dia, sabendo o que custava a meu pai. Estudava conscientemente mas não tinha talento. Vovô dizia de minha irmã Clélia: "Ela fez em um ano o que você não fez em quatro". Pobre não segue carreira musical entre nós. No regime capitalista ele precisa ter empresário. Mas Clélia tinha um grande talento. Tocava a *Berceuse* de Chopin e me emocionava. Só ouvi Rubinstein tocar como ela. E Bach, Wagner; sua execução de *Tristão e Isolda* era uma maravilha.

Vivi num ambiente muito musical. Mesmo sem fortuna não se dispensava o piano. Herz era o piano da mamãe. Em 1910 era o tempo das operetas e minha tia Brites comprava as partituras inteiras e domingo ficava tocando: *Sonho de valsa, A princesa do dólar, A viúva alegre...* Tínhamos um livro impresso em manuscrito de Álvares de Azevedo e mamãe cantava com a tia Jovina modinhas a duas vozes:

*Se eu morresse amanhã viria ao menos*
*fechar meus olhos minha triste irmã.*
*Minha mãe de saudades morreria,*
*se eu morresse amanhã.*

A data que se festejava em menina era o Natal com um almoço de família; aniversário de criança não se festejava. O Carnaval, só espiava pela janela do largo do Arouche sonhando que um dia eu poderia me fantasiar. Aos domingos, ia ao cinema com meus irmãos no largo do Arouche ou no Cine High Life. Havia duas marcas de filmes: a Biograph e a Vitagraph. As músicas eram ao piano. Gostávamos de Max Linder; um cômico muito interessante. Lembro da primeira fita que assisti: foi o *Caso Dreyfus*. Nunca mais esqueci, acho que o filme mudo impressiona mais. Foi num cinema da rua São João: era o primeiro filme que assistia e sobre perseguição política.

Comecei a ir ao teatro em 1917. Vinham grandes companhias líricas e eu, por influência da mamãe, era louca pelo lírico. O Teatro Municipal era caríssimo para nós. Arranjávamos um dinheirinho de nossas economias, precisava *toilette*, havia uma grande dificuldade. Quando Preciosa casou-se em 1914 tinha então uma *toilette*, um vestido de seda cor-de-rosa com sobressaia. Quem me levava à ópera era o pai de uma amiga de infância, Maria José Rangel. Essa menina pernambucana ia para o curso de d. Elvira Brandão, educadora que preparou gerações. Para ir à escola, acompanhada de uma pretinha, ela passava por minha casa. Troçávamos de suas pernas grossas, eu tinha gambitos. Quando nos tornamos colegas de escola, ficamos amigas. Comprávamos um camarote de segunda ordem e dividíamos entre cinco pessoas o preço da entrada. Em galeria, família não ia mesmo, era uma vergonha.

Ouvimos Tito Schipa, o maior cantor lírico que já existiu, sua voz melodiosa, tinha um timbre de emocionar, incomparavelmente melhor que Caruso. A gente sentia lá no coração quando Tito cantava. Caruso gritava. Iam ao teatro os fazendeiros riquíssimos de São Paulo, que enchiam o Municipal. Ouvi *Rigoletto*, *Tosca*, *La Bohème*, *Traviata*!... Assisti Zaccone, o grande Zaccone, no Municipal, levando uma peça de Ibsen, trágica. Quando o herói falava:

*La malattia letale*
*che fá la tabis dorsale,*

que arrepio na plateia! Ele se referia à sífilis quando atinge a medula, são coisas do passado... (Se bem que essa doença agora está recrudescendo.) Itália Fausta é um pouco posterior. Fui vê-la no Teatro Bela Vista, na ladeira Porto Geral, que desapareceu. Assisti com Caetano *A ré misteriosa*, sua grande peça.

O que me impressionou na Itália Fausta é que ela se separou do mundo e perdeu o filho. Procurou o menino em toda parte. Afinal, como criminosa é defendida por um advogado, que é seu próprio filho. Quando eu começava a me emocionar com *A ré misteriosa*, Caetano vinha com alguma observação que me fazia rir.

Comecei logo a trabalhar depois que me formei. Fui lecionar aos netos de d. Angélica, na avenida Angélica. Consegui trabalho através do professor de matemática, Giacomo Stavale, que me arranjou os meninos. Ia à casa deles e dei o curso primário particular para eles: o Jorge, o Rafael, o Totó (que foi reitor da faculdade), o Delfino e o Paulo. O pai era muito enérgico. Quando mandei o caderno de Rafael para que ele visse, deu uma sova no menino. Rafael quando se suicidou tinha só dezessete anos.

Ensinava grupos de alunos de famílias muito católicas, que não queriam ensino de freiras. O que eu ganhava era muito pouco, mas tinha uma família grande. O ordenado dava porque tinha casa, comida, papai ainda estava trabalhando. Eu sentia essa coisa muito burguesa, a vergonha do dinheiro, quando essas meninas ricas me punham diretamente o dinheiro na mesa. Sentia uma interrupção naquela ligação amistosa, sentimental que havia entre nós. Eu tinha vergonha. Quanto mais vivo, mais horror tenho ao dinheiro. Quando leio hoje no jornal sobre a exploração na América Latina, na Nicarágua, volto aos meus vinte anos. O mundo fica omisso.

No início da Grande Guerra ficamos a certa distância; afinal, para a França, éramos o *là-bas*. Talvez minha memória tenha apagado. O que me lembro é dos filhos de italianos que foram para lá, defender a Itália. Lembro que no embarque dos voluntários na Estação da Luz, iam pais, mães, irmãos, avós para despedida. Os italianos eram extrovertidos, faziam aquele barulho todo. Houve morte na Estação da Luz, arrombaram o portão e houve atropelamento de gente correndo, ferida, pisoteada. Em Santos tomavam o vapor com destino à Itália. Pensava: "Eles estão tão longe... Por que vão morrer lá?".

O ambiente de casa era absolutamente francófilo. Por causa da crise de guerra, começou a venda de ferro-velho; um italiano, "o rei do ferro-velho", percorria todos os bairros comprando ferro-velho e ajuntando num lugar. Quando faltou ferro em São Paulo, ele ficou riquíssimo.

Em 1916, a engenharia no Brasil parou. Papai entregou a última empreitada, levou a ponta dos trilhos até São José do Rio Preto. Recebeu o dinheiro da empreitada e foi o ponto final dos trabalhos dele como engenheiro. Nunca mais conseguiu emprego. Foi um fenômeno da guerra, minha impressão é que foi por causa da crise. Houve uma crise tremenda. Os ordenados eram miseráveis. As professoras ganhavam (até hoje ganham) uma coisa irrisória.

Eu dava aulas particulares para a burguesia aqui de São Paulo ou em casas de família ou nos cursos do professor Giacomo Stavale. Preparava as crianças para os exames parcelados: português e aritmética eram eliminatórios. Naquele tempo, em São Paulo só havia um ginásio, no Jardim da Luz, onde é hoje a Pinacoteca. Era o Ginásio do Estado, que passou a ser Roosevelt depois. Lá se faziam as bancas para exame. Eu dava o programa de português. Dava muita leitura, sinonímia, análise de coisas nossas, *Céus e terras do Brasil*, excertos de Taunay, Euclides da Cunha; Camões era obrigatório para o exame parcelado. Os alunos com dez anos tinham completado o grupo: as bancas começavam a examinar em dezembro, mas os pais só me mandavam as crianças em fins de julho, princípios de agosto. As crianças não tinham a menor ideia de redação, descrição, reprodução. Caíam os temas: "O amanhecer", "O entardecer", "O seixo rolado"...

Ensinava lexicologia e sintaxe; para se dar a análise lógica tem que se dar a léxica. Seguia o método de Otoniel Mota, sou entusiasta desse método que facilita muito a análise. O que vai na linha horizontal é substantivo, o que vai na linha inclinada é o que modifica o substantivo. Vamos dar um exemplo: "O passarinho canta na gaiola pendurada na porta". Primeiro, na linha horizontal, o sujeito: passarinho. Onde canta? Aparece o verbo separado por um traço vertical e o que modifica o verbo vem embaixo dele. A preposição liga palavras da mesma espécie ou de espécies diferentes. O *antecedente* pode ser o substantivo, o verbo, o adjetivo. Mas o *consequente* da preposição é sempre o substantivo.

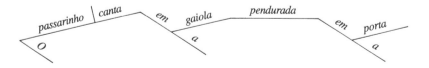

O que entra assim pelos olhos dá firmeza na análise. Isso eu punha na cabeça das crianças, que acabavam analisando até Camões: os episódios dos *Doze da Inglaterra, Inês de Castro,* do *Gigante Adamastor.*

Um dos meus alunos, o Plínio Sampaio, era o tipo de criança com a cabeça cheia de travessuras. Soube que se escondia atrás dos postes quando começaram os apitos de "grilo" em São Paulo: ele apitava como um "grilo" da Guarda Civil e o automóvel parava. Um dia descobriram e deram uma corrida nele. Sua letra era feia e eu estava certa de que ele não ia passar. Um dia me aparece o Plínio em casa com a cara mais gaiata do mundo: "Passei com seis, professora, sem abrir a boca. Tirei dois na escrita e dez na oral. O professor Souza Lima perguntou quem era a professora e eu passei". Caiu a segunda estrofe dos *Doze da Inglaterra* e o menino analisou na perfeição. O professor Souza Lima admirou.

A criança com meu método fica com uma facilidade enorme em destrinchar os períodos. Na Escola Normal eu não conseguia analisar Camões. Achava que a análise lógica era só para gênios privilegiados. Hoje, meus netos confundem conjunção com preposição. Não adianta dar definições. Como o meu método facilita! É fantástico para tirar dúvidas.

Nós atravessamos 1918 sem ninguém ter a gripe em casa. Rubião Meira deu uma entrevista para o jornal: "Os nefríticos não resistiam à gripe". Se mamãe pegasse a gripe não resistiria. Papai ficou desatinado de medo. Abriu o mapa do estado em cima da mesa para ver para onde se podia fugir; pensava num lugar. Mas a gripe já tinha chegado lá! Nos isolamos em casa. Diziam que quem comesse um dente de alho misturado na comida se salvava; comíamos todo almoço um dente de alho. Mamãe usava um patuá de alho na mão para cheirar. Uma senhora substituiu o colar de pérola por um colar de alhos. Na nossa rua, não morreu nenhum vizinho. Pouco distante de nós morreram dois rapazes fortes, dois latagões.

Meu irmão mais velho, que trabalhava na instalação da central telefônica do Brás, bairro de maior concentração populacional de São Paulo, via os corpos que ficavam por enterrar porque a família do morto tinha também caído doente. De dentro de casa víamos passar pela nossa rua até três coches fúnebres juntos.

* * *

Não me lembro do fim da Primeira Guerra, foi uma coisa sem grande repercussão, mas imagino que em casa, onde o ambiente era absolutamente francófilo, houve alegria.

Papai vivia desempregado, com a Grande Guerra não se encontrava trabalho. Foi seu ponto final como engenheiro. Nunca mais arranjou trabalho nenhum. Nós estávamos comendo do ganhado. Meu quarto era perto do dele e eu o ouvia dizer para minha mãe: "Eu era capaz de pagar para que me deixassem trabalhar". Disse uma vez: "O céu tão azul e eu sem trabalho!".

Em julho de 1919, pegou um levantamento de Faxina-Apiaí, a célebre Apiaí que fica na divisa de São Paulo-Paraná. Meu pai fez trezentos quilômetros em lombo de burro, ou em aranha (charrete). Numa dessas andanças o cavalo atirou-o no chão. Ficou em pleno mato completamente sem notícias; mamãe era doente. Meu pai ficou aflito, fez esse levantamento em 21 dias. Chegado a São Paulo adoeceu e morreu com diagnóstico não definido. Sua caçula tinha onze anos. Muito depois, o Marcelo, filho de Preciosa, pelo que disse a mãe, acha que meu pai morreu de leptospirose. Esse trecho Faxina-Apiaí é o trecho da leptospirose, transmitida por ratos. Aqui em São Paulo um rapazinho morreu por mordida de rato, fazendo limpeza num porão.

Lembro de uma vizinha dizendo para mamãe: "Acho que tenho um vizinho que é anarquista...". Era o mesmo que dizer bandido, assaltante. Eu tinha medo deles. A classe operária ficava longe, lá pros lados do Brás. Em 1911, descia com meu pai a rua Quinze, de bonde. Vi em plena rua Quinze um encontro da polícia com os anarquistas em que saíram tiros. Eles levavam faixas escritas:

ONDE ESTÁ IDALINA?
QUEREMOS IDALINA.

No Orfanato Cristóvão Colombo tinha desaparecido uma menina. Meus pais ligaram aos padres esse desaparecimento. Os anarquistas escreviam nas paredes: "Onde está Idalina?". Havia uma luta entre o clero e os anarquistas.

Se a menina sumiu do orfanato, ligaram aos padres o sumiço da menor. Os padres eram tremendos. Se pudessem fariam aqui a Inquisição. Foi a primeira manifestação de rua que eu vi. Veio a cavalaria, deram tiros. Eram operários, gente que estava na luta. Chorei muito.

A Revolução Russa foi um acontecimento longínquo. *O Estado de S. Paulo* dava notícias da revolução à "moda liberal": os bolchevistas eram sanguinários, assassinos; os catorze ou quinze países que invadiram a Rússia eram os defensores da liberdade. Sabia que o tzar era um monstro e que o padre Rasputin era sua sombra, mas essas coisas ficavam muito longe... tudo vinha pelo telégrafo. Quando li as notícias eu senti logo o que era a revolução: fui uma espectadora, mas um espectador nunca é neutro.

Uma vez minha mãe me levou a um jogo de futebol. Torci de uma tal maneira que ela disse: "Nunca mais te levo em jogo". Ela sofria do coração.

Tive logo simpatia pelos vultos da revolução e pelo que representavam. Só depois é que li sobre a Revolução Russa, Lenin. Antes da revolução, antes do comunismo, havia em São Paulo os maximalistas. Samuel teve um colega de turma, o Rosenberg, que desde o primeiro ano de medicina era já maximalista.

Gostava muito do meu trabalho. Quando abria os olhos na segunda-feira de manhã dizia: "Que bom! Tenho a semana inteira para trabalhar".

Lia Anatole France e Eça de Queiroz. Os professores de literatura exigiam que lêssemos Camilo. Li *Amor de perdição* numa edição antiga de mamãe, com estrelas douradas na capa marrom. Como Camilo é cacete! Gostava de Blasco Ibáñez porque era anticlerical. Meus pais e meus avós foram maçons. Mas meu pai ajudou com esmolas a construir a Igreja de Santa Cecília e admirava Manfredo Leite, grande orador sacro. Ia ouvi-lo na Legião de São Pedro, na Imaculada Conceição. Lia Zola, Tolstói; tive uma fase entusiasta por Ingenieros, "um professor dirigindo-se aos alunos", que marcou tanto minha geração! E Vargas Vila.

Minha geração sofreu muito a influência anarquista, como a de Afonso Schmidt, francamente anarquista. Com 22, 23 anos tive muita tendência anarquista. Lia Kropotkine, quem sabe até comprei seu livro. Tenho um dicionário anarquista que comprei nessa época, em folhetos, e mandei encadernar: *L'encyclopédie anarchiste* de Sebastien Faure. Tinha muita admiração por todos os rebeldes: Sebastien Faure, Garibaldi e Anita Garibaldi, cujo museu visitei em Laguna. Quando estudante lia o grande geógrafo belga Reclus, que só comia pão porque era o que a humanidade podia comer. Achava isso bonito, ele era anarquista. O primeiro anarquista foi Afonso Schmidt, um santo. Que homem admirável! Elevava qualquer pessoa. Quero um bem infinito a esse escritor, a esse poeta que escreveu sobre são Francisco, o pobrezinho de Assis. Afonso era de meia estatura, louro, claro, corado, olhos azulados. Quando o conheci, anos mais tarde, tinha lido todas as obras dele. Lia os panfletos de Edgar Leuenroth, figura admirável de lutador. O que me aproximou dos anarquistas foi meu anticlericalismo; era tremendamente anticlerical. Queria ver um padre amarrado em cada poste. Hoje digo que fora da Igreja não há salvação para o povo, embora não creia. Temos que nos unir. Esmola é justiça, como diz d. Helder.

Fui criada num ambiente de gente muito sensível à injustiça social. Os anarquistas é que faziam reivindicações operárias, eram imigrantes italianos e espanhóis. Os anarquistas fugiram ou eram presos, lembro da firmeza de Leuenroth. Lembro o velho Gattai, um dos fundadores da Colônia Cecília. A mãe de minha amiga Alda era anarquista. Ela conta que uma vez mataram um operário. A mãe dela subiu numa cadeira e fez um discurso no largo do Colégio. Falou pouco porque a polícia debandou o pessoal. Foram com o operário morto para o Cemitério da Consolação.

Onde estão todos eles? Foram esmigalhados pela sociedade de consumo. E a gente se omitindo, faço parte dessa omissão. Xingar, chorar não adianta. Os que lutam por um mundo melhor são postos de lado, não conseguem nada.

Em 1917 teve também barulho por causa das greves dirigidas por anarquistas. Houve um encontro sério na praça Antônio Prado, com tiroteio. Eu estava na casa de uma prima porque o marido dela era delegado de polícia e estava na praça enfrentando os grevistas. A casa dela era na rua Caio Prado, que fazia fundo para a buraqueira que era a avenida Nove de Julho. Ouvíamos de lá o tiroteio. Não posso esquecer minha emoção, com pena dela, mas torcendo pros operários que estavam na luta. Num choque com a polícia eu vi espaldeirarem um desgraçado, com a bainha da espada. Meteram nele o chanfalho. Ficou ensanguentado no chão. Era um protesto contra a sociedade. Os operários gráficos eram conscientes, tinham um jornal chamado *Plebe* na rua Rangel Pestana, hoje avenida Tiradentes.

Em 1922, com a fundação do Partido Comunista, deve ter havido uma cisão com os anarquistas. Foi um marco a fundação do partido, os ecos chegaram até mim. Ouvia falar dos fundadores: Cordeiro, sogro do jornalista Mário Lago, Astrojildo Pereira...

O ano de 1922 aqui em São Paulo foi uma tristeza. Meu mano tinha falecido. Ficamos junto de mamãe.

No Centenário da Independência uma prima nos pôs no carro para ver os festejos do Ipiranga. Não se fez nada, choveu, choveu a cântaros. A comemoração foi no Rio de Janeiro com a Exposição Internacional, o primeiro parque de diversões com roda-gigante que fui. Todos os países se representaram: o governo francês deu para o Brasil uma cópia do Petit Trianon de Versailles, onde é agora a Academia Brasileira de Letras. O Pavilhão de Portugal era muito bonito. A exposição durou um ano e estive no Rio nas férias.

O presidente era Epitácio Pessoa. Mandou-se o navio de guerra *Minas Gerais* buscar o rei e a rainha da Bélgica. Vi de longe o rei e a rainha passando em carruagem no Rio. Não sei se chegaram em 1920 ou 22; fizeram muitas festas para eles. Uma foi uma festa veneziana. Falavam em barcarolas que deviam ser iluminadas à noite, à moda veneziana, na praia do Botafogo. Houve um temporal na hora e todo mundo correu.

Deu-se comigo um fato engraçado. Quando voltei para São Paulo, embarquei no noturno do Rio. No dia seguinte arrebentou a revolta de 5 de Julho. Mal cheguei aqui tivemos notícia dos Dezoito do Forte de Copacabana. Naturalmente, vibrei de entusiasmo. Acompanhei com interesse e uma admiração profunda, que sinto até hoje. Siqueira Campos é um dos brasileiros mais admiráveis, dizem que era um bravo. Mas houve um paulista no Forte, Newton Prado, que foi ferido. Epitácio Pessoa foi visitar os feridos no hospital e quando se dirigiu a Newton Prado dizem que ele o mandou à.... Estava ferido no fígado, deu um puxão nos panos do curativo e mandou àquela parte o Epitácio Pessoa.

Havia um único jornal de oposição aqui, que dava as notícias: *O Combate*. As Rangel Pestana, na mesma calçada da alameda Barros, eram todas vibrantes. Conversávamos pela janela sobre as notícias. As três irmãs, Margarida, Sofia e Raquel, muito mais velhas que nós, eram irmãs de jornalistas. Raquel era a mais entusiasta. A família do Newton Prado (ele era irmão de Benaton Prado) mandou rezar a missa de sétimo dia na Igreja de Santa Cecília. O que me chocou nessa missa foi ver a igreja enorme, vazia. Além da família, só três pessoas: o professor Roldão Lopes de Barros, Raquel, a irmã mais velha dos jornalistas Rangel Pestana... e eu. Só nós três. O professor Roldão lecionou pedagogia na Escola Normal, era pessoa de uma integridade maravilhosa. Foi colega de meu irmão mais velho e estudou trabalhando na tipografia. Trabalhando em Santos, como tipógrafo, dormia uma noite sim, outra não. Foi assim que se formou.

Eu sabia que a revolta dos tenentes era contra a situação de desequilíbrio em que estávamos; ouvia meu pai, muito nacionalista, dizer da inépcia do governo brasileiro enquanto nossas dívidas cresciam tanto que ainda veríamos qualquer dia a bandeira inglesa hasteada no cais de Santos. Naquele tempo, o patrão era a Inglaterra. Todo empréstimo que fazíamos era para pagar os juros, nunca poderíamos pagar as dívidas. Era como agora, que somos o "Brasil dos Estados Unidos". Naquele tempo, tínhamos a ilusão da independência do Brasil. Hoje sabemos que enquanto os Estados Unidos não caírem, seremos colônia.

Assisti, na Semana de Arte Moderna de 22, a uma mesa formada por gente de imprensa e jornalistas: estavam nessa reunião Mário de Andrade, Oswald de Andrade que tinha raiva quando o chamavam de *Ôswald*... Minha grande admiração por Mário veio depois. Nunca pensei que a Semana fosse ter a repercussão que teve. A gente ouvia falar na mecenas d. Olívia, que tinha uma casa na rua Barão de Campinas, com a Duque de Caxias, naquele tempo rua Santa Teresa. Lembro a excursão que ela fez com Mário até o Amazonas.

D. Olívia abriu seu salão para os modernistas. Soube que Oswald de Andrade se casou com Tarsila em cima de um camelo, no Egito, e que Washington Luís foi o padrinho. Mas pouco soube dos modernistas porque estava completamente desligada da alta sociedade. Trabalhava muito, perdi meus pais, meu irmão, corria de um lado para outro, dava lições à noite. Estava ligada a meus alunos, não à alta sociedade.

Muito mais repercussão tiveram os Dezoito do Forte. A revolução do Isidoro foi também a 5 de julho. Estava no Rio, era meu tempo de férias em julho. No Rio houve um alvoroço, muita simpatia pelo movimento. Era o tempo de Artur Bernardes. Sempre preocupada com minha mãe e com minhas irmãs, quis voltar para cá. Não havia comunicação com São Paulo. Precisei tomar um vapor no Rio, um *bateau*, como se dizia, para voltar. Encontrei aqui muito entusiasmo do povo por Isidoro. A *Folha da Manhã* dava notícias simpáticas sobre Isidoro com um pseudônimo que não me lembro. [Depois d. Jovina lembrou-se: Inácio Dias Lourenço, nome construído com as iniciais de Isidoro. Lançado por um jornalista da *Folha,* era esse o nome que se escrevia nas paredes, e que os simpatizantes decifravam.] Escreviam nas paredes: "Isidoro vem aí!". Era um protesto contra o governo autoritário de Bernardes. Dos Campos Elíseos disparavam tiros de canhão contra o Araçá, na direção de nossa casa.

Um jornal clandestino, *O 5 de Julho,* chegava às nossas mãos pelo correio. Recortávamos os artigos, tirávamos cópias, pregávamos nos postes. Enquanto estavam os rebeldes com Isidoro aqui na cidade, minha mãe se sentiu segura. Quando chegaram as forças legalistas, foi para a fazenda de um primo e ficou lá esperando. Quando acabou a revolução, voltou para São Paulo. Mamãe morreu em 12 de setembro de 1924. Tinha uma lesão cardíaca muito séria, morreu com 53 anos. Fiquei morando em casa, só com minhas irmãs.

Logo depois da saída do Isidoro, Plínio Barreto escreveu um artigo no jornal sobre os revoltosos: "Heróis não, bandidos". Fiquei revoltada quando li isso. Joaquim Távora morreu combatendo aqui em São Paulo, na Liberdade. Na morte de Joaquim Távora abrimos uma subscrição entre admiradores dos tenentes e mandamos fazer um túmulo. Ele morreu em 1924 e foi enterrado no Cemitério de Chora Menino. Quando fomos ao cemitério, vi Afonso Schmidt dizendo algumas palavras, junto ao túmulo de Joaquim Távora.

Aí veio a Coluna Prestes. O Isidoro saiu daqui, correndo o interior do Brasil e reuniu um grupo de adeptos. Teve adesão do Prestes em outubro. (Prestes não esteve na revolta de 1922 porque estava com febre tifoide.) Eles se encontraram no Paraná em outubro. João Alberto, Cordeiro de Faria, Távora realizaram a Coluna Prestes que correu o sertão e foi dar com os costados na Bolívia. Talvez seja boato popular, mas diziam que o general Cordeiro de Faria tinha matado um padre em Piancó, no interior da Paraíba, e por isso o povo de lá amaldiçoou a Coluna... O que sei é que a Coluna foi se dizimando e que Prestes entrou na Bolívia em 1927.

Mais tarde, entrando por esse sertão, compreendi melhor essas coisas. A morte de Siqueira Campos senti como não imagina, era um patriota, um herói. Quanta bondade se esperdiçou em tudo isso!

Havia em São Paulo a União das Mulheres, sociedade que teve como presidente d. Judith de Campos, irmã do Vital Brasil, e Sílvia Ferreira de Rosa.

Conheci lá Maria Lacerda de Moura, anarquista, fazendo uma conferência: se a mulher tinha direito a reivindicações. Na sociedade de miseráveis tanto sofre o homem como a mulher. Maria Lacerda de Moura era muito inteligente: escreveu *A mulher, uma degenerada,* título um tanto escandaloso. Escreveu também *Lições de pedagogia.* Era mulher muito íntegra, com uma combatividade que chocava na época em que viveu. Depois dessa conferência, tornei-me amiga dela.

Sou muito da Terra, a Terra é que é meu mundo. Nessa Terra queria que todos se entendessem. Se não houvesse egoísmo, ambição, a gente poderia ser feliz. E a Terra é bonita. Que Terra meus bisnetos verão? Toda poluída, um monstro de cimento armado. Verão um pôr do sol, uma flor?

Vivo muito o presente, o futuro, só agora fiquei voltada para o passado. A vida é o presente. Depois de 1927 casei-me e casada não fui mais eu. Fui Jovina-Samuel. Minha vida foi a dele. Não posso falar das feridas recentes que ainda doem. Não posso reviver uma vida que terminou com ele.

Essas coisas em minha vida vieram acontecendo ao encontro do que já existia em mim. Eu já tinha tudo isso *dentro de mim.* Fui sempre uma revoltada. Nunca pensei, em minha juventude, chegar aos sessenta anos, achava que chegar aos setenta era uma traição. Estou com oitenta anos... Como temos sido espezinhados nesses quinze anos! Trabalho agora em auxílio dos refugiados. Na luta pela anistia aos presos políticos vou, mas não acredito que haverá anistia. Vivo ainda esperando algo de bom.

Uma incursão no passado é dura. O passado está sempre no meu coração, não posso tirá-lo daí. A injustiça social me calou sempre, sempre sofri com ela, não sei desde quando, desde menina. A gente não sabe em que idade começa esse sentimento que vem da separação de classes, que eu não pude nunca compreender. A vida é uma luta, estou sempre lutando. Pensei que ia ter uma velhice espiritualmente mais feliz e a gente continua dando murros em ponta de faca. Sempre remei contra a corrente. Parece que não chega nunca a vez dos bons.

# D. Brites

    Nasci na rua Maria Antônia, 51, dia 20 de setembro de 1903, às dez horas e cinco minutos da manhã. Sou paulista, paulistana dos campos de Piratininga. E sou garibaldina; dia 20 de setembro é o dia que Garibaldi unificou a Itália e os bondes de São Paulo se embandeiraram todos. Eu dizia para as irmãs menores que era para festejar meu aniversário. Sei que nasci num domingo de sol muito bonito. Meu irmão Mário tinha doze anos. Preciosa dez anos, o Caetano nove anos, a Vivina seis anos e o Francisco quatro anos.
    Quando minha irmã Clélia nasceu fui pilhada fugindo para a casa de minha avó, na rua Jaguaribe. Tinha um ano e dez meses e naturalmente sentia ciúmes da criancinha. Isso são coisas contadas pelos mais velhos. Preciosa tinha dez anos mais que eu e achava graça nos irmãos mais novos.
    Nosso pai nasceu em São Pedro e São Paulo do Ribeirão das Lajes, no Rio, cidade que desapareceu com a represa das Lajes. Meu avô perdeu suas terras em Iguaçu porque assinou promissórias de um cunhado que não pagou, e ele teve que entregar suas terras. Foi para o Rio, onde meu pai estudou a Politécnica enquanto trabalhava para custear seu estudo. Quando se formou, em 1886, veio trabalhar em São Paulo, na Estrada de Ferro Mogiana. Foi construir o ramal de Itapira, naquele tempo Penha do Rio do Peixe. Aí ele conheceu nossa mãe, filha de Bento da Rocha, um homem velho do lugar.

Nossa mãe tinha outros admiradores, entre eles um fazendeiro em que minha avó fazia muito gosto. Um dia, ela estava na janela e quando esse fazendeiro desceu a rua, ela entrou. Minha avó deu um tapa no ombro dela e perguntou: "Está esperando um doutor?". Mamãe contava sempre isso rindo. Casaram-se em Itapira e foram morar em Ribeirão Preto, onde nasceram meus irmãos mais velhos. Em 1903 vieram para São Paulo porque papai não queria botar filho em colégio interno. Trabalhou no saneamento de Santos, construiu aqueles canais mais antigos que criticaram muito porque eram largos demais. Foi esse exagero que aguentou o crescimento de Santos, houve uma previsão.

Papai construiu a casa da rua Barão de Tatuí, esquina com a alameda Barros, em 1905, para onde nos mudamos e ficamos até 1926. Foi a casa que marcou nossa vida de tal forma que até hoje, em todo sonho, pesadelo que eu tenha, volto para lá e o meu sonho se passa todo lá. Se tenho algum sonho aflito, algum sonho ruim, é dentro daquela casa que eu entro. E fico naqueles quartos e é ali dentro que se passa o sonho mau. A casa já foi demolida. Há pouco tempo ainda entrei na casa, não subi, mas estive no porão. Que será que eu procuro lá? Minha irmã Preciosa, que tinha memória de anjo, falava dos bondes puxados a burro que subiam a rua Maria Antônia até a avenida Higienópolis. Antes de voltar, soltavam os burros para pastar um pouco, atrelavam de novo nos bondes. Ali tudo devia ser pasto.

A rua Barão de Tatuí nasce na rua das Palmeiras e subia meio enviesada por uma trilha, uma picada, até a Igreja Coração de Maria. Ainda há algumas dessas casinhas térreas que havia, com duas janelas e portão do lado, entre a Imaculada Conceição e a Barão de Tatuí. A nossa casa era de tijolinhos vermelhos, seis janelas. As janelinhas do porão eram mais altas que a rua. Quando a prefeitura calçou e aterrou a alameda Barros para nivelar com a Angélica a nossa casa ficou enterrada. Ela tinha um jardim do lado, muito lindo; na porta do terraço, uma roseira vermelha que viveu mais de quarenta anos. Subindo pela grade do terraço tínhamos uma roseira "furibunda" de cachos cor-de-rosa, e no fundo, fechando o terraço, tínhamos o jasmim-da-itália. Era um terraço todo florido. Num canteirinho estreito tinha uma azaleia e um brinco-de-princesa dobrado. O canteiro alargava, rodeando o terraço, e aí tinha uma trombeta cor-de-rosa. E begônias, hortênsias. No fundo, um arco formado pela roseira "furibunda" e uma roseira de botão branco. Na ponta do canteiro, um arbusto que nunca mais eu vi: frangipânio, é uma espiguinha de flor miúda que embalsamava o jardim. Mamãe também plantava flores efêmeras, rainúnculos, flocos. Nasceu ali sozinha uma jabuticabeira. No segundo canteiro tinha um pé de camélia que também viveu quarenta anos. Quando demoliram a casa, já faz vinte anos, chamei um jardineiro e mandei tirar o pé de camélia. Ele tirou com um pião enorme, precisou uma carroça para levar a camélia, mas ela não aguentou o transplante. O fundo do quintal era toda uma parreira onde papai colhia oitenta quilos de uva, fora o que comíamos no pé, naquele pedacinho de quintal. Subia-se a escada, tinha duas portas: uma para a sala de jantar, outra para o vestíbulo; era um corredor estreito com o porta-chapéu. No fundo, uma porta de vidro colorido, que dava para a sala de visita.

Uma das lembranças mais antigas que tenho é a do dia em que nasceu nossa irmã mais nova. Clélia e eu passamos a manhã na sala de visitas, brincando; subimos numa cadeira para alcançar a janela e vimos a senhora que veio assistir mamãe, sorrindo. Nossa irmã Preciosa estava sentada no piano tocando "Prima Carezza". A casa era iluminada a bico de gás, que na sala de jantar era um pendente. Nos quartos, era um braço que saía da parede. No quarto de mamãe, o cano descia do teto e numa pera havia o bico, de onde saía o gás. De noite ela punha uma borracha no bico para ligar num fogareiro onde aquecia mamadeira de criança.

Avistavam-se da casa as várzeas da Barra Funda. Lembro-me de um susto que nos deu Vivina, que era uma menina terrível. Ela e um irmão mais novo treparam na viga mestra do telhado de uma construção vizinha para ver o trem passar na Barra Funda.

Nosso terreno foi comprado de d. Angélica Aguiar de Barros. Muito religiosa, ela doou seus terrenos para o Asilo São Vicente de Paula, para a Igreja. A casa de d. Angélica, na avenida Angélica, era vermelha, de estilo europeu; ela trouxe um arquiteto estrangeiro para construir. O que me fascinava era a torrinha do palacete, toda de vidros coloridos com uma grade em roda. Ali morava a virgem das geleiras. Ali pousava o príncipe transformado em falcão para vê-la. Eu espiava a torre, da janela do porão de minha casa: era meio sumida no meio das árvores porque tinha um grande jardim na frente e um lago com cisnes.

Com que sonha uma criança? Volto agora com 74 anos a sonhar de olhos abertos.

Tenho medo de faltar com a verdade, às vezes a fantasia atrapalha, mas tenho ideia que alguém me tirou da cama de madrugada para me mostrar uma espécie de nebulosa de fogo no céu. Era o cometa Halley que apareceu em 1908.

Não era uso naquele tempo uma senhora sair sozinha de casa, tinha que levar alguém junto, uma criança. Então, quando tia Brites ia visitar um amigo era eu a escolhida, às vezes. Tenho a impressão que ela andava muito a pé porque morava no largo do Arouche e ia até o largo da Misericórdia almoçar com esse amigo.

Quando atravessávamos o viaduto do Chá eu tinha um medo louco. O chão tinha umas frinchas largas e pelas frinchas via, lá embaixo, uma água barrenta, chácaras e plantações. Esse era um viaduto frágil, de ferro, construído pelo Nothmann; o nome dele estava numa plaqueta. A praça do Patriarca não existia. A rua Barão de Itapetininga era de moradias de família. Há uma *bonbonnière* na esquina da Dom José de Barros com a Itapetininga, que ainda é a casa antiga que existia lá. Há muito tempo não vou à cidade, não estou bem lembrada, mas tenho ideia que na rua Dom José de Barros ainda há daquelas casas antigas, térreas. Qualquer dia vou lá com minha irmã para ver. Há pouco tempo ainda existia lá a casa do Lane, com jardim e saída para a rua Bráulio Gomes.

Na minha rua passava cantando o sorveteiro:

*Sorvetinho, sorvetão,*
*sorvetinho de ilusão,*
*quem não toma o meu sorvete,*
*não sabe o que é bão.*

O português empurrava a carroça e tinha um pretinho magro que ajudava, com um pezinho meio pendurado. Era o pretinho que cantava:

*Sorvete, iaiá,*
*é de creme abacaxi, sinhá.*
*Fui andando numa rua*
*escorreguei mas não caí,*

*é por causa do sorvete
que é de creme abacaxi.*

O italiano que vendia verdura na carroça com um toldo, cantava: *"Ma que bela tomata da chacra mia!"*.

Um vassoureiro português cantava como um baixo: "Vassouras, espanadores!".

E tinha ainda o italiano que trazia um baú a tiracolo, forrado com um lençol muito branquinho cheio de batatas: *"Batata assata al forno!"*.

Até 1940 ainda passava na porta de nossa casa um pretinho que vendia batata assada na brasa; tão comprido era o pregão dele que não lembro mais.

Havia o turco que vendia armarinhos na porta. Ele carregava um bauzinho nas costas preso num x de madeira com duas correias. Batia matraca. Mamãe comprava do Abraão as faixas para nossos vestidos brancos de lese, faixa cor-de-rosa, sempre. Eu gostava muito do Abraão, que me dava um pedacinho de fita nº 1 para amarrar no cabelo.

Meus avós maternos viviam em Itapira. Conheci melhor os avós paternos. O avô Francisco era uma figura lendária, o avô capitão, quase não lembro dele, mas tem andado comigo sempre a cadeirinha que ele me deu quando fiz quatro anos.

Meus avós eram republicanos e abolicionistas. Meu avô era do grupo de Benjamin Constant, em que assinaram um pacto de sangue para defender a República. Indo ao Museu da República você vê numa vitrina o livro de atas do Clube Tiradentes a que pertencia meu avô e que foi fundado para propaganda republicana. Na revolta de 1893 nosso avô saiu de Ribeirão Preto, onde vivia com a família, e foi para o Rio, onde se apresentou e formou o Batalhão Tiradentes. Quem formou o batalhão foi um médico homeopata aqui em São Paulo, Augusto Militão Pacheco. Formava-se em 1893; acabou de defender a tese, da Faculdade de Medicina, com um grupo de estudantes saiu à rua convocando o povo para formar um batalhão para defender a República. Quando chegaram ao Palácio do Governo o batalhão estava formado. Era o tempo de Floriano. Meu avô era o mais velho do batalhão. Tomou parte no combate da ponta da Armação contra Saldanha da Gama e Custódio de Melo, monarquistas patrocinados pelos ingleses. Amanheceu, depois da batalha, uma bandeira inglesa abandonada na praia. Os revoltosos saíram barra afora e se entregaram só em Santa Catarina, na cidade de Desterro, que daí por diante passou a se chamar Florianópolis.

Meus avós moravam ali no largo do Arouche numa casa que hoje é açougue. Mas sei que o fundo está do mesmo jeito, pois entrei lá para ver. Minha tia Brites, que foi uma das primeiras dentistas de São Paulo, tinha seu consultório dentário com a placa de esmalte branco e as letras em azul, na porta:

*Brites*
CIRURGIÃ-DENTISTA

Gostava mais de lá do que da minha casa, tanto que sentia angústia na hora de me despedir, quando tinha que voltar. Vovó era muito engraçada, falava pouco mas com dose certa e com veneno certo. Tinha sempre uma quadrinha pronta:

*Um cego estava escrevendo,*
*um mudo estava ditando,*
*um surdo como abelhudo*
*no canto estava escutando.*

Esta outra, maliciosa:

*Velho que casa com moça*
*de sua fama não tem dó!*
*Arma de boi é chifre,*
*pata de vaca é mocotó.*

Mamãe era cardíaca e fazia dieta rigorosa, não podia comer carne nem sal, e papai tomava muito conta. Vovó disse um dia a papai:

*Passarinho caborê*
*tenho uma coisa pra te dizê:*
*minha mãe morreu de fome,*
*meu pai de tanto comê.*

*Presa, Olga Benario Prestes foi deportada para a Alemanha nazista.*

*Prisão de Luís Carlos Prestes.*

*Lembrança da viagem de Elisa Branco à Armênia, após receber o prêmio Stalin da Paz. Foto tirada no aeroporto de Tiblissi, na Geórgia, em fins de dezembro de 1952.*

Nossa avó jogava baralho com Guiomar: jogavam furta-montinho e para vovó não furtar o montinho dela minha irmã sentava-se em cima. Vovó chorava de rir. Ela tinha muita paciência com os netos pequeninos. Gostava de contar histórias: *Bela adormecida, A velha e o macaco, O gato de botas*, com os netos no colo. Ela prendia o cabelo só com pente; a gente tirava o pente da cabeça da vovó e penteava, penteava...

Como lembro do marquês de Carabas, com seu chapéu de plumas! De vez em quando encontro aí na vida um marquês de Carabas...

Vovó lia sempre o jornal, estava a par de toda a política e tinha opinião.

Em casa sempre se comentou política; a família sempre discutiu política. Éramos uma família de formação republicana. Rui Barbosa por duas vezes foi candidato à Presidência da República, em 1909 foi oposicionista de Hermes. Meu pai era hermista, e os outros que eram pelo Rui eram civilistas. Houve muita discussão, muita luta. Nós ficamos em torno de papai. Tinha uns sete, oito anos nessa ocasião e brigava com meus primos mais moços, que eram civilistas. A campanha chegou a um ponto que meu pai, que estava em Itapira, não pôde votar lá e teve que vir a São Paulo. Lá em Itapira o Rui era muito forte.

Meu pai era admirador de Pinheiro Machado e todo mundo atacava muito Pinheiro Machado porque era a eminência parda do Hermes. O assassinato de Pinheiro Machado foi um abalo para meu pai.

Os republicanos não gostavam de Rui Barbosa por fazer aquele encilhamento; não sei bem o que foi o encilhamento, mas em 1912 ou 13 houve qualquer coisa no Rio de Janeiro. Rui Barbosa veio pra São Paulo e ficou ali na rua Imaculada Conceição na casa do genro dele, Batista Pereira. Minha avó morava nessa rua. Um dia nós o vimos passar numa vitória puxada a cavalos. Minha avó, que estava na janela, disse: "Baderneiro-mor! Apronta baderna no Rio e vem se esconder em São Paulo". Ela não gostava do Rui, eu cresci ouvindo falar mal dele.

Lembro bem do dia em que vovô Chico morreu, acho que é a lembrança mais antiga que tenho. Ele amanheceu com dor no peito; lembro dele sentado numa cadeira da sala com o cobertor nas costas e tia Brites fazendo massagem no seu peito. Na hora do jantar, tia Brites deixou-o deitado e voltou comigo no colo; quando mexeu nele, ele estava morto. Foi em 1908.

Vovó morreu em 1936, com 94 anos, no Rio de Janeiro.

Minha mãe era uma pessoa tranquila que sabia acomodar tudo. Conosco também mamãe não criava problemas: nunca sentimos sua predileção por um filho. Ela era calada. A gente às vezes desconfiava que ela estava fazendo uma oração quando estava sentada, quieta, concentrada. Minha mãe foi sempre o fiel da balança entre meu pai e a família dele. Havia nas famílias antigas muita dependência e a gente do meu pai dependia muito dele. Ela nunca criou um atrito com minha avó, com a sogra. Um dia, com essa moda de criança de ouvir conversa dos grandes, ouvi uma frase que nunca esqueci. Meus pais conversavam no quarto e ele dizia: "Nunca serei suficientemente grato a você pela paciência que teve com minha família". Os dois se queriam muito sem essas manifestações que se veem agora. Se respeitavam muito. Conversavam tanto que mamãe, uma vez, falando sobre o trabalho de papai, empregou certos termos técnicos de engenharia que causaram admiração em quem ouviu.

Quando papai estava, a casa era efervescente na hora do almoço, do jantar. Tínhamos dois jornais, o jornal lido e o jornal falado. Os mais velhos conversavam. Criança não falava, mas ouvia muito, sentada lá na ponta da mesa. Depois debatíamos lá fora. Havia ocasiões em que papai passava dois ou três meses fora trabalhando e mamãe ficava na chefia da casa. E tudo continuava do mesmo jeito com hora certa, dia certo. Eles se escreviam acho que todo dia; era um chegar e sair de carta lá em casa! Guardo uma carta dele para ela depois que eu nasci, estavam casados há treze anos, termina assim: "Por isso cada vez te quero mais e te admiro. Hoje a ti só, teu, como disse o Camões, tu, só tu puro amor".

Meu avô era um livre-pensador cristão, mas anticlerical. Ser anticlerical era uma tradição de família, já cresci vendo a família de ponta com a Igreja. Nosso pai nunca admitiu a confissão. Deixava ir à missa mas não deixava rezar o terço: medida de oração não admitia.

Foi o primeiro feminista que conheci. No começo do século as moças eram criadas com prendas domésticas, pra casarem, e papai dizia: casamento não é emprego. Tia Brites foi uma das primeiras mulheres desquitadas, isso em casa nunca se falou, era uma coisa muito reservada. Quando ela ficou só, papai a incentivou a estudar e trabalhar, e viver por conta própria. Custeou os estudos dela até a formatura em farmácia e odontologia.

Uma viúva fez a filha sair da Escola Normal para casar. Papai disse que casamento não era emprego, que ela tinha que estudar, o diploma tinha muita importância. A moça acabou a Escola Normal e 25 anos depois encontrei uma professora que me disse: "Meu marido sempre lutou muito e estou já com 25 anos de magistério: foi o que me valeu. Devo a seu pai ser professora".

Morava conosco d. Aninha, que lavava roupa para minha tia Brites em Ribeirão Preto. Depois veio morar com mamãe, tanto que minha irmãzinha, Ana Margarida, morreu nos braços dela. Quando o Chico nasceu ela chamava o menino de *meu* filho. Veio para São Paulo com meus pais e alugou um quarto para morar sozinha. Daí por diante sempre morou um pouco em casa, um pouco em Guarulhos. Costurava para mamãe, costurava para fora. Era protestante, ainda tenho aqui a Bíblia dela que ando lendo. Durante a semana lia Machado de Assis, José de Alencar, Eça de Queiroz, Júlio Verne... Daí meu entusiasmo pela Bíblia, porque quem aprende a ler a Bíblia tem capacidade para ler outras coisas. D. Aninha tinha muito sentimento dos livros que a mamãe tinha deixado para trás, dos caixões de livros perdidos no interior. Ela costurava e contava as histórias que lia para nós: *Perdidos num balão, Dois anos de férias...*

Passou seus últimos anos num asilo, numa casa de velhos, protestante, numa travessa da rua da Consolação. Morreu de velhice. De vez em quando ia lá ler a Bíblia para ela, os Salmos que ela me pedia.

Os parentes de mamãe vinham passar as férias aqui em São Paulo. A gente, naquele feitio antigo, tinha que dar o quarto, a cama e ia dormir no chão. Nunca me afinei com primo nenhum, eles desorganizavam muito minha vida. Houve um primo muito querido, o Diogo, que morou conosco. Era sobrinho de papai, mas a tia que ele gostava era mamãe, que era calma e compreensiva. Diogo abraçava muito a mamãe, tenho a impressão que ela era a confidente dele. Quando ele morava em casa o jantar era sempre mais alegre porque o Diogo tinha sempre uma história engraçada para contar. Não posso esquecer quando saiu um livro de Cornélio Pires, *Quem conta um conto*. (Eu dava tudo para encontrar esse livro outra vez!) Ele passou o dia lendo o livro em voz alta e foi uma gargalhada só o dia inteiro. Ele lia com muita graça. Quando Diogo batia no portão já entrávamos rindo com ele. Diogo foi sempre nosso amigo e morreu muito cedo.

Lá em casa havia dois blocos: os irmãos mais velhos e nós três, que eles chamavam de meninas — Clélia, Guiomar e eu. Até hoje Guiomar e eu somos chamadas as meninas pela irmã mais velha. Antigamente as vidas eram muito separadas. Os mais velhos não se envolviam conosco.

Preciosa saiu logo de casa, casou cedo e não intervinha muito. Lia tanto que mamãe ficava desanimada de ver. Levantava, botava uma saia por cima da camisola, tomava café, deitava outra vez, passava o dia inteirinho lendo. Quando leu o *Dom Quixote* ela ria tanto que a cama, que tinha rodinhas, andava no quarto. Mas quando Guiomar era pequenina e tinha dor de barriga eu via Preciosa com Guiomar no colo, cantando.

A Jovina foi sempre muito bonita, fez muito sucesso, tinha um tipo marcante. Foi sempre diferente das outras, era o destaque da família. Com vinte anos comprou o primeiro dicionário anarquista editado no Brasil e reunia em casa, para discutir, os operários gráficos, seus amigos. Vivina com oitenta anos tem o mesmo entusiasmo dos dezoito: ela é agora a mesma que era aos dezoito anos.

Houve um período que mamãe nos tinha as três pequenas e papai dividiu o trabalho: uma semana o Mário fazia o café de manhã, na outra semana era a Preciosa, na outra era o Caetano... O Mário fazia o café cantando. Pra nós foi um irmão meio distante devido à diferença de idade, mas incapaz de fazer uma fofoca com papai, de contar um malfeito dos pequenos. Na semana do Caetano, ele arrumava sempre um jeito de tomar conta de alguma criança e mamãe é que fazia o café pra ele. Numas férias que ele passou em casa (naquele tempo não se saía nas férias) pajeou tanto a Clélia que ela passou a chamá-lo de mamãe. Quando ele ia fazer a barba, ela que ia buscar a água, o sabão, o pincel e enquanto ele fazia a barba ela cantava para ele ouvir. Quando Caetano tinha preguiça de fazer as coisas vovó dizia: "Socó, quer trabalhar? Não pó ...".

"Socó, quer comer? Oh! Oh!"

O Chico era arreliento demais; uma vizinha dizia que sabia sempre a hora que Chico Bento chegava do ginásio porque nós três passávamos a gritar. Ele cutucava uma, implicava com outra, e corria. Eu tinha uma bruxa de pano, a Quitéria, que eu gostava muito. A cara da Quitéria era pintada a tinta de escrever. Ele então pintou uns bigodes na Quitéria. Eu abri a boca, mas ele, pra me consolar, mudou o nome dela para Bernardo e nós fizemos o batizado. Era ele que fazia questão de batizar nossas bonecas, apesar de não sermos muito religiosos. Em geral acabava num banho de água fria em todo mundo, espirrava água num, espirrava noutro.

Clélia nasceu antes da época. Era uma artista, que o meio abafou. Muito cedo começou a estudar piano. O professor Chiaffarelli morreu em 1923. Clélia, ainda menina, tocou para ele uma *berceuse* de Chopin. Quando acabou, ele perguntou: "Como é o nome de sua mãe?". "Maria". "Bendita Maria que a gerou". Se hoje é difícil ser artista, há cinquenta anos atrás era mais difícil ainda. Clélia acabou lecionando piano. Um caso típico da fibra de Clélia: ela foi sempre diferente; os padrinhos dela eram fazendeiros em Ribeirão Preto e não levavam muito a sério essa questão de olhar a afilhada. Quando vinham a São Paulo vinham em casa, mas isso uma vez ou outra. Tenho a ideia de ter visto esses senhores umas três ou quatro vezes na vida. Uma das vezes que esteve em casa, a madrinha deu cinquenta mil-réis para a Clélia. E papai achou que ela devia escrever agradecendo. Ela não queria agradecer. Papai ditou a carta e ela escrevia chorando. Ela se sentiu humilhada em receber dinheiro. Queria ter recebido amor. Escrevia e limpava as lágrimas. Meu pai quis ver o orgulho da filha até onde ia.

Passados uns tempos, meu padrinho no interior mandou setenta mil-réis para mim. Papai tinha ido encomendar um porco na fazenda dele e ele mandou o valor do porco para mim. Fiquei contentíssima, pouco me importando que fosse ou não fosse o valor do porco. Comprei um vestido. Sempre quis bem a meu padrinho, ele era um fazendeiro, um homem simples.

São temperamentos, não é?!

A Guiomar era, como mamãe, um fiel da balança nas nossas diferenças. Foi a que sempre apaziguou tudo. Na hora em que fala, é ouvida porque ela fala firme e é muito justa mesmo. Sabe ouvir e o que diz é na justa medida. Eu sou mais impetuosa, não guardo a menor conveniência.

O grupinho que andava junto, que fazia os malfeitos juntos era mesmo o de nós três, pequenas. Quanta estrepolia a gente inventava! Pulávamos corda, jogávamos amarelinha, brincávamos de pegador, que era o que eu mais gostava. Nosso portão estava sempre fechado. Um domingo de manhã, mamãe não sabe por quê, o portão ficou aberto. Saí correndo, dei uma volta por dentro do armazém do seu Manuel, que ficava em frente, e voltei correndo. Fui atropelada por uma carroça, mas a roda só tirou a pele da minha perna. Não deixei que me carregassem para não assustar mamãe e subi a escada sozinha. O porão era nosso reino: lá dentro patinávamos, brincávamos de pegador, de casinha. Ficávamos na janelinha bulindo com quem passava na rua, implicando com as meninas da vizinhança.

As filhas de d. Cecília foram a amizade que trouxemos da infância. Ela tinha cinco meninas e um menino. Quando nasceu nossa irmãzinha Délia, mamãe não teve leite. E d. Cecília tinha tido uma menina, Judith. Então ela ofereceu à mamãe para amamentar nossa irmãzinha e amamentou. Essas coisas bonitas que há! D. Cecília amamentou a menina e mamãe se sentia muito grata a essa vizinha. Com nove meses nossa irmã morreu de broncopneumonia, mas até hoje Guiomar vai visitar em Campinas a que foi irmãzinha de leite dela.

Brincávamos de roda com as meninas dessa vizinha. O que sabíamos de cantigas de roda!

*Ainda não comprei,*
*mas irei comprar,*
*um vestido branco*
*para apaixonar.*

*Vai de roda em roda,*
*vai de flor em flor,*
*vai de braço dado*
*com seu lindo amor.*

Fazíamos a roda e uma menina ficava de fora, era a "Bela pastora":

*Lá no alto daquela montanha,*
*avistei uma bela pastora*
*que dizia em sua linguagem*
*que queria se casar.*

*Bela pastora entrai na roda*
*para ver como se dança.*
*Uma volta, volta e meia*
*meia volta vamos dar.*

Aí, a "Bela pastora" entrava na roda e dizia um versinho. Nós não cantávamos "Margarida vai à fonte"; mamãe e papai se emocionavam muito por causa da irmã que morreu pequenina e que era Ana Margarida.

Nós não tínhamos brinquedos, o máximo que se tinha era uma boneca, um aparelhinho de jantar. Nós improvisávamos tudo. Com a flor da esporinha que é uma espécie de *delfinus*, enfiando uma na outra fazíamos umas coroinhas lindas. Depois botávamos pra secar dentro do livro. Com espinho da roseira, sexta-feira santa, levávamos o dia inteiro fazendo coroas de espinho. Na grama do jardim, empurrávamos tatuzinhos com uma varinha para brincar de boiada. A gente tinha imaginação. Apostava quem catava mais caracol, eu penso que isso eram os grandes que inventavam para a gente limpar o canteiro. Quando a gente achava uma joaninha vermelha com pinta preta, como a gente fazia festa! Os besouros vinham do mato próximo bater no lampião de gás. As joaninhas desapareceram, penso que é por falta de mato. Nunca mais vi uma joaninha. Quando eu era criança entre a Lapa e Santa Cecília havia mata.

Não saíamos de casa; fui conhecer o mar com onze anos, quando minha irmã se casou e foi morar em Santos. Eu iria passar uns tempos com ela: aprontamos mala, desembarcamos em Santos. Vi o mar cinzento, estava um dia feio. Quando chegou a tarde, e papai e mamãe foram se despedir, abri a boca e voltei junto com eles. Circo, só conheci o do Piolim aos vinte anos. Às vezes íamos à matinê do High Life ver as fitas do Max Linder. Modesto Tavares de Lima era pianista e tocava na sala de espera. Quando começava o filme ele passava para o piano na sala de projeção. Mamãe gostava de uma valsa que ele tocava: "Por que choras?". As meninas mais velhas tocavam no piano e cantavam:

> *A minha francesinha*
> *não tinha ninguém.*
> *Amei-a com ternura, porém.*
> *Uma vez, passeando eu em Paris*
> *por acaso, outra vez a sorte quis*
> *que eu a amasse e me tornasse*
> *de toda terra o homem mais feliz.*

Sempre fui desafinada. Uma vez nós tomamos uma palmada por causa dessa canção. Estávamos brincando, as três pequenas, e fomos chamadas pelos grandes para cantar "A minha francesinha". Cantamos tão mal que tomamos uma palmada e nos mandaram embora.

Rádio não havia. Minha mãe uma vez foi à casa do meu tio para experimentar o rádio de galena. Meu irmão que morreu em 1922 nunca ouviu falar em rádio. E meu pai também. O piano é que funcionava. Mamãe que teve uma linda voz cantava com minha tia a duas vozes:

*Teus olhos são negros, negros
como noites sem luar...*

Por volta de 1911, 1912, chegaram em São Paulo as companhias de opereta italiana. Minha tia Brites comprava a partitura completa de opereta e tocava *A viúva alegre, Sonho de valsa,* o domingo inteiro.

As pessoas tinham que tocar um instrumento para se distraírem. Violão era um instrumento de capadócio. Vivina quis muito tocar violão, papai não concordou. Lendo a *Clara dos Anjos* de Lima Barreto eu entendia o preconceito que havia na minha casa contra o violão. Minha prima trazia do Rio um livro de modinhas *A lira do capadócio,* que eu dava tudo pra encontrar: tenho cansado de olhar em sebo, nos livros que vendem esparramados na rua. *A lira do capadócio* tinha:

*Mostraram-me um dia,
na roça dançando,
mestiça formosa,
de olhar azougado.*

E a modinha que, dizem, é de Castro Alves para Eugênia Câmara:

*Vamos Eugênia, fugindo, pra sempre,
pelas campinas...*

D. Joaquininha era uma mineira que chegou aqui em São Paulo, viúva, com uma filha de onze anos e uma tesoura. Montou uma oficina de costura, fez a filha normalista e foi uma pessoa muito considerada aqui em São Paulo. Meu pai admirava muito as mulheres que lutavam sozinhas. D. Joaquininha Magalhães foi uma lutadora. Sua filha, Julinha, tocava violão e o violão da Julinha papai aceitava. No aniversário de papai havia o que se chamava um sarau: tocava-se piano, recitava-se Bilac, Castro Alves, e a Julinha tocava violão.

O Natal era uma festa recolhida, de cada família. Começou depois a haver esse Natal e essa Páscoa com a propaganda comercial. Em casa festejava-se mais o 1º de janeiro, dia da fraternidade universal. A família toda saía pra rua, dava uma volta no quarteirão, passeava-se na calçada. Quando apitava meia-noite entrávamos em casa com o pé direito. O Caetano, arreliento, toda vida entrou e subiu a escada com o pé esquerdo. Mamãe tocava o Hino Nacional, depois cantávamos todos juntos. Tínhamos uma ceia e papai sempre falava sobre solidariedade humana. Só vim tomar conhecimento de Páscoa quando fui trabalhar na Fábrica em que havia muito italiano que festejava a *Pasquetta*, a Pascoela...

As procissões eram uma festa para nós: procissão do encontro, a do enterro na Semana Santa. Tinha uma banda na frente, outra banda atrás. A procissão do enterro ia até o largo do Arouche, rua das Palmeiras, quando chegava no começo da avenida Angélica a Verônica cantava, era uma ceguinha. Subia a avenida Angélica, todo mundo entrava na igreja, levava dinheiro pro Senhor Morto. Meus irmãos mais velhos caçoavam dos que iam levar dinheiro, faziam troça mas iam também, naturalmente porque tinham as namoradas deles.

Havia outras procissões que com o tempo acabaram. De uns cinco ou seis anos pra cá senti cair a fé. Estava na alameda Barros quando passou uma procissão. Não havia cinquenta pessoas atrás de um andor. No tempo de nossa infância os vizinhos iam lá pra casa, ficavam na janela, para nós era uma festa. Passavam figurantes, as três Marias. Havia uma procissão que eu achava linda: vinham a Fé, a Esperança e a Caridade, três moças vestidas de vermelho, verde e branco. Uma carregava um coração, outra carregava uma âncora e outra... não lembro mais... acho que era uma cruz. Os anjos nunca pude ver muito séria; por causa dos anjos de asa quebrada. Coitado do anjo! Para a asa aparecer mais, em lugar de colocarem a asa na posição certa colocavam ao contrário. Havia muita molecagem: "Lá vêm os anjos de asa quebrada!". Papai não gostava dessas irreverências. Uns rapazes amigos foram quarta-feira de trevas para a igreja do Coração de Maria levando um pacote de alfinetes. Quando escureceu a igreja, eles pregavam as saias das beatas umas nas outras.

Nós, crianças, gostávamos de ir no Coração de Maria ver o presépio na época de Natal. Íamos ver também o presépio da igreja de Santa Cecília que ainda estava no tijolo. Vi levantarem as torres quando ia para o grupo.

\* \* \*

Lembro bem do primeiro dia de aula do Grupo Escolar do Arouche. Um meu irmão foi me matricular e me causou muita impressão a entrada do grupo, antiga moradia da família Abranches: a entrada nobre do sobradão, com sacada, dava para uma escadaria de madeira que se dividia em dois ramos com grades de madeira de lei. Era uma beleza subir a escada. Fui para a classe de d. Marcolina Marcondes Saboia, professora que me alfabetizou. Não era bonita, era baixa, gorda, me lembro sempre dela rindo. Usava muito giz de cor. A criança que lesse melhor a lição da lousa ganhava um cartão. Ganhei um J com uma camponesa sentada em sua perna, com muita purpurina: ela me deu esse cartão com um beijo.

A cartilha era *Meu livro* de Pinto Silva, lembro das figuras, a menina sentada no chão com um livro aberto no colo: "Olha a menina. Olha o livro". O método já era o analítico. Foi indo até que chegou no *ph*: uma mesa com uma toalha de crochê e uma caixa de fósforos. D. Marcolina me deu a cartilha e eu li: "Pelipe tem uma caixa de pósporos". Até hoje sinto d. Marcolina me abraçando e rindo. Era: "Phelipe tem uma caixa de phosphoros". Depois dessa cartilha li *Leituras intermediárias* de d. Maria Rosa Ribeiro. Eu adorava a história do cego e do cachorro Veludo que andava com ele pela rua. Não sei se é confusão minha, mas parece que o fim da história era trágico: o velho morreu e o cachorro deitou na sepultura do velho e morreu ali. Depois disso comecei a ler o primeiro livro de João Köpke:

*Amanhece. O sol desponta.*
*O galo canta, tudo se apronta.*

Lemos depois o livro de Romão Puiggari com as poesias de Zalina Rolim. Confundo na memória as poesias que dei para os alunos mais tarde com as que aprendi.

Aritmética, aprendíamos brincando com preguinhos de madeira, os tornos: eram os pinos com que os sapateiros faziam sapatos. As contas fazíamos no Mapa de Parker, que ajudava muito no ensino das quatro operações. Desenho livre não se fazia; copiávamos um copo, uma moringa...

Na entrada sempre havia uma professora que tocava piano, trechos de operetas como *Eva*, *Casta Suzana* e as meninas entravam cantando. Gostava de cantar:

*Varre, varre*
*linda vassourinha.*

Logo comecei a ler em casa os livros da condessa de Ségur, *Os desastres de Sofia*, as obras do Cônego Schmid e *Robinson Crusoe*.

Quando passei para o segundo ano, Clélia entrou no primeiro. Era estudiosa, cumpridora, nunca fez as estripulias que fiz. Uma colega saiu da classe "pra ir na casinha" (a gente levantava a mão para ir ao banheiro) e quando voltou me contou: "Sua irmã está chorando". Levantei também a mão e fui para a classe da Clélia. Encontrei minha irmã chorando, a cabecinha na carteira. Apontou a lousa para mim onde o nome dela estava escrito por mau comportamento e me disse: "Não fiz nada". Fui até a lousa, peguei a esponja, apaguei o nome dela. Agradei sua cabecinha e voltei para minha classe.

Terminei cedo o primário, com onze anos e até catorze anos estudei em casa com meus irmãos para me preparar para a Escola Normal. Na mesa grande do porão cada um tinha seu lugar. Os vizinhos nos viam pela janelinha que dava para a calçada e admiravam de nos ver estudando à noite com lampião.

Em casa sempre se leu muito jornal. Em 1913, 1914, a esquadra brasileira veio fazer manobra aqui na costa de São Paulo, e o marechal Hermes da Fonseca estava noivo de Nair Teffé. Dizem que ele ficou com pressa de voltar pra encontrar com a Nair e mandou o rebocador *Guarani* transmitir ordem aos outros navios para apressarem as manobras para ele voltar logo. E o *Guarani* bateu numa pedra na ponta do Boi e naufragou. Esse naufrágio matou diversos guardas-marinhas. Entre os mortos estava um sobrinho de meu pai. Esse naufrágio me impressionou muito porque a família foi diretamente atingida. A mãe era irmã de papai, viúva e tinha perdido uma filha...

Outro navio que naufragou foi o *Titanic*, por volta de 1912... Foi construído à prova de naufrágio com porões estanques. Saiu da Inglaterra para os Estados Unidos com a elite social daqueles países, muito bem equipado. Bateu num iceberg e partiu-se ao meio. Morreram quase todos. Me impressionei muito com as fotografias que saíram no jornal depois. E houve um naufrágio ainda anterior em que morreu d. José Camargo de Barros, aquele que dá o nome à rua.* Ia no navio outro bispo, Homem de Melo, que se salvou. A rua era Onze de Junho, data da batalha do Riachuelo; quando puseram d. José de Barros, o pessoal de casa ficou indignado: tirar uma data nacional pra botar um padre!

Tenho uma lembrança muito forte da guerra de 1914 porque papai estava construindo a Estrada de Ferro Araraquara. Nessa ocasião parou, ele voltou para casa. Abriu em cima da mesa da sala de jantar um *Atlas de la Marche* (Pedro Nava fala nos livros dele nesse atlas francês muito bonito). Sobre o mapa da França nos descreveu toda a batalha de Verdun. Quando vinha notícia era por telégrafo; nós vivíamos mais de notícias forjadas no jornal que notícias de lá propriamente. Foi uma batalha que durou seis meses.

De manhã vinha O *Estado de S. Paulo,* que era lido com voracidade. À noite passava o jornaleiro, ali pelas nove horas, gritando: "Estadinho, Estadinho, edição da noite!". Papai mandava correndo comprar *O Estado* e lia outra vez.

As opiniões se dividiram: papai tinha uma formação francesa, era pela França, pelos aliados. Meu irmão era germanófilo. Discutiram até o dia em que puseram a pique um navio brasileiro. Nesse dia o Chico subiu a escada furioso. Quando desceu não falou mais nada. Esse mais tarde foi pra Escola Militar.

Quando o Brasil entrou na guerra houve um desfile pela cidade. Nesse dia papai reuniu a família toda, tomamos um bonde com a bandeira brasileira no peito e fomos bater palma para os reservistas que passavam. Alguns foram pra guerra mas aquela tropa se formou para ficar aqui. Muitos que foram não chegaram à Europa, quando o navio chegou em Dacar morreram de gripe. Foi a época da gripe. Aqui em São Paulo parou tudo. Dizem que a única pessoa que enriqueceu foi o Matarazzo. Ele vendia muita banha e nas latas de banha punha metade banha e metade água. É versão popular. Não havia emprego. Meu pai ficou em casa e um chefe de família que para de trabalhar altera a vida da família. Quando se é criança não se sente porque continua-se a comer do

---

* Esse naufrágio causou grande impacto na imaginação popular. D. José Camargo de Barros casou meus avós, e minha avó Josefina contava que d. José ofereceu seu salva-vidas para um rapaz que se afogava e ficou de pé, enquanto o navio afundava, abençoando os náufragos. Uma canção do início do século lembra o naufrágio e a tristeza da emigração: *"Padri e madri abbracciavan suoi figli/ che sparivano fra le onde/ fra le onde del mar./ E fra loro, un vescovo c'era/ dando a tutti la sua/ la sua benedizione".*

mesmo jeito, a estudar do mesmo jeito. Naturalmente alterou a economia da casa, mas não chegou até nós.

Entrei para a Escola Normal da Praça em 1918, mas em outubro a escola fechou por causa da gripe. Em 1918 parou tudo aqui em São Paulo. Na nossa casa a única pessoa que saía para trabalhar era meu irmão mais velho, que estava construindo o centro telefônico do Brás. Um irmão era engenheiro formado, estava morando em Campinas, em Campinas ficou. Outro estava na Escola Militar, ficou no Rio de Janeiro na casa de nossa avó. A irmã mais velha, já casada, estava em Santos com o marido. Nós ficamos em casa só Jovina, eu, Clélia e Guiomar.

Mamãe era cardíaca e papai isolou mamãe. Disseram que o cardíaco que ficasse com gripe morria. Nós não botávamos o nariz fora de casa. Ele desinfetava a casa muito bem desinfetada com enxofre, diziam que era bom queimar enxofre. Comprava-se pó de enxofre na farmácia, não faltava brasa naquele tempo com fogão de lenha.

Nossa casa era caminho para os cemitérios do Araçá e da Consolação. Os enterros que vinham do Bom Retiro passavam pela Barão de Tatuí, depois subiam a Angélica. Os caixões muito simples, em carros puxados a burro, passavam em número impressionante.

Andávamos sempre com um dentinho de alho que mamãe deu para cada um de nós. Meu pai quando olhava para mamãe ficava com os olhos cheios de água de medo que ela morresse. Os irmãos que estavam fora tiveram a gripe, nós em casa não tivemos. Ele nos isolou completamente. Faltava carne, mas tinha bastante arroz, feijão, verdura, leite. Os dois filhos que estavam fora vieram pra casa e meu pai ficou alegríssimo. Brincou-se muito, a guerra já tinha acabado. Eu já era aluna da Escola Normal, que estava fechada. Houve um baile no Trianon e quando veio a notícia do armistício parou-se o baile e cantou-se o Hino Nacional. Era o dia 11 de novembro. Jovina chegou em casa e foi acordar o papai pra contar; disso me lembro porque acordei e ouvi.

Em 1918 ou 19 houve uma eleição em que Mário e papai foram votar no Grupo do Arouche num candidato, Assis Brasil. E nunca apareceu o voto. Papai todo dia lia a contagem das seções e não apareceram os dois votos. O voto não era secreto, era contado na mão e devem ter passado pra outro candidato. Falava-se muito mal do PRP.

\* \* \*

A gente nascia lá em casa com destino traçado: tinha que fazer o curso primário, entrar na Escola Normal e ser professora.

A parte sexual era tabu na minha casa: não se falava em absoluto. Tínhamos liberdade de sair para trabalhar, mas no mais, não falemos!

Meu pai morreu logo depois da Primeira Guerra e a grande modificação no mundo veio depois da Segunda Guerra.

A Escola Normal da Praça era muito mais bonita que hoje: confinava com as casas da rua Araújo, da rua Epitácio Pessoa. Seu terreno era cheio de flores e árvores de magnólia. Na área que corresponde hoje à avenida São Luís ficava o ginásio de esportes e o Jardim da Infância; joia de arquitetura: era uma construção sextavada ou oitavada onde as crianças subiam por rampas com gradis de ferro cheios de trepadeiras. Debaixo das magnólias o chão era de areia, onde as crianças brincavam. Elas ficavam uma belezinha com seus aventais de brim bege e chapéu de palha redondo, marinho e bege com uma fita escrita: "Jardim da Infância". Cantavam:

> Eu sou a magnólia copada
> De flores de alvo cetim
> que acolhe sob a ramada
> as crianças do jardim.

O ginásio cheio de aparelhos para esporte e o jardim foram destruídos pela avenida São Luís. Nosso uniforme era saia marinho e blusa branca de manga comprida, sapato e meias pretas. As meias eram presas por ligas.

No quarto ano veio um casal da Suécia, os Demidoff, para nos ensinar ginástica: Misela veio mocinha, bonita, da Suécia, andava pelos corredores da Escola Normal de tênis, um short com as pernas de fora e um avental. Aquilo escandalizou. Começamos a aprender ginástica direito. Eu era tremenda, pintava muito. Quando faltava o professor, descíamos para jogar bola, brincávamos. Minha liga estava larga certa vez: prendi a saia de pregas nela, que ficou estufada atrás e assim dançava na frente da classe. Por causa das gargalhadas a inspetora me pegou.

De vez em quando fugíamos quando faltava o professor da última aula e nos prendiam. Uma colega fazia um trocadilho: "Se você fugir eu prometo amá-la!". E jogava a mala pela janela. Fui apanhada uma vez pegando a mala embaixo.

Nossa classe dava para um corredor comprido onde ficava a sala dos professores. Eu nunca andei, patinava no corredor dando um impulso. Uma vez caí nos braços do professor de pedagogia, Roldão Lopes de Barros. Ele toda a vida lembrou disso: quando me encontrava já abria os braços, como se esperasse. Roldão era amigo de casa. Foi um rapaz muito pobre, filho de costureira que chegou a professor, até a universidade. Era tipógrafo enquanto estudava, tinha um lado do corpo mais baixo que o outro por causa do trabalho da tipografia. À noite vinha estudar em casa com meu irmão Mário. Chegava depois das nove horas da oficina, sem jantar. Mamãe mandava uma bandeja com café, pão e manteiga. O bule de casa conservava o café quente. Era feito em Itapira pelo João Trani, de folha de flandres.

Não se enxergava o cilindro interno, onde ficava o café. Pelo funil enchia-se de água fervendo o cilindro externo do bule. Roldão gostava do bule porque, durante a noite, recoava a água de conservar quente e fazia mais café. Quanto procurei um bule assim para oferecer para ele! Foi um ótimo professor, muito compreensivo. Fundou depois o Ginásio Rio Branco com Sampaio Dória e também lecionou na universidade.

O professor Arlindo Pinto Silva, de português, adotou o quarto livro de leitura de João Köpke, antologia muito bonita. Mas adotava romances como livro de leitura e nos fez decorar o primeiro capítulo de *Iracema*. Quando ele percebia que tínhamos gostado do romance e chegado ao último capítulo, escolhia outro: lemos *Eurico, o presbítero*, *Inocência*...

Fernando de Azevedo tinha grande fama mas deixou muito a desejar como professor. Geografia, quem nos dava era um professor muito bom, mulato, José Pedrosa. Mais tarde, quando lecionei, adotei um método novo: em vez de decorar os acidentes do litoral, dividíamos o litoral em zonas e estudávamos a descrição da costa.

O professor mais querido era o de música: João Gomes Júnior. Não punia, compreendia nossas travessuras, achava graça em nossos malfeitos. Ele fazia ditado musical tocando num pianinho com a mão direita enquanto a esquerda girava a manivela. As alunas escreviam as notas na pauta.

Na Escola Normal tínhamos paixão pelo Guilherme de Almeida e Olegário Mariano. Nisso tudo fui sempre muito reservada. Até hoje sou muito fechada. Da minha vida pouca gente sabe. Não gosto de pergunta. Eu admirava Guilherme de Almeida, amava Olegário, que fisicamente era mais bonito que Guilherme, mas em casa ninguém tomava conhecimento disso. Eu gostava, lia e calava.

Quando encontrava minha amiga Margarida, nós nos esbaldávamos, ríamos, conversávamos muito. Às vezes, faltava um professor e não tínhamos uma aula. Então tomava um bonde com outras colegas e íamos para a Escola Normal do Brás pra ver se víamos o Guilherme, que era bibliotecário lá. Foi nesse tempo que ele publicou seu primeiro livro: *Nós*. Logo depois apareceu Olegário Mariano com *As últimas cigarras*.

Líamos Júlio Diniz, *A morgadinha dos canaviais*, *As pupilas do sr. reitor*, eu adorei *Uma família inglesa*, tinha uma paixão pelo Carlos! Depois apareceu a Bibliothèque Rose que os pais costumavam dar às filhas, toda em francês, Guy de Chantepleure, *Titio, o sr. vigário*, que era engraçadíssimo... não sei de quem era... uma menina espeloteada que namorava o primo e embrulhava o vigário que era professor dela. A gente chorava de rir com as mentiras de *Tartarin de Tarascon*. Eça de Queirós não se lia ainda. De Machado de Assis podia-se ler *Helena*, mas *Brás Cubas* não.

Naquele tempo quem vinha a São Paulo tinha que visitar três lugares: o Museu do Ipiranga, a Escola Normal e o Butantã. É o que havia para mostrar.

Em 1922, no Centenário da Independência, disseram que iam aprontar o Museu do Ipiranga, que iam trazer fogos de artifício. Choveu a semana inteira, nós fomos pelo Cambuci afora de automóvel para alcançar o museu, não pudemos passar por causa da lama e fogos de artifício ninguém viu. Era só lama e breu. Os festejos foram no Rio de Janeiro.

O rei da Bélgica veio para o Brasil nas festas e nós cantamos para o rei na Escola Normal. Tínhamos um coro muito afinado e cantávamos só música brasileira. A rainha ficou o tempo inteiro olhando para os antúrios com que enfeitamos a mesa do anfiteatro. Tenho a impressão que ela conheceu o antúrio naquele dia. Era feia, mas nós, alunas, simpatizamos com ela por ela ter gostado de nossas coisas. Quando saiu levou um maço de antúrios. Usava um chapéu grande com tantos véus enrolando que parecia um mosquiteiro. O rei, fardado. Mamãe veio até a porta da Escola Normal com os netos pequeninos para ver a rainha entrar.

Tínhamos ensaiado muito nosso coral: vieram cantar conosco as normalistas da Escola Normal do Brás. Ensaiamos juntas uma canção em francês que nos deu muito trabalho:

*Glisse, glisse, traîneau rapide.*
*Glisse, glisse, la neige est perfide.*

Veio o professor Rui de Paula Sousa nos ensinar a pronúncia e ele era muito exigente. Às tantas, o trenó deslizava mais depressa e tínhamos que dar um grito de susto, um grito musical. Não havia meio, eram duzentas moças ensaiando. Rui nunca estava contente, exigia que recomeçássemos e achava sempre o grito inexpressivo. Disse então para minhas colegas: "Vou dar um grito do gosto dele". Recomeçamos a cantar e na hora do *glisse, glisse*, dei um berro, um grito agudo, espantoso. Parou tudo. O João Gomes se abaixou sobre a estande e ria. O pianista ria. Minha turma quase morreu de rir. Os outros ficaram horrorizados. Não se cantou mais essa música. Mudou-se o repertório para canções brasileiras.

Uma inspetora desse tempo me encontrou mais tarde lecionando e disse: "Você quando toma conta dos meninos, toma conta de você mesma, por isso deve entender muito bem seus alunos".

Nesse período comecei a assistir teatro. Em 1923, 1924, começaram a vir pra cá pianistas como Brailowski, Arthur Rubinstein, no Teatro Municipal. Pela primeira vez, nós, mulheres, começamos a ir na galeria. Um grupo de alunas do maestro Chiaffarelli comprou entradas para a galeria e enfrentou os olhares do público. Daí por diante nós sempre frequentamos as galerias. Foi um avanço social na época.

Íamos ao Teatro Apolo na rua Dom José de Barros, ao Cassino Antártica, embaixo do viaduto Santa Ifigênia. Não conheci o Teatro São José, que havia sido demolido. Começamos a assistir Procópio Ferreira, Raul Roulien, Oduvaldo Viana. A mulher dele, Abigail Maia, era uma grande artista. (Abigail é madrinha de Bibi Ferreira, cujo nome verdadeiro é Abigail Ferreira.) *Manhãs de sol* é desse tempo. As peças de Oduvaldo Viana reconstituem os hábitos, a vida de São Paulo, porque Oduvaldo Viana era paulista e filho de um diretor de grupo daqui de São Paulo. Não sei por que suas peças caíram no esquecimento. *O castagnaro da festa* tem como ambiente uma vila do Bexiga. O *castagnaro* era um tipo do Bexiga que no tempo de Natal assava castanhas, enfiava num fio e vendia naquele cordão. Vocês deviam ver essas peças porque são verídicas, é a vida da São Paulo popular do começo do século. Se o Vianinha faz tanto sucesso é porque ele trouxe no sangue o germe que estava no pai.

Itália Fausta era lindíssima, assisti com ela *A ré misteriosa*.

Quando estava no segundo ano da Escola Normal papai trabalhava em Iguape numa medição de terras. Voltou aflito porque estava sem notícias de casa. Sem esperar uma condução melhor tomou uma charrete por aquelas picadas. O trólei disparou, sei que chegou em casa doente e encontrou nossa mãe com gripe. Nós fomos criados com muito cuidado de mamãe, não fazíamos certas coisas para mamãe não se contrariar, fazíamos escondidos dela nossos malfeitos. Nosso pai ficou desesperado pensando que ela não aguentasse a gripe; penso que tenha sido esse o motivo, é uma interpretação minha. Foi ficando amarelo, teve um derrame de bílis e hoje meu sobrinho que é médico acha que ele deve ter apanhado leptospirose, moléstia que o rato transmite e ataca o fígado. Naquela zona havia muito rato. Morreu em agosto de 1919, com 57 anos.

Falaram em missa de sétimo dia para nossa mãe, ela disse: "Absolutamente! Meu marido não aceitava missas de sétimo dia". Em 1919 isso foi um escândalo. Ela não botou vela na mão dele, não mandou encomendar o corpo nem vir padres para o enterro, e era católica. Ficamos em casa, as quatro meninas e o irmão mais velho Mário. Os outros estudavam no Rio. Foi um ano de luto: vestido preto, sapato preto, meia preta, fita preta de crepe durante um ano. O crepe era uma barra franzida que se pregava na roupa preta. O chapéu de mamãe era um toque preto com um véu preto de crepe que caía sobre o rosto e não se enxergava nada.

O conceito de vida mudou porque do jeito que nossa mãe se arrumava eu não me arrumo hoje. As pessoas envelheciam mais cedo pela roupa, pela maneira de pensar, de viver. A gente vivia dentro das normas, você não faz ideia o que eram as normas sociais daquele tempo. O terceiro ano do normal foi de luto, não saíamos de casa. Tenho uma vaga ideia que nosso cunhado nos levou a dar uma volta de bonde no Carnaval de 1920.

Chico morreu quinze dias antes da minha formatura: não tive formatura. Era um irmão alegríssimo, engraçadíssimo, o sucesso da rua. Tenho a impressão que namorava todas as moças da redondeza, e era fácil naquele tempo porque bastava olhar. A distância era muito grande. Outro dia ainda soube de uma moça daquele tempo que teve paixão a vida inteira por ele. Todos os anos, no aniversário da morte dele, ainda ia à missa. Fiquei agradecida por isso.

Meus irmãos abriram em 1922 no *Diário Nacional* uma subscrição para levantar um monumento aos Dezoito do Forte de Copacabana. Os Dezoito do Forte foi uma das maiores admirações que nós tivemos. Todos foram admiráveis. Daqui de São Paulo foi o Newton Prado. O corpo de Newton Prado veio pra São Paulo, foi enterrado no Cemitério do Araçá, meus irmãos foram ao enterro. Já era uma ousadia naquele tempo.

Siqueira Campos foi para o estrangeiro, e em 1930 ele entrou na Coluna Prestes. E o brigadeiro Eduardo Gomes; havia um outro Gomes, Otávio, que morreu na ocasião. Aquilo foi uma paixão, nós em casa fomos tratados como subversivos.

Minha avó paterna, que estava morando no Rio, era pelos Dezoito do Forte. Morava com um genro que era pelo Epitácio. Ela, mais avançada que o genro, com quase oitenta anos, brigava com ele.

O Plínio Barreto teve a infeliz ideia de escrever um artigo "Heróis, não, covardes" no *Estado de S. Paulo* acabando com os Dezoito do Forte. Eu guardei. Muitos anos depois em 30, Plínio Barreto já estava se enfeitando para interventor aqui em São Paulo; peguei o artiguinho e mandei para o *Diário de Santos*. O *Diário de Santos* publicou e o Plínio Barreto simplesmente não foi o interventor de São Paulo. Era um homem que só sabia criticar ferinamente as mulheres. Vibramos muito com os Dezoito do Forte; aqui em São Paulo falava-se na Semana da Arte Moderna, mas tenho ideia de uma coisa de grã-finos, que nada tinha de popular.

O que se comentava em São Paulo eram as festas de d. Olívia Penteado que fez uma reforma na casa: tirou as cadeiras e mobiliou a sala com pufes para os modernistas sentarem. Outra novidade é que eles não se cumprimentavam como os outros, para acabar com os cumprimentos formais se batiam nas costas e diziam "oba!". A casa de d. Olívia desapareceu com o alargamento da avenida Duque de Caxias. Corriam muitos boatos em São Paulo sobre os modernistas. Fomos espiar da calçada um baile do Clube Spam (Sociedade Paulista de Arte Moderna) e vimos a entrada das amizades de d. Olívia, a grã-finagem de São Paulo.

Conheci Mário de Andrade no bonde Barra Funda quando ele era professor do Conservatório. Tenho a impressão que ele gostava de sentar no primeiro banco. Acho que ele morava para os lados da rua Margarida. Era feio. Ele velho deveria ficar com uma cara de Magalhães Pinto. A gente lê na biografia dele o que Paulo Duarte conta da pobreza em que ele vivia, eu acredito. Mas na rua andava sempre impecável. A última vez que vi Mário de Andrade na bilheteria do Teatro Municipal, todo de cinzento com um chapéu gelo cinzento, ele estava um figurino inglês. Ainda comentei com quem estava perto o chique do Mário.

Conheci de vista Alcântara Machado porque o pessoal dele morava no largo de Santa Cecília numa casa pra dentro de um jardim com terraço na frente. Naquele tempo quem tinha automóvel em São Paulo a gente conhecia logo, era *quem tinha* um automóvel.

Oswald de Andrade era de gente muito rica. Ele foi causa de um escândalo na Escola Normal no tempo em que fui aluna. Uma moça teve um caso muito comentado naquele tempo: entrava pela porta da escola e saía pela dos fundos para encontrar o Oswald de Andrade. Acabou indo viver com ele; a família da moça não a desamparou, não deixaram a filha na rua da amargura. Dazinha apareceu numa comédia, que representaram sobre 1922, com o nome de Daisy, uma normalista. Teve um filho; ficou tuberculosa e quando a criança nasceu ela já estava à morte. (Dizem que ele se casou *in extremis* com ela.) A criança também morreu.

A Revolução de 24 começou num sábado, dia 5 de julho. Nós estávamos tranquilas em casa. Nossa mãe, que nunca saía de casa, tinha inventado de ir à feira no largo do Arouche. Começaram a falar que estava havendo correria de soldados na cidade. Quem estava em casa saiu à procura de mamãe. Achamos mamãe na feira, trouxemos mamãe para casa e sossegamos. E ficamos naquela expectativa. Já se sabe, tomamos logo o partido do Isidoro. Ninguém gostava do Bernardes porque 1924 foi uma consequência de 1922. Quando começou a se falar em revolução, era uma coisa tranquila. De vez em quando se ouvia um tiro, a nossa casa era na Barão de Tatuí, mas como não havia prédios, só residências, ouvia-se perfeitamente o tiroteio no Palácio dos Campos Elíseos. Não se saía no quintal porque um dia estávamos brincando e veio uma bala perdida e bateu na parede. Mamãe estava espiando por uma gretinha na janela, gritamos: "Mamãe, por uma gretinha ainda entra uma bala!". E ficamos aqui até 28 de julho. Naquele tempo todo mundo se conhecia. O vendeiro da frente, seu Manuel, atravessou a rua e veio dizer para nossa mãe: "Não se impressione, d. Maria, porque crédito a senhora terá sempre na minha venda". Os vizinhos mais próximos continuaram por ali. Mamãe nos botou dormindo no porão, que era mais abrigado numa queda de granada. As tropas do Rio Grande começaram a entrar em São Paulo. D. Aninha, quando começou a revolução foi lá pra casa; nessas horas ela estava sempre com a gente. Contava depois que caiu granada próximo de nossa casa. O povo adorou tanto o Isidoro que nas matrículas de grupo, sete anos depois, havia pelo menos dois por cento de Isidoros. Eu mesma tive aluno Isidoro. O povo achava que Isidoro era a redenção.

Um dia nosso vizinho, o juiz Moraes de Mello, foi lá em casa conversar com mamãe. Era uma coisa tão reservada que ele nos mandou sair da sala, as mocinhas, e conversou baixinho. Hoje eu concluo que ele deve ter conversado sobre o perigo das tropas desordenadas, de acontecer alguma coisa conosco. Dois dias depois, de madrugada, o filho do seu Manuel do armazém veio com a carrocinha de entrega e uma charrete. O Maneco botou a mamãe na charrete. Nós íamos para Itapira, na casa de nossa avó. Fomos na carrocinha de entrega, na boleia, para nós foi uma farra, até a Estação Sorocabana, lá na Barra Funda. Entramos num trem de carga e fomos até Campinas. São Paulo inteiro estava se retirando. Encontramos no mesmo vagão de carga umas moças conhecidas nossas, as Rego Freitas, sentadas em caixotes. Quando chegamos em Campinas, Itapira já estava sendo tomada pelas tropas legalistas. Meu irmão foi procurar um primo nosso, engenheiro da Mogiana, que veio imediatamente receber mamãe. Foi muito delicado, nos levou para a fazenda dele, Palmeiras, junto de Campinas. Passamos a revolução lá, não lembro bem quando voltamos, mas acho que era quase setembro. Aí mamãe adoeceu e logo depois morreu.

Papai morreu quando completei dezesseis anos e mamãe quando completei 21. Convivi com eles muito pouco tempo. Não foram os livros que me formaram: foram meu pai, minha mãe, o modo de vida de casa muito austero. Admirava muito nosso pai; quando ele morreu sua filha mais nova tinha dez anos e ele dizia: "Uma só que fique solteira, vá morar sozinha". Ele tinha confiança em nós, nos princípios com que nos educou; ele nasceu no século passado, era do tempo em que um homem acreditava na organização social. Seguimos o conselho dele, e sempre moramos sós. Ele não deixou fortuna, o que ele deixou foi pouco mas pra mim foi muito: um diploma de Escola Normal para que eu pudesse ganhar a vida.

Há um pedaço da minha vida entre 1924 e 1927 que eu tenho a impressão que entrei num túnel e saí anos depois do outro lado. Esse pedaço não quero lembrar. Foi depois da morte da nossa mãe. Mamãe morreu em 1924, foi nessa época que entramos num túnel e saímos do outro lado sãs e salvas. Mamãe era nosso esteio e a falta desse esteio foi terrível.

Por volta de 1925 recebi um convite para visitar com umas primas a fábrica do Street, uma fábrica de tecidos, onde é o presídio Maria Zélia. Isso ainda existe no Brás. Esse Street queria instalar uma fábrica socialista em pleno regime capitalista. Havia numa vila um grupo de casas de operários com um jardim muito bonito, pareciam casas de bonecas. Tinha um Grupo Escolar lá dentro. Vi muito por cima, mas conheci a fábrica. Vi, achei bonito, mas naquele tempo não aprofundei.

Em 1925 fiz concurso para a capital e fui trabalhar na Fábrica, no ponto final do bonde Fábrica. Escolhi o lugar pelo nome. Pegava o bonde na Sé e viajava 45 minutos até o primeiro arco da estrada de Santos. Descia na rua Labatut. Uma colega e eu alugamos uma sala na rua Lino Coutinho onde era a fábrica do Jafet. O ordenado era trezentos mil-réis por mês e o aluguel da casa era cem mil-réis. O pessoal explorava porque sabia que a professora precisava daquele canto.

Os condutores de bonde eram muito amáveis; logo conheciam as professoras e davam um jeito de acomodar as moças no primeiro banco. Às vezes sentavam, quando o bonde parava, para guardar lugar para as professoras. Quando passavam no largo da Sé espiavam para ver se não tinha nenhuma atrasada, demoravam um pouco o bonde, custavam para sair para esperar as professoras. O das onze e quarenta tinha um motorneiro português que fazia muita festa para nós. Era o bonde das professoras. Subia a praça João Mendes onde havia a Igreja Nossa Senhora dos Remédios, toda pintada de azul, descia a rua da Glória, Lavapés, largo do Cambuci, a avenida Pedro I. As ruas do Cambuci eram de casas pequenas, térreas, só havia uma indústria de chapéus na esquina da rua Scuvero. Depois pegava a rua dos Sorocabanos e ia até a Fábrica. Às vezes parava, tinha desvios, trocava o motorneiro. Custava duzentos réis e chegava ao meio-dia e vinte.

Quando cheguei no primeiro dia de aula já estavam algumas crianças espiando para ver se a gente chegava. Preguei na porta um cartão: "Matrículas para o primeiro ano"; apareceram mais crianças. Com as crianças eu lavei a escola, que estava suja, arrumei as carteiras, comprei uma vassoura, arranjei um balde. Jogamos água no chão, lavamos a porta, as vidraças. Às cinco horas a sala já estava limpa para começar a aula no outro dia. Foi assim que comecei. Trabalhei lá cinco anos. Durante esse tempo observei de perto a vida do pobre, do operário. Era uma escola isolada; lecionava o primeiro e o segundo ano. Meus alunos eram todos filhos de operários. Tinha uma média de 35 alunos.

As fábricas aceitavam trabalho de menores. Eu tinha uma aluna, Elvira Massari, moreninha, magrinha, os traços muito finos. Não era morena, era cinzenta. Ela trabalhava no turno da noite. Quando a fábrica apitava quatro horas ela saía da escola, ia pra casa, dizia ela que jantava. Entrava às seis horas na fábrica e trabalhava até meia-noite. Teria uns onze anos, a mãe ia buscar a menina na saída da fábrica. Tinha um outro menino, Francisco, que trabalhava no turno das seis ao meio-dia. Todo dia chegava atrasado porque saía da fábrica meio-dia, antes de uma hora não podia estar na escola. Eu tinha ordem de matricular entre sete e nove anos, mas fui sempre insubordinada. Se uma menina de mais idade como a Elvira precisava de escola, eu não podia botar a menina na rua. Quem botou ordem no trabalho do menor com muita demagogia foi o Getúlio. Foi ele quem criou as leis trabalhistas.

Os alunos vinham descalços para a aula. A criança da escola isolada não tinha sapato, não tinha roupa. Consegui que as mães fizessem uns aventais brancos de sacos de farinha. Eram tão pobres que não tinham roupa para vir pra escola e o avental de saco de farinha resolveu o caso. Mas continuavam a chegar descalços e o inspetor exigiu que as crianças viessem pelo menos com um chinelinho. Uma colega deu uma boa resposta: que o dia que os pais ganhassem para comprar chinelinhos não precisavam mais daquela escola.

Dava linguagem, aritmética, um pouco de geografia de São Paulo, história do Brasil. Eram cinco horas de aula, as crianças tinham que estudar. Ensinávamos em linguagem um pouco de redação. Não havia revistas como hoje, arranjar gravuras era difícil. Mostrávamos um cartãozinho-postal para as crianças formarem sentenças, depois coordenarem sentenças em forma de uma historinha. A ortografia era difícil, era *f* com *ph*, *mn*. Você já pensou uma criança escrever "gymnástica" assim? Para ensinar tabuada a primeira coisa que fiz foi comprar um quilo de tornos, eram uns preguinhos de madeira para aprender a contar, a fazer operações no Mapa de Parker, que era uma coisa formidável. Não sei por que não existem mais. Ensinei para os alunos como aprendi: a contar com bolas de madeira e com tornos. As crianças acabavam pondo o prego na boca e mastigando.

A escola isolada permitia mais contato da professora com a família do aluno. Infelizmente era muito mocinha, inexperiente, não tinha ainda uma ideia clara da situação social. Ainda pairava um pouco no sonho, na fantasia. As professoras de hoje estão mais preparadas, embora fujam do ensino primário.

De vez em quando tinha uma epidemia de piolho, nós tínhamos que solucionar. Quem levou vacina para lá fomos nós. As doses vinham num vidro fininho, quase um fio de cabelo de vidro, um grafite de lápis, a gente batia o vidro e com aquilo arranhava o braço da criança e vinha a linfa ali. Não fazíamos isso por ordem do governo, só a minha escola fazia isso. Conversávamos muito com os pais sobre os problemas que eles tinham. Houve uma ocasião em que numa casa começou a haver casos de tifo. No primeiro caso a pessoa foi para o Isolamento e voltou, no segundo caso voltou; no terceiro caso, foi a mãe que não voltou. Então o médico do Serviço Sanitário foi saber o que aconteceu. Eu chamei o médico e falei: "Doutor, esse caso foi por causa da fossa negra. O senhor repare: para economizar o telheiro eles fazem paralelos a fossa negra e o poço". Era o caso da nossa escola: no mesmo telheiro numa distância de um metro ficavam a fossa e o poço. As crianças tinham que beber, na casa delas também bebiam. Isso era a professora primária que enxergava.

Nesse tempo minha irmã Jovina já estava casada com Samuel, que nos esclareceu muito. Ele fez concurso para a cadeira de parasitologia, em 1930, mas antes disso já conversava conosco, nos esclarecia. Ele foi mais que um irmão, foi um grande amigo. Desde 1921 já trabalhava com os doentes, pobres. Acho muito difícil falar nele, desde que o perdemos. Gosto de pensar que ele está agora entrosado com outros médicos, ainda trabalhando em algum lugar que desconhecemos, beneficiando a humanidade.

Lembro do primeiro aluno meu que morreu, eu senti como um filho. Morando naquele fim de mundo qual era o médico que iria atender? Morreu à míngua.

Eu sou o tipo da pessoa de oitiva, ouvia falar muito nas reivindicações sociais. De perto, conheci os meninos que trabalhavam à noite nas fábricas. Vi as mães que trabalhavam com criancinhas no colo e tinham licença de às vezes parar para dar de mamar para as crianças. A oficina tinha um cheiro insuportável de cloro. Uma vez, saindo da escola, passei numa livraria no largo do Ouvidor e pedi um livro socialista. O caixeiro me deu um livro de Afonso Schmidt. Aí que comecei a conhecer a questão social. Gostei muito de conhecer Afonso Schmidt. Na Lapa conheci também o problema das crianças cujos pais trabalhavam no frigorífico Armour. Tinha um aluno cujo pai trabalhava no salgadouro e tinha as pernas inchadas pelo sal e cheias de varizes. O sal da salmoura se infiltrava nas pernas. Isso me revoltou demais.

A escola distribuiu um questionário perguntando a cada aluno o que desejava ser. O filho desse salgador da Armour respondeu: "Se Deus me ajudar, quero ser engenheiro". Chegando em casa falei com minhas irmãs e o menino quando acabou o Grupo Escolar foi estudar no externato que nós tínhamos. Estudou, fez o Ginásio do Estado, cinco anos, que era o melhor que em São Paulo existia. Quando acabou o ginásio, abriu-se o primeiro colégio estadual. O diretor desse colégio, o dr. Martin Damy, me procurou e disse: "Se eu soubesse onde esse menino morava eu o iria chamar para ele fazer o colégio". E ele fez o colégio e nós o acompanhamos até o limiar da Politécnica.

Naquele tempo, quem tinha grande prestígio eleitoral e mandava na Instrução Pública era o major Molinaro, um italiano analfabeto, cabo eleitoral do PRP. Agradando ao major, ele nomeava as professoras sem concurso, sem nada, transferia. Para arranjar nosso grupo, quando houve eleição conseguimos títulos de eleitores de pais de alunos — só homens que votavam —, mostramos que tínhamos eleitorado, para que o PRP se interessasse e criasse o primeiro grupo escolar do Sacomã.

Em 1930 arranjei transferência para a Lapa, que era mais perto de casa. No grupo escolar era diferente: tinha o diretor, que era o chefe, e a professora já não participa tanto da vida da escola. As classes funcionam dentro do esquema que o diretor deseja.

Ele me disse: "Pelo seu jeito a senhora é uma ótima professora para o quarto ano masculino". E me botou lá; peguei meninos entre onze e treze anos, classe pesada e me dei muito bem com eles. Deixei a Lapa em 1935 e tenho alunos desse período que ainda me visitam: um deles é o monsenhor Paixão. Outro vem me visitar todo Natal e meu aniversário com a mulher e os filhos. Como é japonês, tenho netos japoneses.

Gostava de ensinar português, meus alunos em geral escrevem direitinho. Sempre gostei muito de história, principalmente depois que conheci os cadernos do MEC. José Gregori, um dos membros da Comissão de Justiça e Paz, foi meu aluno no quarto ano do grupo. Diz ele que aprendeu civismo comigo.

Nosso pai sempre falava com muita admiração de Santos Dumont. Na guerra de 14, quando começaram a usar os aviões para bombardear, ele protestou: "O avião é um instrumento de paz e amizade, não um aparelho de destruição". Esse civismo vem muito do lar; em casa, o que faltava em sentimento religioso sobrava em civismo. Como professora vivi tanto a vida de Santos Dumont... o que falei sobre ele durante trinta anos! Já não sei qual é minha memória e qual é a memória do ensino. Nós fomos roubados em nossos heróis, vem um americano e diz que os inventores da aviação foram os irmãos Wright. Ultimamente, coisa de uns vinte anos, houve um curso para professoras na Diretoria Geral de Instrução Pública e uma das coisas que as professoras ouviram foi que os irmãos Wright tinham sido os inventores do avião. Se eu estivesse lá teria levantado e protestado. Mas nessas coisas o diretor nunca me mandava, ele mandava o pessoal mais calmo.

Nós acompanhamos a Coluna Prestes por um jornal clandestino, *O 5 de Julho*, impresso no Rio. Apesar da censura todas nós acompanhávamos o vaivém

*Jardim da Infância. Edifício construído atrás da antiga Escola Normal Caetano de Campos, já demolido. Com ele desapareceu um dos testemunhos da história do ensino no Brasil.*

*O Edifício Santa Helena, na praça da Sé, ...*

*...e sua demolição.*

da Coluna, sabíamos onde Prestes andava. Nós copiávamos os comunicados do jornalzinho, mimeografávamos, depois saíamos à noite e pregávamos nos postes.

Quando Prestes, na Revolução de 30, se desligou do grupo porque tinha ingressado no Partido Comunista, guardei seu manifesto. No tempo da Coluna Prestes ele não era membro do partido. Seu manifesto é de maio de 1930:

> Ao proletariado sofredor de nossas cidades.
> Aos trabalhadores oprimidos das fazendas e das fábricas.
> À massa miserável do nosso sertão
> e muito especialmente aos revolucionários sinceros, aos que estão dispostos à luta e ao sacrifício em prol da futura transformação...

Em maio de 1930 Siqueira Campos morreu. Nessa época era um ídolo, atravessava a fronteira, entrava no Brasil, saía do Brasil, vinha a São Paulo, andava aqui dentro de São Paulo clandestinamente. Era uma espécie de semideus que transitava, tínhamos a impressão de que ele era alado, tinha-se sempre notícia dele. Era uma figura mitológica quando o avião em que viajava caiu no rio da Prata. O corpo dele não foi encontrado rio abaixo, foi encontrado rio acima. Afonso Schmidt escreveu um artigo lindo dizendo que o corpo dele em lugar de ser encontrado a jusante foi encontrado a montante porque seu destino era subir. O corpo dele veio para São Paulo naquela opressão que o país sofria em 1930. O enterro foi um acontecimento, saiu da Estação do Norte, o caixão chegou até a Igreja do Carmo na Rangel Pestana, esquina da Clóvis Bevilacqua. Ali houve uma cerimônia religiosa. Dali foi carregado a pé pela rua Direita, viaduto do Chá e rua da Consolação, onde ele foi enterrado no túmulo da família Siqueira Campos.

Nessa ocasião Pedro Mota Lima, que vivia na ilegalidade, subiu no túmulo, fez um discurso e desapareceu no meio do povo. São Paulo inteiro vibrou. Os simpatizantes vibrando a favor, os outros vibrando contra. Quis se mudar o nome de avenida Paulista para avenida Siqueira Campos, afinal só se mudou para Parque Siqueira Campos o parque.*

---

* Essa ideia não foi oficial: uma tabuleta escrita à mão "Parque Siqueira Campos" apareceu na avenida. A ideia de um grupo de moços foi executada em casa de meus avós, quem pintou a tabuleta foi meu tio Armando Strambi.

\* \* \*

Morávamos as quatro moças juntas, depois que mamãe morreu. Acho que Vivina casou-se em 27.

Quando Sacco e Vanzetti foram executados em 1927, lembro como se fosse hoje o dia da execução. Não pudemos dormir, era uma noite clara de luar. Passamos a noite acordadas pensando que àquela hora aqueles homens estavam sendo executados injustamente. Houve muito movimento de protesto contra a execução. Eles lutavam como anarquistas pelas oito horas de trabalho. Fiz um resumo desses fatos para mostrar aos alunos que as oito horas de trabalho não foi uma conquista fácil. Foi consequência de uma luta. Fiz esse ponto e meus alunos anotaram no seu caderno de história.

Quando nós três ficamos sozinhas fomos morar num apartamento na praça Marechal Deodoro. Éramos as mais moças, não tínhamos que dar satisfação a ninguém, nesse tempo a gente resolveu aproveitar a vida. Trabalhávamos, não tínhamos empregada. As duas arrumavam a casa, eu cozinhava. Almoçávamos no restaurante da Liga das Senhoras Católicas. Clélia e Guiomar trabalhavam também de manhã com alunos particulares. Eu já era professora na Lapa. Quando voltávamos de tarde eu comprava uns pés de alface e uns bifes e fazia o jantar: salada e bife. Depois íamos ao cinema. Ou Odeon (naquele tempo tinha Sala Vermelha e Sala Azul) ou no Cine República, São Pedro, Santa Cecília. Víamos o que aparecesse: era Rodolfo Valentino, John Barrymore... Rodolfo Valentino tinha morrido em 1926 ou 27... Íamos quase toda noite ao cinema. Assistimos às companhias de ópera francesas e italianas que vieram: o barítono Crabé, Journet, que foi uma das paixões de minha vida, representou o *Fausto*. Achei linda a ópera *Taís*, estávamos lendo *Taís* de Anatole France. Líamos juntas com uma vizinha as vidas dos santos de Eça de Queirós e anotávamos o vocabulário, que é um português muito antigo. Pena que nossas letras estão se apagando da margem do livro, é com dificuldade que deciframos. Foi um pedaço bom de nossa vida. Nós três nos vingamos, tiramos a desforra da vida do que sofremos depois da morte de mamãe.

Aí veio a crise do café em 1929. Eu me lembro claramente, trabalhava ainda na Fábrica. Quando voltei da escola de tarde, entre cinco e meia e seis horas passava pela rua Direita, senti como se tivesse caído sobre a cidade uma desgraça. Estava tudo parado. Havia um jornal que ficava na esquina do viaduto com a rua Líbero Badaró, onde é hoje o Matarazzo. Todo mundo olhava para ali: tinha havido uma debacle na bolsa de Nova York mas que custou a chegar aqui no Brasil. Depois é que eu soube. Nós só recebemos a notícia em 29 de outubro. Daí veio uma crise tremenda. Faltava trabalho, quem vivia de propriedades alugadas as casas se desalugaram. Baixaram os aluguéis das casas. Ficou tudo muito ruim. O pior foi a dificuldade de emprego. Continuou a crise e o pessoal não queria pagar professor.

Foi aí que nos lembramos de abrir um externato na casa que morávamos: era uma casa antiga, desconchavada mas gostosa de morar. Estávamos na rua da Imaculada Conceição. Foi um período feliz. Durou seis anos esse externato e fechou por falta de alunos em 1936. Veio para o Brasil um embaixador do papa que conseguiu que o Getúlio pusesse ensino religioso como matéria nas escolas. Com a República, o Estado leigo não permitia o ensino de religião nenhuma nas escolas. Os círculos positivistas protestaram, com Sofia Gomide à frente. Havia até templos positivistas nessa época. Nós passamos um telegrama para o Getúlio protestando contra tal medida, "a mais atentatória e regressora aos nossos foros de povo livre".

Caímos no índex da Igreja. O pessoal que tinha matriculado seus filhos, tirou. Era tanta a luta, não tínhamos dinheiro para pagar as professoras, desistimos. Diziam para as mães de alunos: "A senhora bota seus filhos naquele colégio! Aquelas professoras não têm religião!". A perda desse externato nos machucou muito. Eu fui como banana que puseram na estufa e amadureceu à força. Sempre tive fama de anticlerical, mas dois alunos meus se formaram padres. Um deles fez o Grupo Escolar Conselheiro Antônio Prado. No ano do Congresso Eucarístico, São Paulo mudou de feição. Todo mundo botou placa do congresso na porta; foram levar em casa pra botar, nós não aceitamos, com esse modo nosso de dizer: "Não somos católicas, não pomos a placa e está acabado".

No grupo havia comunhões aparatosas, minhas colegas deram expansão ao ensino religioso, ficaram afogadas na Eucaristia. E eu, calada, sou dessas que de vez em quando digo uma coisa bem pesada, mas sou calada. Nunca toquei em assunto religioso na aula. No dia da comunhão, todas foram pra igreja. Fiquei sentada na classe, quando vejo um menino entrando pela porta: "Você não foi pra comunhão?".

"Não senhora, já tomei café."

"Não vá me botar numa complicação com as colegas. Vai sim, eu levo você até o bonde."

"Não senhora!"

Fiquei com ele na sala. Quando elas voltaram da missa, com toda piedade quase me bateram: "Você fez isso! O menino não foi por influência sua". Fui para o pelourinho. Chamei depois o diretor para explicar que tinha ficado na classe pondo em dia meu trabalho, o menino não foi porque não quis ir, não tive nenhuma interferência. No ano seguinte quando chegou a época da comunhão eu dizia: "Vê lá, Waldemar, vê lá o que você vai me aprontar". Ele riu-se. Alguns anos depois recebo um convite convidando para a ordenação dele, foi ser padre: hoje ele é d. Domingos, beneditino. Outro aluno que tive é monsenhor, mas para mim ele é Zezinho até hoje.

Não posso precisar que mês foi, não sei se em março ou abril, o Getúlio veio a São Paulo. Ele desembarcou na Estação do Norte e veio em carro aberto até o centro da cidade com uma manifestação popular enorme. Havia uma oposição tremenda ao PRP. O Getúlio foi muito aclamado e quando chegou ali na praça da República, um rapaz, o Hermenegildo Urbina Teles, fez um discurso vibrante saudando Getúlio, um discurso que fez época. Mas era um palavreado, não tinha nada de social: eles só queriam derrubar o PRP para subir o Partido Democrático. Júlio Prestes era concorrente do PRP e Getúlio do Partido Democrático. Nós estávamos contra ele e dizíamos, para grande escândalo de meu cunhado: "Entre o Júlio e o Getúlio, vá o Júlio que é paulista!".

Com o correr do tempo houve a revolução. Francisco Morato foi buscar o Getúlio do estado de São Paulo, lá no Rio Grande do Sul. Um rapaz estudante de direito, nosso conhecido, disse um versinho do Morato, que só andava de preto.

*Anda sempre jururu,*
*sempre de negro se veste.*
*Toma canja de urubu*
*com raminho de cipreste.*

Os paulistas foram muito pressurosos, de trem, encontrar o Getúlio lá no Itararé e vieram com ele e com a tropa dele. Chegando a São Paulo, onde o povo era getulista também, as tropas nos trataram como terra ocupada. A gente andava na rua Direita com gaúcho arrastando espora acintosamente na calçada e de poncho. Nós em casa ficamos contra o Getúlio logo de saída.

O Getúlio chegou prometendo uma constituição e se instalou, em outubro de 1930. Passou 1931 todo e a Constituição não vinha. Quando chegou 1932 houve a Revolução de 32, que foi tipicamente uma revolução burguesa porque foi a burguesia de São Paulo que se levantou: os Moraes Barros, os Paes de Barros... Anunciavam um comício na porta da Catedral, na Sé, iam os homens e as senhoras e gritavam na rua. Como na tela de Kate Kollwitz* as mulheres se davam as mãos, com os braços cruzados no peito e desciam a rua gritando:

*São Paulo é dos paulistas,*
*Tenente, abaixa a crista.*

Porque os tenentes se instalaram aqui e passaram a governar São Paulo. Em 1932 São Paulo inteirinho trabalhou. Foi um trabalho bonito, de solidariedade. E o Brasil inteiro veio contra São Paulo. Nós fomos guerreados em todas as frentes: de Minas, do Rio, do Paraná...

Nessa época não se falava em comunismo. Conhecia os gráficos que eram anarquistas. Conhecia Mário Pedrosa mocinho, em minha casa, por volta de 1924; sempre foi anarquista, hoje dizem que é trotskista, mas naquele tempo em que frequentou nossa casa era anarquista. Foi nesse tempo que ouvi falar da Revolução Russa de 1917. (Quando houve a revolução ela não me impressionou. Ouvi os adultos comentarem que havia morrido a família imperial. Mas o que podia significar o desaparecimento de uma família imperial para uma menina de família republicana?) Mas eu ouvia só falar, nunca tive a curiosidade de pegar um livro para conhecer melhor. Em 1932 ouvi falar de um núcleo comunista aqui em São Paulo, mas nunca apurei o que ele era.

O pessoal do interior ficou com medo das tropas e vinha para cá. Uns vinham com medo mesmo, outros vinham para conhecer a capital porque tinham trem de graça. Ficamos no Grupo da Lapa recebendo o pessoal: assim que chegava obrigávamos a tomar banho e trocar roupa, quisesse ou não quisesse. Não houve casos de gripe; pneumonia só houve um caso. Essas famílias

---

* D. Brites refere-se ao quadro *Solidariedade*, cuja reprodução tem em casa.

vinham das fazendas, não sabiam bem por quê. Uns diziam que vinham fugidos da guerra, outros vinham por curiosidade de ver a capital.

A revolução durou de 9 de julho a 28 de setembro. Três dias depois os aviões que os revolucionários de São Paulo tinham recebido do exterior voaram pelos ares, foram explodidos para não se entregar. Aí Getúlio tripudiou sobre São Paulo; até um pedaço de terra nós perdemos. São Paulo tinha um processo pleiteando as terras que ficavam ao longo de Itapira, Mococa, Monte Sião. Minas ganhou a causa. Nós pagamos imposto de guerra: todo funcionalismo público tinha um desconto de oito mil-réis por mês (correspondia a um dia de trabalho), para pagar os custos da guerra durante três ou quatro anos.

Tivemos uma série de interventores. Veio um general Valdomiro de Lima que todo mundo chamava de Ladromiro de Lima. Veio um general Rabelo que era dado à caridade e o povo fazia uma maldade, quando vinham pedir esmola davam o endereço do Palácio dos Campos Elíseos, tinham até impressos cartõezinhos com o endereço do Rabelo. Foi um pedaço duro para São Paulo, assim nas mãos de militares. Depois de 1932, houve muita luta surda aqui.

A revolução começou de verdade antes de 9 de julho, na noite de 23 de maio, com o barulho na praça da República, em que foram mortos os moços de inicial MMDC. Foi já o começo do fascismo. Houve uma luta entre os estudantes e um pessoal de uma sociedade fascista que tinha uma sede por ali. Eles, de cima, das janelas, mataram os rapazes que estavam na praça. Quem foi, não posso dizer; começou aí. Prendiam, soltavam gente. No começo achávamos que São Paulo ia ganhar porque o Brasil vivia todo a nosso favor, porque queríamos a Constituição; mas lá fora diziam que São Paulo queria a independência. As comunicações ficaram interrompidas. Desceram os cangaceiros do Nordeste, e Itapira, onde é a casa de meus padrinhos, foi depredada. As caixas de descarga antigamente tinham umas correntinhas douradas para puxar. Não ficou uma corrente, eles levaram todas. O general Mascarenhas, comandante daquela frente, levou com ele até as samambaias de minha tia. Levaram a porcelana de Limoges; o piano, que não puderam levar, arrebentaram a coronhadas.

As senhoras da sociedade foram junto com os batalhões para cozinhar. Eram senhoras de famílias, paulistas de quatrocentos anos. Um amigo, que era do batalhão de engenharia, conta que quando a tropa desocupou uma cidade ele ficou organizando os caminhões, para a saída em ordem da tropa. A última coisa que saiu foi a cozinha. As mulheres ainda mexiam as panelas de arroz pra não queimar no fundo, e ele dizia: "Deixem queimar! Precisamos partir".

Em 1934 foi a primeira vez que as mulheres votaram, foram muito aprumadas, de chapéu e luvas, parecia um desfile de modas.
O Getúlio estava preparando o bote. Depois da Intentona de 1935 veio a ditadura e não se votou mais. Só dez anos mais tarde o Partido Comunista entrou na legalidade. Como professora sabia através dos alunos que os italianos que vinham para cá ficavam ligados ao consulado italiano e aos domingos tinham que ir ao consulado para cantarem e endeusarem o Fascio. Os integralistas começaram a se organizar em 1932. Em 1934, depois que o Getúlio se instalou, foi a primeira vez que as mulheres votaram e já com o voto secreto. Em 1935 começou a luta entre integralistas e comunistas.
De vez em quando os integralistas resolviam desfilar e havia os entreveros. Um foi no largo da Sé: os integralistas resolveram se reunir lá. O Palacete Santa Helena ainda estava em construção. Comunistas, socialistas, anarquistas, todos se juntaram e se esconderam na própria Catedral que ainda estava com andaimes, e desses andaimes mandaram pedra lá de cima. Saiu uma correria tremenda. Os comunistas ocuparam o Palacete Santa Helena; naturalmente com a conivência dos operários, entraram pelos andaimes e, quando os integralistas se reuniram embaixo, despejaram pedras. Foi correria, pancadaria, a polícia foi atrás deles no Santa Helena, nos prédios ali por perto onde eles tinham se escondido, e nessa ocasião Mário Pedrosa levou um tiro, ele estava também metido no barulho. Nunca houve concentração integralista que não saísse barulho.
Uma ocasião, havia uma concentração na praça Oswaldo Cruz; quando nós passamos pela avenida Paulista, em frente à casa de Renê Thiollier havia uma faixa bem grande: SÃO PAULO NÃO É GALINHEIRO, porque os integralistas eram os galinhas-verdes, usavam uniformes verdes. A família do Gofredo da Silva Telles se vestia toda de verde. Eles não desfilavam sem pancadaria porque os comunistas enfrentavam mesmo. Fomos a uma matinê, no Cine Alhambra, na rua Direita, depois daquela concentração no largo da Sé. Por baixo das cadeiras havia camisas verdes; os integralistas para não serem apanhados esconderam as camisas debaixo das cadeiras, com medo dos comunistas. Os comunistas enfrentavam com pedras os tiros da polícia.

Na época do Getúlio havia muito comício no largo da Sé, para preparar 1937, mas era tudo promovido pela polícia mesmo: os operários vinham com marmitas para o largo da Sé, mas eram marmiteiros organizados que faziam marmita para levar no comício. Foi assim que o Getúlio aprontou o golpe de 37. Havia muita correria na cidade. De 1932 a 1937, foi um período de muita agitação, de muita correria. E houve os preparativos, lembro muito bem quando os comunistas prepararam uma insurreição, da praia Vermelha, que chamam de Intentona, com Agildo Barata à frente. Houve uma traição qualquer lá no Nordeste e o pessoal do Rio se levantou antes da hora. A insurreição fracassou. Não é notícia que o jornal desse, mas veio de informação oral. Pessoa extraordinária foi Maria Barata, uma das mulheres mais conhecidas do Brasil daquela época: qualquer coisa que faziam com o marido dela, Maria Barata botava a boca no mundo.

Houve gente que sofreu muito no Rio de Janeiro, como o jornalista da *Folha da Manhã* Noel Gertel e a mulher dele, Raquel. Nesse período não se passava uma semana, um mês, sem uma correria na cidade. Penso que já se preparava 37.

De 1937 a 1945 foi a hora do silêncio, ninguém falava. Às sete horas da noite vinha a "Hora do Brasil", todo mundo desligava o rádio, era a hora que o Getúlio falava. Veio então uma lei: bar, botequim que tivesse rádio não podia desligar, tinha que ficar ligado na "Hora do Brasil".

Lembro de fatos lidos em jornal que não se pode relatar com precisão. O dia que foi proclamada a República espanhola eu ia passando no *Diário da Noite*, na esquina do viaduto com a rua Líbero Badaró. "Os republicanos ganharam a eleição na Espanha!". Depois o Franco organizou o Exército no norte da África e invadiu a Espanha. A gente lia, sofria muito acompanhando a Legião Estrangeira, com um tal Malraux, que lutava pela Espanha.

Ainda no governo de Bernardes foi preso para interrogatório um engenheiro carioca, Niemeyer, uma pessoa de esquerda. A polícia durante o interrogatório atirou o moço pela janela. Foi o primeiro caso que ouvi de tortura e de atirar pessoa pela janela.

Na passagem de governo de Bernardes para Washington Luís, houve uma certa abertura e apareceu uma revista no teatro. Hoje não há mais dessas revistas porque não se pode falar de política. A revista era uma peça em que havia uma parte de canto, uma parte cômica, em geral havia piadas a respeito da política. Um dos personagens era um artista que se vestia de mulher mas com a máscara do Fontoura, chefe de polícia do Rio de Janeiro, e dizia que era Josephine Baker da Fontoura. Cantava, com rapazes requebrando vestidos de bailarina, a história do Fontoura; mas quando falavam em janela, ele gritava: "Janela não! Janela não!". Não podiam falar em janela porque o Niemeyer foi jogado pela janela.

O Partido Comunista de São Paulo já existia anteriormente, mas chegou à manifestação pública em 1935 na luta contra os integralistas e apareceu nas ruas. Augusto Pinto foi daqueles que em 35 foram presos, julgados e condenados como subversivos. Eram dos primórdios do partido aqui em São Paulo, muito antes da entrada de Prestes. O presídio Maria Zélia era uma fábrica de tecidos; com a falência do Jorge Street, transformaram a fábrica em presídio. Ele ficou preso onze meses no Maria Zélia com Caio Prado Jr., Paulo Emílio. Esse começou muito criança, não estreou no Maria Zélia, estreou no Presídio do Paraíso, antes de 1935. Diziam do Paulo Emílio: "Onde se viu, o filho do Sales Gomes é um comunista!". Foi dos primeiros comunistas que se ouviu falar. Paulo Emílio estreou muito cedo. Quando encontrava um amigo desse tempo ficava muito alegre: "É um amigo do colégio. São lembranças do colégio!". Ele e os companheiros cavaram um túnel por baixo do muro e fugiram do Presídio do Paraíso.

Em abril a polícia havia simulado um fuzilamento, dispararam tiros lá dentro, parecia que eles estavam matando alguém. Fizeram só para assustar quem estava fora e quem estava dentro. Esses presos haviam preparado a fuga mas foram denunciados. Quando iam atravessando o pátio foram fuzilados pelas costas na noite de 21 de abril de 1937. Alguns escaparam mas o grupo que fugia na frente foi massacrado. Augusto, filho de d. Natália Pinto, foi atingido pelas costas. Admirei d. Natália que soube ser mãe, acompanhou o filho até o fim. Pôs uma lápide no túmulo do filho. Inscrição que há no túmulo de Augusto Pinto, no Cemitério São Paulo, quadra 13, sepultura 110:

NASCEU EM 6 DE NOVEMBRO DE 1911, GUIADO POR UM SUBLIME IDEAL ELE AMOU A HUMANIDADE, ELE CULTIVOU A JUSTIÇA E A VERDADE. ENCARCERADO NO PRESÍDIO MARIA ZÉLIA FOI MASSACRADO PELA POLÍCIA DE SÃO PAULO NA NOITE SINISTRA DE 21 DE ABRIL DE 1937.

OXALÁ A HUMANIDADE POSSA COMPREENDÊ-LO UM DIA.

AO MÁRTIR, COMOVIDA HOMENAGEM DE SUA MÃE E DE SUA IRMÃ.

Uma carta chegou à Repartição Central de Polícia:

Processo 18 537 de 39

Exma. Diretoria dessa Seção,
Delegacia de Ordem Política e Social
S. Paulo, 3 de outubro de 1939 — n⁰ 41-41
Exmo. Sr. Chefe de Polícia,

 Passando às mãos de Vossa Excelência "incluso" a cópia do epitáfio gravado no túmulo de Augusto Pinto, comunista que faleceu no antigo presídio político Maria Zélia, com a devida vênia pondero a Vossa Excelência que chega a pasmar que o Governo Municipal consinta que até para o recesso dos ossários se transportem afirmações subversivas.
 *Substratum* reversivo que somos da retorta suprema do infinito, aberra de nossa função vital o transformarem ou consentir que se transforme o protoplasmático silêncio do campo-santo em delírio de perpetuação do ódio e do comunismo.
 Reitero a Vossa Excelência os meus protestos de mais elevado apreço. Saudações.
 x...

 D. Natália está com oitenta e tantos anos. Agora quando morreu o Câmara Ferreira, ela mandou uma coroa com uma frase que deixou admirados os que leram.
 Esses são fatos que se vivem apaixonadamente na época. Depois que passou põe-se uma pedra por cima. Eu ainda guardo isso para ter uma memória viva de alguma coisa que possa servir alguém.

 Clélia casou-se em 1942 com um companheiro de prisão de Augusto Pinto. Ele é um irmão para nós, a quem confiamos tudo. Ela sempre estudou e lecionou piano mas vieram as crises de 1929, ficou com muito poucos alunos e precisou trabalhar na Caixa Econômica Federal. Ela era uma artista que nasceu antes da época. É uma cabeça privilegiada. Ela trabalhou num departamento da Caixa Econômica que fazia revisão de pedidos de empréstimo para construção de casa. Uma ocasião apareceu lá um terreno completamente irregular. Ela estudou o processo, armou um teorema geométrico do problema, quando estava tudo resolvido mandou para a engenharia. Quando chegou lá o engenheiro voltou com o processo dizendo: "Mas este processo já passou aqui pela engenharia!". É essa que era a artista, a pianista.

O que ela deixou de solidariedade no meio em que viveu! Ela ajudou a criar o Teatro da Caixa Econômica. Depois que ela desapareceu, penso que o teatro também desapareceu. Em 1959, quando esteve aqui a Comédie Française, eu não sei como ela arranjou todo o repertório da Comédie. Ela procurou os figurinos da época em que se passava a peça e se aprofundou no teatro como na música. Esta gaveta aqui é dela; eu não guardo a roupa das pessoas, guardo só os papéis. Lembra de *Morte e vida severina*, que foi sucesso no TUCA? Muito antes do TUCA levar, o Walmor encenou e ela guardou as caricaturas que saíram no *Estado de S. Paulo* na ocasião. Ela viveu intensamente o teatro que ela ajudou a criar.

Gosto muito de falar de Clélia viva. Tudo quanto fazia, ela se apaixonava e fazia na perfeição. Ela amava a vida. Era espiritualista e lia muito Helena Blavatski. Ficou seis meses sofrendo antes de morrer (faz alguns anos) e nunca proferiu uma queixa. Só queria fazer sua oração à tarde ou à noite. Ela foi uma artista, só que foi uma artista abafada pelo meio.

Quando nós três morávamos sozinhas houve um leilão lá na rua Gabriel dos Santos. Tinha um piano de cauda muito bonito, marca Bechstein. A Clélia ficou encantada. No dia seguinte ela foi ao leilão e arrematou o piano por cinco contos. Quando chegou em casa chorava desesperada: "Onde é que nós vamos arranjar cinco contos de réis para pagar o piano?".

"Não se desespere. A gente hipoteca nossa casa."

Hipotecamos a casa e levantamos os cinco contos. E ficamos pagando os juros da hipoteca. Todo mês o italiano passava lá em casa pra pegar os juros. Quando falamos em pagar no escritório ele não quis. "Imagine essas moças terem que entrar naquele antro!". Conseguimos levantar o dinheiro só depois de uns cinco, seis anos. Éramos moças, tudo isso passa depressa.

Clélia tocava muito bem *Tristão e Isolda* no piano de cauda. Quando fomos ver a ópera, Clélia, que era só vibração, vibrou com *Tristão e Isolda* de uma maneira impressionante.

Sentimos muito em São Paulo o reflexo do fascismo, mas também do hitlerismo. Minhas irmãs praticavam o remo no Esporte Clube Germânia [atual Clube Pinheiros]. Elas remavam no rio Pinheiros, que era um rio natural, não esse canal sujo. Ele tinha o curso primitivo dele, vinha lá de Santo Amaro, descia e vinha desembocar no Tietê, lá em Bariri.

Minhas irmãs faziam excursões a remo pelo rio; quando veio o nazismo veio um alemão para cá e proibiu os rapazes alemães de andarem com as moças brasileiras e aí sentiu-se que saía dinheiro daqui para ir para a Alemanha. Houve a separação. Conhecemos um alemão que morava com um casal de judeus que tinham um filhinho. Eles davam pensão a esse rapaz que ajudava nas despesas. Ele foi intimado a sair da casa dos judeus; ele se desligou dos alemães mas continuava morando com os judeus. Nunca mais os vimos.

Nessa época em que o Brasil ora acenava para a Alemanha, ora para os aliados, ancorou um navio de guerra alemão aqui em Santos. Os marinheiros subiram a serra e vieram almoçar no Clube Germânia. Um dos oficiais fez um discurso em alemão (nós ficamos espiando por uma janelinha para ver o que se fazia) e acabaram esticando as mãos e gritando: *"Heil Hitler!"*.

Um dos conselheiros do clube, Kurt Leben, ficou muito entusiasmado, e tempos depois os alemães resolveram fazer um desfile de nazistas e iam armar um altar da pátria. Foi aí que os comunistas mandaram um recado: que eles podiam fazer isso mas que eles não respondiam pelo que ia acontecer depois. Aí desistiram do desfile. Até esse ponto chegou o nazismo aqui dentro.

Em certa época nosso irmão foi morar na casa onde moramos em criança. Um dia, subindo os degraus do terraço, ele estava nos esperando, homem já feito, pai de família, muito parecido com nosso pai, dizendo assim: "Partimos para outra guerra!".

Durante a guerra lia toda manhã o informe do *Estado:* havia diariamente a ordem do dia do Stalin contando a batalha de Stalingrado e terminava sempre assim: "Glória eterna aos que tombaram na luta pela liberdade". Quando descia a rua para tomar o bonde encontrava um rapaz amigo que me cumprimentava erguendo o punho: "Glória eterna!". Porque ele já tinha lido o jornal. E o entusiasmo em que ficamos com a entrada dos russos em Berlim!

Foi aí que meus alunos escreviam sobre patronos da história do Brasil e a lição sempre terminava com um: "Glória eterna a Tiradentes!", ou "Glória eterna a Marcílio Dias!". Explicava a biografia deles, queria incutir nas crianças o sentimento de brasilidade. Tinha contra mim o Fascio. Os filhos de italianos do grupo só deixaram de frequentar o Fascio quando o Brasil entrou na guerra. As crianças conversavam comigo sobre isso. Foi um período duro. A luta foi grande. Havia racionamento de açúcar, de óleo, de pão. Nunca achei que valesse entrar na fila por causa de comida. Comia o que tinha em casa. Nesse tempo começaram a haver umas festas, apareceram as finanças para a causa da Paz. As festas eram nos bairros, com bailes onde os operários dançavam. Um técnico de fiação da Tecelagem Francesa, Paul Monteil, arranjava macarrão pra gente, nós transformávamos macarrão em pão pra vender nas festas que dava muito dinheiro. Quando o Roberto Moreira descobriu as ideias de Paul botou da noite pro dia ele na rua; ele então abriu a Livraria Francesa ali na Barão de Itapetininga.

No fim da guerra, lembro o horror que todos nós sentimos com a bomba atômica e Hiroshima. Não é uma lembrança íntima, o horror era de todos nós, quando lembro disso é do comentário coletivo. Uma verdadeira maldade, a guerra já estava acabada. Foi uma confirmação que os americanos quiseram ter de sua força, de seu poderio. A impressão que se tinha é que eles viram os russos chegarem primeiro em Berlim. Eles tinham que mostrar uma força maior que os russos. Então derrubaram Hiroshima. Nós irmãs sempre conversávamos muito entre nós, com os sobrinhos. Não posso dizer que é uma lembrança só minha esse horror.

Dia 7 de maio, no armistício, todo mundo saiu pra rua, passeando na avenida São João, sacudia bandeirinha, se abraçava. Fomos para a cidade com as crianças, todo mundo alegre. Passamos no Café Juca Pato e o dono, Davi Naum, saiu, nos abraçou, fez um barulhão.

Nossos cunhados eram como irmãos nossos. Sentíamos por Samuel não só amizade, como também ternura. Ele foi muito nosso amigo. Só representou solidariedade, amizade, carinho. Nunca tivemos um mau pedaço em nossa vida que ele não estivesse conosco. Os filhos de Vivina foram meio meus filhos: meu primeiro sobrinho, Gil, nasceu em 1928, Ciro nasceu no dia em que morreu Siqueira Campos e Dulce nasceu alguns anos mais tarde. São um pouco filhos da gente; nós disputamos com ela a filiação.

Não sou solteirona frustrada: quem não tem cão, caça com gato, eu não tive filho, quis bem aos filhos de minhas irmãs. Zangava com eles, chamava atenção, partilhava tudo. Quando Dulce ficou mocinha era agarrada com Clélia e o marido; os dois levavam a sobrinha para dançar, iam ao cinema juntos. Foi uma vida muito em comum.

Minhas irmãs todas se casaram bem, embora o casamento mais brilhante tenha sido o de Jovina, mas ela ajudou o marido a construir o brilho do nome dele. Digo brilho intelectual, porque brilho moral os outros tiveram também. Preciosa teve uma tribo: cinco filhos, todos se casaram, ela tem dezesseis netos. Desses, doze se casaram. Ela faleceu há um ano e deixou vinte bisnetos. Mário e Caetano, os dois engenheiros, se casaram e tiveram filhos também, mas são mais distantes da gente. Meu irmão Caetano era do Partido Socialista, do pessoal do Partido Socialista lembro de Antonio Cândido, Paulo Zingg; era gente profundamente honesta.

Nós, aos vinte anos nos sentimos soltas no mundo sem o amparo de um pai, de uma mãe. Uma mãe doente, fraquinha, dentro de casa, todo mundo respeita. A mãe está lá dentro. Eu dizia a minhas irmãs: "Deus me livre do amor materno das outras mães". Porque elas para defenderem as filhas não têm caridade com as filhas dos outros. Tudo isso amadurece a gente. Não me senti desgraçada, infeliz por causa dos maus momentos. Continuei em frente.

Nos últimos anos de minha carreira trabalhei na Caixa Escolar. Havia um pretinho que chegava tarde, que faltava, que ia sujo. Comecei a tomar conta dele; consegui um uniforme para ele. Não levou quinze dias, ele começou a aparecer sujo, sem uniforme. Demos outro uniforme. Não levou dois dias o diretor me apareceu na classe: "D. Brites, aqui está seu protegido sem uniforme outra vez". Quando acabou a aula saí com o menino e fomos para a casa dele. Andei, andei, fui parar na várzea da Barra Funda. A casa dele ficava num terreno baldio entre os trilhos e a rua. Era um resto de construção, entrei. Um chão de poeira cinzenta, um catre no fundo. Uns tijolos com um caldeirão em cima. Espiei o caldeirão, tinha só feijão. Pendurado numa trave, um paletó de brim branco engomadinho. Era a única coisa que havia na casa. Uma vizinha me informou que o pai tinha largado a mulher havia muito tempo. A mãe, às cinco horas toma o trem na Barra Funda para ir trabalhar na Mooca, numa fábrica. Esse menino aí passa o dia sozinho. Perguntei a ele: "Que fim você deu no uniforme?". "Pois é, professora, eu voltei da escola, fui jogar futebol, não queria sujar, então dobrei bem dobradinho, botei debaixo da árvore; quando voltei não achei mais." Reparei que o negrinho não chorava: tinha um nariz chato e suava, porejava suor do nariz dele.

No dia seguinte fui conversar com o diretor e ficou combinado: o uniforme dele ficava no grupo. Quando o menino chegava de manhã tomava banho, vestia o uniforme, assistia a aula, depois deixava o uniforme dele com a porteira. "E a comida? Precisamos dar comida pra esse menino", disse ao diretor. E o menino passou a ter um lanche bom na escola. O casaco branco, engomado, era do irmão dele: domingo de noite, todo preto que se prezasse ia pra rua Direita com paletó branco, colarinho e gravata.

Toda vida, quando o aluno começa a destrilhar, dava um jeito de ir ver como era a casa da criança. Uma colega tinha um aluno que não fazia a lição de casa. Todo dia ele ficava preso na diretoria fazendo a lição. Uma semana o menino começou a faltar. Um dia um colega avisou: "Professora, o Fulano morreu". Ela então foi à casa do aluno. Quando chegou lá, o menino estava esticado no chão porque eles não tinham nem mesa. Essa minha colega nunca mais botou uma criança de castigo. Vida de professor é muito dura.

Houve um período em que se falava muito em greve. Notei que quando se falava em greve uma das meninas ficava quieta. Fiquei pensando, pensando; era um assunto trazido por eles mesmos. Passado um tempo, descobri: o pai dela era aposentado da Sorocabana porque tinha se machucado no pátio de manobras quando furou uma greve. Outro menino falava muito nos furadores de greve porque o pai estava sendo castigado como grevista. A menina não gostava que falassem no assunto. Ela sentiu que o pai tinha feito uma coisa errada. Uma classe de crianças pobres é muito mais interessante que uma classe de crianças ricas. A criança pobre tem uma vivência muito mais intensa. Conhecem melhor os problemas do dinheiro, da luta pela vida. Sobre o direito do operário sempre falei na classe.

No tempo do externato aconteceu uma coisa que me atingiu muito. No dia 25 de março de 1935 um dos pequeninos saiu um pouco atrasado com o irmãozinho mais velho. Ainda fiz um agrado na cabeça dele antes da saída e fiquei vendo os dois vultinhos sumirem lá na esquina. Entrei e daí a pouco toca o telefone: "D. Brites, Olavito foi 'tropelado' e foi pro hospital com a mamãe". Dois dias depois ele morreu. Isso me acabrunhou. O pai dele adoeceu do coração e viveu uns cinco ou seis anos muito doente. Depois que esse aluno morreu fui aprender desenho: queria desenhar o Olavito. Pintei durante anos crianças, mendigos, homens e mulheres trabalhando, meus alunos. Mas nunca consegui pintar sua carinha.

Quando Prestes foi preso em 1937, não se sabiam notícias pelo jornal; as notícias corriam de boca em boca, só se sabia das coisas muito depois. Daí o valor de Sobral Pinto que assumiu a defesa de Prestes, se instituiu advogado dele e ia visitá-lo na prisão. Prestes ficou dez anos na prisão. Ele passou dez anos completamente segregado. A mãe dele saiu daqui com a filha mais moça, a Lígia, e correu o mundo pedindo pelo filho. E foi morrer no México. O presidente do México se ofereceu como fiador para o Prestes sair daqui e ver a mãe que estava à morte. Ele, presidente, afiançou que traria de novo Prestes para a prisão. E o Getúlio não consentiu. Foi um período bárbaro, só teve semelhança com este em que vemos o governo negar cidadania para as crianças dos exilados.

Olga Benario era uma pessoa lendária. Prestes se exilou depois da Coluna Prestes e se casou no exílio com Olga. Dizem que ele voltou em 1934 para cá com um passaporte falso, de português. Olga veio como mulher dele. Entrou no Brasil clandestina e viveu sempre na clandestinidade. Presa, ela foi deportada para a Alemanha nazista. O navio que a recebeu devia parar num porto do norte da França e os estivadores desse porto estavam todos organizados para raptar a Olga. Mas o navio passou ao largo. Só foi parar em Hamburgo e ela dali já foi para a prisão. Olga estava grávida. Ela sobreviveu alguns anos. Teve a filha e Anita Benario nasceu na prisão. A mãe recebia um balde de água por dia para dar banho na filha. Anita Benario aprendeu a engatinhar no cimento da prisão.

D. Leocádia Prestes batalhou para tirar a menina da mãe. Foi à Câmara dos Lordes na Inglaterra pedindo a neta. Esteve em toda parte para arrancar a criança de lá e conseguiu. Anita Benario já estava com um ano e pouco. Tiraram a menina da Olga mas nunca disseram para a mãe onde a menina ia. Aquela moça sofreu todos os horrores. A menina saiu da Alemanha com a avó paterna. Foram para o México e a irmã mais moça de Prestes ficou sempre com essa menina. Não sei se Olga chegou a saber para onde foi a filha. Numa carta que conseguiu chegar aos Prestes e que foi publicada na *Classe Operária,* ela dizia: "Que eles pensassem que daquela data em diante ela era uma mãe com braços vazios".

Até 26 de fevereiro de 1945 não se falava nada, era o Estado Novo. Chegou aqui no Brasil um mensageiro de Roosevelt, um americano, um tal de Stetinius. Teve uma conversinha de pé de ouvido com Getúlio e logo em seguida veio uma abertura: liberdade de imprensa, liberdade política. Eu me lembro que foi num domingo, 26 de fevereiro, e um amigo dizia: "Esse aí veio trazer um recadinho do Roosevelt!".

Acabou a censura. Os comunistas começaram a aparecer. Prestes foi posto em liberdade depois de dez anos de prisão. E o partido veio para a legalidade. Houve o comício do Prestes aqui no Pacaembu, em 1945. Foi o maior comício que já vi na vida. Trabalhei muito na organização do comício. Fui eu que costurei as flâmulas imensas que ficaram na porta do estádio. Arranjei umas varizes que tenho até hoje, porque costurei de pé, dois ou três dias seguidos. E para cortar, então, precisou descobrir um alfaiate do partido que fosse lá cortar.

Prestes tinha saído da prisão naqueles dias. Penso que o partido não estava ainda na legalidade. Fomos para o comício. A impressão mais forte que tive de Prestes foi essa do Pacaembu em 1945. Ele era pequenino, tinha uma facilidade extraordinária de exposição. Dos arrabaldes chegavam para o comício caminhões e caminhões de operários. Houve desfile e eu estava na pista durante o desfile. Das arquibancadas jogavam muito dinheiro e nós catávamos o dinheiro na grama. Foi uma coisa empolgante o comício de Prestes. Começou aí a organização política do partido.

Esse comício foi importante na minha vida, fiquei marcada. Todo mundo me apontava com o dedo. As colegas ficaram horrorizadas. No dia seguinte entrei no ônibus e um rapaz conhecido falou para outro: "Esta aí é comunista".

Em 1935 conheci d. Luísa Branco, ela fez um discurso saudando Prestes, nesse primeiro comício aqui em São Paulo. Ela sofreu muito porque ficou presa em casa com os filhos pequenos. Passou até fome porque a polícia não deixava entrar nada em casa. Os vizinhos xingavam, ameaçavam, diziam desaforos para ela. A única pessoa que tinha pena dela era o pastor protestante que morava perto e todo dia de manhã deixava leite e pão na sua porta.

Foi nessa época que conheci Afonso Schmidt, um são Francisco comunista. Era doce, suave, espiritualista, não se coadunava muito com os comunistas. Todo dia 4 de outubro ia levar uma flor para são Francisco. Achei linda a sua vida de são Francisco.

Conheci Portinari na sede do jornal *Hoje*: era pequenininho, puxava uma perna, muito simples, muito modesto. Descobri que aquela pessoa tímida, humilde, num canto, era Portinari. Sentei ao lado dele e conversei com ele sobre desenho, ele respondeu todas as minhas perguntas. Fiz as crianças todas lerem *A infância de Portinari* de Mário Filho.

Jorge Amado eu conheci no comício do Prestes, ele andava sempre rodeado de mocinhas que nós chamávamos Jorge Amado Futebol Clube. Ele sempre distribuindo sorrisos. Hoje não leio mais Jorge Amado, mas achei lindo *Jubiabá*; quando era professora lia para as crianças e fiz as crianças decorarem trechos como descrições. Na minha opinião, ele entrou no partido pra aproveitar a propaganda. Ele não era comunista. Começou contando a luta do cacau na Bahia, que era a luta do pai dele pela terra; a exploração do trabalhador do cacau pelo pai dele. Entrando para o partido conseguiu que esses livros fossem traduzidos em todas as línguas dos países comunistas: é o homem que mais ganha com direitos autorais.

Agora, nesse tempo duro, o Jorge Amado disse alguma palavra pelos que estão presos? Ele teve uma palavra para contestar o que aconteceu nas prisões? Ele está na Academia Brasileira de Letras, jogando confete em um e outro. Não está? Sou uma obscura professora primária que pensa. O que é que ele explora? A vida das prostitutas, e ganha por linha escrita. Não é de agora que implico com ele, é desde o tempo daquele comício.

A última eleição tinha sido em 1934. Quando foram eleitos os deputados do Partido Comunista em 1946, a eleição aqui em São Paulo foi uma loucura. Todo mundo se empenhou, trabalhou, havia mesas para distribuição de cédulas. Ali na Light havia uma mesa do Partido Comunista.

Uns dias antes da eleição o José Maria Crispim teve um debate pela televisão.\* Fizeram esse debate para acachapar o Crispim, que era apenas um operário, e o padre Saboia era um astro como pregador. O Crispim é que achatou o

---

\* Lapso de memória. D. Brites quis referir-se ao rádio.

padre Saboia com as respostas que deu. Mesmo porque ele levou consigo uma equipe de comunistas que em certos momentos auxiliavam nas respostas. No dia seguinte, o que se distribuiu de cédulas do Crispim! O padre Saboia era um homem muito culto mas um pouco pretensioso. O debate foi empolgante, São Paulo inteiro escutou.

Houve liberdade naquela época! A plataforma do partido na legalidade eram as reformas sociais. Eu acompanhava essas lutas mas nunca fui membro do partido. Antes da legalidade foram fundados os comitês populares dos bairros, com escolas noturnas. Quando fui registrar a escola do comitê, um inspetor, seu Lázaro, disse: "Olha lá, dona Brites, isso é coisa de comunista, veja bem no que está se metendo". "Vou só alfabetizar e acho que alfabetizar não é comunismo". Lecionei dois anos à noite das sete às dez. Chegamos a ter 87 alunos, que eram em geral domésticas e operários. Todos trabalhavam em serviço pesado. Aprender nessa idade é difícil: lembro de uma aluna que vinha todas as noites, sentava na primeira fila, prestava muita atenção. Nunca conseguiu distinguir o *o* do *a*.

Certa vez houve um comício, sobraram umas faixas, e eu, muito econômica, catei aquelas faixas e trouxe para lavar no comitê. A tinta saía e a gente aproveitava para fazer roupas para as crianças pobres. Uma aluna se ofereceu para lavar, eu aceitei. Quando ela chegou na casa da patroa, a patroa ficou horrorizada: "Onde já se viu?! É coisa de comunista!". Havia qualquer coisa escrita pela paz. No dia seguinte ela devolveu as faixas e sumiu do comitê.

Conseguimos uma biblioteca infantil que dois dias na semana abria de tarde. Ganhamos muitos livros. As crianças liam. Era um sonho e não durou muito tempo. Havia sempre uma certa desconfiança das mães. Nesse meio tempo fechou-se o partido e fecharam-se os comitês. Continuamos as aulas até o fim do ano para não deixar o pessoal sem aula. Lá deixamos mobília, bancos, livros, estantes, as coisas que tínhamos. Quando fechou o partido... o pessoal errou muito, misturou alhos com bugalhos; se não tivessem misturado tanto, o comitê tinha podido continuar. Mas há sempre as pessoas apaixonadas que misturam as coisas.

O jornal *Hoje* é dessa época; foi uma revista de pequeno porte que não pôde continuar, e que deu o nome ao jornal do partido. Era de d. Sílvia Mendes Cajado, irmã de d. Leonor Mendes de Barros, mãe da artista Madalena Nicol, pessoa esclarecida, deu o jornal ao partido. Nos primeiros tempos o *Hoje* saía à vontade. Depois da cassação a polícia de vez em quando prendia as edições, ia lá na redação. Tomamos uma assinatura da revista das mulheres francesas *Femme Française,* que recebíamos aqui. Quando houve o caso Rosenberg (as mulheres francesas trabalharam muito pelo casal Rosenberg), vinham artigos. Traduzimos um sobre a condenação dos Rosenberg e levamos para o *Hoje*. Pequenas notícias também dávamos para o jornal, não como colaboradoras, era uma contribuição que a gente dava para ajudar a defesa dos Rosenberg.

Havia participação do povo, mas o Partido Comunista dormiu no ponto. Ficaram no Rio de Janeiro pensando que a sede do partido devia ficar com as embaixadas. Quando se interpelava por que o partido não vinha para São Paulo, tomaram como bairrismo. Alguém respondeu: "Olhem que nos bondes está escrito: 'São Paulo é o maior centro industrial da América Latina'".

Quando o Partido Comunista fechou não houve um protesto do operariado, uma greve. Aqui em São Paulo, fechar o Partido Comunista ou fechar uma escola de samba, para o operariado foi a mesma coisa. E havia participação do operário: na ocasião da eleição do Dutra, o concorrente dele foi o Fiuza. O comício do Fiuza no Anhangabaú foi uma loucura porque o palanque ficou quase na praça da Bandeira, bem no fim do vale. No palanque estavam o Prestes e o Fiuza. A massa humana vinha da Líbero Badaró, enchia o fundo do vale e ia até a rua Formosa. O viaduto apinhado. Só se via chegar caminhão com o povo de São Caetano, Santo André. Era caminhão até não poder mais. Eles levaram umas tochas de pano embebido em breu. Quando o Fiuza acabou o discurso, acenderam as tochas, foi uma apoteose.

Mas o partido se ausentou de São Paulo, quem ficou aqui foi um operário da Sorocabana, Mário Scotti. Ele não tinha fôlego para assumir isso tudo. Esse ferroviário era o secretário do partido aqui. A irmã dele era analfabeta e queria votar. Foi lá pra casa e alfabetizei a Margarida. Ela aprendeu a ler em um mês. Achava que o partido era como uma família imperial, um reinado. A ideia de Margarida era essa: se o Prestes morrer não ficaremos sós. Temos a Anita, a filha dele, para substituir.

Quantos deputados comunistas foram eleitos aqui em São Paulo! Taibo Cadórniga, que tinha um ginásio em Santos, era professor. Fechou o ginásio e entrou pro partido e acabou a vida dele; Roque Trevisan, que era um espírita. Quando chegava a questão sindical na Câmara dos Deputados, quem dava informação era o Roque. E o Caio Prado Jr., Catulo Branco, Mário Schenberg... Desses, eu lembro. E Pedro Pomar, federal, que foi assassinado o ano passado.

Os deputados comunistas foram cassados em 1947. Assisti à cassação de mandatos na Câmara dos Deputados, no Parque D. Pedro II. Os votos eram dados pessoalmente. Lembro esse artista de rádio, o Manuel de Nóbrega, quando disse "sim" para a cassação, disse com a cabeça abaixada, escondida de vergonha. Outra que votou pela cassação foi a Conceição Costa Neves. Eles entregaram os companheiros. Naquele tempo a gente ia muito pra Assembleia pra assistir. Estava cheio. Eu roía as unhas. Se não me engano, uma senhora de mais de noventa anos, d. Maria Paes de Barros, foi das únicas mulheres que escreveu uma carta protestando.

O Partido Comunista continuou sempre trabalhando: em 1948 houve a campanha do petróleo é nosso. Hoje o pessoal fala "o petróleo é nosso", mas naquele tempo era trabalho de comunista. E muito comunista foi preso por causa do "petróleo é nosso". Depois veio a campanha da paz e muita gente foi presa por causa da campanha da paz. Trabalhei, sempre tomei parte não como militante do Partido Comunista, porque nunca entrei no partido, mas sempre trabalhávamos ao lado deles na campanha da paz. Uma vez a Federação das Mulheres organizou um congresso pela paz; comecei a frequentar aquilo. Conheci lá a Ana Andrade, professora muito culta, de muito caráter, de quem gostei muito, e que já morreu (era sogra do cineasta Nelson Pereira dos Santos). As coisas no partido eram tão misturadas que não posso separar o que era o trabalho da paz, o que era Federação das Mulheres. Para esse congresso pela paz o Clóvis Graciano desenhou uns cartazes lindos que eu estupidamente não guardei. Os cartazes estiveram na minha casa e estava escrito: PRIMEIRO CONGRESSO MUNDIAL DE MULHERES. Estava na boca de realizar o congresso e os cartazes não saíam, não eram colados nas ruas como deviam ser e o pessoal não tinha coragem de investir, de falar. Não tive dúvida: um dia atravessei a rua e fui lá onde trabalhavam e perguntei se eles tinham feito isso pra quê. Reclamei em termos tais que no dia seguinte São Paulo inteiro estava colado de cartazes.

A polícia perseguia esses movimentos. Não posso contar pra você, houve vários congressos e os fatos se misturam na minha memória. A polícia foi fechando tudo. Um dos congressos conseguiu local num circo de cavalinhos perto do monumento do Ipiranga. Branca Fialho veio do Rio e o desembargador Fialho, marido dela, ficou o tempo inteiro conversando na porta com a polícia, que não queria permitir o encontro. Ela não era militante como Elisa Branco, era das altas esferas.

É verdade, tinha esquecido de contar que quando Elisa Branco, operária, ganhou o prêmio Stalin da paz pulei de alegria, todo mundo ficou satisfeito. Veio então a história do mal-entendido: pensaram que certa dama da sociedade carioca é que tinha ganho o prêmio e festejaram antes no Rio. Esse erro o Partido Comunista cometeu: se instalou no Rio de Janeiro perto das embaixadas, da União Soviética, do Prestes, do Câmara. Longe de São Paulo, dos trabalhadores. O dia que alguém perguntou por que não vinham pra São Paulo disseram que era bairrismo. Sempre houve certa rivalidade. Atribuíram o prêmio a essa dama porque era da alta burguesia. Ouvi contar que o carioca até hoje pensa que ela foi líder nacional. E eu é que sou bairrista.

Tivemos um outro congresso aqui e deram ao partido uma sala na União dos Funcionários Públicos. Toda noite tínhamos uma moça que nos espionava, era tira mesmo. A Ana Andrade estava dirigindo isso. No sábado do congresso, de manhã cedo, ela me telefonou pedindo que eu fosse desocupar a sala. Ensacamos todo o papel com um menino da Politécnica e fomos para o clube dos arquitetos que estavam ainda construindo. Pusemos tudo numa banca de carpinteiro que serviu de mesa onde se presidiu a sessão da tarde. E se tomaram as últimas decisões com nada menos de cinco ou seis homens do DOPS dentro da sala e mais a tal moça de sempre e mais uma gordona que apareceu na sala. Com todo esse acompanhamento se escolheram os delegados pra mandar pro Rio de Janeiro: Leonor Petrarca, tecelã, e Lucinda de Oliveira, tecelã. Lucinda de Oliveira, tecelã do partido, era muito inteligente. Conseguiu tomar conta de doze a treze teares ao mesmo tempo. Chegou num ponto que fábrica nenhuma recebia mais a Lucinda porque ela entrava e um mês depois começavam as reivindicações ali na fábrica. Dessa gente, cada um tomou seu rumo, perdi o fio. É a memória de um só: trabalhei, mas não tanto assim que possa lembrar mais.

Quando as delegadas voltaram do Rio houve uma reunião para fazer a crítica de seu trabalho. Ana Andrade, Ofélia Amaral Botelho e outras mulheres para debater. Leonor Petrarca tinha arrancado um dente, estava com uma cara desse tamanho. Veio um representante do partido que arrasou o trabalho feito com a polícia atrás. Eu não tomei parte no debate porque não era do partido, fiquei desenhando num quarto. A porta, antiga, tinha bandeiras de vidro em cima, e como faltava uma bandeira ouvi tudo o que se passou. Eu havia feito voto de silêncio mas meus votos duram pouco tempo: "Eu disse a vocês que não vinha, mas é muito fácil fazer o congresso quando a gente tem um desembargador na porta, garantindo; aí a polícia tem medo, pode sair tudo às mil maravilhas. Mas aqui se trabalhou com a polícia dentro, e do jeito que se trabalhou ninguém trabalhava!".

O Rio só criticava. No Rio arranjavam uns jantares, umas recepções em que o Prestes ia, e o pessoal pra ver o Prestes pagava cem mil-réis de entrada, que era dinheiro. O Prestes era meio vedete. Não digo que não trabalhassem, mas aqui em São Paulo não havia nada disso. O pessoal daqui era de um centro industrial e as coisas eram diferentes; esse é apenas um ponto de vista meu.

O escritório da paz e de todas as arrumações do partido era no 11º andar daquele prédio imenso na praça da Bandeira, onde é o Touring Club, se não me engano. Era lá também a União Cultural Brasil-China. Nunca entrei lá, mas quando precisaram de gente para trabalhar pela paz fui duas ou três vezes por semana recortar notícias e guardar nas pastas. Quando a Ana precisava sair, eu ficava na sala. Quando teve eleição o pessoal tirou todo mundo de lá e eu fiquei sozinha. Não sou medrosa, mas apareceu uma mulher da polícia: "As senhoras aqui dão remédio?".

"Não senhora. Estou me preparando para sair."

"Não estou me sentindo bem. Pode me dar um copo d'água?"

Ela tomou e depois: "O que é que as senhoras fazem aqui?".

"Estou servindo uma amiga que trabalha aqui."

"Como é o nome de sua amiga?"

Dei um nome qualquer e disse: "A senhora me dá licença, vou sair já".

Devolvi a chave para a Ana: "Não posso ficar mais lá. Podem até me matar e não tem ninguém, ninguém, ninguém".

Acho que não tinham massa suficiente para fazer um trabalho. Não quero que você veja nessa minha crítica uma coisa destrutiva. Eu trabalhei sempre pela paz e na parte de ensino.

Acho que não existe mais nada hoje. Não posso dizer nada agora, só leio notícia em jornal, não saio de casa. Fui sempre professora primária, interessada pela criança. Onde entrou o ensino me interessei. Onde não havia ensino, não me interessava. Quando acabaram com as escolas dos comitês, não me interessei muito mais. Me puseram na presidência da Comissão Piratininga de Solidariedade aos Presos Políticos. O secretário era engraçadíssimo: um cabo da Força Pública reformado, que esteve preso. Fazia tudo: escrevia ofícios, artigos contra maus-tratos aos presos políticos, assinava em meu nome e publicava. No fim me demitiu do cargo porque eu não aparecia lá.

Um sábado de tarde minha irmã Guiomar saiu pra Vila Prudente para angariar assinaturas pela paz, não quis que ela fosse sozinha. Já estava meio cansada, mas fui com ela. Foi o mal. Fomos presas e passamos de um sábado a terça-feira nos porões do DOPS. A gente sentava num cantinho da cela e dormia. Baratas corriam que era uma coisa horrorosa. Depois que o delegado constatou seu engano ainda passamos 48 horas na prisão. Foram presas outras moças operárias do partido que ficaram em outra cela. Havia um preso, eu não sei quem era, que todo dia ao meio-dia e às seis horas da tarde assobiava a Internacional.

Ouvimos quando tiraram o deputado Taibo Cadórniga da prisão. Ele não gritou, era de noite. No corredor comprido, cheio de celas, escutamos o movimento de protesto dos outros prisioneiros. Ele foi amarrado e jogado entre os trilhos da Central do Brasil. Ele conseguiu rolar e sair do meio dos trilhos, foi o que contaram depois. Os jornais da época deram.

Do lado moral sempre fui recompensada, mas do lado material, aí já é uma luta que o professorado empreendeu já em 1943 e fui eu que chefiei. Foi uma luta grande, no tempo do Getúlio, quando perdemos a colega Antoninha. Ela era filha de padre e gostava de brincar: "Eu sou filha de padre!". De fato, os pais dela se casaram e quando ela nasceu vieram gêmeas. Uma morreu e ela sobreviveu mas a mãe também morreu. O pai dela se ordenou padre, mas foi sempre bom pai. A filha esteve sempre com ele, criou a filha com muito amor e carinho. Quando entrava no trem pela mão dele e chamava: "Papai!", e ele: "O que é minha filha?", todos olhavam o padre com a filhinha pela mão. E ela ria quando contava isso. Se não me engano eles eram mulatos, ela era uma moça bonita. Nós fomos amigas, mas muito amigas mesmo. Quando o pai morreu ela foi morar com a avó, foi muito boa neta. Ajudou a criar umas primas-irmãs quando a tia morreu e deixou as crianças com a avó. Ela era professora e dava aulas particulares, mas quando faltavam aulas eles ficavam em apuros. Quando ela perdeu a avó foi morar no porão de uma pensão. Mas ela suportava aquilo muito bem. Depois, foi para outra pensão, na rua Vitorino Carmilo, mais pobre ainda. Eu tinha muita pena dela, sempre visitei essa colega. Um dia a Antoninha faltou ao trabalho, nós não soubemos por quê. No dia seguinte vieram nos avisar que ela tinha morrido durante a noite.

Naquele tempo o Departamento de Saúde mandava alguém na casa da professora que faltava. Ela adoeceu de manhã e pediu o médico. O médico foi de tarde e encontrou-a sentada tomando um chá que a dona da pensão tinha levado. Ele olhou da porta e falou: "A senhora está bem, pode trabalhar amanhã". Não tomou a pressão, não tomou o pulso, não perguntou nada do que ela sentia. Durante a noite ela teve um derrame; o mal que vinha sentindo de manhã já era o derrame que ameaçava. Ela devia estar com a pressão altíssima. Nós éramos 37 colegas na Barra Funda. Sentimos ódio aquele dia. A gente não chorava de sentimento, chorava de ódio. Como era filha de um padre, o pároco de Santa Cecília levou seu corpo para a igreja.

Fizemos uma reunião depois do enterro e apareceu um grupo disposto para a luta. Apresentei um estudo comparativo dos nossos salários com os dos outros funcionários públicos. Ganhávamos muito pouco: foi nosso manifesto. Nos reunimos depois na Caetano de Campos onde escrevi na lousa o quadro dos nossos vencimentos e d. Carolina Ribeiro nos cedeu o anfiteatro da escola. Começamos a trabalhar. Não encontrávamos tipografia que imprimisse nosso manifesto por causa da censura. Então o Antônio Lagoa, lá num buraco da Vila Leopoldina, achou uma tipografia que imprimiu e espalhamos por São Paulo todo. Fiz um trato com as colegas: "Se eu for demitida por causa disso vocês têm que me dar apoio". Ficou combinado que todas se juntariam para eu reabrir um externato. Assumi porque era solteira, não tinha marido, filhos que me prendessem.

Um dia fomos pedir audiência ao Fernando Costa, interventor do estado, que pensava que São Paulo era um fazendão e ele era o fazendeiro: nos tratou assim. Em 1942 ou 43 fomos pedir audiência no palácio e o chefe de cerimônias da Casa Civil disse que só poderiam entrar cinco ou seis e de chapéu e luvas. Não fomos cinco nem seis, entramos todas, quem não tinha chapéu nem luvas entrou também, quando ele viu eram cerca de cinquenta na sala dele. Lemos o tal quadro comparativo de salários. Ele conversou conosco, chamou o diretor do DASP e disse: "Fulano, você veja isto". Mas não fez nada. Nosso pedido encalhou no DASP, o departamento que cuidava dos vencimentos de todo funcionalismo.

Então começamos a fazer uma guerra surda. Fizemos uma reunião nas Classes Laboriosas e combinamos: em cada cidade do interior que fôssemos, procurássemos as colegas do Grupo Escolar e pedíssemos apoio, que devia ser dado por cartas e telegramas. Marcamos o dia: 15 de novembro todos deveriam escrever para o Palácio do Governo. Chegaram milhares de cartas ao palácio pedindo aumento. Foi alegre, porque fazíamos isso com alegria. Nenhuma queria aparecer mais que a outra. Pelo contrário, cada uma queria aparecer menos que a outra pra não ficar visada pela ordem política. Era tanta coisa que a gente fazia! Uma lá tinha uma ideia, a gente saía pra rua, foi muito engraçado. Em redação de jornal, por toda parte o pessoal me via com um tailleur preto, chapéu canotier preto que usava onde ia. Quando, em 1944 ou 45, conseguimos o aumento, nos agradecemos umas às outras.

Um professor se gasta muito. Dia muito feliz para mim era quando meus alunos entravam no ginásio; nesse dia era beijada, abraçada pelas mães. Tive no grupo um aluninho, irmão de uma surda-muda. Vivia na minha classe, conversava comigo no recreio, o braço passado nas minhas costas. Uma vez a mãe veio buscar o filho e procurou no recreio, por toda parte. Quando chegou na classe e viu o menino comigo, ficou feliz com isso.

O problema começou no dia em que puseram aula de religião obrigatória na escola. Uma colega não começava a aula sem rezar com a classe a oração do anjo da guarda. Passei uma vez pela sala de aula e vi um menininho judeu encolhidinho no corredor.

"O que você está fazendo aí?"

"Estão rezando na classe."

Fui procurar o diretor: "O menino não pode ficar do lado de fora!".

"Ele não quer rezar."

"Para rezar tem hora certa e dia certo. O pai dele também paga imposto."

A aula de religião era sexta-feira das nove às nove e meia: eu ia com os judeus e protestantes para a biblioteca. Sempre me envolvi muito com a criançada. Passava no corredor e quem tinha saído da aula, levava comigo. Lia, conversava, fazia joguinhos com eles. Um dia houve uma reclamação: as crianças estavam fugindo para ficar na biblioteca.

Por volta de 1949 as professoras foram convocadas para comparecer na

União dos Servidores Públicos, no antigo prédio Matarazzo. Li no jornal a convocação e fui assistir. Nessa época, os ferroviários da Sorocabana reivindicavam um aumento de vencimentos e fizeram um manifesto onde diziam que um gari da prefeitura ganhava já um conto de réis por mês, o que nós professoras ainda não ganhávamos. Às alturas tantas da reunião me descobriram lá no fundo e me chamaram para a mesa. Até aí a reunião tinha sido festiva, um jogando muita flor no outro, uma leu um trabalho literário... Fui para a mesa, agradeci e li o manifesto dos ferroviários da Sorocabana. Aquilo mudou completamente o aspecto da reunião. As colegas não gostaram, ficaram dizendo: "Ela é comunista, esteve na União Soviética!". Não aceitei ficar na comissão de reivindicação de vencimentos: acharam que tinha sido um serviço do Partido Comunista transcrever na ata daquela reunião esse manifesto.

No dia em que se escrever a história do Partido Comunista, na primeira linha tem que estar Elisa Branco. É uma figura admirável. Era operária, casada com operário. Quando Elisa Branco foi presa em 1950 eu não era de nada. Mas toda vez que se precisava de número para ir à detenção, para protestar e ver Elisa Branco, nós formávamos. Ela passou um ano na cadeia na época da Guerra da Coreia. Dia 7 de setembro ela abriu na rua aquela faixa: os soldados nossos filhos não irão para a Coreia. E saiu no desfile a pé com a faixa e foi sendo perseguida. E foi tomando bonde e descendo para fugir até que num lugar mais despovoado a prenderam e levaram pra detenção. Foi parar no meio das presas comuns. Essas mulheres faziam sessão de macumba e ali baixavam os espíritos mais cruéis. Elisa Branco conseguiu reunir, ensinar aquelas mulheres. Conseguiu máquinas de costura para elas, conseguiu que fossem juntas para a cozinha preparar a comida delas.

Em todas as manifestações a favor de Elisa nós fomos. As filhas dela é que foram muito sofridas. No congresso em Bucareste o partido mandou todo mundo, menos as filhas de Elisa Branco, que não viam a mãe há quase um ano. Ela estava na Europa, depois da prisão, e em 1954 quando houve o Congresso Mundial da Paz, foi muito cartola, muito aproveitador como num jogo de futebol, gente que não precisava ter ido. Elisa Branco perguntou: "E minhas filhas?". Foi uma injustiça que fizeram e você pensa que a Elisa por acaso disse alguma palavra de revolta?

É pura verdade que ela doou todo o dinheiro do prêmio Stalin da Paz, quando recebeu, para o partido. Na minha opinião foi espoliada porque sua família ficou marginalizada. Quando quiserem mudar o nome de prêmio Stalin da Paz para prêmio Lenin, ela respondeu: "Como prêmio Stalin recebi, com prêmio Stalin fico". Eu não estava lá dentro do partido mas discutia porque achava que havia muito aproveitador. Elisa Branco era o povo, era operária, mas poucos fizeram pelo partido o que Elisa Branco fez. Tenho a vaidade de dizer que a conheci, foi das pessoas que marcou uma geração. Conheci na Federação das Mulheres. Nunca me meti, o dia em que me puseram na frente uma ficha de inscrição do partido para eu assinar, respondi: "Não. Sou uma burguesa bem instalada na vida. Isso é partido para operário". Tenho medo de dizer que vou fazer uma coisa e não ter coragem. Medo é uma coisa humana. Tenho medo de apanhar, o que vou fazer? Elisa Branco não teve medo.

Em 1953 houve um Congresso da Mocidade na Romênia; fui acompanhar minha sobrinha Dulce. Um dia fomos ver o gueto de Varsóvia: tinham limpado o meio das ruas, mas as casas estavam aos pedaços. Era só casa queimada e ferro retorcido. Fiquei emocionada, sentei atrás do monumento que estavam construindo e chorei. Era hora do ônibus partir, o guia sentiu falta de um e foi me procurar. Quando ele me achou chorando expliquei em francês o que estava me acontecendo. Ele me abraçou, passou a mão no meu ombro e me levou até o ônibus. Sentou perto de mim e me contou que ele tinha perdido a família inteirinha naquele gueto: pai, mãe, mulher, filho, irmã, sobrinho. A Gestapo veio buscar um por um. Um dia eles resolveram que não se entregavam: foram fervendo toda água que puderam. Quando o alemão batia na porta eles jogavam água fervendo. Foi assim que se defenderam porque não tinham armas. Ele escapou por um bueiro, tinha ido buscar comida. Quando ele voltou viu os alemães com lança-chamas, passando na gasolina que tinham derramado nas ruas. Incendiou tudo, quem estava lá ficou. O guia ficou muito meu amigo. No dia em que saí de Varsóvia nos levou até a estação, me beijou e disse que ia continuar na Polônia lutando pela paz. Quando voltei, continuamos no Brasil a luta pela paz.

Na volta passamos por Paris. Minha sobrinha tinha conhecido um grupo de portugueses na viagem, que saíram clandestinos e voltaram a pé através da fronteira. Fomos almoçar no Foyer des Étudiants: lá conhecemos um rapaz pequeno, magricelinha, o Vítor Ramos. Quando ele soube que a Dulce era filha do professor Samuel, o que tinha estado na comissão bacteriológica da Guerra da Coreia, quis conversar com ela. E me perguntou se podia mostrar Paris à minha sobrinha. Concordei e os dois saíram para passear.

Voltamos para o Brasil. Os dois escreveram-se oitenta e tantas cartas; ele veio pra cá e foi morar na minha casa. Chegou aqui no dia 14 de julho de 1955 (não lembro bem o ano, não sou como minhas irmãs, que guardam data de tudo), casou-se dia 27 de dezembro do mesmo ano. O Fernão nasceu em 1957. As três crianças de Dulce passaram a ser nossos netos, éramos apegados a elas.

Nesse tempo o partido tinha desaparecido. Eu ainda lecionava. As crianças que o pessoal deixava em casa para eu tomar conta eram levadas, impagáveis. Uma ocasião em que tive dois meninos, olhei minha cachorra policial, ela estava de boca pintada de batom.

Nós assistimos o comício em que Prestes e Getúlio estavam no mesmo palanque no Anhangabaú. Alguém deu um tiro e saíram todos do palanque. A gente desaponta um pouco. É muito ter que aceitar o Prestes e o Getúlio no mesmo palanque. Mas era pra aceitar, não é?! Devia dar certo, para melhorar a situação. Mas eu intimamente não engolia não.

Já era mulher feita, tinha mais de cinquenta anos quando o Getúlio se suicidou: foi um impacto porque antes dele só me lembro de um chefe de Estado se suicidar, o presidente do Uruguai, que quando foi destituído suicidou-se na frente dos que foram destituí-lo. O suicídio do Getúlio foi consequência do trabalhismo dele, se enrolou com os operários e não teve depois coragem de se manter, de lutar.

Quem irritava muito a gente era o Carlos Lacerda, porque aquele assassinato do Rubens Vaz que ele fez tamanho escarcéu, a impressão que se tinha é que era para ter um pretexto de destituir o Getúlio. A família do Getúlio se acovardou muito, foi toda para o apartamento de d. Darcy. O próprio irmão dele não estava no palácio. Ele se viu completamente sozinho. Morreu sozinho. Eu, no fim, tive pena.

Lembro da inauguração de Brasília, do Juscelino na missa. Parece que o sapato dele estava apertado; lembro da fotografia com o pé fora do sapato. Do Jânio nunca gostei.

O golpe de 64 teve preparação lenta. No dia 12 de setembro de 1963 houve lá em Brasília qualquer movimento com os sargentos. E aqui em São Paulo estava marcada uma manifestação das professoras primárias protestando contra os vencimentos. O prefeito era Prestes Maia, que ofereceu o Teatro Municipal para elas se reunirem e as professoras não aceitaram. Quiseram segurar as professoras, não queriam que elas fossem para a rua fazer manifestação. Foram para a rua protestar com faixa pedindo aumento de vencimento. Tive uma sensação estranha: os sargentos protestando em Brasília, as professoras primárias protestando aqui, era dar um passo grande demais na liberdade. Professora primária sair pra rua! Depois disso as coisas vieram se agravando, havia comícios, até aquele de Brasília em que aparece Jango Goulart falando e a mulher dele encostava nas costas dele como quem estava protegendo. Parece que ela teve medo que ele fosse mirado pelas costas. É uma fotografia bonita mesmo. Logo depois veio o movimento de 31 de março, por causa da lua. Um dos generais disse que precisava ser no dia 31 senão haveria uma mudança de lua, se não me engano o general Mourão, li numa revista da época.

Aquela aflição de ver todo mundo saindo! A gente sente um sentimento coletivo, não é um sentimento individual. Você sente junto com os outros, pelos outros.

Profundamente atingido foi o Samuel e isso nos atingiu muito. Na Guerra da Coreia foi lá com uma comissão de cientistas examinar as provas de que os americanos tinham jogado de avião animais infectados, moscas com bactérias sobre o país. Os cientistas provaram isso e apresentaram suas provas num relatório.

Aqui no Brasil não se publica o nome dele de jeito nenhum. Os americanos boicotaram Samuel desde a guerra bacteriológica. Ele não foi preso, não foi ferido na pessoa física, só a obra dele: embora seja autor da única *Parasitologia* da América do Sul nunca ninguém publica o nome dele. Recebeu um título de professor da Real Academia de Londres — título que não se pleiteia, eles lá é que estudam a vida e a obra e concluem que a pessoa merece o título.

Saiu no *Estado de S. Paulo* em letras miudinhas. Depois da guerra bacteriológica não se fala mais em Samuel, pode escrever isso, é dessas coisas doídas.

Um ano antes de morrer Samuel recebeu uma grande homenagem, a última, num congresso que houve no Rio de Janeiro. Ele foi o patrono do congresso. Ele ainda estava no Rio quando a Operação Bandeirantes telefonou convocando Samuel para aparecer lá. Foi uma coisa que nos atingiu muito. Estávamos em casa tranquilamente de manhã cedo, quando nos avisaram. Chegou do congresso segunda-feira à tarde; terça-feira de manhã entrou no DOI. Foi acompanhado pelo filho e pelo viúvo de Clélia, os dois foram ser testemunhas e entregaram o Samuel às nove horas da manhã. Passamos o dia naquela agonia. Não sabíamos se ele vinha ou não vinha. Às seis horas da tarde o filho entrou lá com o advogado; este já tinha entrado com o pedido de habeas corpus. Quando o juiz recebeu o papel disse: "Mas isso é uma bomba!". Aí eles soltaram o Samuel. Lá ele foi humilhado e encapuzado. Isso magoou-o muito. A gente passa o dia que não sabe se tem 24, 48 ou 96 horas... Passa um dia miserável.

Os filhos de Samuel foram nossos filhos, seus netos, nossos netos. Por causa das crianças voltei a ser Papai Noel. Nesse tempo fiz a roupa, a barba. Chegava o dia de Natal, vestia aquela roupa e já saía daqui de casa fantasiada. Passava na casa do zelador do prédio, que tinha criança, fazia molecagem com as crianças do caminho, todo mundo que passava de carro ao nosso lado buzinava, dizíamos adeus. Chegando na casa de Vivina, o Vítor nos esperava na porta, ele adorava o Natal. Eu botava o saco de presentes nas costas, e subia a escada. As crianças ouviam meu sininho, abriam a cortina da janela e ficavam olhando. Eu subia a escada tocando um sininho. E tinha um livro dos malfeitos e dos bem-feitos (era um livro antigo de meu pai, com índice alfabético). Abria na letra do Fernão e contava suas coisas malfeitas e bem-feitas, abria na letra de Maria Guiomar e contava os dela. E assim o livro foi crescendo até chegar na Maria Luísa, a última neta. Eu tinha sido Papai Noel dos pais dessas crianças. Quando o Gil me viu, ficou com os olhos cheios de lágrimas: "Ô Papai Noel, quanta recordação!".

Ciro tinha pavor dessa hora porque era muito travesso e tinha a consciência pesada. Clélia ia mais cedo pra casa de Vivina, sentava ao piano e tocava musiquinhas de Natal, as crianças cantavam. Quando Fernão e Maria Guiomar eram pequeninos li no livro: "Então Maria Guiomar, você faz pipi na cama, diz nome feio...". Ela ficava séria e o Fernão mentia pela irmã: "Não, Papai Noel, ela não faz mais não!". Depois Samuel desapareceu, eles ficaram moços. Até dois anos atrás fui Papai Noel. Meus sobrinhos-netos são agora mais adiantados que eu, são universitários, eu procuro manter esse amor a qualquer preço.

Os jovens de hoje são muito honestos, sem hipocrisia, são o que são. Mas tudo mudou completamente. Antigamente cada família era uma ilha. Minha casa tinha portão fechado, nós vivíamos ali dentro e entrava só quem nossa mãe achava que podia entrar, que devia entrar. Agora não, você está fechada dentro de casa e cata pelo ar tudo quanto é anúncio. Você não tem mais uma casa fechada.

Sou uma burguesa estável, mas acompanho as coisas com muito interesse: lembro vagamente do bombardeio de Pequim, da vitória de Mao Tsé-tung; a China é muito longe, não é? Lembro da Revolução Cubana, mas na minha vida não teve muita importância. A Guerra do Vietnã foi consequência da Guerra da Coreia; a gente lê notícia, acompanha como espectador. A mim não ia acontecer nada mais. A única coisa que me pode acontecer agora é ficar doente e morrer. Politicamente, financeiramente, nada mais acontece. A gente chega a um ponto da vida em que fica estável. Só assiste a vida de camarote.

Depois da aposentadoria em 1954, ainda lecionei, dei aulas particulares. Depois deixei: a criança rica quando precisa de professor particular é porque é preguiçosa, não gosta de fazer lição. Gosto mais de ensinar crianças pobres, em conjunto. O individual para mim é cacete, sem interesse. Em conjunto um ajuda o outro.

A minha aposentadoria é suficiente porque nós temos uma vida comum: o comunismo aqui dentro de casa é uma realidade. A aposentadoria dá pra viver muito modestamente. Uma professora como eu que se aposentou com seis quinquênios, 32 anos! Não tenho por sorte que pagar aluguel de casa: compramos o apartamento pela Caixa Econômica. Uma professora aposentada tem que morar num apartamento muito modesto, não pode ter empregada e o médico é no Servidor Público, que é um bom hospital para moléstias graves. O ambulatório não dá conta. Só com aposentadoria a professora vive com certa dificuldade.

À medida que a gente envelhece vai perdendo a memória do presente. Acho que falhei em certas ocasiões, mas falhei porque era muito moça. O bom senso vem quando a gente é mais velha. É por isso que se tem que ter paciência com os moços. Não me arrependo da compreensão que tive.

Uma atitude que eu tinha é não pensar no passado. Dizia: "O passado já passou e o futuro a Deus pertence". Mesmo porque quando você lembra você envolve outras pessoas que não queria envolver. Faz um julgamento póstumo, não vale a pena. Mas tenho remexido muito meus sentimentos para contar o que contei. Me virei muito pra trás. Minha infância foi brincada, pulada, cantada. Da juventude, depois que minha mãe morreu, certo pedaço botei uma pedra em cima e não penso. São atitudes que se toma na vida, que se sofre muito e nem sempre se é muito compreendida.

É raro dormir uma noite inteira, tive o problema do olho. Não durmo sem pingar colírio durante a noite, às vezes passo a noite mal. São coisas que não matam mas maltratam.

Não vejo meus amigos de juventude. Se as pessoas que se hospedaram na minha casa desde os tempos de minha mãe e de meu pai me convidassem uma vez por ano para ir à casa delas eu tinha onde ir o ano inteirinho. Mas não, desapareceu isso. Às vezes a Margarida, minha colega de normal, vem, mas é cometa, de vez em quando sai da órbita. Aceito como ela é, não discuto.

Não vou ao cinema porque me cansa muito os olhos. Leio pouco, mas minha irmã lê muito para eu ouvir. Há pouco tempo leu *Confesso que vivi* de Pablo Neruda. Gostei demais. Guiomar lê para mim a parte política do jornal porque ela diz que esquece muito e uma lembra a outra o que ouviu. Depois, a política do jeito que está, a gente não pode se abalar com muita coisa. Agora estou lendo são Mateus, como se diz isso? Fugiu o nome... o Novo Testamento! É interessante, resolvi ler o Sermão do Monte e gostei, é bonito mesmo.

Aceito a sobrevivência, não posso me conformar que uma pessoa assim como Clélia, como Samuel, como Vítor tenham ido para sempre. Aquela criatura que Vítor foi, aquela vibração, aquela inteligência não podem ter-se apagado. E a bondade de Samuel, ele era a própria bondade em pessoa, não pode ter desaparecido. E nossa irmã Preciosa! Os que eu queria bem não posso aceitar que tenham desaparecido. Então me apeguei na doutrina espírita desde que minha irmã se foi. Acredito que Samuel esteja trabalhando, onde ele está.

Uma vez sonhei com meu irmão que morreu mocinho e ele me disse: "É a última vez que venho, não posso voltar mais". Passaram muitos anos e outra noite sonhei com ele, que estávamos repartindo um sanduíche, não sei por quê.

O Roque Trevisan do Partido Comunista era espírita. Era líder sindical e membro do partido. Lendo o Novo Testamento vê-se que o socialismo está muito mais perto do cristianismo que o capitalismo.

Sempre tive adoração por meu pai, uma adoração calada. Dia 19 de fevereiro de 1962, no centenário de seu nascimento, fiz uma reunião de família: compareceram todos os vivos, filhos e netos. Comemoramos seu aniversário como ele gostava quando estava vivo. Na passagem do ano mamãe tocava o Hino Nacional ao piano, ele e os filhos cantavam juntos. Na ceia, sempre nos dava um conselho. Neste aniversário dele, Clélia tocou o Hino Nacional, filhos e netos cantamos juntos e depois cada um fez uma gracinha. Os bisnetos tocaram ao piano e violino a mesma música, "Pour quoi?", do *Método infantil* que Clélia e Guiomar tocavam quando pequenas. Eu li a carta que ele escreveu para mamãe depois do meu nascimento, a que dizia: "tu, só tu, puro amor". Nossa irmã Preciosa tinha feito uma poesia para o relógio de casa, quando moça:

*Relógio antigo de tão velha usança*
*guarda de teu amigo esta lembrança.*
*Quando... (esqueci o resto...)*
*guarda a lembrança dos antigos lares.*

Não sei por que meus irmãos descobriram essa poesia e ela ficou revoltada. Cada vez que se falava nisso ela ficava muito brava. Nesse dia, então, pedi que um neto dela dissesse a poesia. E quando ele começou a recitar ela ficou muito brava. Foi uma gargalhada dos irmãos. Voltou a ser a casa da nossa infância.

Uma coisa que eu fiz sempre com amor foi ser professora. Enquanto fui professora, vivi, foi o tempo que eu vivi: a vida dos alunos, de cada uma das crianças. Ultimamente sonho muito com criança. Tive um aluno, o Danilo, que a vida dele era um drama. A mãe saiu de casa levando o menino com ela.

Depois morreu, o pai foi buscá-lo. Morava num quarto de pensão com o pai, que era garagista, a dona da pensão dava a comida dele. Quando chegou na minha classe conversava muito com ele. Na minha classe não se entrava em fila, cada um que chegava entrava na classe, ficava aquela bagunça de conversa de professora, de menino mexendo em armário... Este menino foi se apegando a mim. Quando chegou no Dia das Mães ele me disse: "Professora, eu queria ser seu filho".

Esse foi *meu tempo*, foi o tempo que fui professora, que tive o convívio das crianças.

A mulher solteira não tem projeção social. Conheci uma senhora que dizia com muita graça: na escala social existe em primeiro lugar a mulher casada, em segundo lugar a viúva, em terceiro lugar a desquitada, em quarto lugar a prostituta, em último lugar... a solteirona. Nunca ninguém lembrou de escrever alguma coisa sobre uma mulher solteira que teve uma vida direita.

Na vida fui NN, esse ator que no teatro serve o cafezinho, oferece a bandeja, fecha a porta. Não diz nada. É o ator que entra calado e sai mudo.

# D. Risoleta

Dou graças a Deus todos os dias, já está acabando esse ano santo e agradeço por estar recordando e burilando meu espírito.

Eu nasci numa fazenda perto do Arraial dos Sousas que se chamava Fazenda Angélica: os donos são os Penteado de olho azul, porque tem os Ferreira Penteado que são os castanhos. Foi nessa família que eu cresci. Nasci no dia 20 de março de 1900. Meu pai veio vendido de lá do Norte aqui pro Brasil no tempo do cativeiro. O nome dele era Joaquim. Minha mãe quando nasceu já era de Ventre Livre. O pai de meu pai era português e a mãe chamava-se Cosma, muito pretinha.

No tempo do cativeiro, vendiam a gente como quem vende porco, ele foi pra Campinas. A irmã dele, nunca mais viu, não sabe que fim levou. Foi o pai que vendeu, português aqui no Brasil não era escravo.

Meu pai era um mulato bonito, tinha cabelo bom, ondulado, falava muito bem, tanto que veio vendido como mucamo de luxo pra família Egídio de Souza Aranha. Atendia os meninos, ia buscar o correio na cidade, acompanhava os moços quando saíam e quando era tempo da colheita do café tomava conta dos camaradas no terreiro. Nunca apanhou como escravo mas uma vez um pau arranhou o pé dele e a sinhá mandou torrar sal e pôr na perna dele. Ficou uma ferida pro resto da vida, nunca sarou. Os outros escravos apanhavam. Meu pai foi liberto quando houve o grito da liberdade, todo mundo foi liberto. Foi trabalhar por conta dele. Com 29 anos casou-se com minha mãe, Teodora Maria da Conceição, que tinha treze anos. D. Lalá foi madrinha. Minha mãe fazia farinha de mandioca, de milho, tudo pra vender e ajudar meu pai criar os filhos. Ele era um homem doente, já não podia mais trabalhar. Minha mãe lavava roupa pra fora, dessa família dos Penteado de olho azul. Era morena escura, mais escura que meu pai, mas era bonitinha. Cozinhava muito bem doce de laranja, tachadas de goiabada que vendia em caixinhas. Com muito trabalho, com muita luta, mas tinha tudo em casa. Minha mãe era carinhosa com os filhos, lá à moda dela, mas era. Meu pai era mais severo que ela: ela também respeitava muito ele.

Meu pai era bom, ele sabia contar histórias de varinha de condão, e a gente ficava em roda dele de noite; quando fazia frio ele mandava acender o fogo no meio da casa, que era de chão batido, e contava história. "Agora vão dormir, amanhã tem mais". Nunca vi contar tanta história assim e rezar como ele rezava. Meu pai era delicado, ele não falava uma palavra que não tivesse rima, falava tudo rimado. O dia que ele estava bem disposto tudo tinha versinho, mas aquilo bem acentuado, bem rimado. Nenhum filho não puxou ele; a única que saiu meio danada, bem esperta igual a ele, fui eu.

As histórias que ele contava eram coisa maravilhosa. Nós tivemos uma infância! A gente era bem pobrezinha mesmo, mas tinha uma alegria dentro de casa! Quando morria alguém, chamavam ele para cantar e puxar o terço durante seis dias, até o dia da missa no Arraial. Meu pai dava banho no morto, enxugava, tapava tudo o que tinha que tapar com algodão, os buraquinhos que a senhora já sabe. Depois de lavado, enxugado, vestia com roupinha limpa. Só não usava calçar sapato, a maioria andava descalça mesmo. Então meu pai punha no caixão o morto e começava umas rezas e cantos bonitos. Ele puxava e as crianças respondiam as ladainhas, a encomenda do morto:

*Nós temos que morrer,*
*mas não sabemos a hora*
*nem quando será.*

Lembro alguma coisa, não guardei tudo.
Toda vez que um doente pedia um remédio, meu pai fazia e mandava. As plantas medicinais todo mundo tinha em volta da casa; era marcelinha, era

losna, era carqueja, carobinha, um remédio bom pro sangue. Meu pai nunca deu remédio de médico pra nós, era tudo chá. Ele conhecia todo matinho, o cipó-cruz que serve para reumatismo que não sara, ele fazia na pinga. Quem não bebia pinga ele fazia no vinho branco aquelas garrafadas que deixava enterradas na terra nove dias e depois de nove dias dava pra pessoa ir tomando. E sarou quanta gente de doenças, ele curava tudo, minha casa era assim de gente para ouvir ensinar remédio, ele conhecia todos e dizia: "Eu mesmo vou buscar e faço pra vocês. Vocês não vão conhecer e ainda vão trazer algum mato que é veneno". Essas coisas tudo é conhecer.

Outro dia fui na Vila São Pedro na festa do Cemitério da Vila Isa e vi numa casa dependurado o cipó-cruz, que é um cipó bonito. Pedi para a moça um pouquinho daquele cipó, minha filha ficou brava comigo e a moça começou a rir: "O que que a senhora vai fazer com essa trepadeira?". "Eu sei que é trepadeira, mas é um remédio bom pra reumatismo e meu pai quando nós era pequeno e se queixava de uma dor ele sempre dava um chazinho de cipó-cruz." Erva-cidreira, hortelã, poejo, isso era os remedinhos de criança.

Lembro dos bichos das matas: tatu, macaco, ouriço que jogava espinho. Quando a gente ia na estrada por dentro da mata, ia com pau na mão e nunca queria ir sozinho de medo do bicho pegar a gente.

A gente ia da fazenda em que minha avó morava para o moinho do Joaquim Chico; levava um alqueire de milho para fazer um alqueire de fubá. E o bando de criançada levava o milho na cabeça pra trocar e tinha que atravessar um pedacinho da mata. Lá de um lugar que a gente não via a água caía em cachoeira, tão bonito, branquinho, na pedra. A gente gostava de brincar na água. Toda fazenda tinha um riacho ou uma pedra que escorria água e caía lá embaixo, no ribeirão. Nossa, como tinha passarinho! Sabiá, canário, pintassilgo, pomba-rola como tinha! E a pomba do mato, e perdiz, codorna... O clima era muito melhor que agora, tinha estação do frio, do calor, agora não tem mais, acabou tudo. As matas que derrubaram é que tão fazendo falta.

Meu pai tinha uma chácara no Arraial dos Sousas, ali na subida que ia pra fazenda dos Coutinho, que ele ganhou do sinhô; gente muito boa, um filho desse sinhô trabalhou anos como político do Getúlio Vargas. Lembro da casa grande, térrea, que ia parar na beira do Atibaia, onde a gente ia buscar água

*O Caradura.*

*Bonde na praça do Correio.*

quando faltava no poço, lavar roupa na beira do rio que ainda passa até hoje por lá.

Meu pai plantava de tudo: tinha jabuticabeira, tinha cana, ele fazia rapadura, açúcar, depois minha avó refinava. Eu sei refinar açúcar, aprendi com ela. Botava no tacho aquela aguarada até reduzir, depois secava, batia bastante, ficava mulatinho. O açúcar mulatinho era gostoso, eu sempre roubava do tacho um pouquinho. Quase tudo se fazia em casa: a gente matava porco, fazia linguiça, abria panos de carne, salgava e guardava pro mês inteiro, tirava os ossos e vendia pras fábricas de botão. (O povo já vem explorando a vida há muito tempo, não é agora só não.) O pão a gente fazia em casa: quando aparecia o padeiro com aquele pão sovadinho, como a gente gostava! Trocava com galinha, trocava com porco, porque dinheiro quase que ninguém via. Um saco de farinha custava treze mil-réis. O forno era de tijolos, redondo, cabia vinte, 24 pás dentro do forno. A gente amassava o pão na amassadeira, com o cilindro, sovava bem, que pão gostoso! Eu tenho saudades. O forno era fora com a boca dentro da cozinha; a gente enchia de lenha, queimava, quando tava bem branquinho tava bom! Varria, jogava um punhadinho de fubá pra ver a temperatura, porque se estivesse muito quente podia queimar todo pão. Meu Deus, era uma vida até bonita! Até bonita, gostosa!

Plantava feijão, plantava arroz, a gente colhia e quando não tinha máquina de beneficiar por perto a gente socava no pilão, abanava com a peneira, aquele arroz catetinho que era meio roxinho, botava umas palhas, um pouco de fubá, limpava, ficava branco. Até o sal que era meio grosso minha avó refinava, ficava fininho. Lavava bem, tirava as pedras escuras, botava no fogo, passava na máquina e guardava nos vidros. Ficava o sal branco pra gente usar o mês inteiro. Quando acabava, fazia outro. Chegavam português, italiano e botavam venda e a gente comprava lá a roupa e o sal.

Em casa não tinha miséria porque se plantava tudo: abóbora, feijão, milho, batata-doce, batatinha, mandioca era com fartura. Tudo isso era pra comer e matava a fome. Era bastante trabalhar e colher. E se criava porco, galinha; não dava pra passar fome, não.

Naquela época a terra tinha estações: de repolho, de couve-flor, de alface, de tomate; agora não, agora dá o ano inteirinho. Era mais português que plantava, não precisava adubo, dava tudo bonito, só a cenoura que era miudinha. Esse cenourão que se vê agora naquele tempo não tinha. Tudo na sua estação certa.

Fora do tempo não tinha nada. Laranja agora tem o ano inteiro, naquele tempo tinha em maio, junho, julho, até agosto. Quando chegava agosto não deixavam nem a gente mais chupar laranja porque estava passada. O gosto era muito melhor, nem se compara uma coisa com outra, a coisa criada naturalmente na terra sem adubo. Hoje tudo é adubado, isso aí não vale nada, vejo todo mundo doente.

Meu irmão mais velho chamava-se Joaquim. O segundo chamava Arlindo. A terceira era uma mulher, chamava-se Dominga. Depois, vim eu, a quarta filha. Depois teve o Inácio, Salvador e Ana, todos esses morreram pequenos. Quem ficou vivo tudo casou: Joaquim, o Arlindo, a Dominga e eu. Meu irmão preferido era o Joaquim, que sempre foi bom de coração e que eu defendia sempre. Todos gostavam de mim e eu gostava de todos.

Brincava de rodinha, de boca de forno, de pular corda; hoje as crianças não sabem brincar mais. As meninas não sabem mais brincar de roda. Hoje não tem mais pula-corda, não tem mais:

*Tirolito que bate, bate.*
*tirolito que já bateu.*
*Quem gosta de mim é ela,*
*quem gosta dela sou eu.*

Eu gostava de brincar de comidinha; arranjava umas latinhas, botava uns tijolinhos, acendia o fogo e fazia comidinha de verdade. Se não queriam me dar mantimentos eu roubava. Minha irmã brincava de costurar e ela deu boa costureira, mas a minha boneca andava pelada, tinha que tirar os vestidinhos da dela: "Eu não faço comida pra você? Costure uma roupinha pra minha filha". A gente brincava de boca de forno, tira um bolo, e batia palmas, quando chegasse na boca do forno o pegador não podia pegar mais. De passa-anel, berlinda, brincava de tarde no terreiro, antes do jantar; depois da janta tinha que arrumar a cozinha e dormir porque a gente levantava cedo. Não tinha brinquedo de loja nenhuma, a gente catava umas varinhas e dizia que os matinhos eram uma leitoa, eram isso, eram aquilo. Os pratos que quebravam, a gente guardava os caquinhos de louça para fazer a casinha. E mesmo que tivesse brinquedos a gente não tinha dinheiro para comprar.

Desde criança o meu brinquedo era fazer comidinha pros outros. A gente enchia um barreleiro de cinza, botava folha de pita, com aquela decoada se fazia sabão, não tinha soda, nada dessas coisas. Era aquela decoada que caía preta que nem café, aquilo cortava toda gordura. A gente areava as panelas de ferro com areia e aquele sabão, as panelas ficavam que nem espelho. Era uma beleza! Hoje está tudo facilitado e esse povo acha tão ruim pra trabalhar! Se fosse naquele tempo eles morria tudo de fome, não tinha mais ninguém vivo.

Na chácara tinha um rancho grande, no fundo, e meu pai era hospitaleiro. Quando passava viajante, boiadeiro, ele dava pousada. Mandava recolher o gado no pastinho que tinha e mandava matar frango de noite, fazer comida praquelas pessoas. Jogava colchão de palha de milho no chão pros viajantes dormir. Dentro de casa ele não botava ninguém, tinha os filhos dele que precisava respeitar.

Minha infância não foi ruim, minha infância foi boa. Eu fui sempre muito alegre, nem queira saber como eu me divertia. Os pais eram muito severos, meu Deus do céu, não quero criar meus filhos assim. Quando eu me fiz gente e tive meus filhos, criei diferente, quis criar meus amigos.

Todos trabalhavam, meu pai não deixava ninguém na folga. Hoje eu quero botar esse mundo de gente que tem em casa tudo pra trabalhar, não consigo: "A senhora é muito antiga demais, é uma coroa muito antiga. A senhora precisa ponderar mais um pouco, não é assim não!".

Uma vez, no tempo que minha mãe lavava roupa para os Penteado de olho azul, disse pra minha irmã: "Titia está doente, está com a doença de dona Zenaide". Minha mãe escutou. Aí, deu uma surra de couro em nós, mas uma surra de couro que até hoje quando me lembro dói. Sabe a doença o que é? É a menstruação. A patroa é que tinha essa doença, quer dizer, não era doença, a gente via ela lavando aquela roupinha meio escondido, sabe criança como é? A gente já estava grandinha, mas nunca ninguém explicou, ensinou.

As crianças dos vizinhos eram umas meninas também muito espertas e a gente se juntava e ficava falando bobagem, fazendo arte. Eu fui a primeira que apanhei. Minha mãe era muito devota de são Benedito. Quando ela ia bater eu corria embaixo do altar de são Benedito: "Ai, meu são Benedito, me valha!". Ela não batia mais: "Você já pegou meu fraco de são Benedito, não é? Negrinha! Espera aí, outra vez quero te pegar longe de são Benedito". "Ai, eu não merecia apanhar, por isso que são Benedito me atendeu". Então ela guardava a correinha dela. O são Benedito de minha mãe ainda está comigo.

As crianças não eram como as de hoje, capaz! Levantavam de manhã, acendiam o fogo, faziam café e iam levar pros pais na cama: "A bênção, papai! A bênção, mamãe!".
"Deus te abençoe minha filha."
"O senhor dormiu bem essa noite?"
"Dormi!"
Ou: "Não dormi, passei desesperado de dor a noite inteira".
"Mas o senhor roncou tanto, como é que não dormiu? Tava roncando acordado então?"

A infância da gente tem história, dona, tem história pra contar. Uma vez meu irmão Joaquim apanhou com vara e eu fui apadrinhar ele, também entrei na vara de feijão. Quando estavam batendo num filho, se alguém ficasse por perto olhando, entrava no couro, que era pra um não rir do outro. Nem que fosse uma chicotada, davam na gente. Não davam folga nem um pouquinho.

A comida, acabavam de fazer, lá no fogão, botavam o caldeirão de fubá na mesa, todo mundo tinha que rezar primeiro para depois comer e acabava de comer agradecia a Deus tudo aquilo que ele nos deu, aí cada um tinha sua obrigação. Um ia varrer o quintal, outro ia tratar de galinha, outro ia tratar de porco. Quando chegava sete e meia, oito horas, a gente saía, ia trabalhar na casa dos patrões. O mais velho levava os mais pequenos.

Desde oito anos trabalhei em casa de família, sempre tive que fazer tudo: botava a mesa, tirava a mesa, lavava a louça, areava aquele talher danado de arear, com raspa de tijolo e batatinha. Graças a Deus agora não tem disso mais. Areava tudo que ficava brilhando e botava no sol antes de guardar. Eu sabia que a patroa gostava de coisa bem-feita, então queria fazer mais bem-feita ainda. E tinha que fazer, senão ficava de castigo. Quando eu tinha treze anos me perguntavam na rua: "O que você está fazendo?". "Sou cozinheira de forno e fogão." Se eu ia num lugar e comia um bolo, chegava em casa e fazia igualzinho, sem receita, sem nada, só porque eu comi.

Levantava de madrugada, trabalhava o dia inteirinho, de noite acendia cinco ferros de carvão para engomar a roupa de linho que tinha que passar tudo úmido: eu largava um ferro pegava outro, largava um, pegava outro. Hoje está uma beleza esse tergal que não precisa nem passar, sacode bem, dobra e guarda. O ferro era pesado, não era ferro de estufa: o linho tinha que passar muito bem, com ferro bem quente.

Se recebia ou não ordenado eu não sabia, porque meu pai é que ia no fim do mês receber: dizia que não fazia questão de dinheiro, queria é que me ensinassem a ler um pouco. Até 22 anos nunca recebi um ordenadinho do que trabalhei. Quando ele me pôs na casa da sinhá-moça dele, disse: "Eu quero que a senhora me ensine a menina a trabalhar, ler e escrever".

Dona, eu levantava às quatro horas da manhã, trabalhava o dia inteirinho, fazia pão. Só tinha eu de empregada e uma preta bem velha, mais velha do que eu estou agora, com o dedão do pé torto, na beira do fogão, arcadinha. Eu tinha dó dela, botava o caixão de sabão na beira e trepava para alcançar o fogão de lenha e fazia comida pra ela. Ela dizia: "Que boa vontade que essa menina tem!".

"Eu tenho é dó da senhora!"

Depois das onze horas a patroa me chamava pra aprender a ler e eu começava a cochilar: "Vou contar pro seu pai que você não quer estudar".

"Não é que eu não quero estudar, meus olhos é que não querem ficar abertos, estou com tanto sono..."

Um dia sim, um dia não, amassava uma arroba de farinha pra fazer pão. É por isso que eu desenvolvi esse jeito pra trabalhar, fiquei esperta, dona! D. Lalá me ensinou a trabalhar, na Fazenda Jaguaribe, onde fizeram a usina que dá luz pra Campinas. Eu tinha que dar comida pros camaradas da usina. De madrugada, quando o administrador batia o sino tinha que levantar, acender o fogo e fazer café pra primeira turma das obras. Depois o café dos engenheiros às oito horas, que comia lá dentro com o pessoal mais fino. Eu que atendia tudo: fazia pão, lavava, passava roupa às vezes a noite inteira.

Bastava a patroa me mandar uma vez, não precisava mais estar repetindo. Depois eu tomava muita obrigação, por isso que fico brava com essas empregadas que não tomam obrigação, não levam nada a sério. A patroa falou uma vez não precisava falar mais.

As salas eram enormes, se alguém falava num canto não se ouvia no outro. Para limpar o assoalho eu espalhava areia nas tábuas e esfregava de joelhos com um tijolo. Depois varria, jogava água e puxava com um pano torcido, rodo nem existia. Imagine como ficava o rim de quem esfregava o tijolo!

\*\*\*

Se eu chego na sua casa não sou visita não, arregaçava as mangas e ia pra cozinha, pro tanque, ou arrumar a casa. Lugar nenhum que eu chegasse nunca era visita, sempre chegava e achava o que fazer, arregaçava meu bracinho, jogava meu aventalzinho e se tinha alguma coisa pra fazer eu fazia. De maneira que eu mesma fiz a minha felicidade sempre. Eu era a alegria da festa dos outros.

Quando meu pai ia fazer qualquer negócio ele sempre falava comigo. Desde pequena meu pai dizia que eu nasci exoterista, que ele não sabia o que que eu tinha mas que eu era diferente dos outros. Quando eu me queixava de não saber ler, escrever bem, ele dizia: "Você não precisa, minha filha, você é diferente de seus irmãos e não precisa de nada. Você tem tudo que Deus já deu". Meu pai perguntava as coisas e eu respondia: "Vou pensar um pouco, meu pai, depois falo com o senhor". Quando acabavam de fazer um pedido pra mim me dava uma soneira e eu cochilava e naquele cochilo eu via as coisas como é que tinha que ser feito, como ia acontecer. "Olha, meu pai, você deve fazer assim." E respondia para qualquer pessoa.

Minha família só fazia passeio quando tinha festa. Então a gente vinha tudo pra vila, na festa de são Benedito. Meu pai tinha lá muitas comadres, muitas primas parentes de minha avó, então a gente vinha pra Campinas. Mas que coisa! No Arraial a festa era bonita, mas muito bonita foi em Campinas sempre. E há bem pouco tempo que parou; com essa história do desenvolvimento agora a turma não quer mais saber. Fazíamos barraquinhas, a gente trazia leitoa, trazia frango, botava bastante coisa na barraquinha para vender e o dinheiro era para Igreja que como hoje tomava conta de orfanato, de gente pobre. Todo mundo que tinha coisa pra levar, levava, contente de ajudar. Às vezes vinha aqueles fazendeiros da redondeza comprava tudo e levava. Era divertido, dona, muito divertido!

E tinha missa bonita! Missa cantada, naquele tempo, só domingo. Durante a semana era em latim pra gente não entender. Hoje a gente reza junto com o padre. Fui sábado passado num casamento em Campinas e o padre dizia: "Vocês não tenham vergonha de responder comigo: *Deus esteja convosco! Ele está sempre ao redor de nós!"*. Mas aquilo numa voz só era um coro bonito. Antigamente era tudo caladinho, ninguém entendia latim.

D. Neves é que deu a primeira comunhão pra gente, no Arraial. Não conhece d. Neves? Ele foi o pai da pobreza lá em Campinas. Tem a estátua dele no largo da Matriz, rodeado de crianças pobrezinhas. Era um bispo bom, simples, sem luxo. D. Barreto era de família de tradição fina. D. Neves era simples.

Na Semana Santa tinha muito mais respeito. Meu pai dizia: "Vamos tomar banho e vamos pra igreja". A gente ficava duas horas fazendo guarda pro Santíssimo. Estava lá a irmandade do Santíssimo com aquelas rouponas deles vermelhas, com o bastão na mão.

Hoje não tem mais nada disso, dona! Difícil até é ver o Santíssimo exposto. Hoje não tem festa nenhuma. Dia de são João, são Pedro, santo Antônio todas as casas fazia fogueiras, pipoca, bolo de fubá, pé de moleque de rapadura com amendoim. Chegava banda no Arraial, dançavam, festa de são João e são Pedro não passava sem baile. Hoje, não, nem fogos se pode soltar mais. Antigamente tinha muitos fogos. A festa do Divino era em junho, muito festejada, com procissão. Agora acabou tudo, não tem mais. As igrejas estão tirando os santos, tem muita igreja que nem tem mais santo. Na festa de são Benedito cantavam, tinha banda de música, na igreja sempre teve coral:

*Queremos Deus que é nosso rei,*
*queremos Deus que é nosso pai.*

Isso era lindo, no momento assim não lembro de tudo, mas devagarzinho de vez em quando vou lembrando e começo a cantar aí pra criançada, então eles fala: "Tá alegre hoje, hein, velha?!".

Na porta da igreja era um pátio grande, a gente dançava, ih... dançava com batucada, com viola. Eu quando entrava num samba era duro pra me tirar. Não era de par, dançava sozinha. Dançava aquele passinho bonito, quando um dançava, outro saía.

"Essa menina tem fogo no casco, ela não cansa."

O povo trazia cuscuz, Nossa Senhora, tinha comida que não acaba mais. Muita gente trazia frango, torta, broinha de fubá, o prato bem enfeitado. O povo antigamente comia muito mais. Hoje ninguém come. Hoje todo mundo anda atrás de roupa. Hoje quer roupa, antigamente era comida. Depois da festa de são Benedito, vinham as plantações.

O circo ficava em qualquer lugar que dessem dinheiro, parava anos no lugar. Que eu me lembro bem é do Circo Queirolo, que andou aí por esse mundo de meu Deus, sempre o povo apoiando porque não tinha quase outro divertimento. Tinha teatro, mas em teatro o povo não podia ir porque precisava traje de rigor; então nós ia andar de traje de rigor?! Hoje, vai de qualquer jeito, né? Mas antigamente, quando era teatro, Nossa Senhora, as donas se vestiam decotadas, aquelas mangas bufantes... Aquilo não era pra pobre, não. Depois que eu estava grande, o Circo Queirolo ficou armado ali no largo Paiçandu, e eu, chegava domingo, todo mundo tá procurando passeio, eu me vestia e ia pro circo. O Piolim faz pouco tempo que morreu, ele foi do Circo Queirolo, era o mais novo dos seis irmãos, foi o último que morreu.

Natal sempre foi respeitado. Semana Santa a gente precisa jejuar, era o dia que nós comia melhor em casa. Meu pai comprava peixe, fazia bacalhau, e era aquela mesa bonita, botava vinho na mesa, todo mundo tinha que tomar um pouquinho porque era o sangue de Cristo. Até meio-dia ninguém comia nada de manhã, às vezes tomava uma xicrinha de café. Ao meio-dia em ponto estava aquela mesa grande, abobrinha com bacalhau, bacalhau assado, salada bonita, com bastante cebola, ovos... Semana Santa era aquela alegria e Natal reunia família: todo mundo, conhecido, amigo, vinha pra casa. Matava porco, matava um boizinho pra passar o Natal. Papai Noel, árvore de Natal é coisa de pouco tempo. Presépio, sempre usou. Todo mundo tinha que ir na missa do galo, quisesse ou não quisesse. Hoje, ninguém mais vai, pelo menos na minha família largaram tudo. E foram tudo ensinado assim. Agora acabou tudo, dona, cada um pro seu lado, até Natal acabou.

Depois que eu fiquei cega nunca mais fiz Natal aqui em casa. Antes reunia a minha família, as pessoas conhecidas vinham tudo passar o Natal aqui comigo, eu enchia a casa, essa casa mesmo. O primeiro Natal que nós fomos almoçar fora, lá no caminho de São Roque, meu genro falou: "A senhora gostou da comida?".

"Gostei."

"Mas a senhora comeu com uma cara tão feia!"

Outro dia fomos comer no Embu, naquele dia eu gostei do almoço, meu genro falou: "A senhora sabe que eu não deixo fazer o Natal em casa porque vem todo mundo, depois todo mundo fica na sala e a Dejanira na cozinha o dia inteiro. Todo o mundo é visita, né? Então juntou a família, todo mundo vem, tá tudo muito bem, agora cada um podia trazer um prato".

"É, mas nós nunca usamos isso."

Nos meus tempos de criança meu pai convidava e era tudo por conta dele, minha mãe era quem fazia roscas, sequilhos, biscoitos de polvilho em grande quantidade. Matava peru, assava porco, Nossa Senhora Aparecida, dona!

Dia de Natal em casa era festa naquele tempo. Hoje acabou, quase toda família não tem mais Natal. No meu tempo de criança todo mundo ajudava a lavar a louça, a olhar o forno de barro. A gente estava tão acostumado a assar leitoa pururuca! Isso aprendi desde pequena: ferve a água, escalda bem pra depois temperar. Nunca fizemos carne de porco sem escaldar. Lava bem lavado com sabão, depois passa limão com fubá pra tirar aquele cheirinho. Até agora faço assim: tempero bem salgado com alho, cebola, limão, pimenta-do-reino, uma pimentinha vermelha. A gente assava bem assado, tirava e deixava esfriar, depois passava água e limão no couro para pôr no forno. Agora não fazem mais nada assim, ficava pururuquinha, dá até vontade da gente comer.

No Natal todo mundo tocava violão, tocava flauta, as crianças gostavam de tocar flautinha de bambu, não sei como tocavam tudo bonitinho naquela flautinha. Quase todo mundo tocava violão de ouvido, a criançada dançava, era bem divertido antigamente. Eu tenho lembrado aquela flautinha, de que adianta ter saudade, já passou. Tinha coisa muito boa, muito boa mesmo.

A Páscoa, Nossa Mãe, que beleza! Até agora, ih, eu fico triste quando chega o dia de Páscoa. Nós antigamente fazia aquele almoço grande, aí já não era muita carne como no dia de Natal: frango, ervilha que a gente plantava, debulhava e cozinhava. Sentava na mesa com os amigos, com a família, sempre festejei a Páscoa.


Minha mãe estava torrando farinha. Ela estendia aqueles panos alvos na grama e ia botando a farinha, que ia torrando ali. Nesse momento, ela estava no forno, a chuva caiu de repente, veio o temporal. Ela saiu quente e veio acudir a farinha dela, aquele beiju bonito de milho. A farinha não molhou mas deu um resfriado nela, atacou a garganta. Minha mãe ficou oito dias doente e não falou, não disse mais uma palavra, nem água não passou mais na garganta. Minha mãe morreu ressecada: estava no tacho redondo, no fogaréu. A gente pedia: "Dá um beiju, mãe!". Ela dava aqueles grandes.

Farinha de milho dá trabalho pra fazer, dona. Muito trabalho. Esse povo vê tudo bonitinho aí nos pacotes mas não sabe o trabalho que dá pra fazer. O milho ficava de molho na tina grande, depois a água vinha correndo no rego e o monjolo batia e socava o milho. Depois precisava torrar: ela fazia saco pra vender.

Quando minha mãe saiu correndo não tinha ninguém para acudir a farinha que estava no sol. Fechou a garganta dela que não falou mais uma palavra. Quando ela estava na cama ruim pra morrer, nós todos sentados na sala e meu pai rezando, ele chamou tudo, ela pediu que chamasse. Eu levei uma xicrinha de caldo de galinha e um pedacinho de peito que eu queria que ela comesse e virei na boca da minha mãe. Ela rolou, rolou, rolou a língua, o caldo ela engoliu. Aí eu fui jogar lá fora o resto e voltei outra vez para perto dela, passei a mão na testa dela, estava gelada, gelada, eu percebi que estava suando. Minha avó disse assim: "Olha, meus filhos, vocês se despeçam de sua mãe porque sua mãe está indo embora".

E perguntou: "Teodora, quem são as suas crianças?".

"Eu não sei, são uns meninos aí da colônia."

"São seus filhos que estão aqui."

"Não veio nenhum dos meus filhos aqui, só tem Risoleta."

Eu estava sentada numa mala grande, onde ela guardava a roupa, então levantei e vim bem pertinho. Segurei a mão dela e perguntei: "Vovó, por que está tão gelada?".

"Sua mãe está morrendo, você não está percebendo, minha filha?"

Eu não queria que ela morresse no escuro e minha avó acendeu a vela, que eu segurei na mão dela. E mandou rezar o padre-nosso e a ave-maria, que eram as únicas rezas que minha mãe sabia. Morreu na idade que eu mais precisava dela, eu que sonhava acordada com ela.

Logo depois que minha mãe morreu, lembro de uma estrela que apareceu e foi muito comentada, o dia que a terra tremeu e o papa morreu. Todo mundo saiu pra ver a estrela e meu pai dizia: "Sinal no céu é sinal de guerra". "Mas a guerra acabou agora mesmo, não vai ter mais guerra!" E teve. Era uma estrela bonita e a cauda dela pegava longe, parece que tinha luz na cauda inteirinha.

Apareceu do lado do pôr do sol, à noitinha, uma vez só. Todo mundo fazia alarido: "Olha a estrela de cauda, o mundo vai acabar se o sol bater na lua". O mundo está sempre acabando.

Foi durante uma grande guerra que durou bastante anos que minha mãe morreu. Os patrões vinham toda semana pra fazenda e contavam as notícias. Minha mãe trabalhava lá dentro, fazia doce. Chegando em casa contava pra nós. A gente estava no sítio tudo bobo, ia saber de alguma coisa?! Agora todo mundo é esperto aqui na cidade, lê jornal, livro. O rádio e a televisão educou muito e estragou muito.

Quando minha mãe morreu, deixamos o Arraial, cada um foi pra casa do branco dele. Eu fui pra d. Lalá, que foi sinhá de meu pai. Ela me ensinou a cozinhar, a bordar. Naquela ocasião da broca do café os fazendeiros perderam muito; eles não estavam já muito ricos. D. Lalá fazia enxoval de criança, ela tinha encomendas grandes de São Paulo. Eu fazia rosinhas de rococó, bordados na cambraia, depois de bem lavadinho, bem engomadinho, tudo entiotado, era uma coisa linda, um trabalho fino.

Só pra gente rica que ela trabalhava. Eu aprendi a bordar muito bem. Levantava de madrugada, limpava a casa, depois ia no açougue buscar carne e ia pra cozinha, fazia comida gostosa. Depois que acabava de arrumar a cozinha ia ajudar d. Lalá costurar.

Lembro de uma velhinha, a Quetita, que gostava muito de mim: ela era muito doente, e eu ia na casa dela, limpava, encerava, fazia comida. Do jeito que eu chegava vestida, eu já jogava um avental e areava aquele mundo de panela de ferro, com sabão de cinza e areia e botava no sol. Aquela estante de panelas ficava que era uma beleza. Outro dia, lembrando com a filha dela, disse: "Nunca que eu cheguei aqui como visita; já jogava um aventalzinho e ia fazendo o que precisava".

"E você pensa que eu não sei disso? Minha mãe sempre dizia: 'Aquela menina Risoleta era uma mão na roda quando chegava aqui'".

Encontrava sempre Quetita na cama, doente, o marido morreu, ela costurava pra fora. A madrinha dela era nhá Moça Fortes... Às vezes Quetita me levava numa festa, com banda de música e a gente gostava de dançar. Hoje não deixaram a banda morrer ainda, mas não é cultivado.

Sempre tinha procissão, agora não tem mais procissão, nem aqui nem em Campinas. A procissão de Nossa Senhora da Conceição saía rodeada das Filhas de Maria. Eu deixei de ser Filha de Maria por causa de um bispo, d. Barreto. Ele disse que ia passar nós tudo pra Irmandade de São Benedito porque Nossa Senhora nunca teve filha preta. Eu gostei de responder assim pra ele: "Nem branca. Qual é a filha branca que Nossa Senhora teve, faça o favor de dizer?!". Então a diretora da nossa ordem ficou brava comigo: "Uh, você vai falar uma coisa dessas pro bispo!".

"O que é que a senhora queria que eu falasse? Ela nunca teve filha nem branca nem preta."

Todo domingo ia passear no largo da Matriz, os pretos passeavam por fora e os brancos por dentro do jardim. Eu dizia assim: "Por que é que vocês mesmos é que se separaram? Preto não tem vez dentro do jardim?". "Não... a gente acostumou assim..." Achava que quando a gente cansava devia entrar no jardim e sentar num banco. Nunca aprovei isso, achava que estava errado.

Naquele tempo não tinha rádio, tinha gramofone da Casa Edson do Rio de Janeiro, o disco com a voz meio fanhosa. Na casa da Quetita juntava eu, a sobrinha dela que era namoradeira, vinha os mocinhos conversar com a gente. Daqui a pouco a gente estava tocando o gramofone e dançando. A gente dava corda na vitrola, diziam "Casa Edson" e aí vinha a música.

A matinê no cinema custava trezentos réis. Quando veio o cinema falado só vi uma vez porque já estava com catarata na vista. Era no cinema mudo que eu ia; era Carlitos. Não perdia um filme da Libertad Lamarque, a cantora de tangos. Gostava demais, ia todo domingo na matinê; tinha cadeira e galeria, que enchia de molecada e era mais barato.

Faziam muita serenata em Campinas naquela época e a gente não tinha licença de abrir a janela para espiar. Relembrar uma coisa dessas é triste: vinham quatro ou cinco moços, um tocava violino, outro violão, outro cantava, e tocavam bandolim, cavaquinho, com aquela voz bonita que entrava no coração da gente e a gente ficava... quem disse que ficava dormindo?!

Quando fiquei mais crescidinha, no Carnaval a gente caía na rua, passava o cordão, a banda do boi, ficava na calçada brincando. O Carnaval era na rua. Para puxar um cordão não tinha como eu. Até hoje o pessoal quando me vê diz: "Você deixou saudade, hein, Risoleta!". Nenhuma das minhas filhas não puxaram eu, elas são paradas, quietas, não são de divertir e divertir os outros. Quando comecei a dançar no Carnaval veio:

> *O teu cabelo não nega, mulata,*
> *que tu és mulata na cor.*
> *Mas como a cor não pega, mulata,*
> *mulata eu quero o teu amor.*

Eu dançava, cantava, puxava o cordão, pintava o caneco. Passava mão numa vassoura, fazia dança com a vassoura e todo mundo me acompanhava. Aonde eu chegava não tinha tristeza, vinha alegria. Eu e a Delu não tinha jeito, minha prima que hoje é doceira. Não tinha canseira, nunca atrasei com meu serviço. Sem eu a festa não tinha graça.

Tinha a família Santos, mulatos bonitos, morreram tudo, não ficou nenhum pra contar a história... quando eu chegava na rua eles gritavam: "A Leta chegou!". O Armandinho, o Zezinho, o Edmundo, o Ditinho, tudo assim da mesma idade da gente, aquilo era até bonito.

Nós tínhamos o clube dos mulatos, o Valete de Copas, como o Sargentelli aqui de São Paulo. O clube era só de mulato e mulata, não tinha branco nem preto. A gente juntava um dinheirinho, cada um dava um tanto pra pagar a orquestra e alugar salão. Mulato não entrava em baile de branco, tinha preconceito. Tinha e tem. Mas minha prima dizia: "Mulata não tem bandeira mas tem proteção. Entra em qualquer lugar". As coisas nossas eram feitas direitinho, com muito respeito. Não era só a moçada, não, sempre ia um senhor casado, com família pra tomar conta do baile. As mocinhas sentavam, só dançavam quando tinham sido apresentadas ao rapaz e feito amizade. Ele pedia então: "A senhora quer me dar o prazer dessa contradança?". Quando vinham dois de uma só vez eu dizia: "Agora, como é que é? Eu sou uma só!". "Essa você dança com ele e a outra comigo, para não ter briga." Senão, saía briga. Depois que tocava a música ele dava a volta no salão com a dama e chegava no lugar e deixava a gente sentadinha lá.

Minhas primas eram festeiras de são Benedito: iam vestidas de seda, de rainha, de princesas, com a coroa. A rainha ia carregada num quadrado de cetim, com um varão com quatro pessoas carregando de cada lado. A procissão na frente e a rainha e as princesas atrás dentro do quadrado e o povo segurando. A rainha parecia uma noiva e era ela quem escolhia a festeira do próximo ano. Aquela que ela entregasse a coroa no meio da igreja, era a festeira. Era uma honra muito grande, só que a gente gastava muito.

E hoje não trabalham o ano inteirinho para as fantasias tão bonitas de Carnaval? Assim era a festa de são Benedito. As Filhas de Maria saíam chiques, bem-vestidas que só vendo e sempre a festeira era uma das Filhas de Maria que gastava, mandava enfeitar a igreja, o altar, coisa linda. Era por conta dos festeiros, mas o povo todo ajudava, tirava esmola na rua. Mas era festa!

A gente usava fazer muita romaria no Monte Alegre, ia em Aparecida de trem. Monte Alegre era lá para o lado de Amparo e a romaria era para São Bom Jesus. Faziam quermesse, tinha prendas, tinha jogos, tinha tudo. Agora não fazem mais essas coisas, não tem tempo. Nem procissão, nem nada, não tem mais, não sei o que é isso.

Nas festas de são Benedito tinha sapateado, a gente levava três, quatro dias na porta da igreja. Era dança dia e noite. Começava dia 1º de janeiro e encerrava dia 6, na festa de Reis. Tocava viola, vinha banda, a gente batia o pé no chão, dançava. Samba era comigo, ih!, quando o violeiro começava a tocar, eu era gordinha, sacudia aquele corpinho. A dança era a semana inteira. Quando ouço no rádio as músicas caipiras de manhã cedo, eu lembro dos sambinhas que eu dançava, o vestido estampado, sapatinho baixo. Nem assim minha perna engrossou.

Vim cedo trabalhar aqui em São Paulo. Perdemos a chácara do Arraial porque meu pai, velho, doente, não pagava imposto e ninguém procurou pagar. A minha casa não existe mais, aquilo foi tudo vendido e loteado: tem casas, ruas, onde era chácara está tudo asfaltado.

Meu pai e minha avó foram escravos, vendidos como se vende porco. Quando tinham sorte caíam nas mãos de um sinhô que não judiava deles. Conheci bem a mãe de minha mãe, Marcelina Maria da Conceição, que acabou de criar todos nós. Quando minha mãe morreu ficamos precisando de afeto e ela era uma velhinha afetuosa! Ficou muito velha, não tinha quem tratasse, foi morrer num asilo, coitada! Morreu com 96 anos e com uma tristeza, um desgosto de estar no asilo, ceguinha.

A família do sinhô de meu pai não abandonou ele, esse teve sorte, a estrela dele brilhou: ficou cego como eu estou. O filho do sinhô dava roupa, comida, depois levou ele pra Santa Casa no pavilhão dos velhos. Ficou mais de dez anos lá porque não tinha quem tratasse dele, os filhos eram pobrezinhos. Tinha aquela ferida na perna, precisava fazer curativo mas, tá-tá-tá, com a bengalinha dele, com o tamanquinho dele andava Campinas inteirinha. Morreu com 99 anos.

Joaquim foi pra Casa Branca, casou, teve quinze filhos, mas morreu tudo, tudo, tudo; ficou uma sobrinha só, em Taboão da Serra. Esse irmão que eu adorava acabou os dias dele aqui em São Paulo. O Arlindo sumiu e morreu há muito tempo. Quando a Dominga cresceu costurava bem, mas teve que trabalhar em casa de família. Viúva, foi para o Asilo São Vicente de Paula e assim acabou os dias no quartinho dela, sozinha e Deus. O resto estão todos enterrados lá no Arraial dos Sousas.

Trabalhei com d. Lalá dezessete anos. Quando ela morreu fui pra d. Alzira, irmã dela, e depois pra sobrinha d. Nicota, doze anos; essa d. Nicota — tratava de Cotinha — casou com um primo-irmão, gente dos Aranha, e morou na avenida Angélica, na rua Itacolomi.

Mocinha fiquei com reumatismo, saía pelotes deformando as mãos, entortando tudo. Não sei como peguei esse reumatismo tão feio; eu lavava quintal, descalça... quem sabe. Sei que sarei e fiquei boa. Mas nessa ocasião eu tratava de tanta gente, morria gente que botavam nos caminhões e levavam pro cemitério sem caixão pra enterrar porque não venciam. A gente morria como morre galinha quando dá peste: era a gripe espanhola. Fazia chá de canela e levava para os doentes. Andava no meio deles e não tive a gripe. Eu nasci pra sofrer mesmo. Alguém me via andando pra cá e pra lá e dizia: "Menina, o que você está fazendo por aí? Você não acha que devia ficar quieta lá dentro de casa e não sair?". "Mas essa gente não tem quem faça comida, não tem quem faça um chá." Ia para os barracos de madeira nas favelas com um pacote de canela e a panelinha com um pouco de açúcar. Até ficavam bravos comigo: "Você vai buscar doença lá pra trazer aqui".

"Mas eu já tratei de gente com bexiga e não peguei."

Minha madrinha teve bexiga e ficou com o rosto todo empelotado, não tinha quem tratasse dela. Eu era menina; dava banho nela, fazia curativo, punha água morna numa baciinha e com algodão lavava o rosto dela, tirava aquelas cascas, depois passava uma pomada. Não pegou em mim. Quando ela sarou ficaram uns buraquinhos no rosto dela, aí o médico veio: "Vou levar você para o Isolamento e sua madrinha porque você ficou aqui no meio dos bexiguentos".

"Se quiser levar os bexiguentos leve, mas eu não vou não."

Foi uma epidemia lá em Campinas que foi pior que a gripe espanhola que deu em São Paulo quando eu já tinha dezoito, dezenove anos. Não tinha medo de nada e nunca me aconteceu nada, graças a Deus, nem aquelas doenças de criança que todo mundo em minha casa tiveram: tosse comprida, catapora, sarampo. A única doença que tive foi o reumatismo no braço que levantou um pelotão. O médico falou: "Essa hérnia pra curar não adianta remédio, só banho de mar". Meu pai dizia: "Como posso mandar essa menina pra Santos? Não tenho dinheiro." D. Lalá respondeu: "Deixa essa menina ir pra Santos, ela fica no hotel e eu pago toda despesa". E eu fui. Aquilo foi bonito, bonito. Gente boa, mas boa mesmo, não é de fantasia, porque a bondade vem daqui de dentro e não da garganta.

Quem trabalhava não tinha direito a nada. Eu que tivesse vontade de trabalhar, que serviço não faltava e eu não era preguiçosa; então conquistei as patroas, elas gostavam de mim, eu gostava delas. Se tinham tristezas, eu sentava no chão e ficava fazendo um carinho pra elas. Se brigavam com o marido eu não deixava ficar de mal: "Por que que brigou? Não precisa brigar". Mas a gente não tinha direito a nada, nem férias. Descanso, domingo, só depois que fazia todo o serviço e deixava a mesa do lanche pronta, era muito difícil eles comerem fora. Então saía pra passear, mas de noite já estava lá porque segunda tinha que levantar às quatro horas. Quando ia chamar os meninos já ia com a bandeja de café, pão torrado, já tinha acendido antes o fogão de lenha pra esquentar tudo. Eu era bem mocinha e fazia tudo isso. Era muito caprichosa, gostava de arrumar a mesa bonita, com flores, guardanapo eu dobrava em leque, em coração, cada dia dobrava de uma forma, engomadinho. Hoje, é tudo jogado de qualquer jeito, naquele tempo tinha muito capricho nas casas de família.

Quando eu estava trabalhando em casa de família, de manhã ficava andando na horta, passeando daqui e dali. A patroa gritava: "Você não vai fazer

*O Zeppelin.*

almoço hoje?". "Já vou indo minha senhora, tenha paciência que já vou indo." E pedia: "Me ajude são Benedito, que sua filha está atrasada, foi passear e ficou apertada". Chegava na cozinha, parece que tinha uma porção de mãos me ajudando. Num instantinho eu fazia tudo.

Tinha que levantar todo dia às quatro horas para acender o fogão de lenha e levar o café com torradas bem quentes com bastante manteiga no quarto dos meninos. Quem ia me acordar? Rezava de noite e pedia a Nossa Senhora, a Bom Jesus de Pirapora que não deixassem eu perder a hora. E todo dia ouvia bater na minha porta e ouvia chamar pelo meu nome de manhãzinha.

Nunca pude acompanhar as notícias, assistir às festas e movimentos da cidade quando trabalhava. A gente ficava seis meses sem ver a cara da rua! Sempre tinha serviço e sábado e domingo era o dia que se trabalhava mais: ia fazer doces, biscoitinhos, sequilhinhos porque domingo a família toda reunia. Eles almoçavam e jantavam domingo um arroz de forno muito bonito, frango assado, pernil assado, ou aqueles pastéis que quando acabava de fazer a gente já não tinha nem vontade de sair.

Não pude ver o Congresso Eucarístico, nem o Quarto Centenário. A vida foi muito dura, mas eu achava bonito trabalhar, sempre fui com vontade de servir, fazia as coisas com amor. Não faço nada relutando, não faço mesmo. Pedia pra Deus, pra são Benedito que tudo saísse gostoso, com paladar diferente e que não fizesse mal pra ninguém. Graças a Deus, graças a Deus minha comida nunca fez mal pra ninguém.

Em 1924, eu estava trabalhando com d. Nicota, na alameda Barros, 392. Tomamos um carreirão que fomos parar em Campinas. Foi um tiroteio, queriam bombardear a torto e a direito; quebraram todos os vidros de bonde. Corremos para Campinas e ficamos refugiados na Casa de Cultura Artística. Na hora do bombardeio quem podia fugir, fugiu. Não sei por que foi aquela revolução, depois em 1930 também não teve outra?

Eu trabalhava com o dr. Adriano de Barros, de Campinas. Os patrões eram contra o Getúlio, eu era getulista. Mas tinha que servir café pros soldados que se arrancharam lá na Rádio Educadora Paulista, na rua Carlos Sampaio. Era aquela soldadesca e as moças queriam trabalhar pela revolução e dar ouro para o bem de São Paulo. A família catou todo o ouro que podia, joia, cada joia bonita de d. Cinira ela ia amontoando para o bem de São Paulo. Eu disse assim: "Por que a senhora não dá esse brochinho quebrado pra mim? Se um dia eu precisar de dinheiro eu vendo". "Não! Precisamos dar tudo para salvar São Paulo!"

São Paulo era contra o Getúlio, os revolucionários lutavam com os legalistas, mas eu era a favor do Getúlio, achava ele bom. As coisas que ele criou para os pobres vigoram até hoje. Não tinha aposentadoria pra ninguém, quem criou foi ele. Foi por causa da tal da Carta Magna que mataram ele. Ele andava assim na rua e falava com os pobres, apoiava os pobres.

Quando um empregado hoje trabalhou mais de dez anos numa firma já tem direito aos lucros da firma. Quanto patrão mandava o empregado embora antes dos dez anos pra não ter que pagar! Antes do Getúlio tinha muita injustiça: a pessoa trabalhava sem aposentadoria, não tinha direito a nada. Não gostavam dele porque ele era do lado da pobreza, achava que os pobres haviam de ser menos pobres e os ricos menos ricos. E os ricos cada vez mais subiam.

Quando o Eduardo Gomes se candidatou pra Presidência, os patrões queriam que ele subisse, mas não podia não. Isso aí não era pra banda dos pobres, ele é candidato só de gente rica, nós vamos é do lado do pobre mesmo. Eu era cabo eleitoral do Getúlio, quanto eleitor eu arranjava! Nunca votei, mas se torcia! Ele criou caderneta de trabalho. Quando batiam à porta em casa de família diziam pra empregada: "Você vai atender à porta, mas se for fiscal do governo diga que não é empregada, que você é uma pessoa da família que sempre viveu com a gente aqui". Só pra não tirar a caderneta de trabalho pra gente. As empregadas que trabalhavam a vida inteira ficavam na miséria, morriam no asilo, coitadinhas, sem nada!

Minha avó; minha mãe, não, porque morreu cedo, mas senão tinha morrido também lá. Minha avó, quando ficou cega, passava a mão na cabeça da gente, quando nós íamos lá, e tinha um desgosto tão grande de morrer no asilo! Comigo é a mesma coisa quando vou no asilo: o pessoal pega e segura na minha mão.

Quanta injustiça! Às vezes, uma ou outra patroa tinha o coração no peito, deixava um dinheirinho pras empregadas que trabalharam com ela mais de trinta, quarenta anos, como fez nhá Moça Fortes lá de Campinas com as empregadas dela, como a Quetita. A gente ganhava uma bagatela que não dava pra nada, nem pra se vestir. Tinha que comprar as fazendinhas baratas da

Pernambucana pra fazer os vestidinhos e as patroas compravam as fazendas caríssimas delas e não davam nunca para a empregada vestir, pra ela não ficar chique. Que espírito atrasado que elas tinham! Viajavam, estudavam, eram cheios de orgulho. Se a gente chegava e eles estavam sentados na sala a gente conversava o tempo inteiro de pé, não podia sentar junto com eles. Isso não é uma afronta? Hoje eles não são mais assim, conversam, sentam na mesa com a gente, comem.

Se não fosse o Getúlio até hoje creio que não tinham criado a aposentadoria. Foi o Getúlio que criou as leis do trabalho e por isso mesmo que mataram ele. Ele não se suicidou, não, mataram ele. A última carta que ele deixou escrita mandei botar até num quadrinho no meu quarto (agora minha filha jogou tudo fora). Escutei rádio a noite inteirinha quando ele morreu. Quando Eduardo Gomes acabou de discutir com ele entrou no elevador e falou: "Esse nós já liquidamos. Agora falta um, o Oswaldo Aranha!". Não levou muito tempo Oswaldo Aranha morreu: ele era neto da família de que meu pai foi escravo. Ouvi pelo rádio a morte do Getúlio. Como eu chorei naquele dia 24 de agosto! Foi às oito horas da manhã que mataram ele. Pra mim foi o irmão dele que, a mandado, disparou nele. Ele não era homem pra se matar.

Casei em 1926 com um amigo de infância, ele era bonito e não era preto, preto chega eu. Nossas famílias eram amigas, um conhecia bem o outro, Florêncio parecia mais irmão que marido meu. Nós brincamos juntos no Arraial de boca de forno, forno, tira bolo! A gente corria junto, brincava de pegador.

Antigamente o namorado ficava sentado na sala com o papai e mamãe. E a gente ficava lá pra dentro, trabalhando. Naquele tempo não tinha noivado, não usava essas coisas. O namorado chegava, cumprimentava: "boa noite", "boa noite, como vai", "como vai", tá-tá e tá-tá... E ficava conversando com o pai da moça.

Ele gostou de mim, eu gostei dele, a gente não fez luxo pra casar. Foi amor mesmo, eu não tinha nada, ele também não tinha nada. Ele trabalhava, eu também trabalhava: "Nossos filhos hão de ganhar a vida mais fácil do que nós ganhamos. Não vamos criar nossos filhos como nossos parentes criou nós". Ele era marceneiro mas tinha muita vontade de estudar e não podia. Eu sabia que não podia mesmo e nunca sonhei acordada. Sonhava que queria trabalhar e lutar e vencer. E lutei e venci. Isso é o que sonhei sempre.

O casamento foi o mais simples que podia ser feito, quisemos que fosse na Matriz velha de Campinas. Fomos morar numa casinha compridinha, baixa, na rua Dr. Quirino, 99, agora trocou o número, é 827. Tinha sala, um corredor e uma alcova sem janela. D. Mariquinha Ferreira comprou e deu pruma preta que foi cozinheira dela. Custou dois contos de réis naquele tempo. Agora a casa é de Quetita, uma prima minha. Aquela mulher deu a casinha para Quetita. Ainda vou sempre lá para ver essa casa. Agora já morreu tudo, já acabou tudo.

Ele trabalhava na marcenaria, e eu em casa de família. Mas a gente tinha a casinha da gente e vontade de ficar em casa; ficava conversando os dois, trocando ideia, contando muita história. Ou trazia nossos amiguinhos à noite e jogava bisca, escopa, tudo pra passar o tempo. Em casa, não gostávamos de sair. Foi uma vida simples, sossegada, uma vida até meio monótona. Ele falava sempre: "Vai chegar um tempo que você não vai mais precisar trabalhar e vai ficar cuidando de nossa casa; vamos ter muitos filhos!". Ele gostava de crianças e eu também. Deus não quis isso. Florêncio teve que fechar a marcenaria que não estava dando lucro e foi trabalhar numa fábrica como oficial marceneiro, com ordenado. Era uma oficina grande de móveis.

Minha primeira filha nasceu em 1927. Trabalhei até o fim da gravidez e a menina nasceu em casa, a parteira chamava d. Juliana, paguei duzentos mil--réis pelo parto. Ela dizia assim: "Meu Deus, a criança está nascendo, ela é tão bonita!". Chamei a menina de Dejanira. Durante sete dias a parteira veio dar banho no nenê. A gente evitava pra não ter outro logo. Meu marido não queria e me dizia: "Vamos arrumar nossa vida antes de botar outra criança no mundo só pra sofrer". Ele tinha mais juízo do que eu.

A Dejanira minha era linda. Quando ela estava com sete anos fiquei esperando outra criança. Estava grávida de quatro meses. Florêncio saiu de manhã e me disse: "Vou passar na farmácia, tomar uma injeção porque estou um pouco gripado e de lá vou pro serviço". Eu me sentei na máquina e estava costurando pras minhas crianças. Daqui a pouco o farmacêutico bateu na porta com o chapéu dele na mão, muito tempo eu guardei aquele chapéu! "Dona Risoleta, vá buscar seu marido que ele acabou de morrer, na farmácia." Naquele susto, a agulha varou minha mão. O farmacêutico teve que desmontar a máquina para tirar minha mão dali.

O Florêncio não tinha nem trinta anos. Morei pouco tempo na minha casa. Quando ele morreu tive que sair de lá e fui-me embora pra casa dos patrões onde trabalhava quando era solteira. Vim-me embora. O tempo dele na fábrica não deu pra aposentadoria, então eu vendi todas as ferramentas dele e apurei quinze contos. Foi a única coisa que ele deixou. Aluguei uma casa na rua Barra Funda, 22; tinha uma chapelaria na esquina com a rua Conselheiro Brotero e a casa nossa. Eu chorava: "O que que eu vou fazer com dois filhos sem marido?". Subi numa escada de 28 degraus, cheguei numa janela bem alta e me joguei lá pra baixo. Me bati contra o chão do quintal e fiquei com uma ferida durante a gravidez toda e não sarei. Me mandaram tomar chás e comer caldo de feijão sem sal, fiz tudo para tirar a criança. Às vezes me arrependo e peço perdão pra Deus, uma filha tão boa não ia jogar fora não. A gente que trabalha não pode guardar tanta coisa assim na cabeça. A gente esquece e procura esquecer.

No meu tempo só tinha bonde aberto e o "caradura", que era o bonde operário. Então a gente ia no "caradura" com a trouxa de roupa pra não ter que pagar duzentos réis. O bonde fechado, "camarão", veio depois. Não andava de ônibus, só gostava de bonde.

São Paulo até embaixo do viaduto do Chá era uma chácara, tinha verdura, vaca de leite. O viaduto não era esse, era outro de grades de ferro. Quando o bonde passava lá em cima as pedras tremiam, parece que ia cair. E lá embaixo era chácara, a gente descia pela escadaria para os matos. Onde é a rua Xavier de Toledo eram casas de pobres que alugavam cômodos. Subindo a escadaria, atravessava uns trilhos e já saía na rua das Palmeiras. A rua Direita era uma ruazinha estreita, tinha a Casa Alegre na esquina que era do conde São Joaquim em que vendia perfumes. Por lá passava o corso no Carnaval.

O Municipal já tinha e do outro lado o Teatro São José, onde é a Light. O primeiro prédio quem fez foi o Matarazzo. Depois veio o prédio Martinelli, na avenida São João. Na rua São Bento ficava a Leiteria Ferreira, uma leiteria chique. Gente de cor só podia comprar no balcão, não deixavam entrar e sentar, mesmo que fosse mulato bem claro. Ia ficar como nos Estados Unidos, que preto precisa andar no meio da rua, não pode andar na calçada? No Brasil teve um tempo que foi assim.

Me lembro bem de um ladrão famoso, Meneghetti, que roubava dos ricos pra dar pros pobres, parecia passarinho pulando de uma casa para outra, parece que avoava.

Aqui em São Paulo fechei minha residência e aqui estou até hoje. Consegui logo emprego na casa da d. Gotinha e nessa família trabalhei dezoito anos. Foi lá que criei meus filhos e juntei todas essas crias pra criar. Ganhava 250 mil-réis, dava pra mim pagar casa e vestir minhas crianças. A despesa foi aumentando, ela não aumentava o ordenado e eu também não queria pedir. Eu pagava 250 mil-réis o aluguel da casa, mas eu aluguei um quarto pra três rapazes que saíram da roça; com esse dinheiro é que eu comprava fruta, pagava condução. Cada um deles pagava 130 pra mim: casa e comida. Trabalhando fora ainda lavava a roupa e dava pensão pra eles.

Chegava de noite do meu serviço, cozinhava feijão, ensaboava a roupa deles, lavava com água quente e no outro dia levantava cedinho, pra fazer o almoço e deixar pronto pra eles. Enchia bem o fogão de cinzas e naquele carvão miudinho botava dois tijolos e botava as panelas por cima. Quando chegavam pra almoçar encontravam quentinho. A Dejanira, na volta do grupo, de noite tirava as panelas, botava no chão da pia e lavava a louça que estava suja.

Uma vez, quando eu estava trabalhando, a Dejanira caiu e quebrou o braço. Levei no Sanatório Santa Catarina pra consertar. Quando a menina saiu o osso ficou pulado. Levei no médico e ele disse: "Precisa quebrar outra vez pra pôr no lugar".

"Meu Deus, quanto essa menina vai sofrer!"

Então fiz promessa pra santa Teresinha — não tinham nem assentado a primeira pedra da igreja dela na rua Maranhão — que se ela ficasse perfeita e não precisasse quebrar quando ela sarasse, até completar doze anos, toda procissão que tivesse eu ia tirar ela de anjo. Foi a olhos vistos que o osso desapareceu, numa semana. O médico perguntou: "O que que a senhora fez?". "Nada! O que que eu podia fazer?" Só quando eu dava banho nela fazia massagem com álcool e o osso voltou no lugar.

Na coroação de Nossa Senhora vinham buscar a menina. Dejanira era o anjo mais bonito da procissão e não faltava gente pra levar meu anjo. O anjo era carregado toda procissão por mão de homens, eles não gostavam que mulher levasse os anjos. Ela ia comigo pro Jardim América, no serviço. A Maria Lucia eu levava no braço.

Trouxe da fazenda da patroa uma italianinha pra mim, ensinei a cozinhar, lavar a roupa, tomar conta da casa e pagava vinte mil-réis para ela. Depois elas foram crescendo e em casa de patrão não tem liberdade. Agora, como é que vai fazer? Quando disse que ia sair do emprego, minha patroa não queria deixar eu sair: "Onde já se viu uma cozinheira como você dar pensão?!". "Ah, dona, mas eu não vou cozinhar pra cachorro, vou cozinhar pra gente mesmo." Queria educar minha filha e com ordenadinho de casa de patrão...

Nunca fui recompensada e sempre carreguei a casa das patroas nas minhas costas. Davam um ordenadinho e ainda achavam que estavam pagando muito. Lutei sozinha com Deus. Eu pedia dia e noite que Deus não deixasse eu sucumbir. Às vezes atrasava uns dias o aluguel; corria lá pro dono da casa: "Tenha paciência, espere uns dias, que esse mês aconteceu qualquer coisa que não estava no programa e eu me atrasei um pouco".

Se pra pagar um mês é duro imagine se eu vou deixar juntar três. Quero pagar o colégio pra ela, dona, se posso ganhar mais, não quero sacrificar minha filha, ela não vai ganhar sua vida sacrificada como eu sempre ganhei. Ganhei minha vida sacrificada, mas muito mesmo! Eu ganhava 250 mil-réis. Nunca passei de 270. Nem vale a pena chamar isso de aumento. Qual é o aumento? Era o aluguel da casa, apenas.

Aluguei uma casa no Paraíso, rua Abílio Soares, 165. Ali eu era *dona* Risoleta, todos me chamavam *dona* Risoleta. Nunca pus um anúncio da pensão, e uma freguesa fazia outra, as famílias chiques das redondezas da Granja Julieta até lá perto do Mercado Grande, vinham buscar minha comida. Quando era onze horas tinha o almoço pronto, mas era almoço, não era comidinha não. Fazia torta, empada, arroz de forno, leitoa assada, pernil. Queimar panela pra fazer um feijão eu não ia não. Queria fazer comida mesmo, mas para família que gostasse de comer bem. Hoje ninguém não quer mais comer, precisa guardar dinheiro. Antigamente fazia suflê, e rocambole disso e daquilo, enfim saía muita coisa!

No tempo da guerra é que tudo ficou difícil! Levantava de madrugada, ia pra fila comprar pão. O açúcar estava racionado. Pra comprar óleo precisava ter o cartão e como eu necessitava de bastante ia com a criançada pra fila. Começou aí a subir o aluguel das casas, tudo era racionado.

Lembro do balão de Santos Dumont e do Zeppelin, avoando baixinho, bonito, comprido e prateado. As pessoas das janelinhas davam adeuzinho pra gente e a gente aqui da rua dava adeusinho pra elas.

"— *Respeitável público!*" — *Piolim e Pinotti.*

Os dois meninos que eu criei foram o Dito e Totoca, vieram lá da fazenda da d. Daisy, de Ribeirão Preto, e ela prometeu de me ajudar com alguma coisa todo mês. Mas nunca ajudou nada. Depois eu soube que todo mês ela mandava caixote de frangos pro bispo na Cúria e mandava caixote de ovos, sacos de arroz, saco de feijão. Pra mim, nada! Ela era riquíssima, podre de rica, da família Prado. Fui pra fazenda dela pra fazer a festa de cinco anos de seu casamento. Quando vim embora trouxe essas duas crianças que eu peguei doentes lá pra tratar, o pai fugiu da fazenda e largou as crianças na minha mão. D. Daisy falou: "Você já tem um peso, quer carregar um contrapeso? Deixa aí, que eu ponho num asilo".

"Mas no asilo maltratam. O que minhas filhas comerem, eles também comem."

"Então eu vou te ajudar! Todo mês eu mando alguma coisa."

Nunca mandou nada. Quando ficava sem cozinheira, mandava buscar marmita aqui. Outro dia ela veio aqui em casa e perguntou: "Você ainda não comprou casa, Risoleta?".

"Não senhora, quando o dono me ofereceu, eram 3 milhões, faz dez anos atrás e eu não tinha dinheiro."

"Mas você esqueceu de mim?"

"Eu não esqueci da senhora, do que a senhora me prometeu."

Ela ficou quieta, olhando pra minha cara, e disse: "Você não esquece de nada!".

"Não esqueço de nada, dona, de nada."


Um dia ia indo com uma cesta de roupa na cabeça tão grande que não podia nem virar! Vi uma moça chorando encostada num poste. Disse: "Dona, que aconteceu pra senhora?".

"Tou trabalhando numa casa, já tenho um menino mais velho e não tem quem tome conta da minha filha pra mim trabalhar, não sei como é que vou fazer."

"Tou trabalhando na minha casa mas trabalho muito; a senhora leva de dia eu tomo conta, mas de noite a senhora vem buscar, viu?"

Isso ela fez quinze dias. Depois sumiu que eu não sabia mais a mulher onde é que andava. Quando ela apareceu a menina estava com doze anos. Quando ela chegou na porta de casa, a menina arranjou uma bicicleta na vizinha e sumiu nesse Santo Amaro e não apareceu mais naquele dia. Disse pra ela:

"Você pode levar sua filha porque você não me deu de papel passado, mas nós tratamos pra você pagar quarenta contos por mês e dar o leite pra menina. E você nunca deu um tostão. Você vai fazer a conta agora de quanto você tá me devendo até agora que ela tá com doze anos, depois venha buscar. Mas eu não quero receber miudeza, quero o dinheiro todo de uma vez".

A mulher sumiu, nunca mais apareceu. Veio aqui no dia do casamentão da Jane. Festejei como o da Dejanira e o da Maria Lucia, foi um casamentão, dançaram com alto-falante. Teve barulho nesta casa, naquele dia! Os vizinhos vieram todos, debaixo de um toldo aqui servi coxinha, casadinho de camarão. No baile não ficava sentada: "Mãe, a senhora esqueceu que tem suas filhas moças! A senhora dança mais que a gente".

"Mas não é, minha filha, vocês têm perna de pau e não sabem dançar."

Essa luta que tive pra criar meus filhos! Ainda peguei cinco filhos dos outros pra criar, que não tinham mãe, não tinham pai, tudo filho de mãe solteira, de meses. Quando o Carlinhos veio, Renato já tinha cinco anos. A Jane já tinha doze anos. O Carlinhos foi o último que criei. Quando eu dava pensão, minha patroa tinha cozinheira com filho e ela disse: "Vou arranjar uma pessoa boa pra tomar conta de seu filho, ela trata muito bem mas é pobre e você precisa pagar". A cozinheira ganhava doze contos por mês, muito dinheiro, e ficou de me pagar trezentos mil-réis por mês, eu aceitei. Dava tudo pro menino, fazia mamadeira, sopinha, ele era um bebê de seis meses. E a mãe sumiu que nunca mais apareceu. Não tive coragem de levar no Juizado.

Morei na Rafael de Barros número 17 e depois mudei para a Abílio Soares número 165, tudo isso está lá até hoje, no Paraíso. Comecei a dar pensão, meus filhos era tudo pequeno. Perdi a vista assim sem mais nem menos, escureceu e fiquei quatro meses no escuro. Minha filha mais velha não tinha nem tirado o diploma do grupo. "Meu Deus", eu dizia, "como é que eu vou ficar com essas crianças tudo pequena? Eu sou tudo deles: sou mãe, sou pai, sou avó, sou tia, eles não têm mais ninguém." Batia clara de ovo para pôr na vista. Fui no oculista, o dr. Pontual que já morreu, e ele me deu um remedinho, só sei que depois de quatro meses no escuro minha vista voltou.

Carlinhos tinha as perninhas tortas, viradas pra dentro, parecia paralisia infantil, e fininhas assim como está minha perna agora. Ajoelhada, pedi pra santo Antônio que se ele endireitasse as perninhas dele sem precisar operar eu ia dar um mês pão para os pobres da Igreja de Santo Antônio do Valonga, perto da estação de Santos. Em uma semana a perna do menino endireitou, foi uma graça grande que alcancei. Cumpri a promessa: fui pra Santos, levei comida pra todos nós, assisti à missa, de começo ao fim ajoelhada. Confessei, comunguei, o frade benzeu as crianças. Renato, que era retardado, melhorou bastante com a bênção. Dei um mês de pão e leite para os pobres de santo Antônio. Outro dia veio um homem aí e perguntou: "Cadê aquele aleijadinho que a senhora criava?".

"Olha ele atrás do senhor."

"Não diga que é esse menino!"

O Renato desfalecia quando tinha acesso de bronquite, eu precisava abanar, abanar, abanar pra ele não desmaiar. A Joana também e o Carlinhos. Mas tratei e consegui curar com simpatia. Só que eles não podem saber. Esse remédio só cura dos sete aos quinze anos. Quantas crianças que eu curei! A amostra está aí dentro de casa. Me ensinaram a tirar a barba do cavanhaque do bode; eu torrava na frigideira e socava num paninho bem socadinha e coava numa peneirinha bem fininha que eu tinha e dava pra eles misturado no chá, no leite. Mas precisava fazer três meses na primeira sexta-feira do minguante. Fiz isso bem direitinho e guardava no vidro, pois dizia... "sempre vou achar bode?". Pra eles arrancarem o fio da barba já xingavam tanto a gente!

O Renato foi o que me deu mais trabalho porque era retardado. Coitadinho, era tão retardado que só queria dormir. Meu Deus do céu, tinha os nervos tudo mole, tomou tanta Emulsão de Scott, óleo de fígado de bacalhau. O tratamento dele na clínica durou nove anos, tomou tanta injeção que ninguém podia tocar o dedo nele. Tomou um remédio que custava cada vidro 480 cruzeiros, durante um ano, engolia vinte drágeas de cada vez. Aí, pude mandar ele na escola e ele aprendeu mesmo.

Esse menino me deu muito trabalho! Primeiro tentei curar ele com médico. Fui no dr. Paiva Ramos, lá na cidade: um dia sim, um dia não eu levava ele pra tomar banho de ultravioleta. Descia do ônibus, subia a ladeira com esse meninão no meu braço, lá na rua Maria Paula, pegado à Federação Espírita. De manhã, já tinha feito almoço pra despachar minhas marmitas. O Renato tinha dois, três anos nessa época. Pagava cinquenta cruzeiros cada aplicação naquele tempo!

Quando mudei para Santo Amaro, em 1945, do Biológico para cá era tudo mata que ia até a avenida. A rua Indianópolis era só capão de Jaraguá, aquele capim do brejo e uma casa aqui... outra lá. Eles loteou tudo, vendeu tudo, fez casa em tudo. O trem de Santo Amaro entrava numa mata virgem e ia: Tendendém, tendendém! dentro da mata. Gostava de partir da estação e ir até o Mercado Central de trenzinho. Depois foram tirando tudo, tiraram o bonde e puseram ônibus, se vê como é que está. Quando vim para Santo Amaro comecei a dar oito marmitas. Ninguém me ajudava, precisava pagar o colégio das crianças e vestir e calçar. As mães sumiu!

Era uma vila bonita aqui, eu tinha varal aí fora por tudo. Lavava e ficava passando roupa a noite inteira, quinze, catorze dúzias de peças, tudo engomadinho. Meus filhos eram pequenos: oito anos, cinco anos, quatro anos, aquela escadinha. Lembro do primeiro rádio que comprei, artigo de segunda mão, com uma notinha de cem mil-réis. A primeira novela que ouvi foi *A escrava Isaura*. Era no tempo da escravidão e eu chorava. As crianças reclamavam: "Mãe, a senhora vai ver novela pra se distrair ou pra chorar?".

"É de ver tanta judiação, meus filhos, imagine se eu fosse desse tempo, se eu fosse a escrava Isaura, eu me jogava no poço."


Ganhava o sustento no tanque e no fogão. E engomava blusa, vestidinho, saião de linho, terno. Vinha pra lavar, passar, engomar e fazer tiotê nas rendas. E tudo da mesma família Penteado: roupa da d. Cotinha, roupa da d. Alzira; ela morreu com a roupa que engomei. A governante dela veio aquela semana de sua morte aqui em casa buscar os lençóis bonitos de linho. Se eu soubesse que a malvada não ia entregar eu não tinha dado. Dizem que ela não entregou a roupa não.

Enquanto cozinhava e despachava marmita, as meninas me ajudavam: a Maria Lucia chegava, tirava o uniformezinho da escola, estendia na cadeira. Se a blusinha estava suja ela já passava n'água e botava no varal. Pegava no ferro desde o tempo em que não sabia nem dobrar uma camisa ainda. Depois ela aprendeu a dobrar e passava a perna em mim. Enquanto eu passava quatro camisas ela passava catorze. Dejanira gostava de tirar mesa, botar mesa, nasceu com espírito de rico, não ia em fogão nem em tanque. Fazia uma sobremesa todo dia; meu povo passava bem, não era maltratado não, dona. Eu tinha oito colher na mesa.

O Renato deu trabalho, era doente, retardado, tinha bronquite asmática. E o Carlinhos era muito levado. Os outros diziam pra mim: "Você é boba, as mães largou aí, leva pro Juizado de Menores".

"Eu não levo!"

Os meninos fizeram grupo, ninguém não quis fazer ginásio. Eu mandava eles na escola, iam passear por aí, comer sorvete… Na hora que acabava a escola eu perguntava: "Cadê a lição?".

"A professora não deu hoje."

As meninas tirou diploma do ginásio na Escola Rodrigues Alves e o diploma de contabilidade. Queria que elas fossem professoras não quiseram ser, queria que elas fossem costureiras não quiseram ser, quando elas falaram que queriam ser contadoras não esperei falar duas vezes, saí correndo e fui fazer a matrícula. Quando elas viram, a matrícula estava no meu bolso e não podia mais voltar. "Agora vocês vão estudar."

Fazia esse sacrifício mas não mandei nenhum embora. Nunca tive coragem de largar minhas crianças. Criei todos. Todos sabem ler, sabem escrever. Até meu retardado sabe ler e escrever. Sei de gente rica que tem retardado que não sabe ler nem escrever. Todo mundo admirava de ver tudo bem vestidinho, com uniforme na escola, tirando diploma.

Outro dia estava falando pras minhas filhas: "Nunca tive um tostão na caixa, nunca tive um tostão em lugar nenhum e nunca faltou nada para vocês".

Levantava de manhã, quem tomava mamadeira, tomava a mamadeira, depois botava os pequenos na sala, com os travesseirinhos deles… E assim eu criei toda essa cria.

Morei sempre com a Maria Lucia que enviuvou e com o filho dela. Todo resto do pessoal que se vê aí na casa é meu. Minhas filhas não deram trabalho nem pra criar, nem pra casar; no emprego que entraram estão até hoje. Se formaram em contabilidade e são chefes de seção, elas não dão demonstração, mas sei que estão orgulhosas por dentro. Minhas filhas não têm medo de mim, têm respeito, não fazem nada sem me consultar. Dejanira trabalhou como escriturária, depois entrou na prefeitura e casou com um advogado, a mãe dele é ótima pessoa e com proteção da mãe está agora no Estado; senão, já tinham mandado ele embora. Estão com três filhos. Meus genros não gostam muito do trabalho.

Maria Lucia casou com 22 anos e enviuvou, é mãe desse menino que está aqui comigo. Maria Lucia nunca se separou de mim, só pra viagem de lua de mel. Jane é criança ainda, está com trinta e poucos anos, tem dois filhos pequeninos. Jane estudou um pouco, agora trabalha no Estado, entrou como contínua.

Dos rapazes, o único que casou foi o Totoca, com uma portuguesa. Estou com um casal de netos bonitos, branquinhos. Totoca é vidraceiro, não quis estudar, no último ano de contabilidade ele deixou. Mas a menina dele é um amor, estudiosa que só vendo. O Dito era pintor, começou a beber, a beber. Disse pra ele: "Você escolhe eu ou a pinga. Você tá criando problema pra Maria Lucia e o marido". Eu não era mais a dona da casa, eles é que eram os donos. O Dito sumiu. Não me procura há onze anos, não sei se está vivo ou morto. Quando o Carlinhos entrou numa idade ruim, com quinze, dezesseis anos os meninos ficam impossíveis mesmo, o meu genro botou o Carlinhos pra fora. Eu já não estava enxergando e disse: "A casa é sua, quem manda é você".

Um pai bota o filho na rua pra endireitar ele? Rua não endireita ninguém. "Na barra de sua saia ele nunca vai ficar homem." Carlinhos ficava quatro mês, cinco mês num emprego e saía, não parava em emprego nenhum. Quando ficou só três dias numa firma meu genro não deixou mais ele entrar em casa. Criei desde pequenino, não ia sentir?! Paguei um quarto pra ele dormir, que ficou muito caro. Fui num bar lá perto e pedi que a dona desse de comer pro Carlinhos e no fim do mês eu ia pagar. Isso durou seis mês, ele ficou zanzando pela rua depois mais três anos, e só voltou pra cá quando meu genro morreu.

Por que não gostam dele? Ele também não é filho de Deus? Carlinhos agora é que está botando a cabeça no lugar. Está desempregado e eu pererecando pra achar um emprego pra ele. Carlinhos está fazendo o supletivo; bate à máquina muito bem. Não quer aceitar emprego por menos de 3 milhões. Diz: "Então vou rebaixar minha caderneta em vez de subir?". O médico disse que é a inteligência que está estragando ele, inteligência demais.

Agora meu retardado tá desempregado; trabalhou, coitadinho, num depósito de caminhão. Faz tempo, o Renato sumiu. Tinha sido preso por engano num pega-pega na pastelaria. Quando recebi um bilhete da prisão, fazia um mês que eu procurava ele. Dizia: "Mamãe, há um mês que estou na prisão". Me amoleceu as pernas, tive um espasmo no olho: "Meu Deus, não criei meu filho pra isso!" e fiquei cega. Renato vai completar trinta anos dia 12 de abril; dorme sempre no meu quarto, aí nessa caminha.

Só morei em casa alugada, com essas lutas que tive, nunca ganhei para comprar uma casa. Quando fiquei cega de todo, minha filha passou a casa pro nome dela. Eu tinha uma vontade de ter minha casa, de ser dona da minha casa. Senti nos primeiros dias, depois me conformei, entreguei pra Deus e aceitei. É por isso que nunca fui infeliz, tudo o que me rodeia fica feliz. Não enxergo e sou feliz, não vejo o fingimento no rosto dos outros.

Minha filha deu meu guarda-roupa, disse que estava cheio de traste velho, de barata. Respondi: "A casa é sua, não dando eu, pode dar o que quiser". Não sei onde foi parar minha medalha de valsa, que ganhei em Campinas. Sumiu. Não adianta nem chorar, nem procurar porque não acha mais.

Ajudei a criar meus netos. Outro dia um disse pra mãe: "Mamãe, você está muito atrasada. Você sabe que a vovó está duzentos anos na sua frente?". Ouço o noticiário de rádio todo dia. Preciso conversar de política e governo. Os astronautas, falava para os netos, não tinham o que fazer lá em cima. Estava faltando tanta coisa por fazer aqui embaixo. E o que foram fazer lá? Nada!

Nunca pude acompanhar as notícias quando trabalhava em casa de família. Hoje, vejo que a situação do Brasil está cada vez pior. Dizia: "Vocês vão brincando, brincando. O dia que nosso Brasil cair na mão do militar vai ser duro pra sair". Olha aí! Todo mundo não tá vendo? Tá na mão de militar e ele não quer largar o osso não. Quando o dólar sobe eu chamo a atenção do meu genro.

Gostava do Juscelino, como pessoa era bom, nunca perseguiu ninguém e teve coragem de construir Brasília. Do Jânio, nunca gostei dele, torci pro Lott na eleição, o Jânio não era do lado dos pobres. Quando o Jango Goulart estava guiando ele e quis fazer alguma coisa pelos pobres, não quiseram matar os dois? Os dois não tiveram que renunciar e sair fugido? Aqui não pode ninguém ser a favor dos pobres, dona. Porque se vai cuidar da pobreza tem que morrer.

Recebo quinhentos cruzeiros do INPS, uma senhora que foi minha pensionista arranjou aposentadoria pra mim.* Se minhas filhas não fossem formadas, não ganhassem, eu não aguentava. A Dejanira me dá um dinheirinho todo mês e ajuda a Maria Lucia a pagar a casa. Hoje, só posso contar com minhas duas filhas. As crias chegam perto de mim só pra pedir, não têm nada pra dar. O pouquinho que o Renato ganha não dá nem pra ele. Ontem perdeu todos os documentos. Quantas vezes ele tem perdido!

* O salário-mínimo da época era Cr$ 768,00. Estamos em 1976.

Preciso guardar para certas horas. Aqui é a casa da misericórdia. Tem o Renato, o Carlinhos, o Diomar, esses barbudos amigos do meu neto que se encontram aqui. Quando meu neto vai pra escola eles ficam aqui esperando. Não acho esse ajuntamento bom. Os vizinhos vão pensar que a gente é vagabundo, é vadio, não trabalha. Já falei que qualquer dia chamo o camburão pra prender todo mundo. Diomar ficou bravo comigo, diz que sou quadrada, coroa, tá tocando meus amigos. Juventude de hoje, precisa ter muita paciência pra aguentar essas crias de agora. Não param em emprego nenhum: "Que há, coroa?".

"Com quem vocês estão falando? Com a irmã de vocês?"

"É assim mesmo, vó, precisa entrar na nossa."

Não é só carinho, a gente às vezes precisa ficar brava para doutrinar uma pessoa.

Tem um tal seu Barbosa que veio dar um recado de Ribeirão Preto. Ficou aqui. Ele é um penetra, encostou na gente porque estava procurando um encosto. E essa freira que quis viver fora do convento, no bairro; se instalou num estrado com colchão e fica aí quietinha, sempre rindo. Diz que é parenta da mãe do meu genro em Indaiatuba. A mãe dele não sei se é prima ou irmã do pai ou da mãe dela. Veio visitar e ficou. De vez em quando me conserta umas pecinhas de roupa porque eu não enxergo. E vai tenteando assim. Estava acostumada no convento e freira não faz nada, cada uma tem uma tarefinha só. Então, vem tudo parar aqui em casa e fica. O que eu posso fazer? Tudo come, tudo bebe, tudo toma banho e quem paga a conta no fim do mês é a Maria Lucia. Ela me dizia: "Mamãe, a casa está cheia: é o seu Barbosa, a irmã, os amigos do Diomar, a filha da japonesa, tudo vem encostar aqui. E a senhora tolera tudo. Quando a irmã chegou aqui e pediu pra pousar, por que falou 'Pode dormir, sua caminha tá lá, pode deitar'? Por que não ficou quieta?".

"Tinha que falar alguma coisa, minha filha. Ela pediu para dormir."

Vai fazer quatro anos que ela está aqui, agora em abril.

Meus irmãos, meus amigos, todos, todos já morreram, não tem mais ninguém. Tenho uma prima doceira, a Delu, que vem me visitar sempre. Não sei se é a melhor doceira de São Paulo, mas é boa doceira, trabalha dia e noite.

Tenho amizades boas, pra alegria e pra tristeza. Tem gente que só tem pra alegria. E não é só preto não. Sábado fomos num casamento "despede-se na igreja", pra ir e voltar. Já me pediram receita de torta de milho, do pudim de mandioca, já pegaram o lápis pra tomar nota. Às vezes eu me lembro tanta coisa, vem tanta coisa boa na minha cabeça! Então vou falando. D. Cecília quando vem aqui toma nota num caderninho quando é alguma coisa que cura gente. Faço experiência comigo mesmo e depois ensino pra outra pessoa. Fui muito feliz na minha juventude e muito querida, sou querida até hoje.

Quando vou visitar uma menina que a Quetita criou ela diz: "Gosto quando d. Risoleta vem aqui porque vem a avó. Daqui a pouco vem a bisavó, daqui a pouco vem a filha da avó, daqui a pouco vem a filha da filha da avó. E vem velho, moço, parece romaria. Nunca vi pessoa querida assim".

Eu tenho muita vontade de servir alguém, de ser útil pra alguém. Não faço outra coisa, agora que estou cega, atendendo pedidos de oração. Com a graça de Nosso Senhor Jesus Cristo tenho alcançado tanta bênção que ninguém imagina. Moça está encalhada por aí, num instantinho arranja casamento e casa. Meu santo é casamenteiro. Conheci uma moça meio boba, muito infantil demais; que rapaz vai casar com uma moça assim? Repetia e repetia de ano. Rezei muito com pena do desgosto dos pais. Pois ela não casou muito bem?! Acabou o primário, fez o ginásio, formou de professora, depois fez pedagogia. Trabalha no Estado, está ganhando 9 milhões por mês!

Agora estou devendo uma graça que alcancei de santo Antônio de Catigeró lá na Vila Formosa e não sei ir lá, não enxergo. Tenho que pagar uma promessa que fiz para uma moça que namorava um rapaz e aconteceu do rapaz abusar dela. Depois desmanchou com ele e brigou, e ele deu nela. E ela ficou noiva de outro. Meu Deus, diziam, como é que essa moça vai casar com outro? O noivo depois vai largar dela. Então fiz promessa pra santo Antônio de Catigeró que se ela casasse e o noivo soubesse reconhecer o acontecido e não devolvesse a moça pros pais, eu dava cem cruzeiros para o pão dos pobres. Alcancei esta graça! O moço casou, não percebeu nada até hoje.


Uma vez a irmã de d. Maria Matos fugiu e ela veio em casa chorando e dizia: "Ela embarcou pra Minas!".

Na mesma hora me deu aquela soneira e disse: "Não embarcou! Ela está sentada num banco de jardim e atrás dela tem um cachorro, não sei se é de verdade, ou se é de pedra, no meio da folhagem".

"Pra que lado?"

"A senhora vai pro lado da avenida Paulista e encontra a Divina lá."

A mulher saiu na mesma hora. Daqui a pouco vinha vindo com a irmã pela mão. A menina estava sentada no banco, chorando e o cachorro de pedra atrás dela. Foi lá no Parque Paulista, em frente do Trianon. Isso foi há muitos anos, em 1940. Todo mundo ficou impressionado.

Com unção de azeite curei o dedinho dobrado de um menino que tinha operação marcada. Digo: "Não agradeça a mim, mas a Deus e ao Divino Espírito Santo que faz a graça para quem merece". Quando meus olhos está fervendo e parece que está caindo uma chuva de prata, caindo umas estrelas do céu, aí nessa hora é que eu faço meus pedidos e a pessoa alcança a graça. A pessoa alcança a graça, dona! O menino que me trouxeram e era cego começou a enxergar.

Entrego todo o meu sofrimento nos pés de Deus. Se alguém visse o que me rodeia aqui dentro do quarto! De longe parece que vem uma luz, um farol bonito, coisa maravilhosa! No tempo que meu neto era pequeno e dormia comigo ele percebeu: "Vó, estou vendo em cima do seu guarda-roupa uma luz, parece uma estrela que alumeia todo quarto. A senhora está vendo?".

Por isso é que tenho meu espírito alegre, iluminado. De noite acordo deitada na cama, meu quarto está claro, claro que parece um dia. Eu agradeço a Deus por esse grande prazer, por essa luz que Ele me dá.

Minha vida foi uma luta sem tréguas. Já estava enxergando muito pouco quando vim parar aqui em Santo Amaro. Tinha 47 anos. Quando minha filha recebeu o diploma, a catarata começou a nascer nos meus olhos. Veio por causa do muito calor do forno, desde pequena lidei com fogão de lenha, de carvão. Precisei parar. Se eu enxergasse queria ir até os cem anos, não tinha importância não. Eu não me sinto velha, me sinto mocinha!

São Benedito estava comigo na cozinha. Quando eu saí, ele também não quis ficar. O que todo mundo fazia, queimava, os pratos caíam. Diziam: "São Benedito não quer ficar na cozinha, porque ela saiu". Ele está na sala agora.

4.
A SUBSTÂNCIA SOCIAL DA MEMÓRIA

# Memória e interação

*The soul selects her own society,*
*Then shuts the door;*
*On her divine majority*
*Obtrude no more*

*Unmoved, she notes the chariots pausing*
*At her low gate;*
*Unmoved, an emperor be kneeling*
*Upon her mat.*

*I've known her from an ample nation*
*choose one;*
*Then close the valves of her attention*
*Like stone.*

Emily Dickinson

A alma escolheu sua companhia
e a porta fechou;
sua divina maioridade
ninguém mais penetrou.

Imóvel ela viu a carruagem transpondo
o seu baixo portal;
imóvel, e o imperador ajoelhou-se
em seu umbral.

Ouvi dizer que de uma vasta nação
só escolheu alguém;
depois as válvulas fechadas da atenção
como pedra retém.

Quando relatamos nossas mais distantes lembranças, nos referimos, em geral, a fatos que nos foram evocados muitas vezes pelas suas testemunhas. Pode-se recordar sem ter pertencido a um grupo que sustente nossa memória? Estaremos sós quando nos afastamos de todos para melhor recordar? Quando entramos dentro de nós mesmos e fechamos a porta, não raro estamos convivendo com outros seres não materialmente presentes. A alma escolhe sua companhia antes de fechar a porta, segundo o poema de Emily Dickinson.

Mas, daria a memória coletiva conta da explicação de todos os fatos de memória, mormente do que chamamos a lembrança individual? É o caso das imagens remotas, talvez da mais antiga que consigamos evocar.

> A primeira coisa que guardei na memória foi um vaso de louça vidrada cheio de pitombas escondido atrás de uma porta.
>
> Talvez nem me recorde do vaso: é possível que a imagem, brilhante e esguia, permaneça por eu a ter comunicado a pessoas que a confirmaram. Assim, não conservo a lembrança de uma alfaia esquisita, mas a reprodução dela, corroborada por indivíduos que lhe fixaram o conteúdo e a forma.[1]

Graciliano Ramos faz ver como um objeto vai ganhando concreção *à medida que outras pessoas dele têm conhecimento e se comunicam com a criança, reafirmando sua presença*. Se assim não fosse, talvez nossas lembranças deslizassem para a ilusão e nos deixassem em dúvida, o que é comum, quando nos dedicamos a pesquisar lembranças remotas. Aqui, não só a alfaia esquisita é confirmada em sua existência, mas se abre para outros pontos de vista. Suas faces ocultas são reveladas por outros olhares e a forma brilhante e esguia, sustentada por outras atenções, ganha peso, novas facetas, e se fixa no chão, para ser um fruto inesgotável da memória.

Uma jovem, que era obcecada por uma lembrança tão remota que ela não conseguia localizar, e que lhe parecia oriunda de uma vida anterior, recebeu de minha parte um auxílio inesperado quando lhe disse: "Eugênia, esse cachorro de pedra, que aparece em seus sonhos no meio da folhagem, orelhas caídas e longas como as de um cão de caça, que deita água pela boca, existe sim, porque ele faz parte também das recordações de minha infância. Está situado numa alameda do Parque Siqueira Campos...". Surpresa e alívio distenderam sua fisionomia. Os caminhos se abriram, as árvores deixaram coar o sol, o vento varreu as folhas da alameda de novo percorrida pela menina em busca do fiel animal que também era uma fonte.

Somos, de nossas recordações, apenas uma testemunha, que às vezes não crê em seus próprios olhos e faz apelo constante ao outro para que confirme a nossa visão: "Aí está alguém que não me deixa mentir".

O encontro com velhos parentes faz o passado reviver com um frescor que não encontraríamos na evocação solitária. Mesmo porque muitas recordações que incorporamos ao nosso passado não são nossas: simplesmente nos foram relatadas por nossos parentes e depois lembradas por nós. Para que se constituísse a lembrança da amamentação do sr. Abel, imaginamos a anedota do menino com a mãe preta sendo muitas vezes repetida pelo avô. O mesmo deve ter acontecido com as peraltices de d. Jovina, a queda no tanque, o corte com a navalha ou o incêndio que atemorizou o sr. Antônio: são acontecimentos que marcaram também a vida de outros membros da família, que os recontaram muitas vezes.

É preciso reconhecer que muitas de nossas lembranças, ou mesmo de nossas ideias, não são originais: foram inspiradas nas conversas com os outros. Com o correr do tempo, elas passam a ter uma história dentro da gente, acompanham nossa vida e são enriquecidas por experiências e embates. Parecem tão nossas que ficaríamos surpresos se nos dissessem o seu ponto exato de entrada em nossa vida. Elas foram formuladas por outrem, e nós, simplesmente, as incorporamos ao nosso cabedal. Na maioria dos casos creio que este não seja um processo consciente.

Não se trata do que opina Machado de Assis: "As ideias alheias, por isso mesmo que não foram compradas na esquina, trazem um certo ar comum; e é muito natural começar por elas antes de passar aos livros emprestados, às galinhas, aos papéis falsos, às províncias etc.".[2]

Longe do sarcasmo de Machado, queremos apenas fazer pensar no lastro comunitário de que nos servimos para constituir o que é mais individual. De uma vibração em uníssono com as ideias de um meio passamos a ter, por elaboração nossa, certos valores que derivaram naturalmente de uma práxis coletiva. E reflexões, que escutamos e que calharam bem com nosso estado de alma, estão a um passo da assimilação, e do esquecimento da verdadeira fonte.

Não se trata, como dissemos, de uma rapinagem intelectual comum nos meios universitários em que as ideias têm alto "valor de troca", semelhantes a mercadoria. Mas, de um processo cujas fases não são elaboradas por nossa consciência. Os que menos resistem à sugestão, quando cedem à influência externa, creem-se livres e autônomos em seus pensamentos e decisões. Determinar a origem de uma influência social é um problema difícil. Ela pode ser um ponto de convergência de várias correntes de pensamento coletivo.

Existem valores e diretrizes para a ação que às vezes não puderam desabrochar no meio primitivo em que os vimos formulados. É possível que limitações daquele grupo o fizessem guardar essa substância valorativa em estado virtual. Um de seus membros, depositário de sua substância implícita, pode vir a realizá-la em outro grupo onde encontrou solo favorável. Mas, é possível também que esqueça as raízes distantes de sua ação atual. Seria preciso que os membros do antigo grupo ainda estivessem perto dele, reavivando-lhe a memória.

Há fatos que não tiveram ressonância coletiva e se imprimiram apenas em nossa subjetividade. E há fatos que, embora testemunhados por outros, só repercutiram profundamente em nós; e dizemos: "Só eu senti, só eu compreendi". Um exemplo pode ser o desaparecimento de uma pessoa que consideramos de especial valor. Podemos guardar anos, teimosamente, sua lembrança, de que nos sentimos o único depositário fiel, tendo como expectativa um grupo futuro. É porque temos certeza de que esse valor negado pelo grupo atual tem uma significação que o transcende e que poderá ser explicitada por nós um dia, em melhores condições, para outros homens para quem nosso amigo desaparecido será familiar, caro, inspirador.

Veja-se a fidelidade da memória de d. Brites com relação a Augusto Pinto. Ela relata sua prisão, sua tentativa de fuga, sua morte, a lápide da sepultura, o protesto contra a lápide e o texto integral composto pela mãe e pela irmã, que, se foi apagado do cemitério, revive aqui em sua lembrança e se perpetua com o leitor dessas linhas. D. Brites está consciente da militância de sua memória: "Esses são fatos que se vivem apaixonadamente na época. Depois que passou põe-se uma pedra por cima. Eu ainda guardo isso para ter uma memória viva de alguma coisa que possa servir alguém".

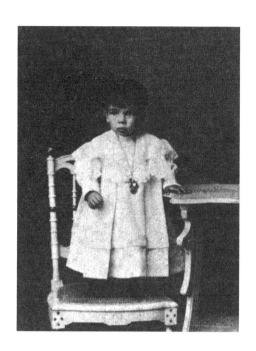

*Família de Artur Diniz de Carvalho, o "Chegadinho", Rio Claro, 1896
(do álbum de d. Dulce de Oliveira Carvalho).*

## O INDIVÍDUO COMO TESTEMUNHA

Uma memória coletiva se desenvolve a partir de laços de convivência familiares, escolares, profissionais. Ela entretém a memória de seus membros, que acrescenta, unifica, diferencia, corrige e passa a limpo. Vivendo no interior de um grupo, sofre as vicissitudes da evolução de seus membros e depende de sua interação. Quando sentimos necessidade de guardar os traços de um amigo desaparecido, recolhemos seus vestígios a partir do que guardamos dele e dos depoimentos dos que o conheceram. O grupo de colegas mal pode constituir um apoio para sua lembrança, pois se dispersou e cada um se integrou num meio diverso daquele que conheceu. Como salvar sua lembrança senão escrevendo sobre ele, fixando assim seus traços cada vez mais fugidios?

Fui colega de classe de Iara Iavelberg, cuja vida e morte precoce e trágica impressionaram nossa geração.* Ela estudou e formou-se conosco, dividimos o pão no recreio, discutimos ideias nas aulas. Muitos se lembrarão de sua figura magra, de um louro queimado, sua voz combativa. É um trabalho árduo esse, de recomposição, porque muitos traços de sua fisionomia requerem, para se completar, que se revivam nossa época de estudo, nossos ideais, nossos mestres, nossas leituras. Cada um de nós guardou dela uma conversa, um gesto, uma pequena lembrança preciosa. Procurei seu vestígio em caminhos que iam dar no sertão, em escarpas que ela subiu a pé; e que alegria senti numa venda à beira de estrada ao ouvir suas palavras repetidas por uma mulher que nunca a esqueceu!

Que interesse terão tais elementos para a geração atual? Encontrarei uma linguagem que comova as pessoas de hoje, para as quais seu nome pouco significa? As lutas pela memória, eis algo de que todos temos conhecimento de causa.

Por muito que deva à memória coletiva, é o indivíduo que recorda. Ele é o memorizador e das camadas do passado a que tem acesso pode reter objetos que são, para ele, e só para ele, significativos dentro de um tesouro comum.

---

* Iara Iavelberg (1944-1971), psicóloga. Após anos de resistência clandestina à ditadura militar foi assassinada pela repressão em Salvador.

D. Brites e d. Jovina utilizam um tesouro comum, mas, apesar das semelhanças, que diferenças no relato da infância! D. Brites lembra, de Vivina, travessuras que ela esqueceu. Veja-se o fim da guerra de 1918 relatado por d. Brites: "Houve um baile no Trianon e quando veio a notícia do armistício parou-se o baile e cantou-se o Hino Nacional. Era o dia 11 de novembro. Vivina chegou em casa e foi acordar o papai pra contar; disso me lembro porque acordei e ouvi". E d. Jovina. "Não me lembro do fim da Primeira Guerra, foi uma coisa sem grande repercussão, mas imagino que em casa, onde o ambiente era absolutamente francófilo, houve alegria".

A menina Brites brinca no porão e no jardim com as irmãzinhas; Vivina procura a rua e os vizinhos. A memória de d. Brites é mais familiar e intimista. A de d. Jovina é mais puxada pela vida pública, não se compraz tanto com o passado. Estamos ouvindo uma pessoa de ação. D. Brites se confessa uma pessoa *de oitiva,* mas cujo espírito crítico nunca se abrandou. Tenho a impressão de que ela soube viver a infância com a ótica do passado. Se o passado irrompe no presente da família, é graças à sua força; foi ela quem organizou a festa de centenário do pai, procurou as músicas antigas, as cartas, até descobriu o poema renegado por Preciosa que, ao ouvi-lo na voz de um neto, ficou muito zangada. "Foi uma gargalhada dos irmãos. Voltou a ser a casa da nossa infância."

Os fatos afloram lembrando a memória-sonho. Penso que os fatos que a memória de d. Jovina selecionou — o primeiro livro, o primeiro filme, o primeiro movimento de rua — são ordenados pelo *hoje*. Sei que ela é, acima de tudo, uma mulher de ação, e foi desde sempre. Não se lembra de canções de roda ou de pregões, como a irmã, mas de suas lágrimas ao avistar, do bonde, os anarquistas passando com faixas na rua, em protesto pelo desaparecimento de Idalina.

Sua sensibilidade de menina já estava orientada para ser a ardente socialista que é: cai em pranto quando lê *Os miseráveis* em cinco volumes, que a admirável d. Aninha, lavadeira e grande leitora, conseguiu emprestados. A primeira fita de que se recorda é *O caso Dreyfus*. Sua autobiografia está pontilhada de indignações diante da injustiça. Aflige-se quando o chofer da visita rica espera sob a chuva. Vibra na escola com o *Eppur si muove* de Galileu, contado pela professora. E admirava o autor de seu livro de geografia, Reclus, que era anarquista, e só comia pão porque era o que a humanidade pobre podia comer.

D. Brites dá seu depoimento sobre a irmã em vários pontos da sua narrativa: "Lembro-me do susto que nos deu Vivina, que era uma menina terrível.

[...] Foi sempre diferente das outras, era o destaque da família. Com vinte anos comprou o primeiro dicionário anarquista editado no Brasil. [...] Vivina com oitenta anos tem o mesmo entusiasmo dos dezoito: ela é agora a mesma que era aos dezoito anos".

D. Brites refere-se à beleza impressionante de Jovina (que também nos impressionou) e é descrita, por sua vez, pela irmã: "Brites foi sempre fechada, isolada. [...] foi uma criança muito bonita, mas triste".

O que as recordações tenham em comum, ou em paralelo, é o que esperávamos, mas o que nos chama a atenção são as diferenças de observações sobre o mesmo fato e essas lembranças em contraponto que embelezam ainda mais duas vidas já em si tão belas.

Para Halbwachs, cada memória individual é um ponto de vista sobre a memória coletiva. Nossos deslocamentos alteram esse ponto de vista: pertencer a novos grupos nos faz evocar lembranças significativas para este presente e sob a luz explicativa que convém à ação atual. O que nos parece unidade é múltiplo. Para localizar uma lembrança não basta um fio de Ariadne; é preciso desenrolar fios de meadas diversas, pois ela é um ponto de encontro de vários caminhos, é um ponto complexo de convergência dos muitos planos do nosso passado. Como transmitiríamos a nossos filhos o que foi a outra cidade, soterrada embaixo da atual, se não existem mais as velhas casas, as árvores, os muros e os rios de outrora?

Subindo a rua onde morei, lembro-me de que ela se unia à avenida Rebouças por uma transversal de calçadas altas, com degraus. O encontro de um amigo que se tenha sentado nos mesmos degraus nos traz uma espécie de euforia e tranquilidade. Deixamos de ser, por um momento, os visionários da cidade antiga que só existia em nós, e que, de repente, ganha a sanção de uma testemunha: passa a ser uma lembrança coletiva, portanto uma realidade social. O mapa de nossa infância sofre contínuos retoques à medida que nos abrimos para outros depoimentos.

Passei por essas ruas levada por outras pessoas que me ensinaram a ver com seus olhos. Subi a pé, pela primeira vez, minha rua pela mão de meu avô; foi ele quem me chamou a atenção sobre a bacia de pedra no alto da rua, na confluência da rua da Consolação com a avenida Dr. Arnaldo, onde, na sua juventude, os cavalos bebiam. Na época em que a conheci, o negro Bahia lavava com aquela água os automóveis ali estacionados. Outras tantas vezes subi a rua com amigos que me chamaram a atenção para outros aspectos dela. Se refaço hoje o percurso, como posso me dizer só e pretender ver só com meus olhos o que vejo? Os pontos de vista dos que subiram comigo a rua tornam minha evocação múltipla e profunda e alicerçam minhas visões.

As testemunhas que retificaram uma lembrança não conseguem sempre fazer-nos revivê-la. Podemos escutar, surpresos, o relato de uma cena de nosso passado sem conseguir revivê-la; descrevem nossa atuação e nos sentimos estranhos à narrativa. Se faltamos nós mesmos entre as testemunhas a lembrança não se realiza. Os outros podem precisar, mas também podem confundir nossas lembranças. As versões alheias podem interferir, alterando e turvando uma impressão cristalina que gostaríamos de guardar. Se nos traçarem um quadro onde esquecemos nossa atuação, podemos reconstruí-lo, aceitar nossa parte nele, mas não nos enxergamos no fundo desse espelho embaçado, queremos sondá-lo e ele não devolve nosso rosto.

*O grupo é suporte da memória se nos identificamos com ele e fazemos nosso seu passado.* Quando o grupo é efêmero e logo se dispersa, como uma classe para o professor, é difícil reter o caráter e a fisionomia de cada aluno. Para os alunos as lembranças são mais sólidas, pois tais fisionomias e caracteres são sua convivência de anos a fio. O grupo de colegas de uma faculdade é, em geral, duradouro, constitui, pouco a pouco, uma história e um passado comuns, não raro se definindo por alguma maneira de atuar na sociedade que caracteriza sua geração.

Outros fatores interferem na memória, como o lugar que alguém ocupa na consideração de seu grupo de convivência diária, onde há desigualdade de pontos de vista, uma repartição desigual de apreço. O membro amado por todos terá suas palavras e gestos anotados e verá com surpresa, anos depois, seus menores atos lembrados e discutidos. Palavras de afeto, gestos de solidariedade que partiram dele são ciosamente guardados e agradecidos. Outros gestos mais nobres, outras palavras mais doces do colega menos querido podem cair no esquecimento e ser dados como insignificantes pelo grupo.

As lembranças grupais se apoiam umas nas outras formando um sistema que subsiste enquanto puder sobreviver a memória grupal. Se por acaso esquecemos, não basta que os outros testemunhem o que vivemos. É preciso mais:

é preciso estar sempre confrontando, comunicando e recebendo impressões para que nossas lembranças ganhem consistência. Imagine-se um arqueólogo querendo reconstituir, a partir de fragmentos pequenos, um vaso antigo. É preciso mais que cuidado e atenção com esses cacos; é preciso compreender o sentido que o vaso tinha para o povo a quem pertenceu. A que função servia na vida daquelas pessoas? Temos que penetrar nas noções que as orientavam, fazer um reconhecimento de suas necessidades, ouvir o que já não é audível. Então recomporemos o vaso e conheceremos se foi doméstico, ritual, floral...

# Tempo e memória

Uma forte impressão que esse conjunto de lembranças nos deixa é a divisão do tempo que nelas se opera. A infância é larga, quase sem margens, como um chão que cede a nossos pés e nos dá a sensação de que nossos passos afundam. Difícil transpor a infância e chegar à juventude. Aquela riquíssima gama de nuanças afetivas de pessoas, de vozes, de lugares... Veja-se o jardim de d. Brites, recordado flor por flor, arbusto por arbusto. Pode às vezes a pessoa fixar-se no ponto de vista de um certo ano de sua vida. Quando d. Jovina nos descreve a família — "As pequenas, Brites (com nove anos), Clélia (com sete), Guiomar (com quatro), davam-se muito bem" — é o seu olhar dos quinze anos que está observando as irmãs menores.

O território da juventude já é transposto com o passo mais desembaraçado. A idade madura com passo rápido. A partir da idade madura, a pobreza dos acontecimentos, a monótona sucessão das horas, a estagnação da narrativa no sempre igual pode fazer-nos pensar num remanso da correnteza. Mas, não: é o tempo que se precipita, que gira sobre si mesmo em círculos iguais e cada vez mais rápidos sobre o sorvedouro.

Chama-nos a atenção com igual força a sucessão de etapas na memória que é toda dividida por marcos, pontos onde a significação da vida se concentra: mudança de casa ou de lugar, morte de um parente, formatura, casamento, empregos, festas. As festas de que toda a família participa, como o Natal, são mais recordadas do que as que têm importância mais individual: formaturas, aniversários... A sucessão de etapas no trato do passado é patente na memória de d. Risoleta: quando ela diz dos seus "o resto estão todos enterrados lá no Arraial dos Sousas", percebemos que a infância terminou, suas testemunhas se dispersaram, estão enterradas no Arraial, as frutas perderam o gosto, não há mais pios da rola, da perdiz, da codorna, nem tocam no Natal as flautas de bambu: "Eu tenho lembrado aquela flautinha, de que adianta ter saudade, já passou".

Começa uma etapa de trabalho na casa dos patrões, ainda se ouvem as violas de são Benedito no terreiro, mas o som da festa cede lugar aos ruídos domésticos da vassoura, da panela, da torneira...

A morte do marido sela o fim da juventude e de suas esperanças: "A gente esquece e procura esquecer". A idade madura se encerra com a frase que resume a árdua criação dos filhos: "E assim eu criei toda essa cria". E, finalmente, a idade da contemplação e do sossego é expressa no último período da história de d. Risoleta: a imagem de são Benedito, que fora de sua mãe e que nunca deixou a cozinha, desloca-se para a sala onde a velhinha medita, reza e fica "burilando seu espírito".

Convém refletir sobre a divisão social do tempo que recobre as horas do relógio e impõe uma duração nova. Um dia inteiro pode dividir-se em antes e depois de uma visita esperada. Rememoramos com vivacidade os pequenos incidentes antes de sua chegada, uma flor colhida às pressas, algum arranjo de última hora na casa. E quando a visita esperada se afasta ficamos estupefatos com a rapidez do desfecho e com o vazio que deixou depois de si.

Quando olhamos para trás podemos localizar os marcos do nosso tempo biográfico no tempo solar decorrido. Mais que os astros, pode o tempo social, que recobre a passagem dos anos e das estações. À medida que o tempo social se empobrece de acontecimentos, se afina e esgarça, vai pondo a nu aquele tempo vazio, sem aparas, como um chão infinito, escorregadio, em que os passos deslizam. Tempo que vence e muda os seres mais resistentes: "Lavei todas as latas e comi todo o leite condensado que já estava cozido pelo tempo. O tempo passou e o leite cozeu. Mas o tempo não passa, o tempo é estático, o tempo é, nós é que estamos passando pelo tempo...", reflete o sr. Abel sobre a sua lembrança da vendinha de Pantojo.

E d. Alice: "A vida vai ficando... Não tem uma coisa para lembrar, fica sempre igual... Você compreendeu, meu bem, você entendeu, não é?".

Com o olhar perdido no pátio do asilo, o sr. Ariosto confessa: "Sábado, domingo, leio o jornal que o barbeiro traz; fico conversando com os outros velhinhos e assim vai passando o tempo. Mas eu não gosto de passar esse tempo".

"Lembro vagamente do bombardeio de Pequim, da vitória de Mao Tsé-tung; a China é muito longe, não é? Lembro da Revolução Cubana, mas na minha vida não teve muita importância. A Guerra do Vietnã foi consequência da Guerra da Coreia; a gente lê notícia, acompanha como espectador. A mim não ia acontecer nada mais. A única coisa que me pode acontecer agora é ficar doente e morrer." Quem disse essas palavras é a professora que liderou os colegas na luta salarial, que costurou as bandeiras do comício de Prestes, que defendeu o casal Rosenberg.

O primeiro dia de aula, a perda de uma pessoa amada, a formatura, o começo da vida profissional, o casamento dividem nossa história em períodos. Nem sempre conseguimos fixar tais divisões na data de um tempo exterior. Quando as marés de nossa memória já roeram as vigas, o fato deriva ao sabor das correntezas. No entanto, sofremos no dia a dia a inexorável divisão que nos constrange a deixar a casa pelo trabalho, a juventude pela maturidade e nos rouba do convívio mais caro. É a força do tempo social marcado por pontos de orientação que transcendem nossa vontade e nos fazem ceder à convenção.

O ciclo dia e noite é vivido por todos os grupos humanos mas tem, para cada um, sentido diferente. A noite pode ser um florescimento do social, uma intensificação do amor e da amizade que se expandem e brilham sem as peias da rotina diária. A noite pode ser um lapso de abandono e de medo para a criança, para o solitário que vê as ruas se esvaziarem, para o doente ou o asilado. A noite tem durações diferentes para o trabalhador braçal, para a dona de casa, para o escolar. As jornadas operárias em turnos alternados semanais afetam a coerência da vida da família, roubam o passado e o futuro. Impedem os projetos e a sedimentação das lembranças, lançam o trabalhador num tempo mecânico, homogêneo, onde qualquer ponto pode ser o de origem, onde não há marcos de apoio.

O velho ritmo do estômago, aprendido desde a primeira infância, é violentado. O ritmo do sono, do sistema nervoso são violentados para seguir os vetores desse tempo sem margens. O operário mergulha na vertigem do tempo vazio em que sua vida se decompõe para que o objeto da indústria se integre e se componha.

O COMPASSO SOCIAL DO TEMPO

O tempo social absorve o tempo individual que se aproxima dele. Cada grupo vive diferentemente o tempo da família, o tempo da escola, o tempo do escritório... Em meios diferentes ele não corre com a mesma exatidão.

Há o tempo da igreja, em que a pressa fica mal, não se deve ter pressa de rezar... Há o tempo do comércio, em que a pressa vale ouro. O tempo do comprador não é o do flanador nas ruas. Nem o tempo da visita íntima é o da visita de cerimônia. Há meios em que a gente desconta a exatidão de outros, não querendo saber do relógio, afrouxando e recusando todo ritmo. Há ciclos, mensais e anuais, para as relações afetuosas... O período de rever um amigo é diferente do de rever um parente chegado. Há um quadro orientador do bom uso do tempo social. Pertencem a esse quadro o ano litúrgico diferente do ano escolar, diferente do ano do lavrador... Esses anos têm ocasiões de plenitude, de vazante, de recesso, de vazio. Lembre-se a sucessão das horas de trabalho penoso na oficina do sr. Amadeu que são, por assim dizer, de uma violenta monotonia se comparadas com os feriados e as festas.

Cada geração tem, de sua cidade, a memória de acontecimentos que permanecem como pontos de demarcação em sua história. O caudal das lembranças, correndo sobre o mesmo leito — a cidade de São Paulo —, guarda esses episódios notáveis, que ouvimos sempre retomados na fabulação de seus moradores. As grandes festas são recordadas com detalhes ou mencionadas: o Centenário da Independência, em 1922, com seus fogos, sua chuva a cântaros e a chegada do rei da Bélgica. Alguns chegaram a ver os fogos de artifício, outros voltaram para casa desanimados com a chuva. O rei foi visto passar em carro descoberto, d. Brites e o sr. Antônio cantaram para ele.

Festas notáveis foram também o Congresso Eucarístico, o Dia da Vitória, o Quarto Centenário de São Paulo... E as festas de bairro, como as de são Vito e de Nossa Senhora Aqueropita, no Brás e no Bexiga, os corsos de Carnaval na avenida Paulista e na avenida Rangel Pestana...

Da crônica policial ficou o crime da mala, as peripécias de um simpático ladrão, Gino Amleto Meneghetti, que roubava dos ricos para dar aos pobres, na opinião unânime dos memorialistas de origem humilde, da buona gente do sr. Amadeu, do sr. Antônio, do sr. Ariosto, da d. Alice.

Das catástrofes, imprimiram-se na memória paulistana os desastres da Central do Brasil, o acidente na pista com a corredora francesa Hellé Nice, quando seu carro se incendiou a grande velocidade (muitas crianças nascidas na época receberam o nome de Elenice) e o naufrágio em que morreu o bispo. A gripe espanhola de 1918 abalou todas as vidas e rematou o período de fome e desemprego da Grande Guerra.

Às vezes há deslizes na localização temporal de um acontecimento, como a passagem do cometa de Halley, as experiências de voo de Santos Dumont, as campanhas de saneamento dos mata-mosquitos de Oswaldo Cruz. Falhas de cronologia se dão também com os acontecimentos extraordinários da infância e da juventude: o primeiro bonde, o primeiro rádio, a construção dos edifícios do centro, o cinema falado, a travessia do Atlântico em avião, o voo do Zeppelin.

A força da evocação pode depender do grau de interação que envolve: eventos de repercussão restrita diferem, em sua memorização, dos que foram revividos por um grupo anos a fio. Mas, uns e outros sofrem de um processo de desfiguração, pois a memória grupal é feita de memórias individuais. Conhecemos a tendência da mente de remodelar toda experiência em categorias nítidas, cheias de sentido e úteis para o presente. Mal termina a percepção, as lembranças já começam a modificá-la: experiências, hábitos, afetos, convenções vão trabalhar a matéria da memória. Um desejo de explicação atua sobre o presente e sobre o passado, integrando suas experiências nos esquemas pelos quais a pessoa norteia sua vida. O empenho do indivíduo em dar um sentido à sua biografia penetra as lembranças com um "desejo de explicação".

Bartlett, num experimento, reuniu sujeitos no gabinete de psicologia, em Cambridge: a cada um mostrava-se um quadro e dava-se um conto para ler. Com intervalos variados de tempo pedia-se sua reprodução. Ele sempre achou lacunas nas descrições e relatos e uma tendência da memória a gravitar em torno de um certo eixo: em sua busca de significado os sujeitos agregam o material numa configuração mais simples e de conteúdo mais claro. A elaboração com aumento de complexidade é rara: em geral se esquematiza mais do que se elabora. Pode, no entanto, um aspecto original acentuar-se, em detrimento de outros que se apagam, seguindo a linha dos interesses, preconceitos e preferências do indivíduo. Quando Bartlett usou cadeias de sujeitos que reproduziam em série um relato, verificou nas sucessivas versões o mesmo tipo de mudança que a memória individual operava, porém em grau mais acelerado. No caso em que o sujeito *viu*, houve sempre um encontro face a face com o objeto original. Quando ele *ouviu falar*, a desfiguração é mais rápida, porque se um membro da série cai num erro de identificação, este se acentua à medida que se difunde.

Voltando à passagem do cometa de Halley: ela é descrita em certos pormenores concretos pelo sujeito que viu, apesar da grande distância temporal. Já suas consequências mais remotas, de que se ouviu falar, como guerras ou a proximidade do fim do mundo, são descritas vagamente: "Houve uma época em que os jornais diziam que o mundo ia acabar em fogo e revolução. As pessoas faziam festas, se embriagavam com vinho, muitos se jogavam do viaduto do Chá. Ouvi comentar, não vi com meus olhos ninguém se jogar" (sr. Ariosto).

"Logo depois que minha mãe morreu, lembro de uma estrela que apareceu e foi muito comentada, o dia que a terra tremeu e o papa morreu. Todo mundo saiu pra ver a estrela e meu pai dizia: 'Sinal no céu é sinal de guerra'. 'Mas a guerra acabou agora mesmo, não vai ter mais guerra.' E teve. Era uma estrela bonita e a cauda dela pegava longe, parece que tinha luz na cauda inteirinha. Apareceu do lado do pôr do sol, à noitinha, uma vez só. Todo mundo fazia alarido: 'Olha a estrela de cauda, o mundo vai acabar se o sol bater na lua'. O mundo está sempre acabando" (d. Risoleta).

Naturalmente, o grupo que assistiu ao fenômeno ajudou a reter o fato com seus comentários e ao mesmo tempo o acrescentou de outras conotações, bem ao gosto de d. Risoleta, que quis aproximar tais presságios da morte de sua mãe.

Será a memória individual mais fiel que a social? Sim, enquanto a percepção original obrigar o sujeito a conter as distorções em certos limites porque ele viu o fenômeno. Mas o *quando,* o *como,* entram na órbita de outras motivações. Se a memória grupal pode sofrer os preconceitos e tendências do grupo, sempre é possível um confronto e uma correção dos relatos individuais e a história salva-se de espelhar apenas os interesses e distorções de cada um. A memória pode percorrer um longo caminho de volta, remando contra a corrente do tempo. Ela corre o perigo de se desviar quando encontra obstáculos, correntes que se cruzam no percurso. São as mudanças, os deslocamentos dos grupos, a perda de um meio estável em que as lembranças pudessem ser retomadas sempre pelos que as viveram. As transformações profundas por que passa a família, a perda e a chegada de novos membros são pontos de partida. Atrás deles os caminhos se perdem, descontínuos, apagados.

A criança ouve com prazer os episódios da infância dos avós que, à força de serem evocados, chegam a formar um quadro com certa harmonia. Os nossos memoriosos narram com frequência fatos da vida dos avós, e até anteriores a eles, como é o caso do sr. Abel: "Aqui no asilo só converso com meu companheiro de quarto, meu amigo Antônio, que também tem muito boa memória. Tenho comentado com ele coisas passadas, a São Paulo de sessenta anos atrás. E de um tempo ainda mais antigo, que eu lembro ainda melhor, de uma festa no largo dos Curros em que dançou o conde Raul de Carapebus".

Quando morrem as vozes dos avós, sua época nos aparece como um caminho apagado na distância. Perdemos os guias que o percorreram e saberiam conduzir-nos em suas bifurcações e atalhos. É o que d. Brites lamenta com a perda de sua irmã mais velha: "Minha irmã Preciosa, que tinha memória de anjo, falava dos bondes puxados a burro que subiam a rua Maria Antônia...".

Curiosa é a expressão *meu tempo* usada pelos que recordam. Qual é o *meu tempo,* se ainda estou vivo e não tomei emprestada minha época a ninguém, pois ela me pertence tanto quanto a outros, meus coetâneos?

Essa expressão despertou também a curiosidade de Simone de Beauvoir: "Aragon no *Blanche ou l'oubli* notou a bizarrice dela. O tempo que o homem considera como seu é aquele onde ele concebe e executa suas empresas... A época pertence aos homens mais jovens que nela se realizam por suas atividades, que animam com seus projetos. Improdutivo, ineficaz, o homem idoso aparece a si mesmo como um sobrevivente. É por esta razão que ele se volta tão prazerosamente para o passado: é o tempo que pertenceu a ele, onde ele se considerava um indivíduo inteiro, um vivo".[3] Achamos pessimista a visão de Simone, pois não se aplica a todas as pessoas.

D. Brites afirma, categórica, que *"meu tempo* foi o tempo que fui professora, que tive o convívio das crianças".

D. Alice procura explicar o que significa ser de seu tempo: "Se vou contar alguma coisa antiga pras minhas netas, do meu tempo, digo: 'Foi naquele tempo que Jesus andava no mundo...'. Mas sei de muitas pessoas idosas que ficam sentidas quando os moços falam assim: 'Naquele tempo, ah, naquele tempo!'. E a pessoa idosa não pode recordar".

O sr. Antônio reflete melancolicamente sobre seu declínio físico: "Tenho o cérebro bom, só o cérebro porque o coração está pifado [...] Eu jogava bem, mas agora os jogos de carta não são como antigamente. Meus ataques não são tão rápidos, a rapidez me foge, os outros me vencem".

Mas o sr. Amadeu continua na ativa: "Sou aposentado mas ainda faço alguma coisa daquilo que eu sabia fazer, afinal sou responsável pela casa... Sinto-me contentíssimo com a vida, agora. Ainda vou ao cinema, teatro, todo lugar em que haja alguma coisa para aprender eu vou". E ainda move os colegas de fábrica para auxiliar as crianças da Casa André Luiz.

O sr. Ariosto vive na esperança: "Um dia vou deixar este asilo, vou morar com meu irmão e trabalhar, ainda posso fazer flores".

Apesar de tudo o que tem sofrido, o sr. Abel confessa: "Passei pelo Vera Cruz, um inferno de loucos e alcoólatras, onde ela me internou, mas sou um homem inteiro ainda".

Na opinião do neto, d. Risoleta superou as pessoas mais jovens: "Mamãe, você está muito atrasada. Você sabe que a vovó está duzentos anos na sua frente?".

"Se eu enxergasse", ela nos disse, "queria ir até os cem anos, não tinha importância não. Eu não me sinto velha, me sinto mocinha!" Viver o tempo parece de fato para ela uma experiência cada vez mais translúcida.

D. Jovina atravessa nossa época como poucos: "Vivo o presente, o futuro, só agora fiquei voltada para o passado. [Ela quer dizer *na entrevista*.] A vida é o presente. [...] A vida é uma luta, estou sempre lutando. Pensei que ia ter uma velhice espiritualmente mais feliz e a gente continua dando murros em ponta de faca. Sempre remei contra a corrente".

Este *sempre* vem da infância: "A injustiça social me calou sempre... desde menina. A gente não sabe em que idade começa esse sentimento que vem da separação de classes, que eu não pude nunca compreender. [...] Estou com oitenta anos... Trabalho agora em auxílio dos refugiados. Na luta pela anistia aos presos políticos vou, mas não acredito que haverá anistia. Vivo ainda esperando algo de bom".

Guardar intacta no plano da ação essa esperança, que um exame crítico mostra ser quase sem fundamento, aí está, para Simone Weil, a própria essência da coragem.

Desses exemplos nos fica a ideia de uma apreensão do tempo dependente da ação passada e da presente, diversa em cada pessoa. Um tempo que fosse abstrato e associal nunca poderia abarcar lembranças e não constituiria a natureza humana. É esse, que ouvimos, tempo represado e cheio de conteúdo que forma a substância da memória.

# Lembranças de família

As lembranças do grupo doméstico persistem matizadas em cada um de seus membros e constituem uma memória ao mesmo tempo una e diferenciada. Trocando opiniões, dialogando sobre tudo, suas lembranças guardam vínculos difíceis de separar. Os vínculos podem persistir mesmo quando se desagregou o núcleo onde sua história teve origem. Esse enraizamento num solo comum transcende o sentimento individual.

Quem penetra um grupo familiar, através do matrimônio, por exemplo, encontrará uma atmosfera à qual deve adaptar-se; uma unidade e coesão que se defende o quanto pode da mudança. Essa atmosfera própria, essa força de coesão lhe vêm do fato de que ela representa uma mediação entre a criança e o mundo. Todos os acontecimentos de fora chegam até a criança filtrados e interpretados pelos parentes. Hoje se impõem como mediações também os meios de comunicação. D. Brites se admira: "Minha casa tinha portão fechado, nós vivíamos ali dentro e entrava só quem nossa mãe achava que podia entrar, que devia entrar. Agora não, você está fechada dentro de casa e cata pelo ar tudo quanto é anúncio. Você não tem mais uma casa fechada".

A família que agora conhecemos é restrita ao grupo conjugal e aos filhos, em geral poucos; inclui cada vez menos parentes, agregados e protegidos. Uma larga parentela de tios, primos, padrinhos rodeava de tal maneira o núcleo conjugal que ele se sentia parte de um todo maior. Nos moldes de hoje a família — em estrito senso — rema contra a maré de uma sociedade concorrencial, onde a perda de um de seus poucos apoios é absoluta e irremediável. Falta-lhe o envolvimento da grande família de outrora em que o bando de primos fazia as vezes de irmãos, e onde tios, parentes e agregados acompanhavam a criança desde o berço.

O adolescente atual não alcança compreender a ansiedade dos pais quando ele se afasta e dirá: "Para que me querem em casa se eu me tranco no quarto para ler ou ouvir música?". Essa pouca presença, quase ausência do filho sob o mesmo teto já traz um certo sentimento de não estar só e segurança à tríade familiar.

Quando a família estaciona e já não dispõe de meios para crescer, não esquece os membros que a deixaram e procura deter seu afastamento, aferrando-se aos elos que os ligavam. São os velhos que, ao encontrar filhos e sobrinhos, ficam evocando seus primeiros anos. A família, observa Halbwachs, sempre espera a volta do filho pródigo, mesmo comportando-se como quem o esqueceu.

A família desenraizada nos centros urbanos ainda possui uma força de coesão capaz de integrar pessoas de diferentes classes econômicas, credos políticos e religiosos opostos. Uma crença religiosa terá o peso que ela lhe conferir e pode, ou não, afastar um membro de si. Quanto à distância física, é, às vezes, um fator de aproximação: o membro distante pode tornar-se uma figura mítica, amada de forma especial. Enfim, das oposições exteriores pode a família tirar força para o estreitamento de seus vínculos.

Na Roma antiga a terra pertencia para sempre à família que a cultivava, que nela enterrava seus mortos e erigia o altar dos deuses lares. Terra, família, religião comungavam no mesmo espírito. Na terra se cultivavam o alimento e a memória dos vivos e mortos. Chuvas, sementeiras, poda, colheita eram ciclos da faina agrícola mas também marcavam as festas, o rejuvenescimento da comunidade. Se cada família não tem mais, como na Roma antiga, seus cantos, preces, seu próprio culto, não se pode negar que tenha um espírito seu, uma maneira de ser, lembranças e segredos que não passam das paredes domésticas. E tem suas figuras exemplares, modelos, cuja fisionomia se procura reconhecer nos mais jovens; avós lendários ou vindos de país remoto que imprimem a todos os seus um traço distintivo. Qualidades e defeitos são afirmados com satisfação: "Temos mão-aberta em nossa família". Ou: "Somos distraídos e impulsivos". A história da família é fascinante para a criança.

Há episódios antigos que todos gostam de repetir, pois a atuação de um parente parece definir a natureza íntima da família, fica sendo uma atitude-símbolo. Reconstituir o episódio é transmitir a moral do grupo e inspirar os menores. Podemos reconstruir um período a partir desse episódio. Tocamos sem querer na história, nos quadros sociais do passado: moradias, roupas, costumes, linguagem, sentimentos, como fez d. Jovina: "Quando vejo aquele fundo do largo do Arouche lembro tudo isso. Do quadro do Floriano na sala de visita. Vovô me chamava de minha mulata quando eu sentava no colo dele e enchia sua barba de trancinhas. O papagaio gritava: *Seu Capitão, vi-vi-vi-vi-viva a República!*".

A menina Alice com seu avental engomado observa as casas senhoriais dos patrões, as donas de batas entremeadas com rendas valencianas e preguinhas, as chaves no cós da saia, medindo tudo; as moças bonitas — uma porcelana, como se dizia — na janela. O ambiente podia ser-lhe propício ou adverso (então ela é trancada na despensa, onde recebe o prato de comida). Seu quartinho de telha-vã contrasta com os palácios onde sua mãe trabalha, mas existem as ruas cheias de cantigas e brincadeiras. As ruas pertenciam de fato às crianças pobres que não tinham jardim, e os bons vizinhos prolongavam o carinho doméstico.

As salas onde a jovem Risoleta só pode permanecer de pé, como negra, são as mesmas em que o jovem Abel via conviver seus parentes. E nós temos o ambiente descrito por dois pontos de vista simultâneos. Muitas lembranças, que relatamos como nossas, mergulham num passado anterior a nosso nascimento e nos foram contadas tantas vezes que as incorporamos ao nosso cabedal. Entre elas, contam-se feitos dos avós, mas também nossos, de que acabamos "nos lembrando". Na verdade, nossas primeiras lembranças não são nossas, estão ao alcance de nossa mão no relicário transparente da família.

De onde vem, ao grupo familiar, tal força de coesão? Em nenhum outro espaço social o lugar do indivíduo é tão fortemente destinado. Um homem pode mudar de país; se brasileiro, naturalizar-se finlandês; se leigo, pode tornar-se padre; se solteiro, tornar-se casado; se filho, tornar-se pai; se patrão, tornar-se criado. Mas o vínculo que o ata à sua família é irreversível: será sempre o filho da Antônia, o João do Pedro, o "meu Francisco" para a mãe. Apesar dessa fixidez de destino nas relações de parentesco, não há lugar onde a personalidade tenha maior relevo. Se, como dizem, a comunidade diferencia o indivíduo, nenhuma comunidade consegue como a família valorizar tanto a diferença de pessoa a pessoa.

Examinamos criticamente, longamente, nossos parentes. Vai-se formando de cada um, em nós, uma imagem complexa e rica de nuanças, capaz de abranger mudanças de comportamento que parecem inexplicáveis aos de fora.

Segundo Halbwachs, em nenhum outro lugar da vida social a convenção importa menos. julgamos um parente pelo que ele é na vida diária e não por seu status, dinheiro, prestígio. A face que ele mostra a outros grupos não é a mesma que se expõe ao julgamento concreto dos seus. Exprimindo essa duplicidade há um ditado francês: "*Joie des rues, douleur de la maison*" ou o acre ditado brasileiro: "Quem não te conhece que te compre".

Temos de um parente a imagem prescrita pela sociedade com seus respectivos papéis: o irmão, a mãe, o pai, com regras de desempenho que devem ser seguidas. E outra imagem mais espontânea e sensível, sempre em reconstrução. Não é raro que as duas concepções se confrontem e uma faça ver as deficiências da outra. A imagem social já fixada pode ser minada pela escavação de uma experiência pessoal mais rica e profunda. Os parentes se afastando e morrendo, as testemunhas desaparecendo, a imagem empalidece, as lacunas crescem. Em cada fase da vida vão se alterando de leve os traços do parente em nossa lembrança.

A imagem de nosso pai caminha conosco através da vida. Podemos escolher dele uma fisionomia e conservá-la no decurso do tempo. Ela empalidece se não for revivida por conversas, fotos, leituras de cartas, depoimentos de tios e avós, dos livros que lia, dos amigos que frequentava, de seu meio profissional, dos fatos históricos que viveu... Tudo isso nos ajuda a constituir sua figura. Meu pai me ofereceu de si muitas imagens até sua morte. Guardarei apenas a última, a de suas horas derradeiras? Ou recuarei no tempo em busca de imagem mais juvenil? Vejo que sua figura não cessa de evoluir: ela caminha ao meu lado e se transforma comigo. Traços novos afloram, outros se apagam conforme as condições da vida presente, dos julgamentos que somos capazes de fazer sobre seu tempo. Nos velhos retratos, o impacto da figura viva vai-se apagando, ou vai sendo avivada, retocada.

Tal como as plantas, que na estação da seca se imobilizam e brotam nas primeiras chuvas, certas lembranças se renovam e em certos períodos dão uma quantidade inesperada de folhas novas. Como planta que se fortalece com a enxertia — outros ramos se nutrem de suas raízes e frutificam com vigor renovado, chamando para si a seiva dos galhos originais — a enxertia social não deixa que as lembranças se atrofiem.

E se desaparecessem todos os meus parentes? Durante muito tempo conservaria, mescladas à minha, suas lembranças de episódios familiares. Mas, se todos os parentes se extinguissem não encontraríamos, por acaso, outras pessoas que conheceram nossos queridos e para quem seus nomes ainda queiram dizer alguma coisa? E essas pessoas não poderiam contar, ainda, algum episódio de suas vidas? Se nossos mortos recuam, se a distância se alonga entre nós, a culpa não é do tempo, mas da dispersão do grupo onde viveram e que sentia necessidade de nomeá-los, de chamá-los de vez em quando.

A figura materna pode ser descrita por traços físicos ou morais, ou mesmo através do seu trabalho: "Minha mãe era carinhosa comigo, mas a vida era muito sofrida, trabalhar com uma criança de três anos, ou mesmo maiorzinha é difícil". Sempre ao lado da filha, ajudando a criar os netos, d. Alice evoca sua dedicação.

O sr. Amadeu descreve sua mãe, que "era franzina, miúda, clara, cabelos pretos, olhos castanhos. Era muito calma, tinha muito sentimento". "Ficou doente de desgaste, muitos filhos, muito trabalho. [...] Meu pai tinha sua turma, gostava mais do vinhozinho, mas minha mãe era muito atenciosa com os filhos, contava histórias para a gente dormir..."

A mãe do sr. Ariosto é evocada no seu trabalho caseiro: acendendo o fogão a lenha, regando o jardim, contando histórias, dançando com os filhos. Mas, as lembranças giram sobretudo em torno da alimentação: "No fundo do quintal assava pão num forno redondinho de tijolos. [...] Ela fazia as *pagnottas* redondas e quando a gente tinha fome ela cortava no braço uma fatia, cortava os tomatinhos e punha no pão, com sal e azeite estrangeiro. A gente comia com prazer". "Eu estava sempre na saia de minha mãe."

O sr. Abel descreve em rápidos traços a cabeleira negra de sua mãe, o ciúme que tinha de seus namorados, o mimo que dela recebeu na juventude, o excesso de proteção: "Lembro que fui com minha mãe, de carro aberto, à festa do Centenário, em 1922. Ela pôs óculos e echarpe. Chovia pra burro, e minha mãe, coitada, se molhando e fazendo tudo pra eu não me molhar".

"Minha mãe era um pouco mais alta que meu pai, muito clara, gorda, mas se movimentava muito. [...] Minha mãe era muito inteligente, nunca apanhamos dela, mas meu pai era violento nos castigos." Lembra o sr. Antônio, que se vê ainda engatinhando: "Lembro que eu arrastava meu corpo todo no pedregulho. Aí então minha mãe me socorria". Essa mãe enérgica, que jogava o lampião na rua quando se reuniam jogadores de baralho em sua casa, emerge às vezes de angustiantes cenas domésticas.

D. Jovina evoca a trabalheira de sua mãe, doente, à testa da casa e da criação dos filhos quando o marido se ausentava: "Mamãe era profundamente boa". "Minha mãe era uma pessoa tranquila que sabia acomodar tudo. Conosco também mamãe não criava problemas: nunca sentimos sua predileção por um filho. Ela era calada. A gente às vezes desconfiava que ela estava fazendo uma oração quando estava sentada, quieta, concentrada." Eis como a vê a outra filha.

Tolerância, bondade, firmeza são traços descritos do caráter dessa matrona que não admitiu missa de sétimo dia para o marido, livre-pensador. "Em 1919 isso foi um escândalo. Ela não botou vela na mão dele, não mandou encomendar o corpo nem vir padres para o enterro, e era católica. [...] Mamãe era nosso esteio e a falta desse esteio foi terrível. [...] Uma mãe doente, fraquinha, dentro de casa, todo mundo respeita. A mãe está lá dentro. [...] Eu dizia a minhas irmãs: 'Deus me livre do amor materno das outras mães'. Porque elas para defenderem as filhas não têm caridade com as filhas dos outros. Tudo isso amadurece a gente. [...] Não foram os livros que me formaram: foram meu pai, minha mãe, o modo de vida de casa muito austero."

É através de seu trabalho que d. Risoleta fala da mãe: "Minha mãe fazia farinha de mandioca, de milho, tudo para vender e ajudar meu pai criar os filhos. Ele era homem doente, já não podia mais trabalhar. Minha mãe lavava roupa pra fora, dessa família dos Penteado de olho azul. Era morena escura, mais escura que meu pai, mas era bonitinha. Cozinhava muito bem doce de laranja, tachadas de goiabada que vendia em caixinhas... Minha mãe era carinhosa com os filhos, lá à moda dela, mas era. Meu pai era mais severo que ela: ela também respeitava muito ele".

Um exemplo da complexidade da lembrança é o da sua morte enquanto preparava farinha de milho. Não vou repetir agora aquela passagem; remeto novamente à sua leitura, pois a considero o ponto alto de toda a memória que colhi. D. Risoleta medita sobre o produto da faina de sua mãe sendo vendido em pacotes para pessoas inconscientes, que não avaliam o sacrifício ali contido. Estendendo aqueles panos alvos na grama, mexendo o tacho no fogaréu, dando beijus para os filhos, acudindo a farinha lá fora, Teodora ia trabalhando e morrendo. Na narração da filha misturam-se os planos de seu trabalho e de sua morte, os panos da farinha e os lençóis da agonizante.

A figura paterna é alvo de uma apreensão de traços espirituais, não físicos, também, como acontece com a figura materna. Creio que isso se dê pela presença mais concreta da mãe na vida do lar, onde o contato corporal mãe-criança constitui as primeiras relações afetivas. Salvo em d. Alice, que viveu só com a mãe, as outras mulheres descrevem a figura paterna como central. Essa figura foi realmente o eixo que norteou a vida de d. Brites e d. Jovina, e d. Risoleta descreve graciosamente esse pai inspirado, cantador, curador, que quando queria só falava em versos.

O sr. Abel não conheceu seu pai, bacharel que morreu de hemoptise antes dele nascer. O sr. Antônio evoca o pai com ressentimento; tinha ímpetos de defender a mãe mas ainda não tinha forças para enfrentá-lo: "Eu gostava mesmo é de minha mãe, mais que de meu pai. Mas também nunca odiei meu pai. Uma ocasião ele me bateu tanto que quase me matou".

O sr. Ariosto lembra com ternura o mestre de caligrafia, o pintor que o levava pela mão quando ia vender seus quadros, chefe itinerante de um lar às vezes faminto.

Como o sr. Ariosto, o sr. Amadeu comove-se com as lides do alfaiate que trabalhava catorze, quinze horas por dia e que faleceu em 1925 de uma úlcera no estômago. O bondoso e sensível irmão mais velho assume então o papel de pai.

Sobre irmãos é preciso notar que na maioria das vezes são fixados na infância e que depois sua figura empalidece e apenas sobrevive no menino ou menina que foram. Sua personalidade se delineia na infância e permanece assim.

Entre os parentes evocados — pai, mãe, irmãos, avós, tios e primos — seria preciso notar que a figura do avô e da avó pode ter um relevo tão grande quanto o dos pais. O silêncio dos narradores sobre os avós é devido à quebra das raízes familiares pela imigração; eles não conheceram os avós, que ficaram na Europa. Mas, para d. Alice, a avó faz as vezes de mãe enquanto a mãe trabalha. Para d. Risoleta, a avó faz as vezes de mãe quando lhe falece a mãe. Para d. Jovina e o sr. Abel, o avô é a grande figura da infância, a mais vividamente recordada.

"Meu pai e minha avó foram escravos, vendidos como se vende porco. Quando tinham sorte caíam nas mãos de um sinhô que não judiava deles. Conheci bem a mãe de minha mãe, Marcelina Maria da Conceição, que acabou de criar todos nós. Quando minha mãe morreu ficamos precisando de afeto e ela era uma velhinha afetuosa!", recorda d. Risoleta.

A avó de d. Alice "era meio bravinha, queria que cada um fizesse suas coisas mas nunca vi bater em ninguém". "Ela tomava conta da criançada porque minha tia também trabalhava, como minha mãe." Mais adiante: "Todas as pessoas daquela ruazinha sem saída trabalhavam na fábrica. Eu ficava com minha avó, que era cega".

D. Jovina pouco recorda do avô de Itapira, que a olhava por cima dos óculos. Sua memória política detém-se no avô-capitão, impulsivo e idealista, página viva da história, viu seu boné de batalha furado por um tiro: "Criatura boníssima e alegre, as barbas descendo até o peito, louco pelos netos. [...] O que eu mais gostava em minha vida era estar na casa do vovô... Minha avó era enérgica, ela gostava da gente empurrando, como se diz, era muito seca com os netos".

Se d. Brites não recorda tanto o avô paterno quanto a irmã é porque o perdeu muito nova, mas guarda ao pé de seu leito a cadeirinha que ganhou dele há setenta anos. Essa avó seca, que "gostava empurrando", a velhice vai tornar complacente com os últimos netos, sem perder contudo a verve maliciosa.

Chora de rir quando a neta senta sobre as cartas do jogo de baralho, aninha as crianças no colo para contar histórias: "Ela prendia o cabelo só com pente: a gente tirava o pente da cabeça de vovó e penteava, penteava... Vovó era muito engraçada, falava pouco mas com dose certa e com veneno certo. Tinha sempre uma quadrinha pronta". Aparece ainda na janela apostrofando Rui Barbosa de baderneiro-mor e discutindo com o genro, pois, octogenária, no Rio, torcia pelos rebeldes do Forte.

D. Brites fugia para a casa de seus avós: "Gostava mais de lá do que da minha casa, tanto que sentia angústia na hora de me despedir, quando tinha que voltar".

A figura do avô caminha através da vida do sr. Abel, desde o momento em que providencia seu aleitamento até seus últimos anos, quando revive em seu filho menor. O último filho do sr. Abel pergunta: "Pai, quem é que gosta mais do senhor?".

"Acho que é você, meu filho."

"E antigamente, quando o senhor era pequeno, quem é que gostava mais do senhor?"

"Era meu avô."

"Mas é lógico que era seu avô, porque eu sou seu avô."

Ainda hoje, no asilo, o sr. Abel não dorme sem pedir-lhe a bênção. Se a avó aparece brevemente em sua lembrança, o avô aparece como herói, o sábio que fala todas as línguas, aquele que o criou. Dorme até três anos na sua cama, dos quatro em diante no seu quarto, e só depois que o avô o abençoa. Esse avô jogador que chora seus pecados aos pés da cama do menino é a única certeza de sua vida, o que esconjura as sombras que hão de vir: "Vô, eu sonhei outra vez, o Vera Cruz era um hospital, eu estava internado lá, era um lugar horroroso, tinha o Zé Cabelo, tinha uma descida com um portão enorme que se batia, batia, batia, e quando abria, a gente tinha que correr, correr, correr pulando... E a minha mesa era a última... E eu dizia: quem me pôs aqui, meu Deus?!".

Por isso, na hora do urutau-au-au, na hora do saci e da mula sem cabeça, espera até tarde o barulho, plop, plop, do seu sapato voltando.

Os amigos e parentes que se perderam aparecem fixados na sua idade juvenil ou no gesto de amizade que fizeram um dia. Deles se escolhe uma face ideal que se perpetua: o irmão travesso, o amigo desprendido, a mulher corajosa, o marido abnegado.

D. Alice agradece sua amiga de oficina, Ida Malavoglia, como se ela a estivesse escutando. O sr. Ariosto, d. Alice, d. Jovina, d. Risoleta evocam o companheiro morto de uma forma pungente. D. Jovina nega-se a ter uma vida que não seja a de Jovina-Samuel: "Não posso reviver uma vida que terminou com ele". Os amigos são insubstituíveis, não se repetem no curso da existência;

a aceitação aparente, o silêncio dos idosos podem traduzir o cansaço da luta, mas não uma diminuição da carência dos seres amados.

Por que essa tendência à exemplaridade das figuras evocadas? Se, de um lado, há o processo de estereotipia, de outro as restrições e empobrecimento que pesam sobre a velhice tornam inestimável o que se perdeu.

Na constituição da memória familiar são importantes os contatos com outros grupos. Uma família pode ter morado longos anos num mesmo bairro, formando vínculos estreitos com a vizinhança; a criança sente-se incluída no grupo familiar e no da vizinhança, suas lembranças brotam de um e outro, dada a íntima vivência com ambos. Se podemos reagrupar em nossa subjetividade lembranças de espaços sociais diferentes, podemos também sobrepor imagens do mesmo espaço social. Quando a criança sentou-se chorando na soleira da porta, com o joelho machucado, a vizinha pode ter acudido antes da mãe. Depois da noite que ela passou tossindo, ouve, quando desperta, mesclada às vozes familiares a voz da vizinha receitando um xarope. Muitas lembranças devem-se às meias-paredes das casas populares, que fundem os ruídos e vozes de duas famílias. Os sucessos escolares do menino são acompanhados com entusiasmo pelos vizinhos. São duas correntes de pensamento coletivo que convergem, sustentando o acontecimento, oferecendo estabilidade à lembrança. Com a mudança de bairro uma das correntes se extinguirá e ele sofrerá apenas a ação da corrente familiar cuja influência se tornará então mais forte.

As lembranças que colhemos estão permeadas de bons vizinhos, como a comadre Bianca de d. Alice: "Essa vizinha querida tomou parte nas doenças, aniversários, casamentos da família. Nossa família era como se fosse a dela; em tudo ela corria para dar uma mãozinha pra gente e se preocupava com o estudo das crianças". Ano após ano, na primeira comunhão dos meninos, ela aparecia com um prato festivo, o *crestole* com mel. Depois de muitos anos de perda de contato por mudanças de bairro, ela reaparece na velhice e sua reaparição é evocada com ternura.

D. Brites lembra a vizinha que amamentou sua irmã: "Essas coisas bonitas que há! D. Cecília amamentou a menina e mamãe se sentia muito grata a essa vizinha". Até hoje, quase setenta anos passados, permanece a gratidão e as famílias se visitam.

D. Jovina lembra a troca de notícias de janela a janela na mesma calçada da alameda Barros com as vibrantes meninas Rangel Pestana.

Notável vizinha é lembrada pelo sr. Amadeu, no Brás, que com uma bofetada o arrancou do delírio e da morte, na gripe de 1918: "Foi então que vi passar no céu uma calécia. Era um carro bonito com seis ou oito cavalos, todos brancos. Vi como se fosse uma coisa natural. Virei para minha mãe e disse: 'Olhem que carro de morto bonito está passando no céu com seis cavalos!'. Então uma vizinha que estava lá me deu uma bofetada, e chamaram o médico".

Os filhos partem, tomam seu rumo e, ainda que ligados afetivamente aos pais, se dispersam geograficamente. Os coetâneos vão morrendo, o afastamento de parentes e amigos é visível na etapa final das lembranças: "Os meus parentes me visitam, não tanto como antigamente porque sabem que eu estou boa. Me telefonam quando é alguma data" (d. Alice).

"Não vejo meus amigos de juventude. Se as pessoas que se hospedaram na minha casa desde os tempos de minha mãe e de meu pai me convidassem uma vez por ano para ir à casa delas eu tinha onde ir o ano inteirinho. Mas não, desapareceu isso" (d. Brites).

"Meus irmãos, meus amigos, todos, todos já morreram, não tem mais ninguém. Tenho uma prima doceira, a Delu, que vem me visitar" (d. Risoleta).

"Dos meus parentes, quem me visita é a sobrinha que morou conosco quando pequena, a Lúcia. Ela é ocupada e não pode vir toda semana mas quando ela vem fico contente por um mês" (sr. Ariosto).

O sr. Abel conta à sua maneira a comovedora visita de sua esposa no asilo, a desajeitada mas suave maneira de apagar os erros passados: "Mas por que você foi embora, Lali?".

"É... a vida... um equívoco! Você brigava muito comigo, queria que eu pusesse farinha, quando eu não punha farinha, se eu comprava Sissi você queria gasosa, e tal... E eu dizia: 'Um dia eu vou embora!'. E você: 'Vai quando quiser...'."

"Mas isso não era pra ir embora, você foi."

Afastado de todos os que estimou, alijado do trabalho, internado num hospital psiquiátrico e agora num asilo, ele pergunta: "Voltar pra casa? Não, eu não tenho mais condições de viver lá. Não conheço mais ninguém. Eu chamo este asilo de gaiolão de ouro. Gaiolão de porta aberta. Mas, fugir para quê? Para onde eu vou?".

Esses depoimentos são relatos de solidão.

# Os espaços da memória

O sistema zuñi de conhecimento do universo divide o espaço em sete regiões: "Para falar apenas das estações e elementos, ao Norte são atribuídos o vento, o sopro, ou o ar, e, como estação, o inverno; ao Oeste, a água, a primavera, as brisas úmidas da primavera; ao Sul, o fogo e o verão; ao Leste, a terra, as sementes da terra, as geadas que amadurecem as sementes e perfazem o ano... A cada região é atribuída uma cor que a caracteriza. O Norte é amarelo porque, dizem, no levantar e pôr do sol a luz é amarela; o Oeste é azul por causa da luz azul que nós vemos quando o sol se deita. O Sul é vermelho porque é a região do verão e do fogo que é vermelho. O Leste é branco porque esta é a cor do dia. As regiões superiores são irisadas como os jogos da luz nas nuvens; as regiões inferiores são negras como as profundezas da terra. Quanto ao Meio, umbigo do mundo, representante de todas as regiões, ele tem de uma só vez todas as cores".

Essa repartição do mundo é a mesma dos clãs no interior da aldeia; cada parte do *pueblo* tem a cor correspondente à sua região. Nas tribos australianas essa relação entre o clã e seu espaço é tão íntima que: "Por exemplo, um *wartwut*, vento quente, é enterrado com a cabeça voltada um pouco para o oeste do Norte, para a direção de onde o vento quente sopra sobre seu país.[4]

Lévi-Strauss assinala o que acontece aos bororo quando obrigados a abandonar sua aldeia circular por casas paralelas: "Desorientados em relação aos pontos cardeais, privados do plano que fornece um argumento ao seu saber, os indígenas perdem rapidamente o senso das tradições, como se seus sistemas social e religioso (veremos que são indissociáveis) fossem complicados demais para dispensar o esquema que o plano da aldeia tornava patente e cujos contornos os seus gestos cotidianos refrescavam perpetuamente".[5]

## A CASA, DENTRO E FORA

A casa materna é uma presença constante nas autobiografias. Nem sempre é a primeira casa que se conheceu, mas é aquela em que vivemos os momentos mais importantes da infância. Ela é o centro geométrico do mundo, a cidade cresce a partir dela, em todas as direções. Fixamos a casa com as dimensões que ela teve para nós e causa espanto a redução que sofre quando vamos revê-la com os olhos de adulto. Para enxergar as coisas nas suas antigas proporções, como posso tornar-me de novo criança? A pergunta já está no Evangelho. Algumas pessoas, em geral os artistas, guardaram essa possibilidade de remontar às fontes.

Charles Dickens observa em *David Copperfield*: "Creio que a memória da maioria dos homens guarda estampados os dias da meninice mais do que geralmente se acredita, do mesmo modo que creio na faculdade de observação sempre muito desenvolvida e exata das crianças. A maior parte dos homens feitos, que se notabilizaram por causa dessa faculdade, nada mais fizeram, segundo meu modo de pensar, senão conservá-la em vez de adquiri-la na sua madureza; e, o que poderá prová-lo, é que esses homens têm em geral frescor, vivacidade e serenidade, além de grande capacidade de agradar, que são também uma herança de sua infância".[6]

O espaço da primeira infância pode não transpor os limites da casa materna, do quintal, de um pedaço de rua, de bairro. Seu espaço nos parece enorme, cheio de possibilidades de aventura. A janela que dá para um estreito canteiro abre-se para um jardim de sonho, o vão embaixo da escada é uma caverna para os dias de chuva.

Goethe confessa: "Quando queremos nos recordar do que nos aconteceu nos primeiros tempos de nossa infância, confundimos seguidamente o que escutamos dos outros com nossas próprias lembranças". Ele descreve os aposentos que percorria com sua irmãzinha: "Ao lado da porta havia uma grande treliça de madeira pela qual nos comunicávamos diretamente com a rua e com o ar livre. Esta espécie de caixa era habitual em muitas casas. As mulheres sentavam-se ali para costurar e tricotar, a cozinheira aí descascava seus legumes, através da grade falava-se de uma casa vizinha à outra; isto dava às ruas na bela estação um aspecto meridional".[7] Só mais tarde ele se interessou pela rua, pela praça e mais tarde ainda pelos grandes eventos políticos que abalaram sua cidade, como a entrada de Frederico II em Saxe e na Silésia ou o tremor de terra em Lisboa.

A criança muito pequena pode ignorar que seu lar pertence a um mundo mais vasto. O espaço que ela vivencia, como o dos primitivos, é mítico, heterogêneo, habitado por influências mágicas. A mesa da família possui um lado onde é bom comer, o lado fasto onde senta-se mamãe e é agradável estar; no lado de lá, o retrato do tio-avô que me olha fixo, às vezes feroz, torna o lado nefasto onde eu recuso comida e choramingo. Tudo é tão penetrado de afetos, móveis, cantos, portas e desvãos, que mudar é perder uma parte de si mesmo; é deixar para trás lembranças que precisam desse ambiente para reviver. Para a criança que ainda não se relacionou com o mundo mais amplo, a mudança pode ter um caráter de ruptura e abandono. Tudo o que ela investiu dos primeiros afetos vai ser deixado para trás, vai ser disperso e dividido. Só quando aquele primeiro lar já não existe é que o adulto compreende que ele se situava num contexto que o transcendia, irrecuperável talvez pelo presente.

Há sempre uma casa privilegiada que podemos descrever bem, em geral a casa da infância ou a primeira casa dos recém-casados onde começou uma nova vida. Alguns detalhes chamam a atenção: o número de janelas que dão para a frente, as ruas eram gostosas de se ver, nem havia a preocupação de isolamento, como hoje, em que altos muros mantêm a privacidade e escondem a fachada. Então, janelas que dão para a rua são encarecidas e, naturalmente, o quintal para a criança e o porão.

"Naquela época faziam casas bem grandes, pé-direito alto, a nossa tinha quintal com pé de laranja, mexerica, ameixa e abacate" (sr. Ariosto).

"A casa dava para a rua, mas tinha quintal; lembro da sala, dos dormitórios... Na frente da casa passavam os vendedores de castanha, cantarolando. E o pizzaiolo com latas enormes, que era muito engraçado e vendia o produto dele cantando. As crianças iam atrás" (sr. Amadeu).

"Com doze [anos], me mudei para a rua Itatiaia, sabe onde é? Era a avenida Angélica. [...] A nossa casa era o 138, casa fininha com sete metros de frente, mas 150 de fundo, que dava para um ribeirão, lá no fundão, onde meu avô mandava a criançada pegar caiapiá pra pôr na pinga" (sr. Abel).

"Nossa casa era no largo Treze de Maio, com quatro janelas de frente: duas da sala de visita, duas do quarto de meus pais. [...] A casa era simples, modesta, meus pais eram de família pobre mas gostavam bastante de quintal; lá nós tínhamos uma cabra para dar leite. Essa casa foi derrubada muitos anos depois" (d. Jovina).

"A nossa casa era de tijolinhos vermelhos, seis janelas. As janelinhas do porão eram mais altas que a rua [...] Foi a casa que marcou nossa vida de tal forma que até hoje, em todo sonho, pesadelo que eu tenha, volto para lá e o meu sonho se passa todo lá [...] A casa já foi demolida. Há pouco tempo ainda entrei na casa, não subi, mas estive no portão. Que será que eu procuro lá?" O espaço de d. Brites é fechado por um portão de ferro, a fuga para um mundo de perigos é quase uma transgressão. "Quanta estripulia a gente inventava! Pulávamos corda, jogávamos amarelinha, brincávamos de pegador que era o que eu mais gostava. Nosso portão estava sempre fechado [...] O porão era nosso reino: lá dentro patinávamos, brincávamos de pegador, de casinha. Ficávamos na janelinha bulindo com quem passava na rua, implicando com as meninas da vizinhança."

D. Risoleta, o sr. Antônio, que passaram a infância na roça, descrevem sua casa prolongando-se até o rio, até o pasto, incluindo as plantações, o terreiro. A impressão que se tem da vida de d. Risoleta é que, perdido o lar da infância, tudo se orienta para a posse de uma casa, de um lar que não seja o dos patrões, que é preciso defender a todo transe, cuja perda gera um impulso de morte e depois o ressurgir para uma luta sem tréguas pela conservação do teto. A casinha compridinha, baixa, onde foi morar depois de casada ainda existe e, mesmo cega, ainda procura vê-la: "Ainda vou sempre lá para ver essa casa. Agora já morreu tudo, já acabou tudo". Talvez por isso aceite os agregados, que vão ficando ano após ano em sua casa, onde tudo é possível, menos uma palavra ríspida para o hóspede.

A casa que o sr. Humberto construiu para d. Alice "é uma casa de recordações porque meus filhos nasceram nela; é a casa da sua primeira comunhão, noivado, casamento... nossas bodas de prata... Tinha um pequeno jardim com roseiras. Tinha um portãozinho com uma trepadeira de jasmim brilhante e à noite, quem passava, sentia um perfume... A trepadeira cresceu até a janela do meu quarto. Pegado à parede eu tinha o jasmim-de-barcelona que dava como uma rosinha. O pai de nosso vizinho, toda vez que saía colhia um para pôr na lapela. No quintal tinha um pé de fruta-do-conde. A minha rua era calma, os vizinhos punham as cadeiras na calçada de tarde para conversar. As casas tinham quintal. Quando mudei para o Cambuci, minha rua tinha duas ou três casinhas, o resto era uma chácara. Ali se construiu a fábrica de elevadores Villares. Depois foram vindo outras casas, e depois as fábricas e os cortiços. Hoje, todas aquelas famílias já mudaram de lá... Outro dia, minha filha passou por lá e ficou namorando a casa, da calçada. Pintaram as paredes com látex, passaram tinta por cima e desmancharam as rosas do Alfredo Volpi, o que é uma grande pena".

Sim, é uma grande pena, pois essa casa tinha uma sala com um barrado de rosas amarelas, cada uma de um tom e diferente da outra. Humberto, surpreso, descobriu que o pintor, um mocinho, irmão do companheiro de fábrica, pintava as rosas a mão livre. E queria que sua Alice fosse ver o prodígio, como as rosas amarelas iam surgindo uma por uma das mãos de Alfredo Volpi.

As crianças de um meio urbano pobre, Alice, Ariosto, Amadeu, Antônio, brincavam na rua e as calçadas, terrenos baldios, são também seu ambiente doméstico. As ruas se associam irresistivelmente com brincadeiras porque eram o reinado delas.

No tempo de d. Alice, "a rua Conselheiro Nébias era uma maravilha porque a gente brincava de amarelinha, pegador, de lenço-atrás, podia atravessar a rua correndo, ficava à vontade. De noite podia ficar até às oito horas brincando ali na calçada, de roda".

No Brás do sr. Amadeu as crianças ficavam à vontade naquelas ruas sem calçar. "Eram ruas de lazer, porque não tinham movimento, e crianças, tinha demais. Em São Paulo, nos terrenos baldios grandes, sempre se faziam parques para a meninada."

Pensa o sr. Ariosto que não existiam brinquedos de loja quando era menino, pois ele nunca viu nenhum. "Eu fazia carrinhos com rodas de carretel de linha e nós brincávamos o dia todo, livremente, nunca me machuquei porque a rua não tinha carros. [...] A criançada corria e jogava no meio da rua futebol com bola feita de meia. As meninas convidavam a gente para brincar de roda com elas e cantávamos:

*Passa, passa três vezes*
*o último que ficar!"*

Se assim era na avenida Paulista, os meninos da Bela Vista também brincavam de futebol com o sr. Antônio, nas ruas, com bola de meia. Nos matagais faziam campinhos. "Não tivemos brinquedos, fazíamos papagaios, 'os quadrados', para empinar no morro dos Ingleses. Brincávamos de pegador, de barra-manteiga, de roda." Vivina, que era uma menina terrível (segundo sua irmã, d. Brites), pulou corda como ninguém imagina: "Corda simples, de dois, passeio na corda, duas meninas entrando de cada lado, cruzando e saindo".

OBJETOS

Se a mobilidade e a contingência acompanham nosso viver e nossas interações, há algo que desejamos que permanece imóvel, ao menos na velhice: o conjunto dos objetos que nos rodeiam. Nesse conjunto amamos a quietude, a disposição tácita mas expressiva. Mais que um sentimento estético ou de utilidade, os objetos nos dão um assentimento à nossa posição no mundo, à nossa identidade. Mais que da ordem e da beleza, falam à nossa alma em sua doce língua natal. O arranjo de sala cujas cadeiras preparam o círculo das conversas amigas, como a cama prepara o repouso e a mesa de cabeceira os instantes prévios, o ritual antes do sono. A ordem desse espaço povoado nos une e nos separa da sociedade: é um elo familiar com sociedades do passado, pode nos defender da atual revivendo-nos outra. Quanto mais voltados ao uso cotidiano, mais expressivos são os objetos: os metais se arredondam, se ovalam, os cabos de madeira brilham pelo contato com as mãos, tudo perde as arestas e se abranda.

São estes os objetos que Violette Morin[8] chama de objetos biográficos, pois envelhecem com seu possuidor e se incorporam à sua vida: o relógio da família, a medalha do esportista, a máscara do etnólogo, o mapa-múndi do viajante. Cada um desses objetos representa uma experiência vivida. Penetrar na casa em que estão é conhecer as aventuras afetivas de seus moradores. Daí vem a timidez que sentimos ao entrarmos em certos quartos em que os objetos nos revelam quem é seu dono.

Diferentes são os ambientes em que os objetos são arrumados para aparecer ou patentear o status de seu dono; como na anedota do norte-americano que se enganou de andar e sentou-se no sofá de um apartamento alheio pensando que era o seu ao ver a decoração semelhante. Os objetos protocolares são os objetos que a moda valoriza, não se enraízam nos interiores, têm garantia por um ano, não envelhecem com o dono, mas se deterioram. O usuário de uma geladeira, por exemplo, não pode modificá-la por seu uso, nem enobrecê-la com o seu trabalho, nem dialogar com ela. Só o objeto biográfico permanece com o usuário e é insubstituível. O que se poderá igualar à companhia das coisas que envelhecem conosco? Elas nos dão a pacífica impressão de continuidade.

Confessa Machado de Assis, em *Dom Casmurro*: "Não, não, a minha memória não é boa. É comparável a alguém que tivesse vivido por hospedarias, sem guardar delas nem caras, nem nomes, e somente raras circunstâncias. A quem passe a vida na mesma casa de família com os seus eternos móveis e costumes, pessoas e afeições, é que se lhe grava tudo pela continuidade e repetição".[9]

Temos com a casa e com a paisagem que a rodeia a comunicação silenciosa que marca nossas relações mais profundas. As coisas nos falam, sim, e por que exigir palavras de uma comunhão tão perfeita? Não só em nossa sociedade dividimos as coisas em objetos de consumo e relíquias de família. Mauss encontra essa distinção em muitos povos: tanto entre os romanos como entre os povos de Samoa e Trobriand e os indígenas norte-americanos. Há objetos como os talismãs, cobertas de pele e cobres blasonados, tecidos armoriais que se transmitem solenemente como as mulheres no casamento, os privilégios, os nomes às crianças. Essas propriedades são sagradas, não se vendem, nem são cedidas, e a família jamais se desfaria delas a não ser com grande desgosto. O conjunto dessas coisas em todas as tribos é sempre de natureza espiritual.

Cada uma dessas coisas preciosas tem — como entre os trobriandeses — sua individualidade, seu nome, suas qualidades, seu poder. Os tecidos bordados com faces, olhos, figuras animais e humanas, as casas, as paredes decoradas são seres. Tudo fala, o teto, o fogo, as esculturas, as pinturas. Os pratos e as colheres com as quais se come solenemente, decoradas e esculpidas, blasonadas com o totem do clã, são coisas animadas, feéricas. São réplicas dos instrumentos inesgotáveis que os espíritos deram aos ancestrais.

A casa onde se desenvolve uma criança é povoada de coisas também preciosas, que não têm preço. Nas lembranças pode aflorar a saudade de um objeto perdido de valor inestimável que, se fosse encontrado, traria de volta alguma qualidade da infância ou da juventude que se perdeu com ele.

D. Brites lamenta o sumiço de um livro de modinhas *(A lira do capadócio)* e outro de contos caipiras ("Eu daria tudo para encontrar esse livro outra vez!").

D. Jovina perdeu a pelica que a envolvia quando nasceu, que trazia sorte e que "de tanto andar de um lado pro outro ela desapareceu".[10]

D. Risoleta se confidencia: "Minha filha deu meu guarda-roupa, disse que estava cheio de traste velho, de barata. Respondi: 'A casa é sua, não dando eu, pode dar o que quiser'. Não sei onde foi parar minha medalha de valsa, que ganhei em Campinas. Sumiu. Não adianta nem chorar, nem procurar porque não acha mais". Tal como no *Orlando furioso*, de Ariosto, as coisas perdidas povoavam a Lua, esses objetos povoam a memória.

O espaço que encerrou os membros de uma família durante anos comuns, há de contar-nos algo do que foram essas pessoas. Porque as coisas que modelamos durante anos resistiram a nós com sua alteridade e tomaram algo do que fomos. Onde está nossa primeira casa? Só em sonhos podemos retornar ao chão onde demos nossos primeiros passos. Os deslocamentos constantes a que nos obriga a vida moderna não nos permitem o enraizamento num dado espaço, numa comunidade.

Trata-se de um direito humano fundamental para Simone Weil: "Um ser humano tem uma raiz por sua participação real, ativa e natural na existência de uma coletividade que conserva vivos certos tesouros do passado e certos pressentimentos do futuro".[11] O desenraizamento é uma condição desagregadora da memória: sua causa é o predomínio das relações de dinheiro sobre outros vínculos sociais. Ter um passado, eis outro direito da pessoa que deriva de seu enraizamento. Entre as famílias mais pobres a mobilidade extrema impede a sedimentação do passado, perde-se a crônica da família e do indivíduo em seu percurso errante. Eis um dos mais cruéis exercícios da opressão econômica sobre o sujeito: a espoliação das lembranças.

AS PEDRAS DA CIDADE

As lembranças que ouvimos de pessoas idosas têm assento nas pedras da cidade presentes em nossos afetos, de uma maneira bem mais entranhada do que podemos imaginar.

*As lembranças se apoiam nas pedras da cidade.*

Proust, sentindo a irregularidade do calçamento sob seus passos, recupera o tempo perdido. "Apenas um momento do passado? Muito mais, talvez: alguma coisa que, comum ao passado e ao presente, é mais essencial do que ambos." Sacode-o um frêmito de felicidade ao experimentar sob os pés a pavimentação irregular comum ao pátio dos Guermantes e ao batistério de São Marcos. Compara este sentir com a observação do presente, com a investigação do passado ressecado pela inteligência, com a expectativa de um futuro que a vontade constrói do presente e do passado, dos quais extrai ainda mais a realidade, só conservando o necessário aos fins utilitários que lhes fixa. Mas, através de um som, de um perfume, "logo se libera a essência permanente das coisas, ordinariamente escondida, o nosso verdadeiro eu, que parecia morto, por vezes havia muito, desperta, anima-se ao receber o celeste alimento que lhe trazem... Não procurara as duas pedras em que tropeçara no pátio. Mas o modo fortuito, inevitável porque surgira a sensação, constituía justamente uma prova da verdade do passado que ressuscitava, das imagens que desencadeava, pois percebemos seu esforço para aflorar à luz, sentimos a alegria do real capturado".[12]

Outro dia, caminhando para o viaduto do Chá, observava como tudo havia mudado em volta, ou quase tudo. O Teatro Municipal, repintado de cores vivas, ostentava sua qualidade de vestígio destacado do conjunto urbano. Nesse momento descobri, sob meus pés, as pedras do calçamento, as mesmas que pisei na infância. Senti um grande conforto. Percebi com satisfação a relação familiar dos colegiais, dos namorados, dos vendedores ambulantes com as esculturas trágicas da ópera que habitam o jardim do teatro. Os dedos de bronze de um jovem reclinado numa coluna da escada continuam sendo polidos pelas mãos que o tocam para conseguir ajuda em seus males de amor. As pedras resistiram e, em íntima comunhão com elas, os meninos brincando nos lances da escada, os mendigos nos desvãos, os namorados junto às muretas, os bêbados no chão.

O planejamento funcional combate esses recantos. Na sua preocupação contra os espaços inúteis, elimina as reentrâncias onde os párias se escondem do vento noturno, os batentes profundos das janelas dos ministérios onde os mendigos dormem. Mas a cidade conserva seus terrenos baldios, seus desvãos, o abrigo imemorial das pontes onde se pode estar quando se é estrangeiro e desgarrado.

## UM MAPA AFETIVO E SONORO

O que mudou na oficina do sapateiro? Ou na quitanda do verdureiro? Ou nos grupos de meninos de esquina? Ainda percorrem os bairros o soldador, o consertador de guarda-chuvas, o amolador de tesouras, o homem do realejo, o pipoqueiro, o vendedor de beijus batendo em sua lata.

Ouvi outro dia a cantilena do comprador de roupa velha, quando amanhecia. Soube que se tratava do filho do judeu de minha infância, imitando o sotaque e a cantilena do pai. Sons que desaparecem, que voltam, formam o ambiente acústico dos bairros. As pedras da cidade, enquanto permanecem, sustentam a memória. Além desses apoios temos a paisagem sonora típica de uma época e de um lugar. Há paisagens sonoras selvagens, das florestas, e tranquilas, das cidadezinhas onde os sons estão sujeitos aos ciclos naturais de atividade e repouso de seus produtores. Insetos, animais e aves têm seu ritmo diário, sazonal: o violoncelo das rãs no tempo chuvoso, o grito da saracura, o pio estridente dos pássaros que no início da primavera aprendem a cantar. O vento nas ramadas, o murmúrio das águas são fontes constantes de informação. A mulher se apoia na enxada quando ouve o piado de certos pássaros e responde: "Chegou a hora de semear, é o que eles dizem lá na conversa deles".

Os sons se complementam como uma conversa ou uma orquestra, sem ruídos antagônicos, envolvendo vida e trabalho em ciclos compreensíveis. Sons familiares da água da torneira, dos talheres nos pratos, dos passos no chão, do relógio, do martelo, da vassoura, compõem o ambiente acústico familiar que se integra no da rua. Na cidade, após a Revolução Industrial, temos a paisagem sonora de baixa fidelidade onde os ruídos conflitam com os sons que desejamos ou precisamos ouvir. "Os rádios não migram para o Sul no inverno, as escavadoras não hibernam e os transportes não dormem à noite."[13] O espaço sonoro compartilhado é um bem comum, mesmo os diminutos sinais que compõem suas mensagens são vitais para seus habitantes.

Por que definir o espaço privado só em termos visuais? Também se exerce violência no domínio acústico e disso somos testemunhas auriculares. As lembranças estão povoadas de sons — nas matas que a menina Risoleta atravessava: "Lá de um lugar que a gente não via, a água caía em cachoeira, tão bonito, branquinho, na pedra [...] Nossa, como tinha passarinho! Sabiá, canário, pintassilgo, pomba-rola como tinha! E a pomba do mato, e perdiz, codorna...".

São os ruídos da vassoura de ramos no terreiro, da lenha crepitando, da colher no tacho, da roupa batendo, do pão amassando.

Nas festas, os sons das violas, flautas, dos pés arrastando no terreiro chegam até nós por sua narrativa: "Relembrar uma coisa dessas é triste: vinham quatro ou cinco moços, um tocava violino, outro violão, outro cantava, e tocavam bandolim, cavaquinho, com aquela voz bonita que entrava no coração da gente e a gente ficava [...] quem disse que ficava dormindo?!".

A substituição do trem e do bonde pelo ônibus mudou a paisagem sonora para os ouvidos finos de d. Risoleta: "O trem de Santo Amaro entrava numa mata virgem e ia: Tendendém, tendendém! dentro da mata... Depois foram tirando tudo, tiraram o bonde e puseram ônibus, se vê como é que está".

O sr. Abel lembra-se de todos os bondes pelo nome e pelo número. E como eram gentis os motorneiros! Paravam o bonde onde as famílias pediam, seguravam as crianças no colo e punham no chão, conforme o sr. Ariosto. D. Risoleta precisava entregar sua roupa lavada: "No meu tempo só tinha bonde aberto e o 'caradura' que era bonde operário. Então a gente ia no 'caradura' com a trouxa de roupa pra não ter que pagar duzentos réis".

Confirma o sr. Abel: "Mas quem não queria gastar os duzentos réis da passagem, pagava só um tostão no 'caradura', e ia bem sentadinho lá junto com as frutas e verduras [para o Mercado]. Eram os 'caradura'".

Para d. Brites, "os condutores de bonde eram muito amáveis; logo conheciam as professoras e davam um jeito de acomodar as moças no primeiro banco. Às vezes sentavam, quando o bonde parava, para guardar lugar para as professoras".

Na escola. o sr. Antônio ganhou nota boa com uma redação que começava assim: "Rua Direita. Trim-trim. Barra Funda".

Mas o menino Abel observou a esperteza dos cobradores: "Tintin, dois pra Light e um pra mim".

Das calçadas, ouve d. Alice lindas cantigas de roda e canções de ninar da vizinha. Os assobiadores das madrugadas também não foram esquecidos pelo sr. Abel: "Tinha o assobiador. Ele dava um assobio de um fôlego só no quarteirão. Uma nota só: fiiiiii ↗ até chegar o outro quarteirão. Aí ele mudava de tom: piiiii ↘".

Dos pregões de ambulantes o mais lembrado é o da "Batata assata al forno", que Mário de Andrade recorda em *Pauliceia desvairada*. Cantados como foram por todos os velhinhos nos dão ideia da sonoridade dos bairros paulistanos. No Brás do sr. Amadeu passavam os vendedores de castanha, cantarolando. E o pizzaiolo, que também vendia cantando com suas latas enormes. Na avenida Paulista do sr. Ariosto o mascate turco com sua matraca e a carrocinha do italiano do queijo na melodia ítalo-paulistana: "O *formaggio*! Olha o *formaggio*! É o barateiro, o barateiro!".

Pela janela de Vivina toda tarde o palhaço passava de cara branca, montado de trás para a frente no cavalo:

*O palhaço o que é?*
*É ladrão de mulher.*

D. Risoleta, lá no fundo da casa da alameda Barros, na cozinha, não acompanha os nostálgicos pregões que a menina Brites ouvia com tanto prazer na mesma alameda! O sorveteiro que vendia "sorvetinho de ilusão" estica os passos até a avenida Angélica para ser ouvido também pelo menino Abel:

*Sorvete iaiá*
*é de creme abacaxi, sinhá!*

Porém, os mais ricos pregões são ouvidos pelo menino Antônio no ambiente musical do Bexiga, onde o sapateiro pode ir ao Teatro Municipal corrigir o maior tenor do mundo. Só a voz de artista do sr. António poderia reproduzir os floreios que o sapateiro desenha lindamente no ar: "Sa-pa-te-éééééé-ro" ou a graça do vendedor de melancias:

*A tostón o pedaço! Melanzia barata!*
*Come, bebe e lava a cara.*

Ao perdermos uma paisagem sonora sempre poderemos evocá-la através de sons que subsistem ou na conversa com testemunhas que a viveram. Nós nos adaptamos longamente ao nosso meio, é preciso que algo dele permaneça para que reconheçamos nosso esforço e sejamos recompensados com estabilidade e equilíbrio. A vida do grupo se liga estreitamente à morfologia da cidade: esta ligação se desarticula quando a expansão industrial causa um grau intolerável de desenraizamento.

\* \* \*

A memória das sociedades antigas apoiava-se na estabilidade espacial e na confiança em que os seres da nossa convivência não se perderiam, não se afastariam. Constituíam-se valores ligados à *práxis* coletiva como a vizinhança (versus mobilidade), família larga, extensa (versus ilhamento da família restrita), apego a certas coisas, a certos objetos biográficos (versus objetos de consumo). Eis aí alguns arrimos em que sua memória se apoiava.

As histórias que ouvimos referem-se, do início ao fim, a velhos lugares, inseparáveis dos eventos neles ocorridos. A casa, o bairro, algumas ruas, em geral o trajeto para a escola e o centro da cidade são descritos de um modo dispersivo nas lembranças várias, mas com alguns focos: o viaduto do Chá, a Catedral, a rua Direita, o Museu do Ipiranga, o Parque Siqueira Campos, o Teatro Municipal, o Trianon, a avenida Paulista, a avenida Angélica, o jardim da Luz, a Cantareira... Esses lugares são descritos sob os vários pontos de vista. O sr. Ariosto, que ia ao centro da cidade com seu pai, observa: "Naquela época estavam fazendo a Catedral da praça da Sé: vi quatro, seis operários carregando um bloco de pedra para a igreja". Observa o sr. Amadeu que a Catedral levou vinte anos para terminar, tanto que d. Brites nos conta um entrevero com os integralistas no largo da Sé: "Comunistas, socialistas, anarquistas, todos se juntaram e se esconderam na própria Catedral que ainda estava com andaimes e desses andaimes mandaram pedra lá de cima".

Alguns locais são evocados, pontos de atração da velha São Paulo: a chácara do Marengo, a Penha, centro de devoção, o Hotel d'Oeste, a Confeitaria Fasoli, a Casa Alemã, a Farmácia Baruel, o Parque Antártica onde os operários dançavam na grama nas festas do Primeiro de Maio, o Anhangabaú, o vale do povo nos comícios, o prédio Martinelli. Com todos esses pontos poderíamos desenhar um mapa afetivo da cidade: São Paulo era familiar como a palma da mão quando suas dimensões eram humanas. Seus velhos habitantes dizem, apontando para a palma da mão: "ali no Gasômetro, ali na ponte do Bom Retiro, ali na Estação", como se estivessem vendo tais logradouros, *ali* adiante... É com satisfação que dizem de muitos desses locais que "ainda estão lá".

"Entrando nessa rua [Vieira de Carvalho], que vai para o largo do Arouche, antes de chegar na rua Aurora, tem uma grande árvore daquele tempo em frente à casa que fazia esquina com a praça da República. [...] Qualquer dia vou passar em frente para ver se a árvore ainda está lá", é o que deseja d. Jovina, lembrando o caminho que fazia para a escola. E d. Brites: 'Há muito tempo não vou à cidade, não estou bem lembrada, mas tenho ideia que na rua Dom José de Barros ainda há daquelas casas antigas, térreas. Qualquer dia vou lá com minha irmã para ver". Todos se lembram das matas que estavam bem perto de seus bairros, as belas matas típicas do planalto paulista. As crianças atravessavam para ir à escola trilhas na mata, de lá vinham os bons ares, as estações certas do ano e as joaninhas vermelhas do jardim de d. Brites: "Quando a gente achava uma joaninha vermelha com pinta preta, como a gente fazia festa! Os besouros vinham do mato próximo bater no lampião de gás. As joaninhas desapareceram, penso que é por falta de mato. Nunca mais vi uma joaninha. [...] Quando eu era criança entre a Lapa e Santa Cecília havia mata".

FUTEBOL DE VÁRZEA

Nos bairros de trabalhadores as crianças ocupavam as várzeas do Tietê, do Tamanduateí, cheias de moitas e arvoredos, para acampar, chutar bola, pescar lambari com litro e com peneira.

As várzeas tiveram papel importante na história paulistana. Quando o sr. Amadeu era menino "tinha mais de mil campos de várzea. Na Vila Maria, no Canindé, na várzea do Glicério, cada um tinha mais ou menos cinquenta campos de futebol. Penha, pode pôr cinquenta campos. Barra Funda, Lapa, entre vinte e 25 campos. Ipiranga, junto com Vila Prudente, pode pôr uns cinquenta campos. Vila Matilde, uns vinte. Agora tudo virou fábrica, prédios de apartamentos. O problema da várzea é o terreno. Quem tinha um campo de sessenta por 120 metros acabou vendendo pra fábrica".

"Se nós vamos procurar na memória quantos jogadores da várzea, de uns quarenta anos faz, tinha mais de mil jogadores... Hoje não jogam nem 10% daquilo que jogavam naquele tempo, por falta de campo, de lugar. Não tem onde jogar. Em cada bairro se fazia um campeonato, juntavam dez ou vinte clubes... A gente dizia: 'Em que parque vamos jogar?'. Não tinha ainda estádio, era campo livre, ninguém pagava pra ver. O Pacaembu veio mais tarde, acho que em 1938 ou 1940. Aí começou a massa, antes o pessoal estava espalhado nas várzeas e nos bairros jogando mesmo... Quando foi morrendo o jogo da várzea e o futebol de bairro, começou a se concentrar o público nos estádios."

Essas observações nos mostram a transformação de um esporte popular em esporte de massa. E o despojamento dos bairros de suas várzeas pela indústria e especulação imobiliária transformou a fisionomia de São Paulo, afetando para sempre uma dimensão da vida urbana. No Brás havia times de rua, de profissões: O Clube São Cristóvão, de vendedores de jornal; o Madri, dos carroceiros da rua Santa Rosa, valendo-me da memória do sr. Amadeu. Essas federações esportivas representavam dramas, peças de amadores.

Nas lembranças aparece sempre o indefectível *Deus lhe pague* com Procópio Ferreira, *Manhãs de sol* de Oduvaldo Viana e *A ré misteriosa* com Itália Fausta, peça que acabou fundindo artista e personagem (note-se o lapso de d. Jovina, que ao relatar a peça diz: "Itália Fausta perdeu o filho...").

O TEATRO MUNICIPAL

A paixão pelo teatro, pela ópera, faz do Teatro Municipal o coração da cultura paulistana. É o mesmo operário do Brás que nos conta: "Nas óperas que chegavam a São Paulo, vinham cantar Caruso, Beniamino Gigli, Tito Schipa. Eram caras as entradas para frisa, camarote, cadeira... Nós íamos na geral. Vimos todas as óperas...". D. Alice recorda: "Penso que assisti todas as óperas. E as operetas". Para as grandes óperas, d. Jovina economizava para comprar um camarote de segunda ordem, dividindo o preço da entrada com cinco pessoas. Em galeria, família não ia mesmo, era uma vergonha. Mas sua irmã mais nova rompe o tabu: "Em 1923, 1924, começaram a vir para cá pianistas como Brailowski, Arthur Rubinstein, no Teatro Municipal. Pela primeira vez, nós mulheres começamos a ir na galeria. Um grupo de alunas do maestro Chiaffarelli comprou entradas para a galeria e enfrentou os olhares do público. Daí por diante, nós sempre frequentamos as galerias. Foi um avanço social na época".

Quando chegavam as grandes companhias italianas e francesas o povo aplaudia, segundo o sr. Antônio, mas também vaiava. "Di Lorenzo foi vaiado em São Paulo, atiraram ovos podres nele." Do mesmo Bexiga, onde as pessoas se reuniam para declamar a *Divina comédia,* um sapateiro, o seu Cicillo, acusou uma desafinação de três notas no célebre tenor Cavaliere Ufficiale Avvocato Giacomo Lauri Volpi. E lembrando esse episódio o sr. Antônio nos conta, sem querer, que desceu os 84 degraus do Teatro Municipal. Tal familiaridade se explica: "Desde menino eu frequentava a ópera. [...] Quando não trabalhávamos como comparsas íamos bater palmas nas gerais com a claque. Naquele tempo não tinha restrições, qualquer um entrava. Assim, assisti de graça, lá em cima na geral, *Il trovatore* de Verdi. Ia como claque ou como comparsa no palco". Em 1918-19 já assistia na cena do Teatro Municipal, onde figurou na *Carmem*. Naquela época o presidente do estado de São Paulo, Carlos de Campos, levava aos palcos óperas de sua autoria: A *bela adormecida* e *O caso singular*. E abriu uma Escola de Canto, no Municipal, em 1922.

"Até uns 25 anos atrás houve um forte interesse popular por ópera em São Paulo. [...] Cheguei a assistir vinte vezes a mesma ópera. A cultura musical naquele tempo era muito mais elevada que hoje. Em tudo. Eu não culpo tanto a televisão, é o povo mesmo. Roberto Carlos, no nosso tempo de Teatro Municipal, quando muito seria nosso engraxate."

O sr. Ariosto foi convidado em 1928 para ser garçom do bar e restaurante do Teatro Municipal: um salão grande com música onde serviu artistas de renome. Nos momentos de folga ele subia às torrinhas: "Gostava de ver *I pagliacci*, a *Cavalleria rusticana*, *O barbeiro de Sevilha*... A plateia quase desabava de bater palmas quando os russos dançavam *O lago dos cisnes*".

Lembro que quando veio o balé do Bolshoi, por ordem do governador, as portas do Municipal foram abertas para que o povo das ruas entrasse e visse a morte do cisne.

"Os homens iam de casaca e as mulheres com vestuários lindos; por causa das roupas é que nunca pude trazer a mamãe para ver os espetáculos", lamenta o sr. Ariosto. "Muita gente se apresentava todo dia para assistir às óperas, mas não podia pagar. Quando o teatro não estava muito cheio deixavam entrar essas pessoas nas galerias e os que estavam bem-vestidos sentavam em lugar melhor, somente para bater palmas. Eram as claques." A claque teve importante função na formação do gosto paulistano. Ouvindo o depoimento de um participante da claque soube que para conseguir entrar no Municipal, a gente da Mooca, do Brás, do Cambuci, do Belém, do Bexiga se especializou em grupos que batiam palmas com eco, em outros que davam bravos majestosos e ainda outros que se ofereciam como figurantes na ópera: padres em procissões, marinheiros na *Aida* etc.

E havia os especialistas nas gargalhadas, entre eles um preto que, sentado ombro a ombro com a elite do café, pagava sua cadeira com uma risada inesquecível. Era tradição dos grandes músicos olhar em primeiro lugar para as galerias, porque lá se sentavam os verdadeiros conhecedores. Se de lá vinham aplausos os artistas se tranquilizavam com a qualidade de seu desempenho.*

Porque, explica o sr. Ariosto, "essas pessoas sabiam quando deviam bater palmas, conheciam os trechos bonitos e a plateia acompanhava quando gritavam: 'Bravo, maestro!'"

A epígrafe deste tópico referia-se a povos primitivos, mas estávamos nos referindo também a nós mesmos. Há algo na disposição espacial que torna inteligível nossa posição no mundo, nossa relação com outros seres, o valor do nosso trabalho, nossa ligação com a natureza. Esse relacionamento cria vínculos que as mudanças abalam, mas que persistem em nós como uma carência.

Os velhos lamentarão a perda do muro em que se recostavam para tomar sol. Os que voltam do trabalho acharão cansativo o caminho sem a sombra do renque de árvores. A casa demolida abala os hábitos familiares e para os vizinhos que a viam há anos aquele canto de rua ganhará uma face estranha ou adversa.

Destruída a parte de um bairro onde se prendiam lembranças da infância do seu morador, algo de si morre junto com as paredes ruídas, os jardins cimentados. Mas a tristeza do indivíduo não muda o curso das coisas: só o grupo pode resistir e recompor traços de sua vida passada. Só a inteligência e o trabalho de um grupo (uma sociedade de amigos de bairro, por exemplo) podem reconquistar as coisas preciosas que se perderam, enquanto estas são reconquistáveis. Quando não há essa resistência coletiva os indivíduos se dispersam e são lançados longe, as raízes partidas.

Podem arrasar as casas, mudar o curso das ruas; as pedras mudam de lugar, mas como destruir os vínculos com que os homens se ligavam a elas? Podem suprimir sua direção, sua forma, seu aspecto, estas moradias, estas ruas, estas passagens. "As pedras e os materiais não vos resistirão", diz Halbwachs.

---

* Depoimento de Mario Strambi.

"Mas os grupos resistirão, e, neles, é contra a resistência mesma, senão das pedras, ao menos de seus arranjos antigos que vos batereis. Sem dúvida esta disposição foi anteriormente obra de um grupo. O que um grupo fez, outro pode desfazer. Mas o desígnio dos homens antigos tomou corpo numa disposição material, isto é, numa coisa, e a força da tradição local lhe vem da coisa da qual ela era imagem."[14]

À resistência muda das coisas, à teimosia das pedras, une-se a rebeldia da memória que as repõe em seu lugar antigo.

# Memória política

Se a memória da infância e dos primeiros contatos com o mundo se aproxima, pela sua força e espontaneidade, da pura evocação, a lembrança dos fatos públicos acusa, muitas vezes, um pronunciado sabor de convenção. Leitura social do passado com os olhos do presente, o seu teor ideológico se torna mais visível.

Na memória política, os juízos de valor intervêm com mais insistência. O sujeito não se contenta em narrar como testemunha histórica "neutra". Ele quer também julgar, marcando bem o lado em que estava naquela altura da história, e reafirmando sua posição ou matizando-a.

Diz d. Jovina, associando os fatos do presente a seus sentimentos de jovem: "Quando leio hoje no jornal sobre a exploração na América Latina, na Nicarágua, volto aos meus vinte anos. O mundo fica omisso". E evocando uma das primeiras manifestações anarquistas de rua, suscitada pelo desaparecimento da menina Idalina: "Veio a cavalaria, deram tiros. Eram operários, gente que estava na luta. Chorei muito". Ou ainda, logo que chegaram ao Brasil os ecos da Revolução de 1917: "Quando li as notícias eu senti logo o que era a revolução: fui uma espectadora, mas um espectador nunca é neutro. [...] Tive logo simpatia pelos vultos da revolução e pelo que representavam".

A autocrítica reponta neste contraste sofrido entre o velho anarquismo dos operários italianos e o silêncio que sobre eles estendeu o esquecimento da maioria: "Onde estão todos eles? Foram esmigalhados pela sociedade de consumo. E a gente se omitindo, faço parte dessa omissão. Xingar, chorar não adianta". O que resta é, porém, a certeza de ter ficado sempre do lado do oprimido, como ressalta da menção de um encontro sangrento ocorrido na greve geral de 1917, em São Paulo: "Ouvíamos de lá o tiroteio. Não posso esquecer minha emoção, com pena dela [a prima, casada com o delegado], mas torcendo pros operários que estavam na luta".

A memória dos acontecimentos políticos suscita uma palavra presa à situação concreta do sujeito. O primeiro passo para abordá-la, parece, portanto, ser aquele que leve em conta a *localização de classes* e a *profissão* de quem está lembrando para compreender melhor a formação do seu ponto de vista. Dos entrevistados, quatro ativeram-se, a vida toda, à *produção material*, como operários ou artífices ou servidores domésticos. O sr. Amadeu foi metalúrgico, o sr. Ariosto garçom e florista, d. Alice costureira, d. Risoleta cozinheira, para mencionar apenas as ocupações principais de cada um. A sua inserção na vida pública fez-se principalmente mediante o trabalho que os ocupou e absorveu do fim da infância ao limiar da velhice. Com exceção do sr. Amadeu (que sempre esteve em uma fábrica metalúrgica de tamanho médio), os demais confinaram-se a um serviço doméstico ou a uma extensão dele: d. Risoleta, já madura, dava comida de pensão, e o sr. Ariosto montou uma lojinha de flores artificiais feitas por ele e pela mulher.

Nesse contexto, o liame que se formava entre o sujeito e a sociedade estava marcado pela *marginalidade* política quase absoluta a que se relegaram os estratos pobres da população tanto na República Velha quanto no Estado Novo. O que distingue, porém, estes dois períodos de nossa história é a ausência do tema do trabalhador nos discursos da República Velha, quando comparada à sua presença ostensiva na era getulista. Assim, embora a dose de participação política do sr. Ariosto e de d. Risoleta haja sido quase nula, tanto antes quanto depois da Revolução de 30, ambos lembram a figura de Getúlio Vargas e as leis trabalhistas como o grande divisor de águas público de suas histórias de vida.

D. Risoleta, filha de escravos, acentua, no seu testemunho, o que era a vida do trabalhador "antes do Getúlio": "Antes do Getúlio tinha muita injustiça: a pessoa trabalhava sem aposentadoria, não tinha direito a nada. [...] Ele criou a caderneta de trabalho. [...] As empregadas que trabalhavam a vida inteira ficavam na miséria, morriam no asilo, coitadinhas, sem nada!".

O sr. Ariosto, falando dos anos a fio em que trabalhou como garçom sem folga nem salário: "Não tínhamos direito a férias, aposentadoria, licença médica, direito nenhum. Só depois que veio o Getúlio, que Deus o abençoe!".

No caso do metalúrgico Amadeu, esta memória getulista é menos genérica, porque envolve a criação e a solidificação da estrutura sindical que, para ele, operário desde menino, se tornou uma garantia de segurança familiar e profissional. De qualquer modo, porém, há um *antes* e um *depois*: "Antes de Getúlio", na memória do sr. Amadeu, significa a década de 1920, quando ele chega à maioridade tendo já passado alguns anos na oficina. Nesse tempo, os companheiros se encontravam espontaneamente para tocar violino, flauta e clarinete, em festas e passeios. Mas logo os mais velhos começam a unir-se para resolver um dos seus problemas mais prementes: ter casa própria. Passam os fins de semana, em oito ou dez companheiros, fazendo a casa. A lembrança tem muito aqui de saudade de um tempo melhor quando o auxílio mútuo supria a falta de recursos: "Havia nesse tempo muita camaradagem e um ajudava o outro, em caso de necessidade, porque não havia ganância de dinheiro. O dinheiro era muito curto, existia muito pouco, um ajudava o outro".

Dessa cooperação fora do serviço nasce um tipo de encontro para a defesa do grupo maior, isto é, da classe. O sr. Amadeu tem presentes algumas dessas reuniões secretas, feitas longe dos patrões e da polícia, e das quais surgiria a primeira agremiação de metalúrgicos. Lembra-se também dos textos de sindicatos italianos que lhe chegavam às mãos (presença de anarquistas?): "Os operários se reuniam escondidos para trocar ideias. Onde eu trabalhava vinham boletins dos sindicatos dos metalúrgicos italianos que chamava-se *I Metallurgici*. Eles aproveitavam para copiar alguma coisa para nós. Isso antes de 1930".

"Trinta" é o marco. A legalização permite que se façam sessões abertas no auditório das Classes Laboriosas. Há uma tensão inicial com alguns patrões, e é sério o risco de os sindicalizados perderem o emprego, mas "depois a força venceu". A "força" dos sindicatos, que Getúlio apoiou e trouxe para o círculo do governo, é a que acompanha e sustém o metalúrgico Amadeu durante toda a sua juventude e maturidade. Ele a sente como o recurso dos que não têm recursos. O sindicato é o médico, o remédio, o hospital, a maternidade, o advogado, o crédito, o conselheiro político: "Tem que ser sindicalizado [...]. O sindicato é tudo". Essa visão "sindicalista", que serve de ponte entre a fábrica e a política, fez do sr. Amadeu um trabalhista moderado, distante das pregações de Prestes e dos comunistas, a não ser quando encampadas pelo getulismo. Ele ficará ligado ao trabalhismo até a morte do líder (1954), lembrada de modo impressionante:

> Tem uma passagem que vou contar, foi o dia que as indústrias não funcionaram. Nós não sabíamos de nada. Ficamos na esquina esperando e a fábrica não abria. Deu sete e meia, oito horas, oito e meia, e nada. Então começamos a sentir um ardor nos olhos, um ardor que foi ficando cada vez mais forte até a gente lacrimejar. Muitos operários pareciam chorar e não suportavam mais. Então nos avisaram que as Forças Aéreas é que estavam atirando um ácido nos lugares de reunião do povo e era para a gente voltar pra casa. As autoridades não queriam que ninguém se reunisse. Foi o dia da morte de Getúlio.

Morto o líder, um populismo tipicamente paulista, de classe média, o envolverá na figura de Jânio Quadros, o último homem político importante para a sua memória de septuagenário.

Quanto ao sr. Ariosto e d. Risoleta, fixaram-se na lembrança de Getúlio Vargas. A imagem deste, apesar de seus traços idealizastes, está concretamente associada a escolhas políticas bem precisas de classe: o sr. Ariosto e d. Risoleta serviam a patrões ricos que lutavam contra Getúlio em 1930 e em 32, e estão ainda bem conscientes daquela tensão. Vale a pena transcrever um passo da narração de d. Risoleta que abre uma janela por onde se vê, de chofre, a cena do desencontro de classes:

> Eu trabalhava no dr. Adriano de Barros. Os patrões eram contra o Getúlio, eu era getulista. Mas tinha que servir café pros soldados que se arrancharam lá na Rádio Educadora Paulista, na rua Carlos Sampaio. Era aquela soldadesca e as moças queriam trabalhar pela revolução e darem ouro para o bem de São Paulo.
> A família catou todo o ouro que podia, joias, cada joia bonita de d. Cinira ela ia amontoando para o bem de São Paulo. Eu disse assim: "Por que a senhora não dá esse brochinho quebrado pra mim? Se um dia eu precisar de dinheiro, eu vendo".
> "Não! Precisamos dar tudo para salvar São Paulo!".

O sr. Ariosto e d. Risoleta igualmente conservaram-se fiéis à linha trabalhista que vai de Getúlio a João Goulart, passando por Juscelino, e opuseram-se quer à candidatura recorrente do brigadeiro Eduardo Gomes, quer às ações militares antipopulistas de 1954 e 1964. O sr. Arioto: "Quando houve eleição para presidente da República, um amigo me aconselhou a votar no marechal Dutra. Depois votei no Getúlio, é claro. Ninguém votou no brigadeiro, porque em 1924 ele mandou bombardear o Brás, os italianos que eram contra o governo; por isso o Getúlio ganhou estourado aqui em São Paulo".

D. Risoleta foi cabo eleitoral getulista, embora não votasse: "Quando o Eduardo Gomes se candidatou pra Presidência os patrões queriam que ele subisse, mas não podia não. Isso aí não era pra banda dos pobres, ele é candidato só de gente rica, nós vamos é do lado do pobre mesmo. [...] Eu era cabo eleitoral do Getúlio, quanto eleitor eu arranjava! [...] Nunca votei, mas se torcia!".

Para todos eles, a ação trabalhista do governo Vargas aparece como uma dádiva, a que opõem o estado de carência e insegurança econômica própria do assalariado durante a República Velha. Teríamos aqui um estrato daquela "memória coletiva", de Halbwachs, no caso a memória das classes pobres, dos operários ou domésticos não articulados em grupos políticos?

Quanto à morte do líder, ela está, naturalmente, ligada à ideia de assassínio, e não de suicídio. A memória de d. Risoleta imagina a tragédia e culpa diretamente o antigo adversário eleitoral:

> Escutei rádio a noite inteirinha quando ele morreu. Quando Eduardo Gomes acabou de discutir com ele entrou no elevador e falou: "Esse nós já liquidamos. Agora falta um, o Oswaldo Aranha!" [...] Não levou muito tempo Oswaldo Aranha morreu: ele era neto da família de que meu pai foi escravo. Ouvi pelo rádio a morte do Getúlio. Como eu chorei naquele dia 24 de agosto! Foi às oito horas da manhã que mataram ele. Pra mim foi o irmão dele que, a mandado, disparou nele. Ele não era homem pra se matar.

A mesma certeza do assassínio anima o sr. Arioto: "Quando soube da morte do Getúlio, fiquei muito triste. Eu não acredito que ele se suicidou, um dos capangas que viviam em roda deu uns tiros nele".

Quanto aos acontecimentos políticos que se deram dez anos depois da morte de Getúlio (1964), o sr. Arioto é conciso, mas expressivo: "Quando, em 31 de março de 1964, derrubaram o presidente Jango, não gostei porque as coisas encareceram muito. [...] Só anda alegre os que vão assistir futebol. O povo anda triste".

D. Risoleta, mais vibrante, desenvolve o seu ponto de vista: "Hoje, vejo que a situação do Brasil está cada vez pior. Dizia: 'Vocês vão brincando, brincando. O dia que nosso Brasil cair na mão do militar vai ser duro pra sair'. Olha aí! Todo mundo não tá vendo? Tá na mão de militar e ele não quer largar o osso não".

A MEMÓRIA ENTRE A CONSCIÊNCIA E O ESTEREÓTIPO

Para caracterizar essa memória (ou melhor: essa memória-consciência) valeria a pena confrontá-la com a de outros entrevistados que entraram, a certa altura, em plena cena política: o sr. Abel, o sr. Antônio, d. Brites. O contraste, que salta à primeira leitura (espectador versus participante), distinguirá significativamente a qualidade da lembrança política dos dois grupos? A leitura das narrativas sugere que a diferença existe, mas que é sobretudo quantitativa. D. Brites, o sr. Abel, o sr. Antônio e d. Jovina sabem muito mais coisas que o sr. Amadeu, d. Risoleta e o sr. Ariosto, sem mencionar d. Alice, que nada diz sobre política. A informação dos primeiros, enquanto participantes e militantes, é, sem dúvida, mais rica e pormenorizada:

— o sr. Abel é um vivo testemunho de 1932, cujo primeiro tiro quase o atinge, matando seu companheiro Miragaia;

— o sr. Antônio conheceu por dentro alguns dos momentos mais dramáticos da corrida integralista: basta recordar que lhe delegaram a morte de um líder adversário;

— enfim, d. Brites é a memória fiel de várias campanhas culturais e assistenciais da esquerda nos anos da legalidade.

São três autobiografias que aquecem a vida pública com o calor da subjetividade que falta, em geral, ao discurso histórico oficial. No entanto, poderemos afirmar, tranquilamente, que a participação nos acontecimentos políticos tenha imunizado a memória dos militantes dos riscos da idealização ou da estereotipia? O concreto das suas lembranças factuais não cederá, porventura, em mais de um ponto, à convencionalização? O sr. Abel e o sr. Antônio atribuem a seus líderes e aos movimentos de que fizeram parte caracteres extraordinários, sublimes (1932, o primeiro; Plínio Salgado, o segundo). Para o constitucionalista Abel, a Revolução de 32 não perdeu, ela apenas "ensarilhou suas armas", ideia repetida pouco depois: "Mas a revolução não perdeu, ela deixou de lutar, quando nós já tínhamos obtido o que queríamos, o fim já tinha chegado, o ideal era aquele, a Constituição. E Getúlio ficou com medo e retirou-se".

Assim, o voluntário, que sabe o que é ser tocaiado e vencido pelos adversários que prepararam uma "ferradura"; o sargento, que passou uma noite terrível numa trincheira lamacenta onde arrebentaram os miolos de um companheiro imprudente e cortaram as pernas de outro, cujos gritos enchem o silêncio do brejo; esse mesmo Abel, testemunha ocular da luta, repete as frases da sua geração e do seu grupo de apoio: "A revolução não perdeu. E Getúlio ficou com medo e retirou-se".

A experiência política, enquanto partidária, necessariamente vai modelando, com o tempo, formas de discurso valorativo, convencional, "ideológico", que podem esconder o teor mais objetivo da fala testemunhal; formas que vão ficando cada vez mais parecidas com as da crônica oficial, geralmente celebrativa.

Não me cabe, aqui, interpretar as contradições ideológicas dos sujeitos que participaram da cena pública. Já se disse que "paradoxo" é o nome que damos à ignorância das causas mais profundas das atitudes humanas. O sr. Abel, paulista de quatrocentos anos, descendente do barão de Cocais e neto de um coronel da Guarda Nacional, acaba imiscuindo-se em todas as manhas e manobras do populismo ademarista; mas não suporta a aliança Ademar-Getúlio.

D. Brites, de valente estirpe florianista, cujos pais se manifestaram pró-Hermes da Fonseca e contra Rui Barbosa, e que cultua religiosamente a imagem dos líderes tenentistas de 1922 e 24 e os homens da Coluna Prestes, põe-se em 1932 contra Getúlio e a favor dos políticos paulistas, que ela mesma não hesitará em qualificar de burgueses: "Entre Júlio e o Getúlio, vá o Júlio que é paulista".

O sr. Antônio, saído do meio pobre, duas vezes emigrante (da Itália para o interior de São Paulo e daí para a capital), aproxima-se respeitosamente do integralismo e de seu líder cultural, fica indignado com a ação do Estado Novo que, em 1937, massacrou a Ação Integralista, mas, depois da Segunda Guerra, acompanha as propostas getulistas e, enfim, pende simpaticamente para o esquerdismo que levou seus filhos universitários à prisão: "Meus filhos me chamavam de fascista, mas eu me tornei socialista por causa deles. Agora, acho que eles têm razão".

Explicar essas múltiplas combinações (paulistismo de tradição mais ademarismo; ou tenentismo mais paulistismo mais comunismo; ou integralismo mais getulismo mais socialismo...) é tarefa reservada a nossos cientistas políticos, que já devem ter-se adestrado nesses malabarismos. O que me chama a atenção é o modo pelo qual o sujeito vai misturando na sua narrativa memorialista a marcação pessoal dos fatos com a estilização das pessoas e situações e, aqui e ali, a crítica da própria ideologia.

Veja-se, por exemplo, como o sr. Antônio foi capaz de compor, na sua autobiografia: 1) o fato em si; 2) uma centelha de crítica pessoal; e 3) a convenção idealizadora final. Primeiro, o *fato*: "Na ocasião, antes da tentativa contra o governo, ele [Plínio Salgado] pensou que ia ser ministro da Educação e levou os integralistas para o Rio". Depois, a observação *crítica* pessoal: "Eu não fui. E disse à minha mulher no dia do golpe do Estado Novo, 10 de novembro de 1937: 'Netta, o integralismo acabou'. Dito e feito. Mas o Plínio não tinha envergadura varonil, era um intelectual, não era um político". Enfim, o *estereótipo* mítico, peculiar ao grupo integralista: "Depois de 1938, o Plínio foi para Portugal e lá ficou amigo de Salazar, mas ele era superior a Salazar".

A memória de d. Brites traz em si uma complexidade ideológica ainda maior. A narrativa que ela faz das opções políticas de sua família é exemplar, quanto à coerência: republicanos, abolicionistas, florianistas anticivilistas, anticlericais, tenentistas, colunistas, seus avós e pais sempre combateram na trincheira jacobina, que já no fim do século XIX era chamada "vermelha" ou "radical". Tudo isso repercutiu na sua infância e adolescência. O episódio da avó afrontando Rui Barbosa ("Baderneiro-mor!") ilustra o estado de ânimo político reinante na família.

Já adulta, acompanha com paixão as investidas dos tenentes. Os Dezoito do Forte de Copacabana em 1922, a Revolução de 24 em São Paulo e a Coluna Prestes são pontos de referência absolutamente positivos na sua biografia ao mesmo tempo pública e sentimental:

> Meus irmãos abriram em 22 no *Diário Nacional* uma subscrição para levantar um monumento aos Dezoito do Forte de Copacabana. Os Dezoito do Forte foi uma das maiores admirações que nós tivemos. Todos foram admiráveis. [...] Vibramos muito com os Dezoito do Forte; aqui em São Paulo falava-se na Semana da Arte Moderna, mas tenho ideia de uma coisa de grã-finos, que nada tinha de popular. [...] Já se sabe, tomamos logo o partido de Isidoro. Ninguém gostava de Bernardes porque 24 foi uma consequência de 22.

Quanto à Coluna: "Nós acompanhamos a Coluna Prestes por um jornal clandestino, *O 5 de Julho,* impresso no Rio. Apesar da censura toda, nós acompanhávamos o vaivém da coluna, sabíamos onde Prestes andava. Nós copiávamos os comunicados do jornalzinho, mimeografávamos, depois saíamos à noite e pregávamos nos postes".

Como se percebe, trata-se também de uma memória grupal: "nós... nós... nós... nós...". Igualmente grupal é a evocação do tenente Siqueira Campos, que aparece como um ser de eleição, verdadeiro objeto de culto coletivo, atitude para que convergem, em 1930, a esquerdista Brites e o direitista Antônio: "Em maio de 30 Siqueira Campos morreu. Nessa época era um ídolo [...] uma espécie de semideus que transitava, tínhamos a impressão de que ele era alado, tinha-se sempre notícia dele. Era uma figura mitológica quando o avião em que viajava caiu no rio da Prata. O corpo dele não foi encontrado rio abaixo, foi encontrado rio acima. [...] Afonso Schmidt escreveu um artigo lindo dizendo que o corpo dele em lugar de ser encontrado a jusante foi encontrado a montante porque o seu destino era subir".

Como entender a sua "virada" entre 1930 e 32 contra o getulismo e, por tabela, contra os próprios tenentes que eram, afinal, os braços militares do político gaúcho contra as oligarquias regionais? Virada "paulista" que, no entanto, não a afasta absolutamente da admiração que continuará alimentando pela ala esquerda, radical, do tenentismo e da Coluna, aquela que, de 1930 em diante, será absorvida ou ultrapassada pelo Partido Comunista.

A sua memória, hoje, dispõe as coisas de modo a separar drasticamente as ações tenentistas, sempre heroicas, de 1922, 24, 26... do quadro selvagem da entrada em São Paulo das tropas contrarrevolucionárias. D. Brites, professora primária, agente civilizador do estado mais moderno do país, sente a chegada dos getulistas como uma invasão de bárbaros que arrancam as correntinhas douradas das descargas, arrebentam pianos a coronhadas e pilham as porcelanas de Limoges e até as samambaias de estimação de sua família itapirana. Sem identificar-se economicamente com as senhoras da alta burguesia, que promoveram entusiasticamente a revanche de 1932 e bradavam nas ruas:

*São Paulo é dos paulistas*
*Tenente, abaixa a crista*

D. Brites sente-se solidária com uma realidade regional e cultural de que a classe alta parece ser a grande defensora. Essa identificação ideológica é a da professora e é a da cidadã paulistana: a atividade cultural específica e o entrosamento com sua cidade e seu estado pesam, aqui, mais do que sua reflexão sobre a origem classista de 1932.

Ressalte-se também o caráter eclético que assume sua memória política. Há a *lembrança do fato*: "Não posso precisar que mês foi, não sei se em março ou abril, o Getúlio veio a São Paulo. Ele desembarcou na Estação do Norte e veio em carro aberto até o centro da cidade com uma manifestação popular enorme". Depois, vem a atribuição dessa popularidade (*juízo*): "Havia uma oposição tremenda ao PRP".

Percebe-se que d. Brites *interpreta* o triunfo de Getúlio em São Paulo: "Uma oposição tremenda ao PRP", oposição que ela atribui a terceiras pessoas, sem empatia, quando, a rigor, todo o seu passado familiar e pessoal, tenentista, deveria fazê-la incorporar-se francamente a essa mesma oposição. Mas, a posteriori, sua opção pró-32 e seu maciço antigetulismo durante o Estado Novo suspende aquele tenentismo apaixonado dos seus vinte anos e apresenta com um tom distanciado, e até mesmo hostil, a opinião popular antiperrepista que abriu os braços a Getúlio em 1930: "O Getúlio foi muito aclamado e quando chegou ali na praça da República, um rapaz, o Hermenegildo Urbina Teles, fez um discurso vibrante saudando Getúlio, um discurso que fez época. Mas era um palavreado, não tinha nada de social: eles só queriam derrubar O PRP para subir o Partido Democrático". Aqui, o distanciamento é total: eram *eles* (não nós) que queriam derrubar o PRP.

Logo adiante, vem uma justificação regionalista: "Nós estávamos contra ele [Getúlio] e dizíamos, para grande escândalo do meu cunhado: 'Entre o Júlio e o Getúlio, vá o Júlio que é paulista'".

O que segue é a crônica de 1932: crônica que é capaz de justapor o discurso regionalista com certas entradas críticas que recuperam a posição tenentista-esquerdista: "Em 1932 São Paulo inteirinho trabalhou. Foi um trabalho bonito, de solidariedade. E o Brasil inteiro veio contra São Paulo. Nós fomos guerreados em todas as frentes: de Minas, do Rio, do Paraná...".

Mas: "Quando chegou 32 houve a Revolução de 32, que foi tipicamente uma revolução burguesa, porque foi a burguesia de São Paulo que se levantou: os Moraes Barros, os Paes de Barros...".

A memória política parece ser, assim, um jogo sinuoso, aparentemente sem vitória certa, no qual ora a ideologia dominante no grupo assimila as conquistas da observação direta, ora esta contradiz aquela minando-a por dentro e deixando à mostra sua parcialidade.

Nem sempre a memória se beneficia, com em d. Brites, da consciência das contradições; personalidade escrupulosa, sabe alinhar observações contrastantes quando as crê justas: "Quem botou ordem no trabalho do menor com muita demagogia foi o Getúlio. Foi ele que criou as leis trabalhistas". O sr. Abel, ao contrário, é um participante horizontal dos acontecimentos políticos. O caráter unidimensional com que ele vê os fatos públicos dá à sua memória uma notável transparência ideológica. É uma força de identificação que faz do seu testemunho uma peça de representatividade. A memória do soldado de 1932 não altera a historiografia oficial do movimento: confirma-a como o exemplo ilustra a regra geral. É uma voz no coro quase uníssono que o tem celebrado, é um modelo de adequação do individual ao grupal. Exemplo que daria força à teoria de Halbwachs sobre a interpenetração profunda de coletivo e pessoal. Depois de mencionar com indiferença as ações tenentistas de 1922 e 24, Abel, homem ligado por velhos laços familiares aos donos do aparelho perrepista, assume diante da entrevista o tom de quem fala à posteridade: "Este que vos fala, Abel R...".

A identificação nasce de uma comunidade afetiva e ideológica entre o indivíduo e o grupo local dominante, comunidade que a ação conjunta só poderia reforçar. Ora, o primeiro regimento que se forma para combater Getúlio, em 1932, sai precisamente do Instituto do Café, onde Abel é funcionário e valido desde a administração Carlos de Campos. Sua memória vem, assim, desde o começo, amparada pelo grupo, como também o roteiro completo do movimento e a determinação do seu sentido histórico. O que a sua evocação possa ter de pessoal, de singular, no caso de passagens que ele testemunhou de perto (a morte de Miragaia, por exemplo), acaba se entrosando na interpretação oficial dos fatos: "Primeira vítima da revolução", "Segunda vítima da revolução", são expressões consagradas quando se fala dos homens do MMDC e, no entanto, não respondem aos fatos vistos pessoalmente pelo mesmo Abel, pois o assassínio de Miragaia e Dráusio foi causado por atiradores escondidos que, segundo se depreende do relato, teriam sido provocadores e, na versão de d. Brites, homens da extrema direita ligados ao Fascio e não agentes da polícia federal.

Em outros termos: a testemunha ocular lembra-se evidentemente melhor dos pormenores do fato, mas nem isso escapa necessariamente à versão corrente que o seu grupo de apoio produziu a partir do mesmo fato. O sr. Abel não estabelece qualquer ligação entre a morte de Miragaia e o terrorismo fascista que começava a implantar-se. No seu quadro de referência político só se impõe o contraste Getúlio versus Paulistas; e é dentro dele que vai trabalhar sua memória do MMDC.

A evocação que o sr. Abel faz dos acontecimentos de 1932 é grupal, na medida em que desde o início foi partilhada por amigos, parentes, colegas do Instituto do Café, pelos homens, enfim, da sua classe e da sua geração. Se avançarmos no tempo e ouvirmos o que ele diz sobre figuras políticas dos anos 1950 e 60, como Ademar de Barros e Jânio Quadros, com quem privou como funcionário palaciano, e de quem recebeu um tratamento familiar, veremos que sua imagem desses personagens coincide basicamente com a versão mais conhecida que deram deles os seus respectivos partidários. Apesar de tão díspares, Ademar e Jânio são, para Abel, duas faces do poder e, como tais, homens que ele deve admirar e respeitar. Seu juízo pessoal sobre cada um (juízo que poderia ser enriquecido pelo convívio demorado) em nada difere do estereótipo que acabou sendo formado de ambos. A "esperteza" de um, a "correção" moral e vernácula do outro, tudo entra na mesma mitologia, chegando até o anedotário. No caso de Jânio, conhecido já nas salas dos Campos Elíseos e não na época "heroica" das Vilas Marias e dos botequins da Sé, prevalece a versão pequeno-burguesa do homem distinto, absolutamente sem caspas, impoluto:

> Então era honesto ou não era? Era pobre, aquelas viagens que ele fez pagaram tudo pra ele, ele só tinha uma casa. Era um homem extraordinário. Algum presidente teve 6 milhões de votos? [...] Um homem com uma inteligência fabulosa. Um português como eu não vi outro até hoje! Pronunciava bem, parece que estudou califasia para poder falar, orar, pregar e fazer discurso. Trabalhava uma coisa horrorosa! Ele dormia duas ou três horas por dia, tomava injeções, eu vi Jânio tomar soro; um homem que conseguiu 6 milhões de votos!

Voltamos assim ao ponto de partida: a participação na cena pública eleva, sem dúvida, o nível de informação do narrador, mas não o liberta, necessariamente, da modelagem a que, afinal, vão sendo submetidos homens e acontecimentos.

A lembrança de certos momentos públicos (guerras, revoluções, greves...) pode ir além da leitura ideológica que eles provocam na pessoa que os recorda. Há um modo de viver os fatos da história, um modo de sofrê-los na carne que os torna indeléveis e os mistura com o cotidiano, a tal ponto que já não seria fácil distinguir a memória histórica da memória familiar e pessoal. As crises econômicas que rondaram São Paulo durante a Primeira Guerra e no fim da década de 1920 nos são pintadas ao vivo pelas recordações de aperturas familiares que angustiaram quase todos os entrevistados. Se acompanho o menino Amadeu que, nos anos da guerra, ia junto com os irmãos buscar sopa na fábrica, penetro, de relance, na pobreza dos bairros operários cheios de imigrantes e desempregados. É a pré-história de uma crise que vai estourar na greve geral de 1917:

> Com a guerra veio muita miséria, nós passamos muito mal aqui em São Paulo. Lembro, na rua Américo Brasiliense, da Companhia Mecânica Importadora que ajudou muitos desses que não tinham possibilidade de aquisição: um porque o pai foi pra guerra, outros porque tinham dificuldade de encontrar trabalho. Na hora do almoço e na hora da janta ela dava uma sopa para famílias do Brás, da Mooca, do Pari, da classe menos favorecida pela sorte. Com meus dez, onze anos, a miséria era muito grande aqui em São Paulo. Meus irmãos e eu íamos com um caldeirão e eles enchiam o caldeirão de sopa e davam um pão. Em 1917, no finalzinho da guerra, veio uma miséria extrema.

A mesma situação de carência é localizada ora no fim da guerra, ora imediatamente depois da Revolução de 24. O sr. Ariosto associa a esta última os assaltos aos grandes depósitos de mantimentos, passagem confirmada por outros depoentes:

> Depois da revolução o povo sentiu-se com fome. Nas igrejas davam mantimentos. As fábricas pararam muito tempo e os operários não tinham mais mantimento, não tinham nada nas suas casas, então começaram a saquear o Moinho Santista, o Matarazzo. Traziam sacos de farinha nas costas e levavam para os seus. Até armazéns eles saquearam. Depois a polícia foi de casa por casa buscar os mantimentos. Eles recuperaram os sacos de farinha para os moinhos. Até lá em casa bateram e quiseram entrar, e meu pai: "Aqui não tem nada, não somos saqueadores". Mas quem saqueava é porque tinha fome.

Chegando a esta altura, a memória do sr. Ariosto projeta o ponto de vista da sua situação de asilado, hoje, misturando noções presentes com a matéria vivida do passado: "Mas quem saqueava é porque tinha fome. É como está acontecendo agora, derrubam as carroças de mantimentos, os caminhões que vêm de fora: as pessoas saqueiam batata, arroz, para comer. Estou lendo e analisando; está acontecendo a mesma coisa, sendo muita a miséria". Em outro momento, o sr. Ariosto relaciona as pancadarias do Primeiro de Maio com a repressão policial contra os estudantes, hoje.

Até mesmo famílias de classe média, escoradas em profissão liberal, como a de d. Jovina, cujo pai foi um dos mais operosos engenheiros do começo do século, a crise chegou a atingir: "Papai vivia desempregado, com a Grande Guerra não se encontrava trabalho. Foi seu ponto final como engenheiro. Nunca mais arranjou trabalho nenhum. Nós estávamos comendo do ganhado. Meu quarto era perto do dele e eu o ouvia dizer para minha mãe: 'Eu era capaz de pagar para que me deixassem trabalhar'. Disse uma vez: 'O céu tão azul e eu sem trabalho!'".

A versão dessa mesma realidade familiar, contada pela irmã, Brites, leva adiante o comentário; e nos deixa ver que o desemprego do pai não afetou as crianças, diversamente do que se deu nos meios pobres: "Quando se é criança não se sente porque continua-se a comer do mesmo jeito, a estudar do mesmo jeito. Naturalmente alterou a economia da casa, mas não chegou até nós".

Acontecimento político que marcou a maioria dos entrevistados foi a Revolução de 24, pelo êxodo imposto a tantos paulistanos. Fugir às pressas sob o silvo das balas que espocam no bairro e ameaçam os quintais e as paredes é uma experiência rara. Mas que não tem para todos o mesmo significado.

Tratando da memória pública, tive que dizer, páginas atrás, que d. Alice não se refere a fatos políticos. Convém precisar a afirmação: a Revolução de 24 e as manobras de Isidoro e seus tenentes acordam nela apenas a lembrança de uma situação aflitiva, em que o pior de tudo é o desenraizamento, a urgência de abandonar casa e pertences. Alheia ao significado do movimento, ela o narra como a irrupção de algo subitamente ameaçador; é de surpresa e angústia o tom de toda a sua evocação. Note-se que a data precisa (a noite de 4 para 5 de julho) é lembrada porque coincide com o primeiro aniversário de sua menina: "Quando a menina completou um ano, era o dia 4 de julho; eu estava entrançando o cabelo e prendendo com grampos, para que ficasse armado, porque ia ao teatro à noite. Minha mãe chegou e disse: 'A cidade está cheia de soldados de carabina embalada, vai ter uma revolução'. O Humberto não acreditou. De fato, era a revolução".

A visão dos acontecimentos está sempre aclarada pelo foco da vida doméstica: é o meio de quem está no meio e dentro das linhas de fogo:

> A gente nunca quer sair da casa da gente pra ir pra nenhum lugar, só quando já não pode ficar mais... Acho que todas as pessoas são assim. Durante o dia, ouvimos os tiros de canhão, eu ia me aguentando e ficando mais um pouco. Mas quando foi um dia... O tiroteio se cruzava entre os soldados na Igreja da Glória e os outros, no depósito de pólvora, lá embaixo na rua Tabatinguera. Eu morava no meio. Foi a revolução do Isidoro Dias Lopes. Cortaram as luzes e, de noite, os tiros sacudiram a casa... E o barulho do canhão. Eu só tinha medo de morrer no escuro.

Como sugerem os psicólogos sociais da memória, um Bartlett e um William Stern, *só fica o que significa:* "Os aviadores tiveram ordem de jogar bombas no Brás; diziam que a italianada estava a favor da revolução. Ficamos na rua da Mooca, 82; durante a noite ouvia o tiroteio, os soldados correndo, as ordens do tenente Cabanas, o barulho era infernal. Meu irmão Amleto, depois de uma discussão com papai, se uniu aos revoltosos e partiu" (sr. Ariosto).

"O povo nunca se interessou", é a explicação do sr. Antônio, que assim resume, secamente, a reação popular a 1924. Sua família morava na Bela Vista e não precisou fugir. Sintomaticamente, o relato das irmãs Jovina e Brites dá a medida de uma outra faixa de opinião, afinada com a Revolução de 24, e que, por isso, acentua as simpatias despertadas pelos tenentes.

D. Jovina: "Encontrei aqui muito entusiasmo do povo por Isidoro. A *Folha da Manhã* dava notícias simpáticas sobre Isidoro com um pseudônimo que não me lembro. Escreviam nas paredes: Isidoro vem aí! [...] Um jornal clandestino, *O 5 de Julho,* chegava às nossas mãos pelo correio. Recortávamos os artigos, tirávamos cópias, pregávamos nos postes". Sua família não fugiu enquanto os rebeldes dominavam a situação.

D. Brites encarece vigorosamente a adesão popular e procura demonstrá-la: "O povo adorou tanto o Isidoro que nas matrículas de grupo, sete anos depois, havia pelo menos 2% de Isidoros. Eu mesma tive aluno Isidoro. O povo achava que Isidoro era a redenção".

A lembrança pessoal de cada uma das irmãs recebeu o reforço da consciência política da família. E a consciência manteve-se acesa, sobrevivendo longamente aos acontecimentos, como se pode ver seguindo a biografia política inteira de d. Brites. Memória povoada de nomes. São pessoas, e não conceitos abstratos de "direita" e "esquerda", que têm peso e significam para d. Brites. As crianças operárias do Ipiranga e da Lapa, as mães que trabalhavam com as criancinhas de peito, os pais de alunos que inchavam as pernas de varizes nos salgadouros do frigorífico Armour... O seu primeiro livro socialista foi uma obra do humaníssimo Afonso Schmidt, o mesmo homem que ela e a irmã Vivina já tinham lido e ouvido falar em memória do herói familiar, Siqueira Campos. O roteiro começa, assim, a desenhar-se nos rostos queridos e nos modelos admirados. Siqueira Campos, Afonso Schmidt... Fora do Brasil, as vítimas do anticomunismo, Sacco e Vanzetti, o casal Rosenberg. No Brasil, depois de 1930: Augusto Pinto, cuja belíssima lápide d. Brites nos dá a conhecer. Natália Pinto, a mãe de Augusto; Luís Carlos Prestes, Olga Benario, Cândido Portinari, José Maria Crispim, Taibo Cadórniga, Maria Luísa Branco, as tecelãs Leonor Petrarca, Lucinda de Oliveira, jornalistas, operários, militantes e, em primeiro plano, Elisa Branco.

# Memória do trabalho

OS TRABALHOS DA MÃO

Parece ser próprio do animal simbólico valer-se de uma só parte do seu organismo para exercer funções diversíssimas. A mão sirva de exemplo.

A mão arranca da terra a raiz e a erva, colhe da árvore o fruto, descasca-o, leva-o à boca. A mão apanha o objeto, remove-o, achega-o ao corpo, lança-o de si. A mão puxa e empurra, junta e espalha, arrocha e afrouxa, contrai e distende, enrola e desenrola; roça, toca, apalpa, acaricia, belisca, unha, aperta, esbofeteia, esmurra; depois, massageia o músculo dorido.

A mão tateia com as pontas dos dedos, apalpa e calca com a polpa, raspa, arranha, escarva, escarifica e escarafuncha com as unhas. Com o nó dos dedos, bate.

A mão abre a ferida e a pensa. Eriça o pelo e o alisa. Entrança e destrança o cabelo. Enruga e desenruga o papel e o pano. Unge e esconjura, asperge e exorciza.

Acusa com o índex, aplaude com as palmas, protege com a concha. Faz viver alçando o polegar; baixando-o, manda matar.

Mede com o palmo, sopesa com a palma.

Apanha com gestos o eu, o tu, o ele; o aqui, o aí; o ali; o hoje, o ontem, o amanhã; o pouco, o muito, o mais ou menos; o um, o dois, o três, os números até dez e os seus múltiplos e quebrados. O não, o nunca, o nada.

É voz do mudo, é voz do surdo, é leitura do cego.

Faz levantar a voz, amaina o vozerio, impõe silêncio. Saúda o amigo balançando leve ao lado da cabeça e, no mesmo aceno, estira o braço e diz adeus, urge e manda parar. Traz ao mundo a criança, esgana o inimigo.

Ensaboa a roupa, esfrega, torce, enxágua, estende-a ao sol, recolhe-a dos varais, desfaz-lhe as pregas, dobra-a, guarda-a. A mão prepara o alimento. Debulha o grão, depela o legume, desfolha a verdura, descama o peixe, depena a ave e a desossa. Limpa. Espreme até extrair o suco. Piloa de punho fechado, corta em quina, mistura, amassa, sova, espalma, enrola, amacia, unta, recobre, enfarinha, entrouxa, enforma, desenforma, polvilha, guarnece, afeita, serve.

A mão joga a bola e apanha, apara e rebate. Soergue-a e deixa-a cair.

A mão faz som: bate na perna e no peito, marca o compasso, percute o tambor e o pandeiro, batuca, estala as asas das castanholas, dedilha as cordas da harpa e do violão, dedilha as teclas do cravo e do piano, empunha o arco do violino e do violoncelo, empunha o tubo das madeiras e dos metais. Os dedos cerram e abrem o caminho do sopro que sai pelos furos da flauta, do clarim e do oboé. A mão rege a orquestra.

A mão, portadora do sagrado. As mãos postas oram, palma contra palma ou entrançados os dedos. Com a mão o fiel se persigna. A mão, doadora do sagrado. A mão mistura o sal à água do batismo e asperge o novo cristão; a mão unge de óleo no crisma enquanto com a destra o padrinho toca no ombro do afilhado; os noivos estendem as mãos para celebrarem o sacramento do amor e dão-se mutuamente os anulares para receber o anel da aliança; a mão absolve do pecado o penitente; as mãos servem o pão da eucaristia ao comungante; as mãos consagram o novo sacerdote; as mãos levam a extrema-unção ao que vai morrer; e ao morto, a bênção e o voto da paz. *In manus tuas, Domine, commendo spiritum meum.*

Para perfazer estantíssimas ações basta-lhe uma breve mas dócil anatomia: oito ossinhos no pulso, cinco no metacarpo e os dedos com as suas falanges, falanginhas e falangetas.

Mas seria um nunca acabar dizer tudo quanto a mão consegue fazer quando a prolongam e potenciam os instrumentos que o engenho humano foi inventando na sua contradança de precisões e desejos.

A mão lavra a terra há pelo menos 8 mil anos, quando começou o Neolítico em várias partes do globo. Com as mãos, desde que criou a agricultura, o homem semeia, poda e colhe. Empunhando o machado e a foice, desbasta a floresta, com a enxada revolve a terra, limpa o mato, abre covas. Com a picareta, escava, desenterroa. Com a pá, estruma. Com o rastelo e o forcado, gradeia, sulca e limpa. Com o regador, água. Desgalha com a faca e o tesourão.

Manejando o cabo dos utensílios de cozinha, o homem pode talhar a carne, trinchar as aves, espetar os alimentos sólidos e conter os líquidos que escoariam pelas juntas das mãos em concha.

Morar é possível porque mãos firmes de pele dura amassam o barro, empilham pedras, atam bambus, assentam tijolos, aprumam o fio, trançam ripas, diluem a cal virgem, moldam o concreto, argamassam juntas, desempenam o reboco, armam o madeirame, cobrem com telha, goivo ou sapé, pregam ripas no forro, pregam tábuas no assoalho, rejuntam azulejos, abrem portas, recortam janelas, chumbam batentes, dão à pintura a última demão.

A mão do oleiro leva o barro ao fogo: tijolo. A mão do vidreiro faz a bolha de areia, e do sopro nasce o cristal.

A mão da mulher tem olheiros nas pontas dos dedos: risca o pano, enfia a agulha, costura, alinhava, pesponta, chuleia, cerze, caseia. Prende o tecido nos aros do bastidor: e tece e urde e borda.

A mão do lenhador brande o machado e racha o tronco. Vem o carpinteiro e da lenha faz o lenho: raspa e desbasta com a plaina, apara com o formão, alisa e desempena com a lixa, penetra com a cunha, corta com a serra, entalha com a talhadeira, boleia com o torno, crava pregos com o martelo, marcheta com as tachas, encera e lustra com o feltro.

O ferreiro malha o ferro na bigorna, com o fogo o funde, com o cobre o solda, com a broca o fura, com a lima o rói, com a tenaz o verga, torce e arrebita.

O gravador entalha e chanfra com o cinzel, pule com o buril. O ourives lapida com diamante, corta com o cinzel, afina com o buril, engasta com a pinça, apura com o esmeril.

O escultor corta e lavra com o escopro e o formão.

O pintor, lápis ou pincel na mão, risca, rabisca, alinha, enquadra, traça, esboça, debuxa, mancha, pincela, pontilha, empastela, retoca, remata.

O escritor garatuja, rascunha, escreve, reescreve, rasura, emenda, cancela, apaga.

Na Idade da Máquina, a mão teria, por acaso, perdido as finíssimas articulações com que se casava às saliências e reentrâncias da matéria? O artesanato, por força, recua ou decai, e as mãos manobram nas linhas de montagem à distância dos seus produtos. Pressionam botões, acionam manivelas, ligam e desligam chaves, puxam e empurram alavancas, controlam painéis, cedendo à máquina tarefas que outrora lhes cabiam. A máquina, dócil e por isso violenta, cumpre exata o que lhe mandam fazer; mas, se poupa o músculo do operário, também sabe cobrar exigindo que vele junto a ela sem cessar: se não, decepa dedos distraídos. Foram 14 milhões os acidentes de trabalho só no Brasil de 1975.

*(Alfredo Bosi)*

MEMÓRIA DA ARTE, MEMÓRIA DO OFÍCIO

O trabalho manual, mecânico, intelectual, ocupou boa parte da vida dos nossos entrevistados. Ele tem, para cada um deles, uma dupla significação:

1) Envolve uma série de movimentos do corpo penetrando fundamente na vida psicológica. Há o período de adestramento, cheio de exigências e receios; depois, uma longa fase de práticas, que se acaba confundindo com o próprio cotidiano do indivíduo adulto.

2) Simultaneamente com seu caráter corpóreo, subjetivo, o trabalho significa a inserção obrigatória do sujeito no sistema de relações econômicas e sociais. Ele é um *emprego*, não só como fonte salarial, mas também como lugar na hierarquia de uma sociedade feita de classes e de grupos de status.

Temos, portanto, que atender a essas duas dimensões do trabalho: sua repercussão no tempo subjetivo do entrevistado e sua realidade objetiva no interior da estrutura capitalista. Quanto ao primeiro aspecto, pode-se constatar que todos se detêm longamente e com muito gosto na descrição do próprio ofício. Como observa Celestin Freinet, um dos mestres da pedagogia experimental moderna, trabalho e jogo representam, no fundo, o exercício da mesma atividade exploratória do ser humano.[15]

D. Risoleta, que foi cozinheira mais de meio século, lembra que "gostava de brincar de comidinha", e não deixa de esclarecer que "fazia comidinha de verdade". "Desde criança o meu brinquedo era fazer comidinha pros outros. [...] Eu era a alegria da festa dos outros."

Dos oito entrevistados, cinco precisaram ganhar a vida desde a infância; d. Alice, o sr. Ariosto, o sr. Amadeu, o sr. Antônio, d. Risoleta. E todos lembram com precisão o que faziam e o quanto recebiam. D. Alice começou a trabalhar com dez anos numa oficina de costura: as meninas varriam a sala, juntavam os alfinetes do chão, arrumavam as linhas nas caixas. "Eu já chuleava, fazia uma bainha, com certeza eu tinha já uma tendência para isso." Naquele clima de penúria, mais dinheiro importava em trabalho novo, "extra": "Ganhava um pouquinho mais, uns quinhentos réis, fazia serão. Ganhava uns dez mil-réis por mês para trabalhar desde as oito horas até as sete horas da noite. Era pouquíssimo".

A lembrança dos serões na casa da "madame" está ligada a horas e horas de jejum: "Sábado era o dia que mais se trabalhava, ficava até meia-noite, onze horas, e não ganhava extra. A madame servia um chá, um pedaço de pão, a gente ficava com aquilo". A roupa se resumia a um só vestido, o calçado em um só par de sapatos que encharcavam quando chovia; ela voltava então para casa pingando e perdendo o dia de serviço. Ao trabalho de costura, prolongado pelo resto da vida, veio acrescentar-se, depois de casada, o serviço doméstico feito muitas vezes à noite, quando se encerrara o tempo do trabalho produtivo: "Na casa o serviço era pra valer. Às vezes eu encerava o chão, lavava tudo à noite, depois que as crianças subiam para dormir. De manhã estava tudo limpo".

Seria trabalho perdido procurar alguma palavra de revolta nessas memórias de sacrifício e exploração. D. Alice vê o trabalho como uma atividade natural, como o comer e dormir. É uma necessidade. Viúva, continua na lida sendo capaz de sentir o caráter estético e liberador do exercício manual: "Eu varava a noite inteira na cozinha trabalhando nas flores e achava lindo aquilo, me acalmava, tinha uma sensação muito boa". Hoje, privada do trabalho que lhe é tão caro, sua atividade se restringe quase que só a lembrar: "Fico neste quarto vendo fotografias; quando arrumo as gavetas e mexo nas minhas coisas estou sempre recordando e me encanto".

Talvez se possa dizer da memória do trabalho em d. Alice que, ao menos na aparência verbal do relato, não tomou corpo a distinção entre o peso sacrificial das tarefas e o seu aspecto lúdico, liberador de energias. O teor "alienado" da sua visão de classe, tão bem ilustrado na perene gratidão pelas patroas que lhe davam jantar quando ela varava os serões costurando, não lhe permite pensar de modo crítico, sequer ressentido, o sacrifício a que a submetia o seu estado de aguda dependência. Por isso, o máximo que ela pode dizer, ao lembrar-se desses anos, é *constatar* as dificuldades objetivas da situação familiar, principalmente durante os anos de infância: "Eu trabalhava, minha mãe trabalhava, meu aniversário passava desapercebido [...] eu não tive Natal na minha casa".

O episódio do poço gelado dá perfeitamente conta desse laço de sacrifício e necessidade.

> Naquele tempo, uma noite... a corrente do poço era muito velha, toda emendada com arames. As famílias estendiam suas roupas na cerca, as roupas ficavam duras de geada, pareciam um fantasma. Até hoje me lembro, a água de nossa tina estava uma pedra de gelo. Como podia lavar a roupa no gelo? Tirar água naquele frio era difícil também. Fiquei indecisa, mas acabei quebrando o gelo da tina e puxando água do poço.

E a canção que diz tudo:

*Maria lavava,*
*José estendia,*
*e o menino chorava*
*do frio que fazia.*

D. Alice, depois de tantos e tantos anos de trabalho forçado e ininterrupto, considera-se uma pessoa feliz. Ao lembrar-se dos serões de costura, dizendo embora que ganhava pouquíssimo, comenta: "Talvez quem vá ler essas linhas diga: 'Mas esta senhora, tudo para ela foi bom, parece que em tudo teve muita sorte'. Mas eu preciso falar o que é".

O sr. Ariosto vê, desde pequenino, os pais trabalharem duramente. A reflexão "mas para ganhar era preciso suar" acompanha a imagem da mãe, amassando pão e chamando-o para ajudar ("Eu não quero, não quero!"), e do pai, pintando quadros encomendados. O aprendizado manual começou cedo, em casa. Ele não se esquece do pai, calígrafo, ensinando-o a pegar no pincel e a escrever sem borrar o pergaminho: "Ariosto, *molta attenzione! Comincia a fare! Bravo, bravo... cosí!*". E rememorando como dominou a escrita, parece falar dos trabalhos que presidem à arte do desenho: "O professor nos dava um papel com as letras do abecedário e explicava: esta é A, esta é B, esta é C e assim por diante. Ajuntando A com R, com o I, ele pegava na minha mão e escrevia Ariosto". De sua vida tão laboriosa ele recorda dois tipos de serviço:

1) Os que importavam em puro sacrifício, não lhe dando nenhuma remuneração a não ser sob a forma de gorjeta: foi entregador e garçom em vários hotéis. Nesses empregos sem salário nem prazer lúdico de criar coisas com as mãos, o sr. Ariosto formou sua consciência trabalhista que lhe preparou uma firme adesão ao getulismo. É uma fase longa e escura da sua vida profissional, arejada apenas pela memória da luta que os colegas precisaram travar contra seus patrões para obterem ao menos um dia de folga: "Ele [Armando Scarpelli] lutou contra a classe patronal, capitalista, que é sempre assim: o pobre que está pisado embaixo dela tem que se assujeitar". A lembrança daqueles anos gastos no cansaço da rotina é a de um menino que foi literalmente "entregue" pelo pai ao dono do Hotel d'Oeste; entregue como escravo: "Trabalhei como garçom cinco anos sem ganhar um tostãozinho. [...] Trabalhava das sete da manhã até as dez horas da noite sem ganhar nada".

2) Ao contrário do que acontece com esses primeiros empregos, sempre que os ofícios exigiam destreza, é com gosto que o sr. Ariosto se detém para recordar seus gestos e sua perícia. O artífice Ariosto (como o metalúrgico Amadeu) descreve minuciosamente o fabrico do seu objeto, flores artificiais, modeladas à imagem das naturais mediante um processo que requeria um duplo esforço de observação e habilidade:

> A Elvira e eu ensinávamos: pegávamos uma rosa natural, víamos como era a rosa, cortávamos as pétalas e mergulhávamos na anilina. A rosa tem uma porção de cores, mais fortes, mais claras, em *dégradé*. As pétalas iam secar num tabuleiro; quando secavam, separávamos por tonalidade. [...] Preparar as tonalidades do *dégradé* para as pétalas, era um segredo. Essas violetas, veja, são de anilina roxa, mas esses tons diferentes consegui segurando a ponta das pétalas com a mão para que não mergulhassem no roxo.

A recordação é tão viva, tão presente, que se transforma no desejo de repetir o gesto e ensinar a arte a quem o escuta: "Veja o caule, nós enrolávamos torcendo assim, com a mão direita, enquanto a esquerda vai enrolando a tira verde. Assim... Bravo! Agora enrole este sozinha". A certa altura, fazer flores e vendê-las passa a ser não só o eixo do trabalho como da vida doméstica do sr. Ariosto, pois é uma atividade do casal, iniciada, aliás, pela mulher. Nos momentos de boa saída do produto essa atividade é compartilhada alegremente, mas, quando sobrevém a crise, o desespero leva ao enfarte e à morte; a memória do trabalho vira memória da família: "Em certas épocas, as mulheres não querem usar flor nenhuma no vestido; nem um cravo, nem um macinho de rosas, nem uma violetinha. Veio a falência. Vendi barato meu estoque de flores. Minha mulher me queria como se quer uma criança, acho que ela morreu de desgosto".

Ainda hoje, no asilo de indigentes, o sr. Ariosto está com o espírito voltado para o grande empreendimento da sua vida: "Até hoje, não se vê mais ninguém com flores e agora, que está chegando o inverno, as pessoas deveriam usar ao menos uma camélia no ombro. [...] Um dia vou deixar este asilo, vou morar com meu irmão e trabalhar, ainda posso fazer flores".

A fusão do trabalho com a própria substância da vida se dá também na memória de outros entrevistados. A professora Brites e o operário Amadeu sonham hoje com os lugares e as pessoas que compuseram o seu mundo de trabalhadores: "Sonho, às vezes, que estou trabalhando na oficina porque fiquei 44 anos nessa oficina, sempre, desde menino, na infância, na mocidade e numa parte da velhice. Essa oficina não me sai do pensamento". E d. Brites: "Enquanto fui professora, vivi, foi o tempo que eu vivi: a vida dos alunos, de cada uma das crianças. Ultimamente sonho muito com criança". Sonho com a oficina, sonho com as crianças.

A relação do sr. Amadeu com o trabalho é visceral, começando pela memória mais remota do pai e do irmão, cuja morte está intimamente associada a anos e anos de sacrifício. O pai trabalhava como alfaiate quinze horas por dia e faleceu antes de alcançar a velhice com uma úlcera no estômago; a mãe "ficou doente de desgaste"; Arturo, o irmão mais velho, "era tipógrafo, lidava com tintas e com o tempo ficou sofrendo do coração". Durante a Grande Guerra, precisamente na fase de maior penúria, Amadeu, menino de nove anos, é levado pelo irmão mais velho à fábrica. Sai então da escola e começa a ganhar, trabalhando das sete às cinco, apenas o bastante "para comprar leite e pão". Durante 55 anos não conhece outro ofício, além de gravador-estampador, nem outro espaço cotidiano fora daqueles muros e vitrôs pretos de fumaça. É com força e nitidez que reconstrói os gestos do artífice e alterna a descrição da arte humana com os movimentos da máquina. Das mãos sai o desenho da peça, a composição de goma-laca, o enceramento da placa, o desenho das letras e o seu recorte com o bisturi, a proteção com o papel pintado, o gesto de verter o ácido nítrico solvido na água; nesse momento é o ácido "que ficava trabalhando oito ou dez horas para aprofundar as letras que tínhamos cortado com o bisturi". Voltam depois as mãos, para remover a camada de cera, chanfrar a peça, moer o esmalte no moinho para preencher com o seu pó o vão das letras já marcadas. O brilho final primeiro se dá à mão, esfregando a superfície do metal com lixa e pedra-pomes; depois é a vez da máquina, a politriz, que faz luzir o bordo. Quantas milhares de vezes o sr. Amadeu não terá feito esses gestos para recordá-los com tanta precisão!

O trabalho não é só ação, é também o lugar da ação, que a lembrança do operário sabe de cor, distinguindo os ambientes tranquilos, onde se desenhava e escrevia, das seções ruidosas e fétidas, onde se corria o risco de envenenamento e mutilação: "Na estamparia cortavam todo mês um dedo, dois dedos, cada operário". A memória do trabalho do sr. Amadeu passa expressivamente da operação manual ao funcionamento da máquina, e da máquina aos acidentes, para desembocar nas medidas de proteção ao operário e na importância do sindicato e da legislação trabalhista a partir de Getúlio Vargas. É um campo associativo completo, pois reúne as dimensões corporal, social e política do trabalho, vividas intensamente por todo o seu grupo de convívio. A unidade do artesão com sua oficina, do metalúrgico com sua fábrica, do trabalhador com seu sindicato, do homem do povo com seu líder, dá à biografia social do sr. Amadeu uma continuidade linear que não se acha, por exemplo, na memória de d. Risoleta.

A vida da filha de escravos foi tão ou mais laboriosa que a vida do filho de imigrantes. Mas não conheceu o mesmo enraizamento deste, sofrendo os percalços da doméstica que precisa sair cedo de casa para servir patroas a quem está obrigada por velhos laços de dependência. Essa condição instável divide a biografia de d. Risoleta em etapas nas quais a memória encontra sempre o trabalho árduo, mas o recorda em tons e conotações bem diferentes entre si.

Podem destacar-se três memórias do trabalho em d. Risoleta. A evocação do Arraial dos Sousas, onde nasceu, é a das tarefas da infância em sua casa. A pobreza exige flexibilidade, não comportando uma rígida divisão de trabalho. Risoleta, bem menina, brinca de fazer comidinha de verdade, mas também lava roupa à beira-rio, ajuda a refinar açúcar, faz pão, soca arroz no pilão, varre o terreiro... A recordação de tantos afazeres guarda o calor de uma vida roceira e doméstica, onde "quase tudo se fazia em casa", e onde era preciso do pouco tirar o bastante para as necessidades mais elementares: "O povo já vem explorando a vida há muito tempo, não é agora só não". A menina trabalha junto com os avós, pais e irmãos, e desse regime de mutirão traz uma lembrança alegre, como a de um jogo familiar, uma lembrança entremeada de expressões prazerosas: "A gente amassava o pão na amassadeira, com cilindro, sovava bem, que pão gostoso! Eu tenho saudades! [...] Meu Deus, era uma vida até bonita! Até bonita, gostosa! [...] Minha infância não foi ruim, minha infância foi boa".

Essa narração leve, lúdica, cessa completamente quando a menina de oito anos passa do Arraial à casa dos patrões. Atente-se para a primeira frase em que descreve o seu novo serviço, até "areava aquele talher danado de arear, com raspa de tijolo e batatinha". O comentário é expressivo: "Graças a Deus agora não tem disso mais". O mesmo contraponto se segue à lembrança da verdadeira corveia que era a tarefa de engomar roupa de linho com cinco ferros de carvão: "Hoje está uma beleza esse tergal que não precisa nem passar, sacode bem, dobra e guarda". Como o sr. Ariosto, d. Risoleta serviu anos e anos sem ver o cheiro do dinheiro: "Até 22 anos nunca recebi um ordenadinho do que trabalhei". E como o sr. Ariosto, ela foi entregue aos patrões para aprender, inclusive a ler e escrever; coisa que ela não conseguia, pois os olhos da menina, acordada às quatro da madrugada, não se mantinham acesos às onze da noite, quando sinhá-moça a chamava para fazer a lição. Das fainas mais duras, como a raspagem do chão com tijolo, d. Risoleta diz indignada: "Imagina como ficava o rim de quem esfrega o tijolo!". Mas o reumatismo veio precocemente: "Saía pelotes deformando as mãos, entortando tudo. Não sei como peguei esse reumatismo tão feio; eu lavava quintal, descalça... quem sabe?".

Nessa vida tão dura a imagem fiel é a de são Benedito que intervém para tirá-la de mais de um aperto — na cozinha, enviando-lhe uma porção de mãos para ajudá-la a fazer o almoço mais depressa; no quarto, evitando que ela perdesse a hora: "E todo dia ouvia bater na minha porta e ouvia chamar pelo meu nome de manhãzinha". Mas esse longo período (que durou até depois de d. Risoleta enviuvar) acaba pela convicção de que seria impossível educar os filhos perdendo o resto da vida na cozinha dos palacetes da Angélica e do Jardim América: "Nunca fui recompensada e sempre carreguei a casa das patroas nas minhas costas". Começa, então, sua fase de engomar e cozinhar para fora dando pensão para "as famílias chiques da redondeza". O trabalho continua intenso; o aluguel subia, os tempos eram de racionamento e havia ainda cinco adotivos para criar, mas a memória social guarda a compensação de tantas agruras: "Ali eu era *dona* Risoleta, todos me chamavam *dona* Risoleta".

Depois que cegou, d. Risoleta é amparada pelas filhas e exerce os dons da cura e da oração. Agora as pessoas a procuram confiando nos seus poderes espirituais e não há quem não saia atendido e confortado. D. Risoleta continua trabalhando: "Eu tenho muita vontade de servir alguém. [...] Não faço outra coisa, agora que estou cega, atendendo pedidos de oração".

D. Risoleta estava fadada ao trabalho do fogão; não lhe restava escolha. já o sr. Antônio passou a juventude oscilando, buscando melhor profissão. Rejeita, logo que pode, o ofício de ourives imposto pela mãe, porque se sente explorado. Aproxima-se com fascínio do mundo da ópera, mas não saiu do coro a não ser para empresário frustrado. Para, enfim, em um modesto emprego de analista em postos de saúde e, de volta a São Paulo, acumula uma série de bicos para equilibrar o magro orçamento de uma casa cheia de crianças. Vista mais de perto, essa carreira difícil reflete um desejo de sair da condição de origem e do trabalho manual a que estava confinada, tentando profissão de caráter verbal e intelectual sem o amparo de um curso humanístico regular. A passagem estreita é forçada quando o jovem Antônio se matricula na Escola de Comércio, estimulado pelo mestre Basileu Garcia. Mas faltam-lhe logo o dinheiro para pagar as mensalidades e o tempo de lavar as mãos sujas.... do ouro em pó com que lidara o dia inteiro na ourivesaria. Como se apresentar na escola noturna com aquelas mãos? Alguns anos depois, obtém um lugar de analista de laboratório junto à rede sanitária do estado. Agora as mãos vão trabalhar de novo, mas em um ofício que exige também cabeça. O sr. Antônio, que só pôde ser um autodidata, vai aprendendo a técnica de análise com a leitura do *Précis de laboratoire,* de Laffont. A perícia de ourives e o ouvido musical do cantor lírico acusavam aptidões de artista que acabam se revelando em intuições felizes: a descoberta das origens do tifo em Porto Feliz e a visão do halo amarelo que rodeava a cabeça dos doentes condenados à morte.

Em termos de "tonalidade" da memória, as associações divergem claramente. A lembrança dos tempos de ourives é amarga, ressentida, havendo plena certeza da exploração sofrida. Mas a lembrança do trabalho de analista é serena, incluindo uma atitude cognitiva bem desenvolvida (o sr. Antônio explica-nos o seu trabalho) e uma certeza moral dada pelo reconhecimento do caráter humanitário daqueles serviços: "Trabalhava-se com muito afinco e com muito boa vontade, porque era moço, e esse trabalho era em prol da pessoa humana. Trabalhava-se ganhando-se muito pouco por amor ao próximo".

Na memória do sr. Abel, cujo trabalho, burocrático e palaciano, tende a ser envolto em astúcias e bajulações, há um momento que parece redimir uma vida inteira radicada na pura autodefesa: "Quando trabalhei na Comissão de Inquérito, o Juqueri tinha 14 mil doentes, com capacidade para 7 mil. Desmembrei esse aglomerado para oito colônias, fui eu que assinei o desmembramento do hospício com a maior concentração de loucos do mundo". Esse momento, em que a burocracia serve ao oprimido, está isolado na longa e tortuosa narrativa do sr. Abel, homem cuja carreira se parece com um jogo de lances bem-sucedidos, menos o último. Cedendo o seu posto de funcionário para Sandra, ele recebe uma aposentadoria vil, terá que vender máquinas de costura até ganhar uma hérnia e, no fim, cairá no asilo de velhos onde está.

## AÇÃO E MEMÓRIA

A relação estreita entre memória e trabalho, quando aplicada ao nível pessoal, em cada biografia, parece apontar para uma constante que já vimos exposta por Bergson de forma generalizadora: *ação* e *memória* tendem a excluir-se mutuamente. A consagrada oposição entre vida ativa e vida contemplativa parece afetar o grau de disponibilidade para narrar o passado e para deixar a porta aberta à evocação pura.

Dos oito entrevistados, *dois* há cuja vida ainda está francamente voltada para o presente. O sr. Amadeu, apesar de aposentado como operário, continua na luta para sustentar a família cujos hábitos de consumo, agora mais exigentes, a incluem na classe média. E d. Jovina, embora octogenária e quase cega, é membro ativo de vários grupos beneficentes, de inspiração política, tendo plena consciência da necessidade de lutar até o fim por seus ideais democráticos e socialistas: "A vida é uma luta, estou sempre lutando. Pensei que ia ter uma velhice espiritualmente mais feliz e a gente continua dando murros em ponta de faca".

Para ambos, a experiência de lembrar e de contar a própria vida obrigou a fazer um esforço de boa vontade para com a entrevista. D. Jovina preferiu, mesmo, interromper o fio da sua narrativa em 1927, data de seu casamento. E o sr. Amadeu confessa: "Não fico lembrando sempre, só quando passa no pensamento. Se preciso, forço a memória e lembro o que quero".

Para ambos, o trabalho, os fatos públicos, o juízo sobre a vida social de ontem e de hoje ocupam mais espaço e têm mais importância do que as evocações "gratuitas", "puras", "bergsonianas"... É o presente que os solicita. D. Jovina: "Vivo muito o presente, o futuro, só agora [nesta entrevista] fiquei voltada para o passado. A vida é o presente".

Para os demais, ao contrário, que estão afastados de toda ação e se julgam, de fato, distantes das lides do cotidiano (o sr. Abel, d. Brites, por exemplo), a memória corre de uma forma que me pareceu realmente mais espontânea e fluente. No caso do sr. Abel, fechado no gaiolão do asilo, e certo de que nada há a fazer lá fora, essa espontaneidade se traduz em um fluxo dramático, visionário, pelo qual o passado se faz presente e vivo: "Minha memória é extraordinária [...] E chego até a me transportar para o passado mais remoto [...]". Ao lembrar, ao narrar, procura atingir um ouvinte que já não é o simples interlocutor: "Esse que vos fala, Abel R...".

O sr. Ariosto, cardíaco, proibido de falar muito, declara, no segundo dia de conversa, que o ato de lembrar e de contar o rejuvenesce. D. Alice e d. Risoleta, que quase já não saem de casa, agradecem a Deus poderem lembrar a própria vida. D. Risoleta: "Dou graças a Deus todos os dias, já está acabando esse ano santo e agradeço por estar recordando e burilando meu espírito". D. Alice: "Quem diria que um dia eu ia abrir o livro de minha vida e contar tudo? E agradeço por isso: é bom a gente lembrar".

Todo e qualquer trabalho, manual ou verbal, as flores de Ariosto, os estampos de Amadeu, os berços de Alice, as comidas de Risoleta, as joias de Antônio, as aulas de Brites e Jovina, acaba-se incorporando na sensibilidade, no sistema nervoso do trabalhador; este, ao recordá-lo na velhice, investirá na sua arte uma carga de significação e de valor talvez mais forte do que a atribuída no tempo da ação. O fazer do adulto ativo inibia o lembrar, mesmo porque o "lembrar" da memória-hábito bergsoniana é uma operação já plenamente integrada e absorvida pelos gestos e mecanismos da profissão. Na velhice, quando já não há mais lugar para aquele "fazer", é o lembrar que passa a substituir e assimilar o fazer. Lembrar agora é fazer. É por isso que o velho tende a sobrestimar aquele fazer que já não se faz.

Para o gravador Amadeu, os aprendizes de hoje não querem perder anos estudando o ofício, ignoram o desenho e não dominarão nunca a arte. Para a cozinheira d. Risoleta, hoje nem se cozinha nem se sabe comer como no seu tempo. Para a mestra d. Jovina, os moços de hoje não sabem gramática e confundem conjunção com preposição, porque já não se faz análise sintática pelo diagrama, tal qual ela aprendeu na obra de Otoniel Motta e ensinou com êxito a seus alunos.

Quanto mais a memória revive o trabalho que se fez com paixão, tanto mais se empenha o memorialista em transmitir ao confidente os segredos do ofício. Já vimos como o sr. Ariosto nos ensina a lidar com suas flores. D. Jovina não se contenta com lembrar que dava aulas de análise sintática: ela desenha o diagrama e explica o seu método enquanto narra. D. Risoleta ensina a técnica de fazer sabão e farinha e o refino do sal, chegando a dar uma receita completa de assar leitão pururuca; e o mesmo faz com as artes da cura e o trabalho da prece.

Nesses vários exemplos, a memória vem acompanhada de uma valorização do trabalho evocado e de uma crítica, ou melhor, de uma estranheza em face de certos costumes atuais. Não se trata simplesmente de uma "ideologia" saudosista, pois esta expressão não conviria à atitude geral, progressista, assumida tantas vezes pelos mesmos narradores. Vejo, antes de mais nada, um movimento peculiar à memória do velho que tende a adquirir, na hora da transmissão aos mais jovens, a *forma de ensino*, de conselho, de sabedoria, tão bem esclarecida na interpretação que Walter Benjamin fez da arte narrativa.

Aquilo que se viu e se conheceu bem, aquilo que custou anos de aprendizado e que, afinal, sustentou uma existência, passa (ou deveria passar) a outra geração como um valor. As ideias de memória e conselho são afins: *memini* e *moneo*, "eu me lembro" e "eu advirto", são verbos parentes próximos.

A memória do trabalho é o sentido, é a justificação de toda uma biografia. Quando o sr. Amadeu fecha a história de sua vida, qual o conselho que dá? De tolerância para com os velhos, tolerância mesmo para com aqueles que se transviaram na juventude: "Eles também trabalharam".

# Notas

1 — MEMÓRIA-SONHO E MEMÓRIA-TRABALHO (PP. 43-72)

1. H. Bergson, *Matière et mémoire*, in *Oeuvres*, p. 168.
2. A primeira edição de *Matière et mémoire* saiu em 1896. Pelas notas e referências que traz, seu autor mostra-se bastante informado dos trabalhos que a escola psicofísica de Wundt já fizera sobre memória. A tradução francesa dos *Elementos de psicologia fisiológica* (1879) data de 1886. Na França, a psicologia científica ensaiava os primeiros passos com as pesquisas de Théodule Ribot (*Les maladies de la mémorie*, 1881) e Pierre Janet (*L'automatisme psychique*, 1889; *Les accidents mentaux*, 1894; *État mental des hystériques*, 1894). Outras fontes de que Bergson se serviu, declaradamente: *Principles of psychology* (1890), de William James, apontado como influência profunda pela afinidade de técnica introspectiva e pelo tema da "corrente da consciência"; pesquisas de teor neurológico sobre a amnésia, a apraxia, a afasia, a cegueira psíquica, a paramnésia, em cujo exame Bergson procura separar o aspecto cerebral do psicológico (Ribot, Ball, Winslow, Bernhein, Bernard...). Por esse balanço, verifica-se o cuidado com que Bergson se houve no rastreamento da bibliografia contemporânea sobre a memória.
3. Quando um raio de luz passa de um meio para outro, ele o atravessa geralmente mudando de direção. Mas tais podem ser as densidades respectivas dos dois meios que, para um certo ângulo de incidência, não haja mais refração possível. Então se produz a reflexão total. A percepção se assemelha muito a esses fenômenos de reflexão que vêm de uma refração impedida; é como o efeito de miragem" (Bergson, *Oeuvres*, p. 187).
4. Bergson, *Oeuvres*, p. 223.
5. Idem, ibidem, p. 183.
6. Idem, ibidem.
7. Idem, ibidem, pp. 183-4.

8. Idem, ibidem, p. 913.
9. Idem, ibidem, p. 184.
10. Idem, ibidem, p. 293.
11. Idem, ibidem. Na conferência *L'âme et le corps*, que proferiu em 1912, Bergson diz: "No homem a memória é menos prisioneira da ação, reconheço-o, mas adere a ela, ainda: nossas lembranças, em um momento dado, formam um todo solidário, uma pirâmide cujo cimo, incessantemente móvel, coincide com nosso presente e mergulha com este no futuro" (*Oeuvres*, p. 886).
12. Idem, ibidem, p. 250.
13. Idem, ibidem, p. 283.
14. Idem, ibidem, p. 284.
15. Idem, ibidem, p. 317.
16. É. Durkheim, *Les règles de la méthode sociologique*, p. 20.
17. M. Halbwachs, *Les cadres sociaux de la mémoire*, p. 16.
18. Idem, ibidem, p. 52.
19. Idem, ibidem, p. 68.
20. Idem, ibidem, p. 114.
21. Idem, ibidem, p. 116.
22. Idem, ibidem, p. 118.
23. Idem, ibidem, p. 139.
24. Idem, ibidem, p. 141.
25. Idem, ibidem, p. 142.
26. F. C. Bartlett, *Remembering*.
27. Apud F. C. Bartlett, p. 244.
28. W. Stern, *Psicología general*.
29. Idem, ibidem, p. 195.
30. Idem, ibidem, p. 248.
31. Idem, ibidem, p. 253.

## 2 — TEMPO DE LEMBRAR (PP. 73-94)

1. Este constrangimento e empobrecimento da memória na idade adulta é puramente social. Thomas Mann escreveu um romance de rememoração em plena juventude: *Os Buddenbrook*.
2. Sobre a ingratidão em relação aos velhos doadores, Machado de Assis escreveu em sua velhice *O memorial de Aires*.
3. S. de Beauvoir, *La vieillesse*, p. 402.
4. R. Bastide, *Sociologie des maladies mentales*, p. 83.
5. Holbrok, *How to strengthen the memory*, citado por W. James em *Précis de psychologie*.
6. W. Benjamin, "Il narratore. Considerazioni sull'opera di Nicola Leskov", in W. Benjamin, *Angelus Novus*.
7. Esta balada está no livro de C. Kingsley, *Os nenês d'água*, traduzido por Pepita de Leão.
8. Heródoto, *Histoires*, livro III, in *Historiens grecs*, caps. 10 a 15.

9. A etimologia da palavra nos ensina que, para os gregos, "entusiasmo" significa o estado de quem tem um deus dentro de si.
10. J.-P. Vernant, *Mito e pensamento entre os gregos*.
11. G. Lukács, *Théorie du roman*.

## 4 — A SUBSTÂNCIA SOCIAL DA MEMÓRIA (PP. 419-502)

1. G. Ramos, *Infância*, p. 7.
2. M. de Assis, "Contos alexandrinos", in *Obras completas*.
3. S. de Beauvoir, *La vieillesse*, p. 459.
4. M. Mauss e É. Durkheim, "De quelques formes primitives de classification", in *Essais de sociologie*, p. 194.
5. C. Lévi-Strauss, *Tristes trópicos*, p. 231.
6. C. Dickens, *David Copperfield*, p. 14.
7. Goethe, *Memórias: poesia e verdade*, v. 1. Cotejar com a tradução brasileira.
8. V. Morin, "L'objet", *Communications* 13 (1969).
9. M. de Assis, *Dom Casmurro*.
10. Na Inglaterra costumava-se leiloar tais pelicas a bom preço porque traziam sorte, ou como curiosidade. Ver C. Dickens, *David Copperfield*, cap. 1.
11. S. Weil, *L'enracinement*, p. 61.
12. M. Proust, *O tempo redescoberto*, pp. 125 e 130.
13. M. Schaffer, "O mundo dos sons", *Correio da Unesco* 4 (1977).
14. A. Bosi, *O ser e o tempo da poesia*, pp. 53-7.
15. C. Freinet, *A educação pelo trabalho*.

# Bibliografia

ALLPORT, G. e POSTMAN, L. *Psicologia dei rumor.* Buenos Aires: Psique, 1953
BARTLETT, Frederic. *Remembering.* Cambridge: Cambridge University Press, 1932.
_____. "Social factors in recall", in NEACOMB, T. e HARTLEY, E., *Readings in social psychology.* Nova York: Henry Holt, 1947.
BASTIDE, Roger. *Sociologie des maladies mentales.* Paris: Flammarion, 1965.
BEAUVOIR, Simone de. *La vieillesse.* Paris: Gallimard, 1970.
BENJAMIN, Walter. *Il narratore. Considerazioni sull'opera* di Nicola Leskov, in BENJAMIN, Walter *Angelus Novus.* Turim: Einaudi, 1962.
BERGSON, Henri. *Matière et mémoire,* in Henri Bergson, *Oeuvres.* Paris: PUF, 1959.
_____. "L'âme et le corps", in BERGSON, Henri, *Oeuvres.* Paris: PUF, 1959.
BLONDEL, Charles. *Psicologia coletiva.* Rio de Janeiro: Fundo de Cultura, 1960.
BOSI, Alfredo. "O trabalho das mãos", in BOSI, Alfredo, O *ser e o tempo da poesia.* São Paulo: Cultrix, 1977.
CARPENTER, E. e MCLUHAN, Marshall. *Revolução na comunicação.* Rio de Janeiro: Zahar, 1965.
DELACROIX, Henri. "Les souvenirs", in DUMAS, G., *Nouveau traité de psychologie,* v. V. Paris: Félix Alcan, 1936.
DICKENS, Charles. *David Copperfield.* Rio de Janeiro: Pongetti, 1957.
DURKHEIM, Émile. *Les règles de la méthode sociologique.* Paris, 1955.
FLORES, Cesar. *La mémoire.* Paris: PUF, 1972.
FRAISSE, Paul. "Percepção e avaliação do tempo", in FRAISSE, Paul e PIAGET, Jean, *Tratado de psicologia experimental,* v. VI. Rio de Janeiro: Forense, 1974.
FREINET, Celestin. *A educação pelo trabalho.* 2 v. Lisboa: Presença, 1974.

GOETHE, Johann Wolfgang. *Memórias: poesia e verdade*. 2 v. Brasília: Editora da Universidade de Brasília, 1986.
GRAMSCI, Antonio, *Quaderni dal carcere*. Turim: Einaudi, 1975.
HALBWACHS, Maurice. *La mémoire collective*. Paris: PUF, 1956.
_____. *La topographie légendaire des évangiles en Terre Sainte*. Paris: PUF, 1964.
_____. *Les cadres sociaux de la mémoire*. Paris: Félix Alcan, 1925.
HERÓDOTO. *Histoires*, in *Historiens grecs*. Plêiade. Paris: Gallimard, 1964.
HUNTER, Ian. *Memory*. Harmondsworth: Penguin, 1964.
JAMES, William. *Précis de psychologie*. Paris: Marcel Rivière, 1915.
KINGSLEY, Charles. *Os nenês d'água*. Porto Alegre: Globo, 1942.
KOFFKA, Kurt. *Princípios de psicologia da Gestalt*. São Paulo: Cultrix, 1975.
KÖHLER, Wolfgang. *Psychologie de la forme*. Paris: Gallimard, 1964.
LÉVI-STRAUSS, Claude. *Tristes trópicos*. São Paulo: Anhembi, 1957.
LOEW, Jacques. *Journal d'une mission ouvrière*. Paris: Ed. du Cerf, 1959.
LUKÁCS, Gyorgy. *Théorie du roman*. Paris: Gonthier, 1965.
MACHADO DE ASSIS, J. M. *Memorial de Aires*. São Paulo: Ática, 1974.
_____. "Contos alexandrinos", in MACHADO DE ASSIS, J. M., *Obras completas*. Rio de Janeiro: Nova Aguilar, s. d.
_____. *Dom Casmurro*, in MACHADO DE ASSIS, J. M., *Obras completas*. Rio de Janeiro: Nova Aguilar, s.d.
MANN, Thomas. *Os Buddenbrook*. São Paulo: Círculo do Livro, 1975.
MARX, Karl. *Contribuições para a crítica da economia política*. Lisboa: Edições 70, 1964.
MAUSS, Marcel e Durkheim, É. *Essais de sociologie*. Paris: Minuit, 1969.
MORIN, Violette. "L'objet". *Communications* 13 (1969).
PIAGET, J. e INHELDER, B. "As imagens mentais", in FRAISSE, Paul e PIAGET, Jean, *Tratado de psicologia experimental*, v. VII. Rio de Janeiro: Forense, 1974.
PIÉRON, Henri. *L'évolution de la mémoire*. Paris: Flammarion, 1910.
PROUST, Marcel. *O tempo redescoberto*. Porto Alegre: Globo, 1958.
RAMOS, Graciliano. *Infância*. Rio de Janeiro: José Olympio, 1953.
RIVERS, W. H. R. *The history of Melanesian society*. Cambridge: Cambridge University Press, 1914.
ROSS, B. M. e MILLSON, C. "Repeated memory of oral prose in Ghana and New York", in *Readings in cross-cultural psychology*. Londres: Butcher, 1974.
SCHAFFER, Murray. "O mundo dos sons", *Correio da Unesco* 4 (1977).
STERN, William. *Psicología general*. Buenos Aires: Paidós, 1957.
STRAUSS, A. e LINDESMITH, A. *Social psychology*. Nova York: Holt, Rinehart and Winston, 1960.
VERNANT, Jean-Pierre. *Mito e pensamento entre os gregos*. São Paulo: Difusão Europeia do Livro, 1971.
WEIL, Simone. *L'enracinement*. Paris: Gallimard, 1949.
_____. *A condição operária e outros estudos sobre a opressão*. Rio de Janeiro: Paz e Terra, 1979.

3ª EDIÇÃO [1994]
20ª EDIÇÃO [2023]

ESTA OBRA FOI COMPOSTA PELA PÁGINA VIVA EM MINION E IMPRESSA
PELA GRÁFICA BARTIRA EM OFSETE SOBRE PAPEL PÓLEN SOFT DA SUZANO S.A.
PARA A EDITORA SCHWARCZ EM JANEIRO DE 2023

A marca FSC® é a garantia de que a madeira utilizada na fabricação do papel deste livro provém de florestas que foram gerenciadas de maneira ambientalmente correta, socialmente justa e economicamente viável, além de outras fontes de origem controlada.